世界は
コロナと
どう闘ったのか？

パンデミック経済危機

アダム・トゥーズ［著］
Adam Tooze
江口泰子［訳］

SHUTDOWN
HOW COVID SHOOK THE WORLD'S ECONOMY

東洋経済新報社

SHUTDOWN

世界はコロナとどう闘ったのか？　目次

第III部 混乱と安定

第14章 蛇口が開いたままの先進経済国 364

結論 389

旅の途中にある友へ。

はじめに

2020年の世界経済

2020年の体験をひと言で表すならば「信じられない」だった。

中国国家主席の習近平《しゅうきんぺい》が新型コロナウイルス感染症の集団発生を正式に認めたのが、2020年1月20日。アメリカ大統領選に民主党候補として出馬していたジョセフ・バイデンが、第46代アメリカ大統領に正式に就任したのが、ちょうど1年後の2021年1月20日。その1年のあいだに、新型コロナウイルス感染症は世界を震撼させ、220万人以上もの犠牲者を出し、数千万人の市民が重症に陥った。そして、地球上のほぼすべての人びとの日常生活を奪った。公的生活のほとんどが停止する。学校は閉鎖され、離れて住む家族や親戚と会えなくなった。国の内外を問わず旅行は中止になり、世界経済の大混乱を招いた。その影響を食い止めるために、政府は家計、企業、市場に対して、戦時でもなければ見られないような経済支援を行った。

第2次世界大戦以来の、最も急激な景気後退だっただけではない。質的な意味においても類を見ないものだった。なかには場当たり的な措置もあり、その内容も多岐にわたったにしろ、世界の経済の大部分を停止させるという決断が、これほど多くの国で下された例はない。国際通貨基金（IMF）の言葉を借りれば、まさに「類例のない危機」だった。[1]

その引き金を引いたのは、新型コロナウイルスだった。だが、その被害が明らかになる前でさえ、2020年が波乱の年になることを予言する理由はたくさんあった。米中の衝突は激化していた。[2]〝新たな冷戦〟が勃発しかかっていた。2019年、世界経済の成長率は大きく落ち込んでいた。債務が積み上がった世界経済が地政学的な緊張によってさらに不安定化することを、IMFは懸念していた。[3]

エコノミストは、投資に伴う不確実性を測定する新たな統計指標をつくり出した。[4]そのデータは、問題の原因がホワイトハウスにあると強く示唆していた。[5]トランプ大統領は、世界中の不健全な関心の的として君臨した。2020年11月の大統領選に出馬し、たとえ再選を果たしたとしても、投票プロセスの信頼性を躍起になって傷つけようとしているように見えた。ダボス会議の安全保障版である「ミュンヘン安全保障会議」の2020年のテーマは、「消える西側」だった。[6]

アメリカ政府に対する懸念とは別に、混迷のブレグジット（英国のEU離脱）をめぐる協議は時間切れが迫っていた。2020年の幕開けとともに、欧州にとってそれ以上に警戒すべき問題は難民危機の再発だった。[7]シリア内戦が激化する不気味な兆候があり、難民発生地域では開発が進んでいないという差し迫った問題もあった。唯一の改善策は、開発途上国に対する投資を活性化させ、成長を促すことだった。しかしながら、資本の流れは不安定で不均衡だった。2019年末、サハラ以南のアフリカにおいて、最低所得国の半数がすでに債務危機に近づきつつあった。[8]

しかも、「さらなる成長」はすべてを解決する万能薬ではなかった。さらなる成長は、環境にさらなる負荷をかけたのだ。2020年は、気候の政治学において決定的な年になるはずだった。2020年11月9日から、「第26回国連気候変動枠組み条約締約国会議（COP26）」が、スコットランドのグラスゴーで開催される予定だったのだ。アメリカ大統領選の投票日から、わずか数日後のタイミングである[9]〔訳註　COP26は2021年10月31日〜11月13日に開催された〕。

COP26は、パリ協定の採択5周年を記念する会議だった。2020年初めにはトランプ大統領再選の可能性が高いと見られていたが、もし本当にそんなシナリオが実現してしまえば、地球の未来は大きな危機に瀕することになっていただろう。

世界経済には、リスク感や不安感が蔓延していた。冷戦における西側の明らかな勝利、市場型金融の隆盛、奇跡のような情報技術、経済成長を遂げる地域の拡大。ついこのあいだまで、これらはすべて現代史のあらゆる勝利の原動力として、資本主義経済を磐石にするものと思われていた。[10]1990年代、たいていの政治問題はシンプルに思えた。「経済こそが重要なのだ、愚か者」というわけだ[11]〔訳註　1992年のアメリカ大統領選で、ビル・クリントン候補の選挙参謀を務めたジェームズ・カーヴィルの言葉。有権者の最大の関心事は経済問題だという考え〕。経済成長が数十億人の生活を変えるのに伴い、英国の元首相マーガレット・サッチャーも「ほかに選択肢はない」と述べた。すなわち「民営化」「穏やかな規制」「資本と財の移動の自由」による秩序以外に、選択肢はないという意味である。もっと最近の例をあげれば、2005年、中道路線をとっていた当時の英国首相トニー・

ブレアもこう喩えている。グローバリゼーションの是非を議論するのは、夏のあとにめぐって来るのは秋なのかを疑うようなものだ、と。[12]

2020年になる頃には、グローバリゼーションも、季節の移り変わりと同じくらい疑わしかった。経済は、答えから問いに変わっていた。「経済こそが重要なのだ、愚か者」に対して、「誰の経済なのか」「どの経済なのか」、さらには「経済とはなんのことか」と問う声が聞かれた。

1990年代後半にアジアで始まり、2008年に大西洋両岸の金融システムを襲い、2010年にはユーロ圏へ、さらに2014年には世界のコモディティ生産国へと広がった深刻な危機は、市場経済の信頼を揺るがした。[13] どの危機も乗り切ったが、政府の財政支出と中央銀行の介入によって乗り越えたのであり、「小さな政府」と「独立した中央銀行」という考えとは矛盾していた。それで利益を得たのは結局、誰だったのか。利益を得たのは民間企業であり、ツケを払わされたのは市民だった。

危機を引き起こしたのは投機だった。経済の安定を図るために歴史的な規模の介入を必要とした。それでも、世界のエリート層の富は拡大し続けた。いまではありふれた問いになったが、不平等の急拡大によって大衆迎合主義者《ポピュリスト》が社会の混乱を招いたところで、誰が驚いただろうか。[14] ブレグジットとトランプに賛成票を投じた有権者が望んだのは、〝彼らの〟国家経済の復活だったのだ。

そのいっぽう、中国の台頭は別の意味で経済成長から無邪気さを奪い取った。もはや成長の偉大な神々が西側にいないことは明らかだった。ワシントン・コンセンサス〔訳註　アメリカ財務省とIMFや世界銀行などが、開発途上国に対して提唱する経済政策〕を支える重要な前提は、成り立たなくなってしまったのだ。アメリカはまもなくナンバーワンの座を降りることになるだろう。実際、神々が――少なくとも大地の神ガイアに代表される神々が――経済成長と相容れないことはますます明らかだった。[15] かつて環境保護運動の問題だった気候変動は、いまや人と自然とのあいだのより大きな不均衡の象徴だった。あちこちで「グリーン・ディール」と化石燃料からの脱却を求める声が上がった。

そして２０２０年１月、北京からニュースが届いた。中国で新型コロナウイルス感染症が流行しているというのだ。すでにその時点で、２００３年に集団発生した恐ろしいＳＡＲＳ（重症急性呼吸器症候群）の感染者数を上まわっていた。それこそが、環境活動家がかねてから警告してきた自然からの〝予期せぬ反動〟だった。だが気候変動によって、私たちが地球という壮大なスケールに目を向け、数十年単位のタイムテーブルを設定したのに対して、ウイルスは顕微鏡サイズで、至るところに存在し、数日か数週間単位で移動する。氷河や海抜にではなく、私たちのからだに影響を及ぼす。飛沫で感染する。そして、一国の経済だけでなく、世界の経済に問題を突きつけることになるのだった。

「チャイナショック」と「複合危機《ポリクライシス》」

２０２０年初めに「ＳＡＲＳ‐ＣｏＶ‐２」と名づけられた新型コロナウイルスは、「ブラックスワン（黒い白鳥）」ではなかった。予想不可能で起こりえない出来事ではなかった。「グレーリノ（灰色のサイ）」だった。つまり、起きて当たり前とみなされていたにもかかわらず、軽視されがちなリスクだったのだ。[16] そして、ついに物陰からその姿を現した時、グレーリノの新型コロナウイルスは大惨事の始まりを告げているように見えた。

図1　ひとり当たりGDPが縮小した経済の割合

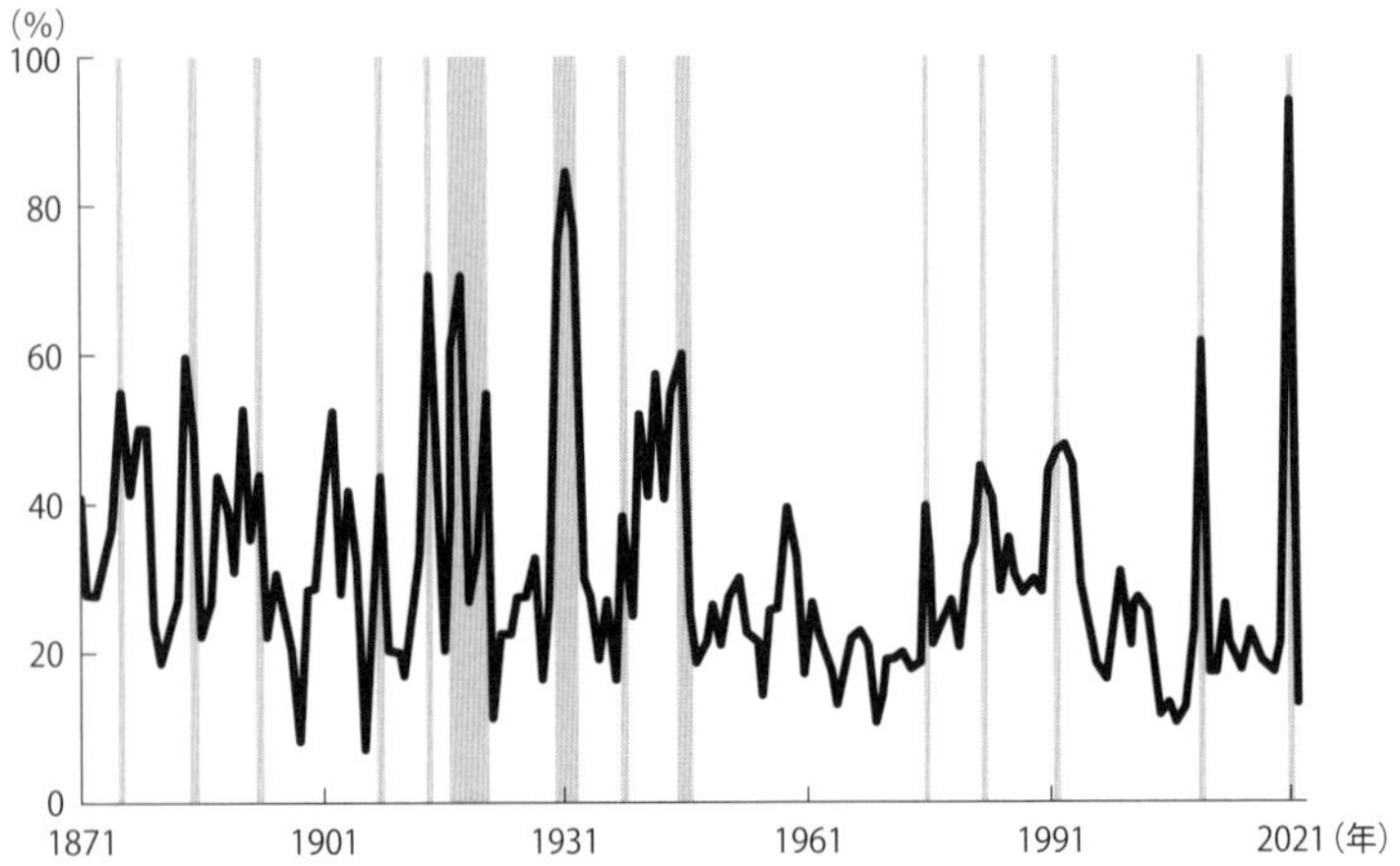

ひとり当たりGDPが縮小した経済の割合。網掛け部分は世界的な景気後退を表す。2020年6月時点。2020～2021年分は予想。
出典：M. Ayhan Kose and N. Sugawara, "Understanding the Depth of the 2020 Global Recession in 5 Charts," *World Bank Blogs*, June 15, 2020

ウイルス学者が予測していた通り、強い伝染力を持つインフルエンザに似た感染症だった。発生源になると危惧されていた場所のひとつで発生した。東アジアのあちこちに広がる、野生生物と農業と都市人口とが高い密度で交わる地域である[17]。そして予想通り、交通や運輸のグローバルチャネルを通じて世界中に広まった。率直に言って、ついにその時が来たのだ。

経済分野の「チャイナショック」については、活発な議論が交わされてきた――2000年代初めのグローバリゼーションの高まりと、中国からの輸出の急増は、西洋の労働市場に大きな影響を与えた[18]。新型コロナウイルスは、猛烈な勢いで襲った「チャイナショック」だった。シルクロードの時代、感染症はユーラシア大陸を東から西へと移動した。隊商が交易路を行き交う速度は遅く、感染の拡がりには限度があった。大航海の時代になると、感染者は旅の途中で命を落とした。

２０２０年、新型コロナウイルスは航空機や高速列車とともに世界中に拡散した。２０２０年の中国湖北省武漢市は、出稼ぎ労働者をたくさん抱える裕福な大都市である。春節（旧正月）を祝うために、住民の半数が武漢をあとにした。新型コロナウイルスが武漢から中国全土に、さらに世界へと広まるまでにほんの数週間しかかからなかった。

その1年後、世界は揺れていた。現代の資本主義の歴史のなかで、世界の95％近くの国において、ひとり当たりのＧＤＰが一斉に縮小する事態は、２０２０年前半を除いてこれまでになかった。世界中で30億を超える成人が一時解雇を言い渡されるか、慣れない在宅勤務を命じられた[19]。16億人近い子どもたちが学校閉鎖に見舞われた[20]。家庭生活は前例のない混乱に陥った。世界銀行の試算によれば、現在、生徒である世代が、人的資本の放棄によって失う生涯賃金は10兆ドルに及ぶという[21]。世界がシャットダウンを望んだという点で、今回の事態はこれまでの景気後退とはまったく性質を異にした。誰が、どこで、どのような条件の下でシャットダウンの意思決定を行ったのか。それを描き出すことは、本書の極めて重要な責務である。

シャットダウンによる混乱は、ＧＤＰや貿易、失業者の統計に表れる数字をはるかに上まわった。ほとんどの人にとって、日常生活がこれほど掻き乱された経験は初めてだった。ストレスや抑うつ、精神的な苦痛に悩まされた。２０２０年も終わる頃には、新型コロナウイルス感染症に関する専門的調査の大部分は、混乱が精神衛生に及ぼした影響について調査していた[22]。

2020年にどんな体験をしたのかは、住んでいる場所や国籍によって異なった。アメリカと英国にとっては、単に公衆衛生上の緊急事態か深刻な景気後退に見舞われただけではなかった。「トランプ」と「ブレグジット」という言葉に集約される国家危機の高まりにも、対処しなければならなかったのだ。かつて世界の覇権を握り、公衆衛生の分野で世界のお手本だったはずのふたつの国が、なぜ今回の感染症対策であれほど手痛い失敗をしてしまったのか。なにかもっと深い問題を反映しているに違いない。[23] ふたつの国に共通する、ネオリベラリズム（新自由主義）に対する信奉だろうか。あるいは、この数十年にわたる衰退がついに来るところまで来たというわけか。それとも、偏狭な政治文化の表れなのか。[24]

この10年、EUでは「複合危機《ポリクライシス》」という言葉が使われてきた。欧州委員会委員長を務めていたジャン＝クロード・ユンケルが、フランスの複雑性概念の哲学者エドガール・モランの考えを借用したのである。[25] 2010～16年にユーロ圏を襲った一連の出来事――ユーロ危機、ウクライナ紛争、難民危機、ブレグジット、ナショナリストによる大衆迎合主義の台頭――を集約して言い表すためにユンケルが使ったのが、「複合危機」という言葉だった。[26]

複合危機という言葉は、さまざまな危機が同時発生する様子をうまく言い表してはいるが、それぞれが相互に作用するプロセスを捉えてはいない。[27] 2019年1月、習近平は中国共産党中央政治局の集団学習会で重要講話を行い、ブラックスワンとグレイリノに警戒するように訴えた。[28] 中国共産党が知的水準の高い幹部向けに、教義にまつわる声明を発表する時には、中央党校の機関紙『学習時報』と中国共産党の政治理論誌『求是《きゅうぜ》』を使う。2020年夏、そのふたつの媒体に掲載された陳一新《ちんいっしん》の論文は、警句を多用した習近平の考えを入念に伝えていた。[29] 習近平の忠実な弟子である陳は、中国共産党中央政法委員会の秘書長を務め、コロナ危機のあいだには湖北省で感染症対策の指揮を執ることになった(30)。

陳は2019年に寄稿した記事のなかで、次のように問いかけていた。リスクはどうやって結合するのか。経済リスクや金融リスクは、どのようにして政治リスクや社会リスクに変わったのか。「サイバーリスク」が「現実社会のリスク」を引き起こすプロセスは、どのようなものなのか。外部リスクはどうやって内部リスクに転換したのか。

複合危機が発生するプロセスを理解するために、陳が中国の国家安全保障当局に提案したのは、次のような「6つの作用」に焦点を合わせることだった。

第1に、中国が国際舞台の中央に立つようになったのに伴い、外部世界との相互作用によって生じる「逆流作用」に備えるべきである。

第2に、表面的には個別の脅威に見えるものが「収斂作用」によって、新たにひとつの脅威をかたちづくることに注意しなければならない。内部と外部の脅威、新しい脅威と古い脅威の違いは簡単に曖昧になりやすい。

第3として、「層化作用」にも取り組まなければならない。「さまざまなコミュニティの利益集団の要求が重複し合い、層状の社会問題をつくり出す。現在の問題と歴史問題。具体的な利益問題とイデオロギーの問題。政治問題と非政治的な問題。あらゆる問題が交差し合い、干渉し合う」。

第4として、世界中で情報伝達が容易になった結果、「連鎖作用」が生じる。コミュニティが「距離を超えて互いに呼びかけ、相互に強化し……」。

第5に、インターネットが可能にしたのは「逆流作用」と「連鎖作用」だけではなかった。ニュースがとつぜん増幅する効果も可能にした。陳は警鐘を鳴らした。中国共産党は「拡大作用」にも目を光らせなければならない。「どんな些細なことも……渦を巻く騒乱に発展する恐れがある。噂が……簡単に『ティーカップのなかの嵐』をつくり出し、とつぜん本物の『竜巻』を社会に引き起こしかねない」。

最後が「誘発作用」だ。ある分野の問題が、別の分野の共感と模倣を間接的に掻き立て、いまだ解決されていなかった問題によって、さらに大きく膨らむ。[31]

いかにも中国共産党を思わせる無骨な文体だったとはいえ、陳が挙げた6つの作用は、2020年の世界に気味が悪いほど当てはまる。ウイルスは、中国の武漢から世界へと巨大なスケールで「逆流」した。西洋の政治家も中国の政治家と同様に、「収斂作用」「層化作用」「連鎖作用」に苦しめられた。「ブラック・ライブズ・マター運動」は世界中で共鳴を起こし、「拡大作用」と「誘発作用」の力を巨大なスケールで証明した。[32]

実のところ、本来の文脈を無視するならば、党幹部に向けた陳のチェックリストは、市民の私生活に向けた手引きか、コロナ危機に対するセルフヘルプのマニュアルとして読めるくらいだ。閉じ込められ、隔離された家族やカップルや個人のうち、いったいどのくらいの人たちが、「拡大作用」や「誘発作用」の影響を受けずに済んだのだろうか。ウイルスという目に見えない脅威が、人間のパーソナリティの特に弱い部分や、親密な関係に緊張を強いていたように思える。

生き残りを懸けた介入

過去には、新型コロナウイルス感染症を凌ぐ致死的なパンデミック（世界的な感染拡大）も発生している。2020年のパンデミックが過去の例と劇的に異なるのは、当局による対応の大きさだ。だからこそ、次のような問いが思い浮かぶ。『フィナンシャル・タイムズ』紙のチーフ・エコノミクス・コメンテーターを務めるマーティン・ウルフは、こう問いかけている。

なぜ……比較的症状の軽い感染症の経済的損失がこれほど莫大なのか。その答えはこうだ。なぜならそれが可能だからだ。裕福な人たちは政府の支援がなくても、日常生活の支出を容易に賄えるが、被害を被った人や企業を、政府は莫大な規模で支援できる。……少なくとも裕福な国において今日、パンデミック対応は経済的に可能であり、社会的価値観に見合うものである。(33)

実際、今回のパンデミックについて顕著だった点のひとつは、貧困国や中所得国も、極めて巨額の経済対策を積極的に行ったことである。2020年4月初めになる頃には、すでに感染症の封じ込めに成功した中国を除いて、多くの国が感染拡大を阻止する前例のない対策に乗り出していた。甚大な被害に見舞われたエクアドルのレニン・モレノ大統領は、憔悴した顔で述べている。「これは本当の第1次世界大戦だ……。2度の世界大戦は（一部の）大陸で局所的に発生し、ほかの大陸はほとんど影響を受けなかった……だが、今回の戦争はみなに影響を及ぼす。局所的ではない。逃《のが》れられる戦争ではない(34)」。

たとえ逃れられない戦争だったとしても、今回のパンデミックはやはり戦わなければならない戦争だった。しかも、まさに危機（クライシス）と呼ぶにふさわしかった。原義において「crisis」

あるいはギリシャ語の「Krisis」は、「病気の峠」「回復に向かうか死に向かうかの決定的な転換点」を指す。語源となった古代ギリシャ語の「krinein」には「区別する」「決定する」「判断する」という意味があり、その派生語には「批評家（クリティック）」や「判断基準（クライテリオン）」などがある。[35]そのため危機という言葉は、ウイルスが及ぼした影響を言い表すために、二重に適切な言葉のように思える。新型コロナウイルスは世界中の人びとに、組織に、地方自治体から中央政府までのあらゆるレベルの政府に、重大で困難な選択を強いた。

今回、世界中の政府がとった対策を言い表すためによく使われるようになった言葉は、「ロックダウン（都市封鎖）」だった。この言葉は議論を呼び起こす。強制の響きを伴うからだ。2020年になる前、ロックダウンは刑務所での集団処罰（在監者の移動の制限、監房への閉じ込めなど）を意味した。そして今回、まさに集団処罰を思わせる都市や瞬間があった。デリーで、ダブリンで、パリで武装警官が通りをパトロールし、違反者の名前や車のナンバープレートを書き留め、罰したのである。[36]ドミニカ共和国では、全人口の約1％にあたる8万5000人が、ロックダウンに従わなかったとして逮捕された。[37]

たとえ暴力行為を伴わなかったとしても、政府が命じた飲食店やバーの臨時休業を、店主や顧客は抑圧的に感じたかもしれない。だが、今回の事態をより広くなぞり――本書が行うように――経済的な対応に焦点を絞るならば、ロックダウンという言葉は、コロナ危機への対応を一方的にしか捉えていないように思える。政府が外出禁止令を出すはるか前に、移動性はがくりと落ちていた。2020年2月後半には金融市場で安全資産への逃避が始まった。ドアを乱暴に閉めて鍵をまわす看守はいなかった。投資家は危機を回避した。消費者は家で過ごした。企業は休業するか在宅勤務にシフトした。バングラデシュの縫製工場でも、操業停止命令が下る前に労働者は職場を締め出された。民間の決断が政府の措置に先んじることもあれば、その反対のこともあった。3月も半ばになる頃には、全世界が監視し合い、真似し合いながら、制約や強制の下で行動していた。「シャットダウン（活動停止）」が基準になったのだ。国土の外にいた数十万人の船員や海上旅行者は、海の辺獄《リンボ》に浮かんでいた。

本書で「シャットダウン」という言葉を使う理由は、誰が、どこで、なにを、どのように決定したのか、そしてまた誰が、誰に対して、なにを課したのか、という問いを考察するためだ。「ロックダウン」という言葉を使わないのは、活動停止が自主的なものだった、あるいは個人の自由意志の問題だったと示唆したいからではない。実際、自主的でもなければ、自由意志の問題でもなかった。

本書の目的は、経済領域での相互作用をつまびらかにすることにある。世界中のさまざまなレベルで、極めて不透明な状況の下、人びとは選択を迫られた。街の商店街から中央銀行まで。家庭から工場まで。貧民街の住民から、郊外の一軒家の地階に間に合わせのワークステーションをつくりつけ、パソコン画面を食い入るように見つめた投資家まで。決断を迫ったのは不安か、それとも科学的に裏付けされた予測か。人びとは政府の命令や社会の慣例に従って決断した。だが決断はまた、画面上でちらつき、数千億ドルの違いを生み出す、金利のわずかな変動によっても左右された。

ロックダウンという言葉が広く使われたことからも明らかなように、ウイルスの政治学は大きな議論を巻き起こすことになった。社会、地域社会、家族は、マスク、ソーシャル・ディスタンス

（社会的距離戦略）、隔離をめぐって激しく対立した。それが生死を分けるように思えることもあり、時には本当に命の危険があった。どの場合に命の危険があり、どの場合にはないのかを区別するのは難しかった。1980年代、ドイツ人社会学者のウルリヒ・ベックは「リスク社会」という概念を提示した。コロナ危機は、まさにリスク社会を大きなスケールで描き出した。[38] 現代社会が発達した結果、人類は見えない脅威に、科学にしか見えないリスクに付きまとわれてしまったのだ。今回のウイルスは抽象的で、目に見えないまま感染を引き起こし、運悪く感染した者の肺にはゆっくりと水が溜まった。

そのようなリスク状況に対応する方法のひとつが、否認に逃げ込むことだ。否認すればうまくいくかもしれない。世間知らずでもない限り、誰でも否認という手を考える。世間には病気や社会悪が蔓延している。そのなかには、おおぜいの命を奪っても仕方のないこととして見過ごされ、「人生の現実」として扱われる病気や社会悪も多い。大きな環境リスク、特に気候変動について言えば、私たちの通常モードは、集団的な否認と意図的な無視と言って差し支えないだろう。[39]

パンデミックのような生死に関わる緊急事態であっても、政治と権力のフィルターがかかる。コロナ危機に直面して、明らかに否認戦略を選んだ者もいたに違いない。その戦略は賭けである。とつぜん政治問題化して、集中砲火を浴びるリスクがあるからだ。賛成か反対かをめぐって繰り返し議論が巻き起きる。「この危機を耐え抜け」と訴えた者は、みずからを常識と現実主義の擁護者に見せかけようとしたが、実のところ、その冷静な訴えも、理論的には納得できても実践するとなると難しかった。

パンデミックに立ち向かう。それが圧倒的に多くの人たちが選んだことだった。だがベックも指摘したように、現代のマクロなリスクと戦うことは「言うは易く行うは難し」だ。[40] 戦うためには、そのリスクがなんであるかについて合意する必要があるが、議論に科学が加わると、今度は科学の不確実性にひどく悩まされることになる。[41] また、みずからの言動や社会の秩序を批判的な視点で見つめ直す必要がある。さらには、政治的選択に――資源の配分とあらゆるレベルでの優先順位の設定に――積極的に取り組まなければならなくなる。

それこそがこの40年間、誰もが避けたがってきたことだ。つまり、政治問題化を避け、市場から法を利用することで決断を避けてきた。[42] それは「ネオリベラリズム」、あるいは市場革命を推進する基本的な思想であり、配分の問題から政治色を取り去る。社会的リスクが及ぼす極めて不均衡な影響の問題も、そのなかに含まれる。原因が世界的な分業の構造的変化か、環境被害か、感染症かどうかは関係ない。[43]

新型コロナウイルスは組織や制度の準備不足を露呈した。ウルリヒ・ベックはそれを「組織化された無責任」と呼んだ。コロナ危機は国家行政の基本的機関の脆弱性を炙り出した。市民や政府の最新のデータベース管理もそのひとつだ。コロナ危機に立ち向かうために必要だったのは、医療ケアにはるかに大きな優先順位を置く社会だった。[44]「新たな社会契約」を求める大きな声は思わぬ場所から生じた。そして、エッセンシャルワーカーの価値をきちんと認め、世界を駆けまわる富裕層のライフスタイルがもたらすリスクを考慮するように求めた。[45]

21世紀の幕開け以降、何度も登場した「グリーン・ニューディール」のプログラムがそうであるように、社会のグランドデザインを提示する目的は、人びとを触発することにある。[46] 動員が目的だった。権力の問題を提起していた。もし新たな社会契約が提示されるのならば、誰が提示することになるのだろうか。

2020年、壮大な社会改革を求めた多くの人は奇妙な後味を味わっていた。少なくとも英国労働党のジェレミー・コービンと、アメリカ大統領選の予備選に出馬したバーニー・サンダースによって、英米の左派は勢いを盛り返していた。ところがコロナ危機に見舞われると、大西洋の両側で左派は敗北を喫した。グリーン・ニューディールを中心に、急進化して息を吹き返した左派の約束は、パンデミックのさなかに消失したかに見えた。そのため、コロナ危機対応はおもに右派と中道派の政府に委ねられることになった。それは奇妙な組み合わせだった。

右派のトランプ大統領とブラジルのボルソナロ大統領は、否認戦略をとった。どちらも気候変動やウイルスに懐疑的だった。〝表向き左派〟のメキシコのロペスオブラドール大統領は独自路線を貫き、大胆なコロナ危機対策を講じようとはしなかった。プーチン大統領やフィリピンのドゥテルテ大統領、インドのモディ首相、トルコのエルドアン大統領のようなナショナリストの独裁者は否認こそしなかったが、愛国心に訴え、弱者切り捨て戦術で危機を乗り切ろうとした。

いっぽう、最も強い重圧に曝されたのが、管理者タイプの中道派のリーダーである。米連邦議会のペロシ下院議長やシューマー上院院内総務、チリのピニェラ大統領、南アフリカ共和国のラマポーザ大統領、あるいはフランスのマクロン大統領、ドイツのメルケル首相、欧州委員長のフォン・デア・ライエンや欧州の首脳たちである。彼らは科学を受け入れた。否認という選択肢はなかった。自分たちは「大衆迎合主義者」よりもマシだ、と必死に証明しようとした。

中道派の政治家は、危機と戦うために極めて急進的な手段に訴えた。急ごしらえの措置だったことも、譲歩を強いられたことも多かった。だが、「グリーン・モダニゼーション」「持続可能な開発」「グリーン・ニューディール」の掛け声のなかから、ＥＵは「次世代ＥＵ（復興基金）」を、アメリカではバイデン新政権が「ビルド・バック・ベター（よりよい復興）」を打ち出し、感染症に伴う各種対策にプログラムとしての体裁を取り繕った。

結果は歴史の苦い皮肉だった。グリーン・ニューディールの提唱者である左派は政治の舞台から消え去ったが、２０２０年は彼らの主張の正しさを強く証明したのだ。グリーン・ニューディールは、環境問題の緊急性に真正面から取り組み、環境問題と社会的不平等の問題とを結びつけた。これらの難問に対処するにあたって、１９７０年代の戦いから引き継いだ保守的な財政・金融ドクトリンでは、民主主義は骨抜きにされないと告げた。グリーン・ニューディールはまた、２００８年の世界金融危機によって民主主義の信頼性は傷つけられないとも主張した。

さらに加えて、希望に満ちた未来を実現するにあたって民主主義がぜひとも必要とする、精力的で積極的で未来志向の若者を動員した。そしてまた、不平等、不安定、危機を生み出しては再生するシステムに、延々と応急処置の当て布を当てるのではなく、システムは急進的に改革されなければならないとも要求した。中道派に突きつけられたのはそのような難しい課題だった。だが危機発生に伴う関心のひとつは、遠い将来の問題が棚上げされてしまうのではないか、という懸念だった。２０２０年に重要だったのは、ただ日々を生き延びることだったからだ。

コロナ危機の経済政策は、２００８年の世界金融危機の体験を手本とした。今回の財政政策は２００８年の財政政策の規模を凌ぎ、対応も早かった。中央銀行の介入には、さらに目を見張るものがあった。もしそのふたつを、つまり財政政策と金融政策とを緊密に結びつけるならば、かつて急進的なケインズ学派が提唱し、新たに「現代貨幣理論（ＭＭＴ）」のようなドクトリンによって、ファッショナブルに甦った経済理論の基本的な考えの正しさを裏づけていた。[47] 家計と違って、国家財政には制限がない。もし紙幣を刷る主権国が、資金調達の計画を技術的な問題にすぎないとみなす時、それ自体が政治的な選択である。第2次世界大戦中に、ケインズもこう答えている。「我々が実際に行えることは、なんでも我々には買うことができます」[48]。本当に難しいのは――真の政治的な問題は――私たちがなにをしたいのかについて同意し、それを成し遂げる方法を見つけ出すことだった。

２０２０年に経済政策の実験に取り組んだのは、裕福な国だけではなかった。連邦準備制度理事会（ＦＲＢ）が解き放った莫大なドルのおかげとはいえ、あちこちの新興市場国の政府は、グローバルな資本移動の激動で培った数十年の経験を活かし、優れたイニシアティブを発揮してコロナ危機に対応した。グローバルな金融統合のリスクをヘッジできる、金融政策のツールキットを活用したのだ。[49] 中国がウイルスの封じ込めに成功したことから、２００８年と違って、中国の経済政策は皮肉にもかなり保守的に見えてしまった。メキシコやインドでは、感染症がまたたく間に蔓延したにもかかわらず、政府が大規模な経済政策を行わなかったために、ひどく時代遅れに見えた。左派とされるメキシコのロペスオブラドール政権が、２０２０年に大規模な財政赤字を出さなかった――充分な財政出動を行わなかった――ことを理由に、ＩＭＦに非難されるという話題を振りまいた。[50]

転換期を迎えた、という感覚は避けようもなかった。１９８０年代以降、経済政策の主流を占めてきた正統派の学説がついに終焉を迎えるのだろうか。それは、ネオリベラリズムの終焉の前兆だろうか。[51] おそらく政府の一貫したイデオロギーとしては、終わりを迎えるのだ。「経済活動の自然な限界は無視できる」、あるいは「市場の規制に委ねられる」という考えは、現実にそぐわなかった。「あらゆる社会的、経済的ショックに応じて市場は自主規制する」という考えも、同じく非現実的だった。2008年の時よりも緊急に、生き残りを懸けた介入が決まった。第2次世界大戦以来の莫大な規模だった。

教条主義的なエコノミストは息がとまりかけた。だが、大規模な介入自体は驚くことではない。経済政策を熟知している正統派はいつも、現実と乖離していたからだ。権力の実践において、ネオリベラリズムは常に急進的なほど実際的だった。ネオリベラリズムの真の歴史は、資本蓄積を目的とした国家による介入の歴史であり、彼らは時に国家的暴力に強く訴えて反対勢力を強制的に排除した。(52) ドクトリンがどんな紆余曲折を経ようと、1970年代以降、市場革命と密接な関係にあった社会的現実――政治や法、メディア、そして労働者の権利剝奪に富が強く影響を及ぼす現象――は続いた。ネオリベラルによる秩序の堤防を決壊させていた歴史的な力とは、なんだったのか。本書が探っていくのは、階級闘争復活の物語ではない。急進的な大衆迎合主義者による異議申し立ての物語でもない。被害をもたらしたのは、頓着のない成長が解き放った感染症と、金融の蓄積がまわし続ける巨大なフライホイール（弾み車）だった。(53)

2008年の世界金融危機を引き起こしたのは、過度の信用膨張と不動産担保証券の乱発だった。2020年、新型コロナウイルスは外部から金融システムを襲ったが、コロナ危機が暴露した脆弱性は内部で発生した。今回のウィークリンクは銀行ではなく、資産市場そのものだった。コロナ危機の影響は金融システムの心臓部へと、すなわち信用ピラミッドが基盤とし、安全資産であるはずの米財務省証券市場へと向かった。もしその市場がメルトダウンを起こしていれば、世界を道連れにしていたかもしれない。
２０２０年3月も第3週に入る頃には、ロンドンのシティと欧州も危機に見舞われていた。またしてもＦＲＢ、米財務省、米連邦議会は、民間の信用システムのほぼ全体を支援する、つぎはぎだらけの介入策をまとめた。その効果は、ドル基盤の金融システムを通じて世界中に行き渡った。経済学者のダニエラ・ガボールがいみじくも〝ウォールストリート・コンセンサス〟と呼んだ、市場型金融のグローバルネットワークの生き残りが懸かっていた。[54]
２０２０年、経済安定化のための介入は壮大な規模で行われた。もしその気さえあれば、民主主義国家は経済のコントロールに必要なツールを備えているのだ、とグリーン・ニューディールは断言したが、その主張を立証するような規模だった。しかしながら、それは諸刃の剣だった。なぜなら介入が主権の主張であれば、それは民主主義ではなく危機が主導する介入だったからだ。[55]２００８年の時がそうであったように、介入は最も大きな損失を出した者の利益にかなった。今回は個々の銀行だけでなく、市場全体が「大きすぎて潰せない」とされた。[56]危機と介入の悪循環を絶ち、経済政策を民主主義的な主権のなかで実行するためには、徹底的な改革が必要だろう。真のパワーシフトが必要だが、そのような転換は起こりそうになかった。
１９７０年代の市場革命が、経済思想の革命だったことは間違いない。だが、そこにはそれ以上の意味があった。サッチャー首相とレーガン大統領が始めたインフレとの戦いは、社会の混乱という脅威に立ち向かう包括的な運動だったのだ。ふたりは、社会の混乱が内外から生じると考えていた。１９７０～80年代初めにかけて欧州、アジア、アメリカの階級闘争は依然、「植民地が独立を目指す戦い」と「冷戦」の枠組みのなかで捉えられていたため、市場革命には緊急性を伴った。[57]

保守派の運動がさらに緊急性を増したのは、1971年にブレトンウッズ体制が崩壊し、ドルと金の交換が停止して、拡大的経済政策への扉を開いたからだ。脅威はもはや戦後の端正なケインズ主義ではなかった。もっと急進的な経済政策だった。そしてそのリスクを封じ込めるために、国家と社会の境界を引き直す必要があった。その戦いで決定打となった制度上の措置は、貨幣供給のコントロールを民主主義政策から切り離して、独立した中央銀行の権限の下に置くことだった。

マサチューセッツ工科大学（MIT）の国際経済学者ルディガー・ドーンブッシュは、2000年にこう述べている。「独立した中央銀行が台頭したこの20年にとっていちばん重要だったのは、優先順位を正しく理解して、どんな時にも近視眼的で悪い貨幣である、民主主義的貨幣を排除することだった[58]」。

これには苦い意味合いがある。もし2008年以降、中央銀行が権限を著しく拡大してきたのなら、それは必要に迫られてのことであり、金融システムの安定を図るためだった。だが、それは政治的に可能であり、実際、さほど苦労もなしに実行できた。なぜなら、すでに1970〜80年代の戦いに勝利していたからだ。ドーンブッシュの世代を悩ませた脅威は去っていた。ネオリベラリズムが戦った時代と違って、民主主義はもはや脅威ではなかった。経済政策の領域において、もはやインフレのリスクはないという驚くような認識のなかで、民主主義の脅威は消え去っていたのだ。中道派が「大衆迎合主義」についてひどく憂慮するのにもかかわらず、階級対立は弱まり、賃金圧力もほとんどなく、ストライキは発生しなかった。

2008年の時と同じように、2020年の大規模な介入にもふたつの面があった。いっぽうでは、莫大な規模がネオリベラルたちの制限を破壊し、その経済理論が、ケインズに遡る介入主義者が唱えたマクロ経済学の基本的分析の正しさを立証したことだ。ネオリベラリズムを超えた、新たな体制の前触れに見えたかもしれない。そのいっぽうで、介入はトップダウンで行われた。介入が政治的に可能に思えたのは、左派から異論が出なかったからであり、金融システムの安定化を図る必要から、緊急性が極めて高かったからだ。それが、大規模な介入につながった。

2020年には、アメリカの家計の純資産が15兆ドル余り増加した。圧倒的な恩恵にあずかったのは、株式全体のほぼ40％を保有するトップ1％の最富裕層だった。[59] トップ10％の富裕層では、保有する株式の割合は全体の84％にものぼった。

もしそれが〝新たな社会契約〟であるなら、あまりにも不均衡な社会契約だった。それでもなお、今回の介入が略奪を激化させただけだ、と捉えるのは間違いだろう。政治生命をかけて戦っていた中道派は、社会的、経済的危機の巨大な力に見て見ぬ振りはできなかった。ナショナリストの右派は、深刻な脅威をもたらした。国家経済の回復のために社会の連帯を強めようという、右派の訴えは大きな反響を呼んだ。いっぽう、〝グリーンな〟政治運動は、少数派にもかかわらず存在感を増し、もはや無視できない勢力にまで成長した。[60] 強い感情を煽る右派に対して、グリーン・ニューディールの戦略的分析は的を射ており、知的な中道派もその点は認めていた。EUや米民主党の指導部は、構造改革に乗り気ではなかったかもしれない。だが、近代性、環境、不均衡で不安定な経済成長、不平等のあいだに関係があることは、中道派もよく理解していた。

結局のところ、事実は明らかであり、相当な意志の力を持ってしても、その事実を無視することはできなかった。そのため、2020年は略奪の年であるだけでなく、改革主義者にとっての実験の年でもあった。欧州、アメリカ、あちこちの新興市場国は社会危機の脅威を前に、新たな福祉の提供方法を試した。

そして中道派は前向きな議題を探して、環境政策と気候変動の問題を積極的に取り入れた。新型コロナウイルス対策に手一杯で、それ以外の優先事項が後まわしにされるのではないかという懸念に反して、グリーン・ニューディールの政治経済は主流に組み込まれた。「グリーン成長戦略」「よりよい復興」「グリーン・ディール」。スローガンはさまざまだったが、どのスローガンも、中道派に共通の危機対策であるグリーン・モダニゼーションを表していた(61)。

「グローバリゼーション」と「中国の台頭」

2020年は、次の3つのことを明らかにした。ひとつは、「経済活動がいかに安定した自然環境の上に成り立っているか」。極小のウイルスにも、変異によって世界経済全体を脅かすことができるのだ。ふたつ目として、「緊急事態において、財政と金融の全システムは市場と生計を支えることに向けられ、そのため、誰を、どのように支援するのかという問いが突きつけられる」ことだった。このふたつが、ここ半世紀の政治経済の基盤だった仕切りを取り払った。経済と自然とを隔て、経済と社会政策とを、そしてまた経済と政治そのものを隔てていた線引きを取り払ったのである。それだけではない。3つ目の変化もあった。「ネオリベラリズム時代の骨組みだった前提が、2020年には完全に崩壊してしまった」ことだ。すなわち、中国の台頭である。

信頼性の高い専門家の指摘によれば、ウイルスが中国で発生したことは驚くにはあたらないという。ウイルスが急速に変異してヒトに感染するようになったことは、湖北省の生物学的、社会的、経済的な状況を考えれば充分に予測できた。それを自然の成り行きと呼んでしまえば、ウイルスの変異にどの程度、社会的、経済的要因が関係していたのかが見えなくなってしまう。

だが、今回のウイルスが単なる自然発生ではないと考えた者は、どの時点でもいた。信憑性の高い仮説のひとつは、ウイルスが武漢ウイルス研究所から誤って流出したというものだ[62]。つまりチェルノブイリ型の事故だが、今回は世界規模で被害が拡大し、中国はよりうまく隠蔽したというわけだ。

ウルリヒ・ベックのいう「リスク社会」の最たる例だが、過失によって危険な副次的影響を引き起こしたチェルノブイリと違って、自然を支配しようとして失敗に終わった例だった。人騒がせな陰謀論によれば、ウイルスは生物兵器の開発過程で製造され、西洋社会の不安定化を狙った中国政府が意図的に拡散させたものだという[63]。国際的な独立機関による査察を中国政府が頑として受け入れず、疑惑を打ち消そうとして独自の陰謀論を撒き散らしたことも、ウイルス流出説に信憑性を与えた[64]。どちらの解釈を支持しようが、重要なのはウイルスとその発生源の問題ではない。それらの仮説が意味するところは「グローバリゼーション」と「中国の台頭」だ。そのふたつが絡み合った懸念は、過去にはないものだった。

２００５年、当時の英国首相トニー・ブレアが、グローバリゼーションに批判的な相手を皮肉った時、ブレアが嘲笑ったのは彼らの不安だった。ブレアは、近代化へと向かうアジア諸国の肯定的なエネルギーと、批判者の懸念とを対比させた。グローバリゼーションは明るい地平を開くという理由からである。

ブレアが認識していた安全保障上のグローバルな脅威とは、イスラム過激派のテロリストであり、サダム・フセインの大量破壊兵器だった。それらは恐ろしい。もしフセインが本当に大量破壊兵器を隠し持っているならば、大量の犠牲者が出てしまう。テロリストや大量破壊兵器は、グローバリゼーションに統制が効かなくなったしるしだ。だがどれほど暴力的な手段を使ったとしても、テロリストが実際に現状を変える見込みはなかった。そこに、テロリストたちの自滅的な、俗世とはかけ離れた非合理性があった。ところが２００８年以降の10年間で、現状は揺るぎないという信頼性が失われてしまった。

グローバリゼーションによる地政学的な野心がないことを最初に明らかにしたのは、原油と天然ガスを世界中に輸出して復活を果たしたロシアだった。ロシアの野心には制限があったが、中国にはなかった。２０１１年、オバマ政権は「外交の軸足をアジアに移すピボット政策」を表明した。(65)２０１７年12月、アメリカは新たな「国家安全保障戦略」を発表し、インド・太平洋地域を初めて権力闘争の重要地域に指定した。(66)２０１９年３月にＥＵが公表した対中戦略文書にも、同様の趣旨が述べてあった。(67)２０２０年、フランスとドイツの外務省もＥＵのあとに続いた。(68)英国は極端なピボットを行い、２０１５年に謳歌していた英中関係の新たな〝黄金時代〟から一転、南シナ海に空母を派遣すると決定した。(69)

そこにあるのは、お馴染みの軍事論理だ。大国はすべて競合である。あるいは、少なくともそれが「現実主義者」の理論だ。中国の場合、そこにイデオロギーという要素が加わる。２０２１年、中国共産党は旧ソ連の共産党も為しえなかった快挙を達成した。共産党結成１００周年である。中国政府は、マルクスとエンゲルスに始まり、レーニン、スターリン、毛沢東へと続くイデオロギーの系譜に連なることを誇らしげに謳った。習近平は、その伝統に忠実である必要性をこれ以上ないほど強調し、旧ソ連最後の最高指導者ゴルバチョフがイデオロギーの羅針盤を放棄した過去を、これ以上ないほど強く糾弾した。[70] そのため〝新〟冷戦とは実のところ〝旧〟冷戦の復活であり、アジア相手の冷戦であり、西洋が勝ったことのない戦いだった。

しかしながら、新旧の冷戦を分ける著しい違いがふたつあった。ひとつは経済である。中国が脅威なのは空前の好景気のせいだった。中国の目覚ましい経済発展は、西洋の製造業で働く労働者の生活を危うくした反面、世界中の企業や消費者にとっては莫大な利益であり、今後もさらに大きな恩恵が期待できた。それがジレンマを生んだ。中国とのあいだで新冷戦が勃発したことは、あらゆる意味で筋が通っていた。ただし、「経済こそが重要なのだ、愚か者」という点を除いては。

新冷戦が旧冷戦と根本的に違うふたつ目の特徴は、グローバルな環境問題であり、その問題を経済成長が加速させていることだった。1990年代、グローバルな気候政治学が現在のかたちで登場した時、世界は単極だった。つまり、アメリカが環境汚染の最大かつ最悪の発生源だった。当時の中国は貧しく、二酸化炭素の排出量は世界全体で見れば取るに足りなかった。ところが2020年になる頃には、中国の二酸化炭素排出量はアメリカと欧州の排出量を合わせた量を上まわり、少なくとも今後10年間、その差はさらに拡大するものと見られた。中国なしに気候問題の解決が思い描けないように、中国なしに新興感染症のリスク対応も想像できない。中国は気候問題と感染症リスクの両方において、強力なインキュベーター（培養器）だった。

ＥＵのグリーン・モダニゼーションの推進者は、対中戦略文書のなかで、そのふたつのジレンマを解決する方法について言及し、中国を体制上のライバル、戦略的競合であるとともに、気候変動に対処するパートナーと定義した。トランプ政権は気候問題を否定することで、アメリカ政府の責任や負担から逃れようとした。だが、アメリカ政府も経済的に深刻なジレンマに陥っていた。中国政府のイデオロギーを非難しながらも、戦略的な計算を働かせ、長期的な企業投資を睨んで、トランプは手っ取り早く貿易協定を結ぼうとしたのである。イデオロギーと経済という不安定な組み合わせは、2020年に大きく傾いた。トランプはその年の初め、待ち望んでいた米中の「第1段階の合意」に正式に署名した。

それにもかかわらず、夏になる頃には、戦略的な競争を求める声とイデオロギーを非難する声が、経済的な利益を上まわった。戦略的にも経済的にも、中国はアメリカにとって改めて脅威だと定義されたのだ。中国はアメリカ人の仕事を奪い、数十億ドルに及ぶアメリカの知的財産を違法に盗んで、アメリカが敵対する体制の利益に使ってきた。[71] このような事態を受けて、アメリカ政府の情報部門、国家安全保障部門、司法部門は中国に経済戦争を宣言した。そして、中国のハイテク産業の発展を妨害する措置に着手した。現代経済の心臓部にあたる部門である。

米中ハイテク戦争激化のタイミングは、ある程度、偶然だった。中国の台頭は長期的な歴史の必然であり、いつかは世界が受け入れなければならない現実である。だが、中国がコロナ危機にうまく対処し、それによって自己主張を強めると、トランプ政権の怒りを買った。さらに、過熱するアメリカ大統領選が——先の陳一新の婉曲的な言葉を借りれば——強力な「拡大作用」と「誘発作用」を引き起こした。トランプの選挙チームにとって、中国を非難することは理にかなっていた。アメリカ国内の「文化戦争」に、「アメリカに進出した、中国政府に協力的な中国系企業」を加えることも、完璧に理にかなっていた。さらに2020年夏になる頃には、ただならぬ事態が起きているとは否定のしようもなかった。アメリカは、もはやなにかが完全におかしかったのである。

現代アメリカを覆う〝倦怠感《マレイズ》〟は今回が初めてではなかった。1979年夏、イラン革命に端を発した第2次エネルギー危機のさなか、カーター大統領は国民に向けた演説のなかで〝倦怠感〟という言葉を使った(72)。1984年、レーガン大統領は再選をかけた選挙キャンペーンで、「アメリカの朝」と題するテレビCMを流し、景気後退に陥ったこの国を市場革命で救い出すと訴えた。英国でも、サッチャー首相が同じように市場革命を約束した。

1980年代、マンハッタンでパーティに明け暮れていたドナルド・トランプは、新しい時代の成功者であるとともに、醜い真実の体現者でもあった。つまり、市場革命はアメリカ社会の大部分を置き去りにしたのである。アメリカは金融、技術、軍事力で世界に強大な影響力を及ぼし続けたが、それは国内の脆い基盤の上に成り立っていた。コロナ危機が痛ましくも炙り出したように、アメリカの医療制度は脆弱であり、貧弱なセーフティネットは数千万人を貧困の危機に曝した。習近平の描く「中国の夢」が2020年を生き延びたとしても、アメリカの夢はそうはいかなかった。

それゆえ、2020年のネオリベラリズムの全体的な危機は、アメリカ人にとって、とりわけアメリカの政治スペクトラムの一部にとって、過去のトラウマが甦る特別な意味合いがあった。ウッドロウ・ウィルソン大統領(在職期間1913～21年)やフランクリン・ルーズベルト大統領(在職期間1933～45年。ニューディール政策を実施)に始まる、歴代民主党政権がつくり上げたアメリカ政府のビジョンは、コロナ危機と戦うツールをリベラルたちに与えた。民主党のアレクサンドリア・オカシオ＝コルテス下院議員率いる新世代の急進派でさえ、ニューディール政策に気に入った点を見つけている。[73] そのいっぽう、共和党とその支持層であるナショナリストで保守的な有権者は、実存的な危機と形容するのがふさわしい状況に陥り、アメリカ政府、合衆国憲法、アメリカと世界との関係に深刻なダメージをもたらした。それが頂点に達したのは、２０２０年11月3日から翌年1月6日まで——アメリカ大統領選の投票日から、連邦議会議事堂襲撃事件の当日まで——だった。トランプは大統領選での敗北を認めようとせず、おおぜいの共和党議員も選挙結果を覆そうとし、そのあいだ、パンデミックも社会的騒乱も放置したまま、ついに２０２１年1月6日、トランプと共和党の重鎮たちがトランプの支持者に向かって、連邦議会議事堂への乱入を焚きつける事態に至ったのだ。

その事件が、アメリカの民主主義の未来に対する深刻な懸念を引き起こしたのも無理はない。しかもアメリカ政治の極右の要素は、ファシズムまがいと言っても差し支えない。[74] だが２０２０年のアメリカには、かつてのファシストの方程式にはあった、ふたつの基本的要素が欠けていた。ひとつは全面戦争だ。アメリカ人は内戦（南北戦争）を覚えており、将来再び内戦が起きるだろうと考えている。アメリカは近年、海外で戦争を経験している。そしてその時の体験が、軍隊化した治安維持活動や、パラミリタリー組織（準軍事的自警団）に対する憧れとなってアメリカ社会に逆流した。[75] とはいえ、全面戦争は社会をまったく異なるものに変えてしまう。戦争は社会全体をひとつにまとめ上げる。２０２０年の襲撃事件の時のように、個々の同志の突撃では済まない。

そして、古典的なファシストの方程式から抜け落ちているふたつ目の要素は、本書のテーマにより近い、社会に蔓延する敵意である。想像上のものであれ現実のものであれ、敵意は社会体制と経済体制を脅かす。

2020年、合衆国憲法の危機を察知したアメリカ企業は一斉に反トランプで結集した。あるいは、アメリカの大手企業は反トランプの理由として、臆することなく投資対効果検討書を挙げた。そのなかには、株主価値、職場が親トランプと反トランプに分裂する企業を経営するリスク、法の支配の経済的重要性、さらには驚くことに内戦勃発の際の予想損失額までが書き込まれていた。企業の資産を、2020年のアメリカの民主主義に照らし合わせて考えれば、ある程度は安心できたに違いない。

だが、まったく別のシナリオが実現していたらどうだろうか。もし、ウイルスがあと数週間早くアメリカで広まっていたら？　感染拡大によって、自称社会主義者のバーニー・サンダースと、その公約である国民皆保険制度に支持が集まり、サンダースが予備選で圧勝し、民主党候補としてバイデンのかわりに大統領選に出馬していたら？[76]　そうなると、次のような展開を想像するのは難しくない。アメリカの企業が揃って逆方向に振れる。つまり、サンダースの当選を阻止するという同じ目的の下に、企業が一斉にトランプ支持で結束する。[77]　さらに、もしサンダースが本当に大統領選でトランプを破ったとしたら？　その時には、アメリカ合衆国憲法と、最もパワフルな社会層の合衆国憲法に対する忠誠心とを占う、真の試金石になっていただろう。

「人新世《ひとしんせい》」とコロナ危機

「環境の限界」「国内の社会的、経済的、政治的基盤」「国際秩序」の3つについて、2020年をネオリベラル時代の包括的な危機とみなすと、いまの私たちが置かれた歴史的な立場を確認しやすくなる。そのような観点で見ると、コロナ危機は1970年代に始まった、ひとつの時代の終わりを告げている。コロナ危機はまた、来たる人新世《ひとしんせい》――人類が自然や生態系に大きな影響を与え、その環境変化によって人類が負の影響を受ける時代――において、私たちが初めて直面した包括的な危機と言えるかもしれない。(78)

だが本書では、過去半世紀の歴史の流れを時期尚早に描き出そうとするのではなく、また未来を推測によって見通そうとするのでもなく、できる限り、その出来事が起きた瞬間に焦点を当てる。必要に応じて、過去に遡ったり未来について言及したりはするが、焦点を合わせるのはあくまで、2020年1月に起きた新型コロナウイルス感染症の集団発生から、ジョー・バイデンの第46代アメリカ大統領就任式までの1年間に起きた出来事だ。

この狭い期間に絞ったのには意図的な理由がある。歴史を書くとはどういうことか、という問題につきものの、過去と現在のあいだで起きる緊張が扱いやすくなるからだ。それはまた、知性と心理にのしかかる重圧に対処する私個人の戦略でもある。そうでもなければ、私はその重圧に押しつぶされていた。

世界中の数十億人と同じように、私も新型コロナウイルス感染症によって計画の変更を余儀なくされたひとりだ。私の2020年は、エネルギー政策史の本の執筆で始まった。石油危機の時代に遡って炭素の政治経済学をたどり、グリーン・ニューディールへと続く背景を描き出そうとしていた。多くの人と同じように、私も人新世に強い関心を持つようになっていた――人新世の変化は、資本家の経済成長によって起き、自然史と人類史との分離を議論の対象とする。(79)

2020年2月、ウイルスがひっそりと世界に広まっていた頃、私は東アフリカを旅行し、生まれて初めてアフリカ大陸の歴史にどっぷりと浸っていた。移動のたびに、あちこちの空港で見慣れない健康チェックが行われていることには気づいていた。とはいえ、その時にはほとんどの人と同じように、まもなくとんでもない事態が起きるとは思ってもいなかった。2020年3月6日金曜日、アフリカ大陸から帰途についた私は、新しいイスタンブール空港の洞窟を思わせるホールで、ようやく事の深刻さに気づいた。世界中から集まった旅行者が、かたちやサイズもさまざまなマスクで口元を覆っていたのだ。そんな彼らの姿は、長距離フライトで初めて見るありえない光景であり、居心地の悪さが募った。

時差ボケ状態でぼんやりと過ごしたその週末、ニューヨークは地獄のような大混乱に陥っていた。ウイルスのせいで大きな経済縮小が起きていた。ふと気がつくと、私はとつぜんジャーナリストの質問責めに遭っていた。私は前作の『暴落』(みすず書房)で、2008年の世界金融危機を描いていた。その再発に見える現象を、彼らが理解する手助けを頼まれたのだ。

『暴落』はそれ自体が歴史であり、その後の状況の変化により、もはや役に立たなくなってしまっている。2008年から10年の節目を記念する本を著わそうと考え、英国で行われた「EU離脱の是非を問う国民投票」とトランプの大統領就任でひと区切りとしたものの、危機はそこで終わったわけではなかった。当時、ある賢明な友人がこんなジョークを飛ばした。「君は果てしなく続く新作を書くよう促されても仕方のない立場に、自分を置いているわけだ」と。2020年3月、私は友人の指摘の意味するところをひしひしと感じていた。株価と債券相場が下落し、レポ市場が機能不全に陥ったというニュースがヘッドラインを飾り、FRBのスワップラインが議題にのぼると、『暴落』のナラティブが私に重くのしかかってきた。

4月に入る頃にはその重圧が1分ごとに高まるように思われ、私はカーター元大統領のエネルギー政策のことなど、とても考えられなくなってしまった。そして、目の前で起きている出来事の流れに集中することにした。

2020年は厳しい1年だった。これまでとはまったく違う年だった。それゆえ、本書は『暴落』以上に同時性が強い。いくらか逆説的であるにせよ、「いまという瞬間を見逃し」てはならない、という切迫感がいっそう強い。現在もまだ乗り越えようとしている混乱をナラティブのかたちで表そうとする、どんな取り組みも不完全であり、修正の必要がある。だが、もし周囲の出来事を理解しようとするならば、リスクを冒さなければならない。そのリスクに取り組んだのが私たちだけではないことは、ひとつの慰めである。2020年は話し合い、物語を語り、議論し、分析する年だった。

この種のナラティブは時期尚早かもしれない。だが、正しかろうが間違っていようが、ある解釈を提示し、知的な賭けをすることで貴重な考えは得られる。「すべての真の歴史は現代史である」という命題が真に含意するものを、より深く理解できる。[80] 実際、2020年に当てはめてみれば、20世紀前半の哲学者ベネデット・クローチェのその言葉は新たな意味合いを持つ。ニューヨークのアッパーウエストサイドのアパートメントという安全地帯にこもって、気候危機について執筆する時、自然とそれが人類史に及ぼす影響の歴史的変化は、遠い世界の出来事に思える。人新世が、抽象的で知的世界の命題のように思えるのだ。コロナ危機は、最も安全に守られている者からも、自分は安全だという幻想を剝ぎ取った。

第Ⅰ部

疫病と現代世界

第1章

組織化された無責任

社会の構造的緊張

懐疑論者は最初から存在した。そして、その懐疑的な人たちは好んでこう指摘する。コロナ危機の特異な点は、ありきたりな現象を世界的な危機に仕立てたことだ、と。人はいつか死ぬ。そして、新型コロナウイルス感染症で亡くなる人は、普通の死因で亡くなる人だ——つまり、基礎疾患のある年配者である。いつもの年であれば、持病を抱えたお年寄りはインフルエンザか肺炎で亡くなる。ひと握りの裕福な特権階級を除けば、数百万もの人たちがマラリアや結核、ＨＩＶなどの感染症で命を落とす。それでも「生活は続いていく」。

新型コロナウイルス感染症は、過去の感染症と比べて比較的、致死率が低い。ところが、今回の感染症に対する反応は前例がなかった。世界中がシャットダウンした。大半の商業活動も通常

表1　1990年と2017年の総死者数と死因別死者数の割合

	総死者数		伝染病、母体疾患、新生児疾患、栄養性疾患（%）		非伝染性疾患（%）		傷害（%）	
単位	百万人	百万人	%	%	%	%	%	%
年	1990	2017	1990	2017	1990	2017	1990	2017
西欧	3.86	4.16	4	5	90	91	6	4
アメリカ	2.14	2.86	6	5	87	89	7	7
ラテンアメリカ及びカリブ海諸国	2.36	3.39	28	12	57	76	15	13
中国	8.14	10.45	17	3	72	89	11	7
インド	8.38	9.91	51	27	40	63	9	10
サハラ以南のアフリカ	6.77	7.48	69	58	24	34	7	7
世界	46.5	55.9	33	19	58	73	9	8

出典：https://ourworldindata.org/causes-of-death

の企業活動も停止した。日常生活が大いに妨げられ、世界中のあちこちで――程度の差はあれ――否認や憤り、抵抗、不服従や抗議を引き起こした。異議を唱える者たちの政治学には共感しないが、彼らの意見が歴史に大きな影響を及ぼしてきたことは確かだ。医療現場の逼迫は驚くような新しいかたちで、より大きな危機に発展した。今回のような事態が起きた理由を、活力を失った過保護な政治風土の結果や、抑圧的な感染症対策の結果としてではなく、21世紀初めの社会の構造的緊張の結果として解き明かすことは、2020年の危機を理解する際の土台となるだろう。

死亡率と公衆衛生

歳を取れば誰でも死ぬ。だが重要なのは、どれくらいの人が、どんな割合で、どんな原因で亡くなるのか、だ。いつの時点でも、死因の順位を確率行列によって表すことは可能だ。その数字は時とともに変化し、治療の可能性、医療経済学、その社会の優位点や弱みなどのパターンによって決まる。

世界的に見てこの数十年で、貧困病――伝染病、母体疾患、新生児疾患、栄養性疾患など――による死亡はかなり減少した。それでもなお、貧しい人や低所得国の恵まれない人たちの平均寿命は短く、しかも予防可能な疾患で命を落としている。ナイジェリアのような低所得国の平均寿命は55歳であり、死因の68％が貧困病だ。いっぽう、ドイツの平均寿命は81歳で、貧困病は死因の3・5％にすぎない。英国では6・8％。アメリカの数字はちょうどその真ん中だ。2017年、高所得国の国民ひとり当たりの医療費は、購買力平価で低所得国の49倍だった。[1]

豊かな国では、乳児死亡率、妊産婦死亡率、平均寿命において、人種と階級で驚くような格差が見られる。社会の隅に追いやられた、恵まれない人たちのあいだで薬物使用が蔓延し、それが原因で起きる疾病、あるいは喘息、鉛中毒は放置されたままだ。ドイツでは、最低所得階級の男性の27％が65歳未満で亡くなるのに対して、最高所得階級では14％だ。女性の場合にも、その差はほんのわずかに縮まるだけだ。[2]

公的と民間の2種類の健康保険制度がある国では、民間の医療保険に加入している11％の市民のほうが、平均寿命が4年長い。[3]アメリカは世界で最も豊かな国とされるが、2009年の調査によれば、健康保険に未加入だったために命を落とした市民は、4万5000人を数えるという。[4]アメリカにおいて、国勢調査単位の低所得地域に住む市民がインフルエンザによって入院し、集中治療を受け、その末に死亡する割合は、高所得地域に住む市民の約2倍にのぼる。[5]特にその差が著しいのは、65歳以上の貧困者である。

これらの数字が、仕方のないものとして世間で容認されていると言うのは言い過ぎだろう。実に恥ずべき数字である。社会の優先順位は市民の命を守ることだという、いかなる考えとも矛盾する。だが、貧富の差による死亡率の差は純然たる事実とはいえ、少なくとも年間死亡数に占める死因別の死者数の割合については大きな変化はなかった。死亡率は変わる。だが、ごくゆっくりと。そして、たいてい望ましい方向に。

コロナ危機に関する限り、重要なポイントは、高中所得以上の国でいまなお平均的な市民を苦しめている感染症は、下気道感染症（肺炎など）かインフルエンザ（上気道感染症）だけであり、たいてい年配者にとってのみ危険だったことだ。いつもの年であれば、アメリカで肺炎かインフルエンザによる死亡率は、年間死亡数の2・5％にすぎなかった。その数字に、すべての下気道感染症（気管支炎、結核など）による死亡率を加えると、年間死亡数の10％を占め[6]、感染症が原因の年間死亡者数の80％を占めることになる。残りの20％がＨＩＶ感染症／ＡＩＤＳ、下痢性疾患——特にクロストリジウム・ディフィシル感染症——である。ところが新型コロナウイルスによって、これらの数字が大きく変わってしまった。

１９４５年以降、おもな感染症を制圧してきたことは偉大な勝利のひとつである。飢餓の改善、識字率の向上、水道の普及、産児制限と並ぶ歴史的な快挙だ。平均寿命の延びは、経済成長の隠れた要因である[7]。たくさん消費できることはいいことだ。何十年も長生きして消費を楽しむことは、なおさら素晴らしい。ある試算によると、20世紀に達成した寿命期間を計算に含めると、アメリカ人の生活水準の成長率は2倍に跳ね上がるという[8]。１９７０年代に入る頃には天然痘とポリオの根絶が視野に入り、そこから疫学転換〔訳註　社会や経済の持続的な発展に伴って、社会の疾患構造が、感染症がおもな段階から、非感染症がおもな疾患の段階へと変化すること」という考えが生まれた[9]。感染症はもはや過去の病気になるかと思われた。

その傾向は、豊かな西洋諸国で特に著しかった。だが、疫学転換は近代社会共通の悲願であり、西洋だけでなく、旧ソ連や中国にとっても大きな関心事だった[10]。実際、当局が主導する集産主義プロジェクトとして、疫学転換は西洋以上に旧ソ連や中国の政治ビジョンにかなっていた。公衆衛生システムも、世界的な医療支援プログラムもほとんどないままに、コロナ危機に見舞われたキューバがその絶好の例である。共産主義体制にとって、社会主義を前進させるために数千万人の命を犠牲にしたり、中国の「一人っ子政策」のように産児制限を課したりすることと、市民の命を救い、感染症の制圧に総力戦で取り組むこととのあいだに矛盾はなかった。

確かに壮大な取り組みだったが、1970年代に勝利の一歩手前まで迫ったところで、感染症は果たして本当に制圧できるのか、という疑問が持ち上がり始めた。インフルエンザは撲滅できなかった。世界中で流行し、死因としては軽く見られている。あらゆる死因による死亡率を急増させる原因である[11]。それが特に騒がれもしないのは、たとえ季節性インフルエンザにかかったせいで命を落としても、多くの場合、肺炎や心臓疾患といった、もっと直接的な死因に分類されるからだ。インフルエンザは極めて感染力が強く、また感染までの期間も短いため、検査や隔離では感染を防げない。変異しやすいため、ワクチンの効果も充分とは言えない。唯一の救いは致死率が低いことだ。

1970年代に専門家が制圧に乗り出した新興感染症のなかには、致死率が極めて高い疾患もあった。悪夢のようなエボラウイルスが初めて確認されたのは1976年。AIDSの確認が1

981年。西洋ではHIV感染症／AIDSは、烙印を押された性的マイノリティの疾患だったが、サハラ以南のアフリカでは若い異性愛者にとって、特に女性にとって母子感染の危険がある病として恐れられた[12]。2020年には、HIV感染症／AIDSの犠牲者は総計3300万人を数えた。2020年の死亡者数は約69万人と見られている[13]。感染症に関する限り〝歴史の終わり〟にはほど遠かった。

実際、専門家がウイルスの変異と伝播について調査した時に浮かび上がったのは、危険な均衡だった。現代科学、技術、医療、経済の発達によって、私たちは病気と戦う、より優れた力を手に入れたのかもしれない。だが、その同じ力は新たな感染症を生み出す一因でもあった[14]。1970年代以降、専門家は新興感染症のパラダイムを提示してきた。それは、時を同じくして登場した気候変動や地球システム生態学のモデルと同じように、現代の生活様式、経済や社会システムに対する核心を衝いた批判だった[15]。

土地の利用、荒野の開墾、豚や鶏の工業型畜産、大都市圏の膨張、航空機によるグローバルな移動、贅沢な生活、儲け主義による抗生物質の過剰処方、ワクチンをめぐる無責任なフェイクニュースの拡散。これらが合わさって、安全どころか、ますます危険な疾病環境を生んだ。程度の差はあれ、そのような要素が、少なくとも2000年前から存在してきたことは間違いない。ローマ帝国の高度な都市社会はすでに、ユーラシア大陸を席巻したパンデミックの犠牲になっていた。だが、先端的な医療と新たな豊かさを手に入れたにもかかわらず、20世紀末、パンデミックが猛威を振るう潜在的脅威は劇的に高まった。認めようと認めまいと、私たちは一種の軍拡競争に巻き込まれてしまったのである。

それは、パンデミックの脅威が現代の生活様式から生じるという深い分析である。その論理に異議を唱える、ワクチン反対派が率いるグループもある。だが、彼らは付随的な要素にすぎない。新興感染症の発生を警告する声が、議論の的なのではない。感染症の発症リスクである現代の生活様式を続けようとする、私たちの態度や行動が議論の的なのだ。もし専門家が、疾病リスクを体系的につくり出しているのは現代の経済・社会システムだと言ったら、私たちはどうするだろうか。

問題の根本に取り組むためには、ウイルスの潜在的脅威を描き出すとともに、土地の利用を体系的に管理し、工業型農業を劇的に転換するといった包括的な取り組みが求められるだろう。[16]それはつまり、幅広い利益集団——グローバルな大規模農工業企業《アグロインダストリー》からアジアの養豚・養鶏場経営者、中国南部の腐敗した市当局者、貧困地域の零細農家まで——に対処するという意味だ。[17]

高所得層は、肉や乳製品中心の食事を見直す必要があるだろう。現在の政策ではもちろん不充分だ。保健当局は集約畜産場に衛生規制を課し、野生動物市場の閉鎖に取り組んでいる。「食用野生動物」の狩猟禁止を散発的に呼びかける地域もある。だが、それでは新興感染症を生み出す根本的な原因に取り組んでいることにはならない。

世界的な規模で言えば、世界保健機関（ＷＨＯ）のような組織がある。高度な知識を持った、意欲に燃える数千人の善意の専門家が、世界中から集まって果敢に戦っている。だが78億人が暮らし、急速に発展する地球全体の保健機関としては、ＷＨＯは張りぼてのごとく見かけ倒しだ。

２０１８〜19年の2年間にＷＨＯが承認したプログラム予算はわずか44億ドルにすぎず、大都市の病院一軒の予算にも満たない。[18]ＷＨＯは各国政府、慈善団体、世界銀行、大手製薬会社など

図2　資金提供者別、WHOに対する拠出金の割合（2020年6月30日時点）

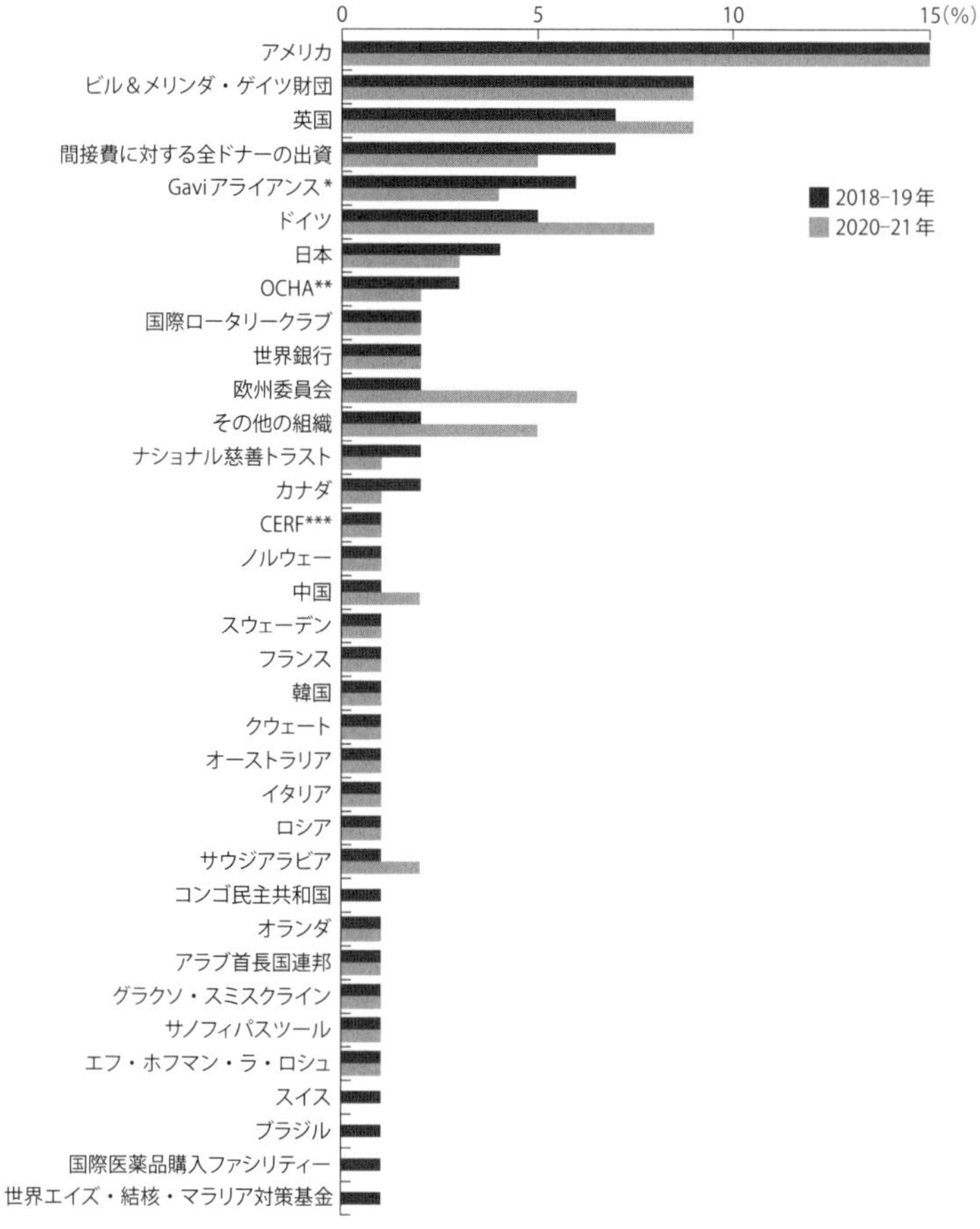

注：*Gaviアライアンス＝ワクチンと予防接種のための世界同盟
　　**OCHA＝国連人道問題調整事務所
　　***CERF＝国連中央緊急対応基金
出典：WHO, via A. Gross and J. Pickard, "Johnson to Boost WHO Backing with £571m Vaccine Pledge," *Financial Times*, September 26, 2020

のさまざまな資金源から、資金を掻き集めている。2019年のおもな資金提供者のなかには、アメリカ政府や英国政府と並んで、またドイツ政府の出資額を抜いて、ビル&メリンダ・ゲイツ財団の名前があがる。国際ロータリークラブも、中国政府やフランス政府以上の額を寄付している。だがこれらをすべて合わせても、WHOは地球人口ひとり当たり、年間たったの30セントしか割り当てられないのだ。

活動資金を寄付に依存しているために、WHOの活動内容は資金提供者に左右される。たとえば、WHOの活動においてポリオの根絶は高い比重を占めている〔訳註　ポリオの根絶はビル&メリンダ・ゲイツ財団の最優先課題〕。WHOは、世界の疾病の動向を監視する重要な役割を担う。専門的な仕事であると同時に、政治的な側面も大きい。国際的な衛生規制の考え方が取り入れられるようになった19世紀前半、重要な懸念事項がふたつあった。ひとつは、疾病が東洋から西洋へと持ち込まれて拡大する事態であり、ふたつ目は、長期隔離のような厄介な規則に反対する自由貿易主義者の声だった。(19) つまり、彼らは感染症を理由に自由貿易が妨げられる事態を避けたがったのである。WHOはいまなお、その葛藤を抱えている。

WHOはグローバルな公衆衛生対策を調整するうえで、特定の国を感染源と名指してその国を敵にまわしたくはないが、専門機関としてできるだけ早期に断固たる措置をとりたい。だがもしその措置が、移動と通商に不必要な制限を課し、莫大な損害をもたらした時には、激しい批判に曝される恐れがある。

1994年にインド西部の港湾都市スーラトでペストが発生し、世界中にパニックが広がった時がそうだった。2003年にSARSが発生して、WHOが緊急旅行延期勧告を出した時にも、発令にはもっと慎重なアプローチをとるべきだったという圧力を受けた。[20] 2009年に豚インフルエンザが発生した際、WHOはパンデミック宣言を出したが、結局、犠牲者の数はパンデミックと呼ぶにはほど遠く、宣言を出したことで、WHOは高価なワクチン市場を意図的に操作したのではないかと疑われ、一部の職員が激しい非難を浴びた。[21] 限られた予算を頼りに、極めて難しい判断を迫られる状況では、大きな惨事を招いてしまいかねない。[22]

英国の経済学者ニコラス・スターンは、かつてこう述べている。気候変動は「史上最大の市場の失敗」だ——二酸化炭素排出のコストに価格をつけなかったことは大きな失敗だ、という意味である。[23] もしそれが史上最大の市場の失敗であれば、僅差の2位は、2020年のコロナ危機が証明したように、パンデミックに積極的に備えてこなかったことに違いない。たとえ完璧な資金力を持つグローバルな公衆衛生インフラでさえ、完全な予防効果を保証するものではないのに、2020年初め、グローバルな公衆衛生に対する投資は微々たるものだった。それに対してパンデミックリスクは莫大であり、その不均衡はまさに異様と言うほかなかった。

政治の責任

パンデミックに対する不充分な投資を「市場の失敗」の観点で議論したのでは、論点の重要性がしっかり伝わらない。パンデミック対策にかかっているのは、巨額の経済価値だけではない。社会秩序と政治的正当性という基本的な問題も、危機に曝してしまうのだ。

もし政府が感染症の脅威を完全に無視でき、未然に防ぐためにできることはほとんどなく、犠牲者が急増しても「生活は続く」のであれば、公衆衛生に充分投資してこなかったことには、皮肉な論理的根拠がある。だが実のところ、近代国家の礎のひとつは国民の命を守るという約束である。トマス・ホッブズの『リヴァイアサン』のかの有名な口絵に、ペストの医師が描かれているのは偶然ではない[24]。その基本的な理解に立てば、現代国家が危険なパンデミックを国内で野放しにしておくためには、政治問題化させないという大胆な戦略をとるか、少なくとも市民の意識を徐々に「鈍感にする」プロセスを踏む必要があるだろう。2020年、新型コロナウイルス感染症は「単なるインフルエンザ」だという考えを押しつけることは、そう主張する者が思う以上に難しかった。

この数十年というもの、各国政府はパンデミックの脅威を無視するどころか、専門的な部署を設けて生物医学的な大惨事に備えてきた[25]。専門家は軍隊のように思考する。脅威が制圧可能だという前提には立たない。感染症は制御可能だという考えを、楽天的な公衆衛生活動家の自惚れとみなす。パンデミックの専門家の仕事は、消えることがないどころか、深刻さを増す脅威に備えることだ。不吉なことに、1990年代以降、ますます多くの政府の関係部署が、みずからの使命を「準備」と捉えるようになった。

それは極めて重大な使命にもかかわらず、まったく報われない仕事だ。莫大な潜在的リスクがある。エボラ出血熱のような疾病か、感染力が強く致死率の高いスペインかぜや、それ以上に強力なインフルエンザが世界中で流行する事態を想像してみればいい。だがそのいっぽうで、感染リスクを減らすために食物連鎖や輸送システムを構造的に変えようとはせず、適切な公衆衛生システムに投資しようとさえしないのであれば、2019年の時点で、パンデミックに対する備えが、文字通り世界中の政府で不足していたとしても不思議ではない[26]。ウルリヒ・ベックの「組織化された無責任」の典型的な例であり[27]、経済と社会に損害を及ぼすだけでなく、政治的な危機の可能性も孕んでいる。

生命を脅かす思いがけない危機に直面し、説明責任を負う当局は見て見ぬ振りをするわけにはいかなかった。慌てて感染対策を講じた。実際、当局の対応には、原則的に制限がなかった。新型コロナウイルスが猛威を振るうニューヨーク州で、クオモ知事は大胆にもこう述べている。「人間の命にはどのくらいの価値があるのか……。私にとって、ひとりの人間の命の価値は値段がつけられないほど貴重だ[28]」。このような発言は明らかに現実からかけ離れているのにもかかわらず、あえて反論する者はいなかった。

公的な言説は、実際の日々の暮らしや、人生で与えられる好機の配分、現実の死亡率とは異なる。公的な言説において、生死はほかの優先事項と同等ではない。もしランクをつけるように問われたら、私たちは生死をほかの項目とは別個に扱う。どんな死の可能性も、ましてや大量の死を予感させるものは、公的な政治議論に終止符を打つ。パンデミックのような衝撃的な事態は、人を行動に駆り立てる。

だが、パンデミック以前の生死の確率計算でさえ、政治を不安定に陥れる。世の中は恥ずべき不平等に溢れており、死もまた不平等に扱われる。ところが、不平等な死の正当性が問われることがある。そしてもし明るい太陽の下に引きずり出されて問題となり、異論が噴出すれば、弁解の余地はない。だからこそ、2020年夏にパンデミックとブラック・ライブズ・マター運動が時を同じくして発生したことには、深い必然性があった。ブラック・ライブズ・マター運動が力強く証明したように、ひとりの人間の命が不法に奪われた時には、大規模な政治運動を引き起こしかねない。死が殉教になった時には、とてつもない影響力を解き放つ。

ブラック・ライブズ・マター運動を掻き立てたのは、歴史の闇に葬られてきた数々の不正だった。過去と現在が結びついた。2020年5月25日に起きたジョージ・フロイド事件は、数世紀にわたる不正や不当行為の記憶を呼び覚ました。この運動が激しく吹き荒れたのは、勢いを増すパンデミックのなかで、過去に対する怒りや憤りが、将来に対する不安によって増幅されたからだ。[29] 2020年の不平等な状況に照らし合わせて言えば、あと何人のアフリカ系アメリカ人が、暴力と差別と貧困の犠牲になればいいと言うのか。

政治責任は、将来を見通し、予測し、警鐘を鳴らしたかどうかで評価される。[30] 将来に起こる脅威が大きければ大きいほど、果たすべき政治責任も大きい。悲観的な占い師や預言者を、国家が法律で取り締まってきたのも無理はない。[31] 占う方法が怪しいからだけではない。預言が大衆の不安を掻き立てかねないからだ。とはいえ21世紀に、コロナ危機について予測する社会科学者や疫病学者を取り締まる法律はない。それどころか、権力やカネを握る者たちは彼らのお告げに頼り切っている始末だ。

2020年初め、どのくらいの人たちが新型コロナウイルス感染症の犠牲になるのか、わかっていなかった。わかっていたのは、2003年のSARSと、2012年に確認されたMERS（中東呼吸器症候群）の致死率の高さだった。インペリアル・カレッジ・ロンドンをはじめとする複数の専門家チームが、中国とイタリアで集めた新型コロナウイルスの初期データをもとにした予測モデルを使って、犠牲者の数を弾き出したところ、数百万人という数字が出た。[32] 新型コロナウイルスを軽視し、積極的な感染予防策をとらない国の政府でさえ、無視できない数字だった。

破滅的な事態を思い描く時、私たちが恐怖を覚えるのは、現代社会の規模の大きさだ。アメリカ市民の1％がウイルスの犠牲になると仮定すると、330万人が命を落とす計算になる。この数字は、1776年の建国以降、アメリカが関与してきた戦争の犠牲者の2倍以上にあたる。欧州の場合、人口の1％は500万～600万人であり、ホロコーストの推計犠牲者の数に並ぶ。世界人口の1％であれば7800万人。これは、第1次世界大戦と第2次世界大戦を合わせた犠牲者の数を凌ぐ。もし1918～19年のスペインかぜの犠牲者が当時の世界人口に占めた割合と、同じ割合の人が新型コロナウイルス感染症で亡くなると試算すると、2億人という数字になる。21世紀の世界はまさに巨大な場所なのだ。2020年、その途方もない規模に公衆衛生の当局者たちは打ちのめされていた。

命の価値

筋金入りの懐疑論者は強い口調で訊く。あなたは「ライブズ・マター（命は大切だ）」と言う。だからこそ、どれほど大きな損失が出ようとシャットダウンは正当化される、と。それなら、命はいったいどのくらい大切なのか。

命は神聖で、なにものにも代え難いという主張は、明らかに真実ではない。社会統計が示すように、裕福な国も含めて世界中で何百万人もの人が、顧みられず治療も受けられずに亡くなっている。それだけではない。現代官僚社会の多くが、資源の配分にあたって当然のごとく生死の確率とコストとを比較検討する。世界中の労働者は毎日、命の危険に曝されているが、それは雇用主が余分な出費を控えようとするからだ。医薬品の開発、職場の安全対策、病床の割り当て、大気汚染物質排出の削減費用。これらを見積もる時、私たちは命の価値を数字で測ろうとする。

死を経済的計算に組み込むことは免れないが、死を政治学に組み込む時と同じように居心地の悪さがつきまとい、議論を呼ぶ。ふたりの著名な経済学者は慎重に述べている。「ひとりの人間の命に価値をつけることは不可能であるにもかかわらず、経済学者は〝統計的な生命価値〟を弾き出す方法を編み出した。それは、死亡率や罹患率のリスクを削減することが、人びとにとってどれほどの価値があるかを測定する方法だ[33]」。

アメリカの調査では、職場で命を落とす確率を1万分の1減らすために、およそ1000ドルの賃金カットを受け入れても構わないと労働者が答えている。すなわち、経済学者の論理によれば、1万人の従業員を抱える大企業では、ひとりの命を救うために従業員全体で1000万ドルを支払ってもいいという計算になる。これが「統計的な生命価値（VSL）」である。この1000万ドルという数字を、アメリカの保健福祉省（HHS）、環境保護庁（EPA）、運輸省（DOT）も採用している。世界銀行は費用便益分析において、VSLを380万ドルと設定している。経済協力開発機構（OECD）に加盟する富裕国では、欧州諸国の市民に360万ドルという数字をあてている[34]。

この方法には大きな限界がある。VSLは、無制限に予算が使える人が、みずからの命を救うために支払う額ではない。そしてまた、限られた財力のなかから私たちが実際に支払う額でもない。VSLは、個人が選んだ低価格の支払い意志額から逆算的に導き出される値である。ほかに優れた方法がないという理由で、VSLはいまも使われている。シンプルかつ平等主義的だという利点がある。さらには、飛び抜けて高額にならずに、命という重要なものに対して、300万〜

1000万ドルという充分に大きな範囲の値が得られる。

これらの値を適切な予測モデルと組み合わせると、知りたい結果が容易に弾き出せる。たとえば、感染対策によって100万人――アメリカの人口の300分の1％未満――の命が救えると仮定すると、その経済的便益はおよそ10兆ドル。コロナ危機に見舞われる前のアメリカのGDPの半分に相当する。たとえ数百万人の死が社会に及ぼす影響を無視したとしても、10兆ドルと聞けば、いやでも行動を起こそうという気になる。

しかしながら、VSLはでっちあげでもある。健康な若者と、持病をいくつも抱えた80歳を同等に扱っているからだ。VSLではすべての命に同じ価値があると仮定するため、コロナ危機の場合に、基本的な問題を無視することになる。新型コロナウイルス感染症の犠牲者には高齢者が多いことから、65歳以上の「適切な」VSLは「極めて不確かだ」と述べる専門家もいる。(35)

さらに議論を呼ぶのは、富と所得を考慮に入れる時である。富裕層の高齢者は、寿命を延ばすために高い費用を払おうとする。豊かな社会は莫大な国民医療費を抱えており、その大部分を占めるのが老人医療費だ。だが、高齢者が2～3年命を延ばすことを政策策定の基盤にすれば、ずっと所得の低い若者がはるかに大きな割を食ってしまう。そのような選択肢を、どうやって調整するのだろうか。

希少な医療資源をどう配分するのか。その判断のために一部の医療制度が用いているのが、より広い生活の質（クオリティ・オブ・ライフ）の評価方法である。英国国立医療技術評価機構（NICE）では「質調整生存年（クオリー）」を採用している〔訳註　「死亡を0」「完全な健康を1」として生活の質を数値化し、生存年数を掛けて算出する。質調整生存年が高いほど、医療行為の費用対効果が高い〕。

国民保健サービス（NHS）では、クオリーの基準に従って医薬品の調達や医療行為を評価している。だが、生死に関わる判断の範囲には制限がある。選択は特定の選択肢を対象に、誰も見ていないところで行われる。一般的な危機の時に、メディアが目を光らせている前で行われるわけではない[36]。

それでは、次のように想像してみよう。全体的なコロナ危機対応にも、同様の計算が適用されていたとしたら？　つまり、こういうことだ——とつぜんの大規模なシャットダウンによって、高齢の患者の命は救われたかもしれず、長引く後遺症の苦しみも避けられたかもしれない。だが、高齢者の患者の命は助かったいっぽう、シャットダウンによる世界的な経済の大混乱によって、16億人の若者の教育機会が奪われ、何億人もの市民が仕事を失い、数千万人が空腹に苦しむことになるとしたら、そのコストはどうなのだろうか。

これは議論を呼ぶ、不快で残酷な質問だ。この問いについて真剣に考えるためには、猛威を振るうパンデミックのシステミックな影響を考慮する必要があるだろう。たとえば集団的なトラウマ、制度が被った損害、健康に及ぼす長期的で潜在的な影響、変異株のリスクなど。いずれにせよ、コロナ危機対応を「経済的」に批判する際のもとにあるのがこの種の計算である。不快に思えるかもしれないが、その批判が指摘するのはトレードオフの存在だ。そして、トレードオフは次のような聞き慣れた言葉のなかに忍び込んで語られる。

2020年3月最後の週、テキサス州のダン・パトリック副知事はしばし世間の脚光を浴びた。その理由は、副知事がフォックスニュースに語った次の発言にある。高齢者（69歳）の自分は、アメリカの力強い経済を維持するために、みずからの命を喜んで危険に曝すつもりであり（すなわち、シャットダウンには反対であり）、自分が思うに「この国には、私と同じ考えの祖父母世代がたくさんいます……。誰も私のところに来て、こうは訊きません。高齢者のあなたは、あなたの子どもや孫のために、すべてのアメリカ人が愛するこのアメリカを維持するためであれば、みずからの命を危険に曝しても構いませんか、と。でも、もしそういう条件であれば、私は喜んで自分の命を危険に曝します」[37]。中国のテレビも同じように、病院のベッドに横たわる、高齢の新型コロナウイルス感染症患者の愛国心溢れる言葉を紹介した。隔離され、おそらくは孤独な死を受け入れることで、自分たちはコロナとの戦いにおいてみずからの役割を果たしているのだ、とその老人たちは語ったのだ。

中国のテレビの放映内容はプロパガンダにすぎず、パトリック副知事は深い考えもなしにテキサス州の財界を擁護しているだけだ、と一蹴したくなる。副知事は郊外の立派な自宅の快適な環境から、自主的な隔離戦略を呼びかけたのだ。だがそう一蹴する前に、まずは彼らの発言に込められた強い感情的、社会的なテーマについて考えてみる価値はある。「経済のために命を落とす」とは、異様な考えに違いない。とはいえ、母国や家族のために死のリスクを受け入れることは、国家や社会の伝統的な考えの根底にある。

戦争では基本的に少数派が――たいてい兵役年齢の男性が――集団の利益のために危険な状況に曝される。総力戦となれば、そのリスクは全人口に及ぶ。経済はもはや副次的な要素ではなくなり、間違いなく戦争の中心を占める。帰属意識と、集団の生存が脅かされているという危機感によって、「経済のために命を落とす」という考えは当然のものとなる。戦場にいようと、補給線にあろうと、銃後にあろうと、損失には禁欲主義をもって耐える。英雄の命は無駄に犠牲になったのではない。私たちが追悼するのは戦争の英雄なのだ。
実際、2020年には「リスク」「犠牲」「名誉」というレトリックが広く、だが特定の相手のために使われた。コロナ危機のあいだ、医療従事者は時として極めて危険な状況に置かれた。新たに「エッセンシャルワーカー」と呼ばれるようになった倉庫係や食料雑貨配送係、バス運転手も感染リスクが高かった。ドラッグストアや薬局はレジ係を英雄と称えた。彼らは戦いの「最前線で働いている」と感謝された。そして、少なくとも医療従事者たちは称賛された。あちこちの都市で夜になると、市民が拍手をし、鍋を叩いて、医療従事者への感謝の気持ちを表したのだ。
しかしながら2020年、ほとんどの国民的議論の場で「禁欲主義」「英雄的行為」「犠牲」という言葉に柔軟性はなかった。死と戦っている80歳の患者に、満足な個人防護具もないまま、感染リスクを承知で挿管する若い母親の看護師は、確かに英雄として称えられてしかるべきだった。だが、その論理を柔軟に拡大するのは難しかった。その若い看護師が幼い我が子を預ける保育所は、通常通り営業すべきか。たとえそのために、保育所の先生やスタッフの感染リスクが高まるとしても？　食肉加工業者はみずからの命を危険に曝してまで、ハンバーガーチェーンに肉を卸し続けるべきか。祖父母の命を守るために、若者はどのくらい自粛すべきか。新型コロナウイルスという経験したことのない、得体の知れない脅威が明らかにしたのは、誰が、誰に、なにを負っているのかが不明瞭だったことだ。どう決めるのか、を決めるのが難しかった。[38]
そのような問いに答えるのは簡単だと思うことは、歴史をよく知らない証拠だろう。第2次世界大戦を回顧する連帯の物語の多くは、著しい感傷に彩られている。[39] 20世紀最初の全面戦争だった第1次世界大戦は、世界に革命的な激変をもたらした。新型コロナウイルスはそのようなドラマは生まなかった。しかしながら、不和や亀裂は起きた。社会の複雑なトレードオフを包括的に捉え、良識的で受け入れやすい方法で整理する言葉は簡単には見つからなかった。そしてその難しさゆえ、口論、誤解、冷酷なレトリック、非難を引き起こし、制度の混乱を招いてしまった。

市場に組み込まれた医療システム

いずれにせよ、2020年初めにコロナ危機に見舞われた時、じっくり考えている暇はなかった。未知の感染症が大量の死と制度の崩壊をもたらすという脅威を前にして、どんな戦略的トレードオフも費用対効果の計算も役に立たなかった。武漢の病院、イタリアのベルガモ、ニューヨークのクイーンズ、エクアドルのグアヤキルから届く映像は、恐怖をありありと伝えていた。集中治療室の混乱、パニックに襲われた患者、恐怖のトリアージ、保冷庫が満杯になった遺体安置所。遺体を収めた間に合わせの棺が通りに並ぶ。次々と映し出される光景はまさしく悪夢だった。

まず危機に陥ったのは、より広い集団的なトレードオフではなかった。生死を分ける瞬間に、私たちが頼りにする病院の機能だった。ウイルスを封じ込めるという初動対応に失敗すると、パンデミック対策の基本は医療システムを守ることに変わった。つまり、「流行曲線の平坦化」である。[40] もし感染症の発生を抑えられず、どんな措置を講じようと結局は同じ数の人が感染してしまうのなら、おおぜいの人が〝同時に〟感染するのを防ごうという考え方である。そうすれば、全国の病院システムを維持でき、救える命を救える。最終的な目標は犠牲者の数を最小限に抑えることだが、勝たなければならない戦いは、集中治療室に過剰な負担をかけないことだった。

医療機構、疾病の管理、生死を分ける治療にとって、中心的役割を担うのが病院であることは言うまでもない[41]。病院はまた、近代性の特徴を備えた施設のひとつでもある。フランスの哲学者ミシェル・フーコーは、収容所、監獄、兵舎、工場、学校と並んで病院を、個人の自由と集団的秩序の両方において、リベラルな考えの基盤になった施設として捉えていた[42]。

今日の世界では、オフィスやショッピングモール、ホテル、カジノ、アミューズメントパーク、競技場のような現代生活の巨大な容れ物も、つけ加えたほうがいいのかもしれない。さらには、地下鉄、鉄道、航空機のような高度に組織化された輸送機関も加える必要があるだろう。私たちが列に並び、精査され、監視されて、群れのように移動するあらゆる場所である。

これらの現代生活の基本的な容れ物は、深刻な感染リスクのある施設とみなされた。学校、レストラン、ショッピングモール、競技場を再開させると、医療崩壊を招く恐れがある。その反面、これらの施設を休業させると破滅的な影響が出る。実際、これらの場所で人の流れが絶えたこと自体が破滅的だった。大きな施設が休業したために、日常生活は麻痺し、私たちは家族内の小さなネットワークに依存しなければならなくなったのだ。

街なかの公園のような、あまり組織化されていない外の空間に人気が集まった。オンラインのバーチャル世界での交流も盛んになった。シャットダウンすれば、近代の組織的な結節点《ノード》を大規模感染の中心に変えるリスクを防げた。人が集まる場所をウイルスの培養シャーレに変えるリスクを免れた。そのような公的生活のハブは、爆発的な感染拡大を招く可能性があったのだ。そしてその可能性こそが、「経済」を犠牲にして感染症を抑え込むという考えを、知的な緊張を孕み、政治的、道徳的な議論を巻き起こすものにしただけでなく、絶望的なほど非現実的なものにしてしまったのだ。

経済は抽象的概念である。おそらく真に抽象的だが、生身の人間とモノ、生産と再生産の現実のネットワークを総計した抽象的概念であり、一連の考えであり、統計である。[43] 通常、GDPのような数字は経済の総体を適切に捉えているが、偽りの分離感をつくり出す。他の社会的責務のためにGDPの成長率を〝犠牲にする〟ことが、意味あることのように見せてしまうのだ。

経済と呼ばれるものが社会とは別個に存在する、という錯覚をウイルスは浮き彫りにした。ウイルスは労働者のからだを通して、職場の空気循環を通して急速に増殖する。だからといって、なにもかもが同じようにつながっている、という意味ではない。パンデミックとは関係なく機能し続ける、財とマネーのほぼ絶縁された回路があるが、その回路は国家経済という考え方の限界を明らかにした。グローバル資本主義と企業活動は、国家経済と部分的にしか重複しない。もし従業員を隔離できれば、中小企業は、いや大企業であっても、業務を続けられたかもしれない。だが学校で、公共の場で、バスや地下鉄や家庭で、感染力の強い疫病と個々に戦っている時に、「アメリカ経済」や「ドイツ経済」の維持について話しても意味はない。

もし一部のアジア社会に可能だったように、今回の感染症を社会経済システム全体で完全に制圧できていれば、ウイルスの影響は甚大ながらも一時的なもので終わり、経済、社会、政治の通常の関係も維持できた。戦争に勝った時のように、経済や社会の回復を集団的な勝利として祝えたに違いない。支払った代償はすべて、勝った戦いの合理的な代償とみなされていただろう。そのいっぽう、欧州や南北アメリカ大陸のように感染症に対するコントロールを失ってしまえば、もはや残されていたのはより厳しい選択肢だけだった。

経済を犠牲にすることに対して、敵意に満ちた議論が持ち上がるのは、コントロールを失い、そのコントロールを取り戻すために、とてつもない集団的措置が必要になるからだ。もとの社会を取り戻すことは不可能ではなかった。2020年を通して欧州や南北アメリカ大陸の多くの都市が学んだように、感染症を抑え込みながら、通常に近い経済活動を再開することはできたかもしれない。

ところがそのバランスに成功した者は、経済を犠牲にして社会と医療のニーズを優先することで、その両立に成功したわけではない。さまざまな領域にまたがる関連性を把握し、全体を管理することで両立させたのだ。それはまるで幻想の社会的一体性か、悪夢の監視に聞こえたかもしれない。

そのような手法は、しばしば大きな波紋を呼んだ。長引くソーシャル・ディスタンス戦略に対処する資源を持たない国にとっては、不利だった。しかしながら、それに輪をかけて劇的だったのは、その夏のトランプ政権のように戦いを放棄した影響だった。その結果、アメリカが体験した狂乱の数カ月のように、経済、社会、政治の全体的な関係性が激しく揺れ動いた。

結局のところ、ウイルスとの戦いの最前線は医療システムだった。どんな治療が提供でき、どのレベルで症状を食い止められるかを決めるのは、病院の病床数と患者受け入れの弾力性である。最大の懸念は、病院システムにかかる加重な負担だった。病院の余剰能力が高ければ、患者の生存率が上がり、経済と社会生活が平常に戻るスピードも速まる。だが病院も、経済や社会の外に位置しているわけではない。2020年になる頃には、病院はもはや20世紀半ばのような、巨大で強固な組織ではなくなっていた。(44)

1980年代以降、病院は経済に組み込まれただけではない。すでに経済の一部だったが、新たに市場にも組み込まれたのだ。病院は現代経営手法の実験場になったのである。(45) 経営はスリム化され、ジャストインタイム方式の運営を行うか、少なくともその方向を目指し、効率性の基準に従って〝普通の〟企業のように運営された。アメリカの多くの病院が、ジャンク債を発行して資金を調達する営利企業だった。患者処理の最大化を図り、余剰病床を最小限に削った。必要不可欠な医療設備や器具の在庫を、最低限にまで減らした。医療用のマスクや手袋といった必需品は、地球の裏側から調達した。

世に蔓延する経営ドクトリンに照らし合わせて、生産余力は責任ある予防措置ではなく、効率性の残念な足枷とみなされた。患者の受け入れ件数が安定しているか予測可能であれば、病院のスリム化も筋が通っていただろう。一国の人口の変動がそうであるように、医療システムもまた特定の死亡率のパターンに左右される。もちろん、緊急時対応計画も最悪のシナリオもあった。災害が発生する可能性はいつでもあった。だが、猛威を振るうパンデミックの患者数を受け入れられた病院システムは、世界中のどこを探してもなかった。「組織化された無責任」が支配していた。

過去100年の感染症との戦い

ひどく戸惑う事態だったにせよ、2020年のコロナ危機はいつ起きてもおかしくはなかった。現代の生活様式は、潜在的に危険なウイルスの変異を促すばかりか、ウイルスを航空機で世界中に撒き散らしているのだ。専門家はそのリスクを理解し、シナリオを想定して対応策を立てていた。私たち国民は、感染症は制御でき、発生は予測できるはずだと考える。私たちの生活は、パンデミックに脆弱なシステムのまわりにつくられているのだ。それにもかかわらず、今回のような事態に備える余裕がある国は、積極的にその準備に取り組んでこなかった。

確かに専門家は緊急事態に備えて紙の上で計画を練っていた。だが、その想定シナリオが現実になるかもしれないという不安に怯えながら、毎日の生活を送りたい者はいない。冷戦時代でもないのに、誰がウイルスから身を守るための事細かな訓練を、日常生活に取り入れたいだろうか。そのあいだも、民主政治は衰え、二極化し、ついにはパンデミック危機対応で政治家が合意に達する場面を想像することさえ難しくなってしまった。そこに生まれるのは解決策ではなく危機である。20世紀の私たちは運がよかったのだ。

2020年のコロナ危機は、1918～19年のスペインかぜの記憶を甦らせた[46]。当時、世界中で数億人もの感染者が出た。死者の数は数千万人にも及び、今回の犠牲者の数をはるかに凌いだ。全世代に深い傷痕を残した。一部の都市で数カ月にわたって公的生活が停止し、企業や店舗は閉鎖し、人びとの接触は禁止された。

だが、現在の視点から見るとスペインかぜには顕著な点がある。恐ろしい災厄がすぐに吸収されて、当時の政治史にほとんど影響を及ぼさなかったことだ。ベルサイユ条約の締結に向けた交渉は、粛々と進められた。人びとは動揺し、悲嘆に暮れただろうが、当時はまだ疫学転換の考え方が登場する以前であり、年寄りか若者かに関係なく、感染症で命を落とすことは珍しくなかった。結核、コレラ、ペストの3つがおもな感染症だった。第1次世界大戦を背景に、パンデミックの発生は驚くことではなかったのだ。

しかしながら、結果的に、スペインかぜの体験が転換点となって20世紀半ばに公衆衛生制度が発達し、今日の感染症監視システムの構築とインフルエンザワクチンの接種につながった。

1920～30年代の構想や取り組みを基盤に、1950年代にはインフルエンザを特定し、世界的な感染拡大を監視する常設システムが確立した。その監視機構のおかげで、1957～58年のアジアかぜのパンデミックと1968～69年の香港かぜを、リアルタイムで追跡できた。[47] どちらの場合も、致死性が――スペインかぜはもちろん、今回の感染症よりも――低かったため、全体的なシャットダウンは行われなかった。

次の試練は1976年に訪れた。アメリカで新型の豚インフルエンザウイルスが検出されたのだ。これを受け、当時のフォード大統領は、前例のない規模の集団予防接種に乗り出し、おおぜいの市民がただちにワクチンを接種した。ところが、とても成功とは言い難かった。ウイルスは危惧されたほど致死的ではなかったうえに、ワクチンが重い副作用をもたらしたのだ（アメリカにおいて、いまもワクチン接種に否定的な反応を示す市民が多いのは、1976年の苦い記憶のせいである）。この時の失敗によって、アメリカはその後何年にもわたって、公衆衛生機関に対する信頼を失い、自信も失ってしまったのである。[48]

1990年代になると、新興感染症と戦うという旗印の下に、公衆衛生はグローバリゼーションの時代に入った。香港で厄介な新型の鳥インフルエンザが発生した。1995年に東京で地下鉄サリン事件が起き、新たなタイプのテロに対する警戒感が高まった。当時、唯一の覇権国だったアメリカがリーダーシップを発揮して、新たに「グローバルな公衆衛生安全保障」の議題を定義した。[49] 2001年に起きたアメリカ同時多発テロ事件は、警戒レベルを引き上げた。民主党か共和党かを問わず、クリントンからジョージ・W・ブッシュ、オバマ大統領へと続くアメリカの歴代政権は、パンデミックリスクの分野に大量の資源を投入した。

21世紀に入り、現実のものも想像上のものも合わせて、さまざまな脅威が立て続けに襲った。2003年にはSARSが、2005年には鳥インフルエンザが、2008～09年には豚インフルエンザが発生し、潜在的な脅威が高まった。動物原性感染症の病原体が変異する回転式の抽選機はますます短い間隔でまわり始めた、というのが、ウイルス学者たちの共通認識だった。

そのいっぽう、対策を講じるタイミングを判断するという問題は、以前にもまして難しくなった。2009年に豚インフルエンザが発生した際、WHOの反応は早計で大袈裟だったと非難された。その反省から2014年、WHOはエボラ出血熱に対して慎重な態度をとり、今度は対応の遅れによって大きな批判を浴びた。[50] エボラ出血熱はサハラ以南の最貧国に封じ込められたが、そのあまりにも恐ろしい症状のため、世界中でワクチン開発が進んだ。

アフリカの伝染病は貧困や低開発の問題に分類されるいっぽう、中国は別のカテゴリーにある。中国はグローバリゼーションに不可欠な存在であり、新興感染症との戦いの最前線に立つ国とみなされるのだ。香港は、中国本土から何度も感染症が流入する被害に遭ってきた。鳥インフルエンザの感染を抑え込むために、莫大な数の鶏を殺処分してきた。2003年に中国南部の広東省で発生したSARSは、世界中で8098人の感染者と774人の犠牲者を出した。

この時の体験は、現在の中国共産党指導部にとって決定的な出来事になった。[51] アメリカ疾病予防管理センター（CDC）にヒントを得て、「中国疾患預防控制中心（CCDC。中国疾病予防管理センターとも）」を創設し、医療報告体制を築いたのである。地方で集団感染が発生した際に、政治的圧力を受けずに中央に報告を促す万全の体制を築こうとしたのだ。[52]

だが中国の広大な国土を考えれば、それはいつの時代にも非現実的な望みだった。とはいえ、中国はグレート・ファイアウォール（インターネットの検閲システム）の背後に隠れなかった。専門知識を共有するために、中国疾病予防管理センターにアメリカ疾病予防管理センターの職員を迎え入れたのである。

そのあいだも、中国の近隣国はたびたび感染症の惨事に見舞われた。2015年、韓国政府は急速に感染拡大するMERSの封じ込めに失敗した。[53] その失敗を受けて、2017年の大統領選挙でリベラルな政権が誕生し、現代的な統治とバイオテクノロジー部門の発展を促した。[54] 韓国の目覚ましい経済成長の原動力となった重工業を引き継ぐのは、バイオテクノロジー部門だろう。[55]

エボラ出血熱（2013年末～16年）に続いて、ジカウイルス感染症（2014～15年）が報告されたあと、警鐘が鳴り続けるのにもかかわらず、パンデミックに対する世界の関心はいったん薄れた。2017年に中国のあちこちで、H7N9ウイルスが変異した危険な鳥インフルエンザが発見されたが、大きなニュースにはならなかった。[56] 人新世のことで頭がいっぱいの人たちにとって、「山積する問題の優先事項」は気候だった。さらに、トランプ要因があった。

いまとなっては、2020年に至るまでの数年間の歴然たる失敗に目がいってしまう。そして、どうしてもトランプ政権が話題の中心を占めることになってしまう。2020年初め、トランプの側近は、グローバルな疾患管理予算に大鉈を振るう予算の大統領要求案を練っていた。オバマ大統領は国家安全保障会議のなかに、疾病管理と国家安全保障政策とをリンクさせる感染症予防の専門チームを創設していた。ところが、そのチームをトランプ政権が骨抜きにしてしまった。中国とのあいだで貿易摩擦が高まるのに伴い、中国疾病予防管理センターからアメリカ側のオブザーバーを一方的に引き上げてしまった。こうしてアメリカは、来たる嵐にみずから目を塞ぐような真似をしてしまったのである。

民主党か共和党かを問わず、グローバルな医療の安全保障を強化してきた歴代政権とは一線を画す動きだった。まさに大衆迎合主義、ナショナリズム、トランプ政権の無知な態度が現れていた。中国とは敵対的に向き合うというスタンスを反映していた。だが、ほとんどは単なる虚勢にすぎず、現実の政治というよりは象徴的な政治にすぎなかった。大統領がグローバルな医療予算の大幅削減を要求したからといって、必ずしも議会を通過するわけではない。官僚組織として深く定着した公衆衛生機関を、そう簡単に解体できるものでもない。

2019年、連邦議会は予算の大統領要求案を拒否し、アメリカは引き続きグローバルな公衆衛生機関に拠出することになった[57]。国家機関の専門家スタッフによるパンデミック対策計画も維持された。熱狂的なトランプ支持者の攻撃をはねのけ、なんとか正常性は保たれたものの、だからといってなんの慰めにもならなかった。

「組織化された無責任」は、トランプが大統領に就任した2017年に始まったわけではない。この何十年というもの、人類はリスクの高まる未来へと突き進んできた。脅威に見舞われ、生物学的なストレスも増したというのに、ウイルスの逆襲を迎え撃つ、潤沢な資金力を備えたグローバルな公衆衛生制度もなかった。機能不全はトランプ支持者だけのものではなかった。機能不全が普通だったのだ[58]。私たちはみな準備の必要性をよく理解していた。それなのに、誰も準備ができていなかった。

第2章

武漢における感染爆発

「不都合なニュース」

新型コロナウイルスと呼ばれることになるウイルスが、人口1100万人の中国湖北省武漢市で広まり始めたのは、2019年11月末のことだった。中国のウイルス報告システムは即座に警告を発するべきだった。ところが、タイミングが悪すぎた。湖北省の共産党指導部は、地方の人民代表大会（議会）の開催を1月に控えており、旧正月のお祝いの邪魔もしたくなかった。彼らの頭を占めていたのは「両会」の準備のことだった。すなわち、3月に北京の人民大会堂で開かれる「全国人民代表大会（全人代）」と、同時開催される「中国人民政治協商会議」である。

このふたつは中国の政治カレンダーにおいて最も重要な大会であり、ウイルスは歓迎されない妨げだった。武漢は北京から1000キロメートル以上も離れている。湖北省自体が欧州の国ほどの面積を持つ。わざわざ中央政府を巻き込む必要はない。湖北省と武漢市の当局者は、この不都合なニュースを必死に揉み消そうとした。

2020年が始まった頃には、中国国内のあちこちの研究所の専門家たちは、新たなウイルスが発生したという噂を耳にしていた。習近平自身は、1月6日に報告を受けたという。[1] ヒトからヒトへの感染が危険な割合で起きているのではないか、という懸念にもかかわらず、中央政府はリスクの規模の把握に手間取った。慌ただしい政治日程に忙殺されていたからだ。習近平の優先事項は、中国共産党の価値を国内の官僚に浸透させる活動と、アメリカとの貿易交渉だった。1月8日になる頃には、中国疾病予防管理センターのトップはアメリカ疾病予防管理センターのトップに、ウイルスの感染力がかなり高いことは認めたものの、武漢市当局は警告を発しようとはしなかった。[2]

国内の奥地で初の感染者が確認されたことを受け、国家衛生健康委員会は全国規模のテレビ会議を招集して、地方当局者に注意を呼びかけるとともに、中央政府からの「指示」を伝えた。この時の「指示」の内容はいまだに不明である。中国疾病予防管理センターは警戒を強めたが、一般市民に公表することはなかった。この時点ではまだ、ヒトからヒトへの感染が確認されていなかったからだ。[3]

1月18日、国家衛生健康委員会は、鍾南山《しょうなんざん》を武漢に派遣した。鍾南山は信頼の厚い共産党員であり、2003年にSARSと戦った時の功績から、英雄と称えられる医師でもある。武漢入りした鍾南山は、ヒトからヒトへの急速な感染拡大と、悪戦苦闘する医療現場を目の当たりにして、ありったけの警鐘を鳴らした。その翌日、鍾は中南海——中国共産党の中枢が集中する北京市中心部――で、首相の李克強《りこっきょう》に直接、視察内容を報告した。習近平は中国南西部の雲南省を視察中だったが、1月20日に国務院（内閣）が設定したテレビ会議に臨んだ。鍾は習近平に報告し、ウイルスを「深刻に」受け取るように求めた。その数時間後、鍾南山はヒトからヒトへの感染を正式に認めた。すでに感染は中国全土に、さらに世界へと広まっていた。

２０１９～20年の冬、中国がウイルスの封じ込めに失敗したのは、ちょうど西洋とのあいだで緊張が高まっていた頃だった。２０１７年以降、米中の関係は貿易戦争と休戦とのあいだで激しく揺れ動いていた。中国が世界の舞台で大きな影響力を振るうとともに、国内で抑圧を強める様子に、西洋は神経を尖らせていた。

中国政府にとっては、香港も大きな問題だった。香港で市民による抗議デモの勢いが増すと、一国二制度の下、香港に与えた言論の自由をいつまで許容するのか、という問題が持ち上がった。そのような状況を背景に、西洋の中国懐疑派は今回の感染症の集団発生につけ入ろうとした。まさしく西洋が長く予言してきた、中国の信用を傷つける類いの災厄が、中国共産党体制に降りかかったのである。

すぐに思いつく類似の出来事は、１９８６年に起きたチェルノブイリ原子力発電所事故だろう。あの事故は旧ソ連の信用を著しく損なった。(4) 偶然にも２０１９年5月、アメリカのケーブルテレビが、チェルノブイリ事故の衝撃的なドキュメンタリードラマを放映していた。２０２０年1月末にコロナ危機が拡大するのに伴い、中国のネチズンはあちこちの映画レビューサイトで、ふたつの危機の明らかな類似点を指摘した。(5)

リベラルな法学者の許章潤《きょしょうじゅん》は、これまでにも習近平の個人支配を公に批判し、処罰を受けてきた。そしてこの時、許章潤は再び、中国共産党の政治システムはみずからの「独裁政治」の重みで崩壊している、と非難する記事をネット上に公表した。官僚統治は「危機的状況にある」。習近平のひとり統治体制は時代に逆行する。「湖北省の混乱は氷山の一角であり、どの地方でもその混乱ぶりは同じだ」[6]。それゆえ、共産主義体制に天罰が下るのはそう遠くない、と批判したのである。

その痛烈な批判のせいで、許章潤は清華大学法学院の教授の職を解かれ、自宅軟禁になった。さらに悪いことに、体制の崩壊という許の予測は、まったくの誤りだと証明されてしまった。西洋にとっても、武漢をチェルノブイリと同一視することは高くついた。武漢は鉄のカーテンの奥深くに隠れた僻地ではない。グローバル化時代の巨大都市であり、だからこそ、感染症の集団発生は非常に危険だった。

春節の休暇とともに、武漢の住民のおよそ半数が街を離れ、家族や友人のもとを訪れた。つまり500万人が車や高速鉄道や航空機を使って、中国全土だけでなく、全世界に感染を拡大させてしまったのだ[7]。1月に武漢の国際空港を飛び立ち、日本へ向かった旅行者は1万5000人にのぼった[8]。数週間のうちに、25カ国で感染が報告される。いちばん早かったのはタイだった。

その感染力を考えれば、新型コロナウイルスは一刻の猶予も許されない、まさに緊急の脅威だった。中国政府はそれを理解した。西洋は理解しなかった。イタリア、英国、あるいはアメリカと同じ規模の不手際を中国が演じていれば、国内で100万人を超える犠牲者が出ていたに違いない。中国政府のコロナ危機対応が、英国政府やアメリカ政府のように生ぬるいものであれば、習近平の鉄の支配を揺さぶっていた可能性もある。

ところが、そのような事態は起きなかった。中国は旧ソ連のようには崩壊しなかった。それどころか、中国と西洋の形勢は逆転した。この感染症に直面した最初の国である中国は、ウイルスの脅威を早急に封じ込めた。そしてその重荷から習政権を解き放ち、さらなる措置を講じるよう活力を吹き込んだ。ウイルスが猛威を振るったのは欧州、アメリカ、ラテンアメリカだった。その根本的な違いが、2020年に発生した、新型コロナウイルス感染症以外のすべての枠組みを決めてしまったのである。

中国政府によるシャットダウン

武漢で発生した感染症の報告が遅れたことに、中国政府は慌てた。習近平にとって、リスクマネジメントこそが権力維持のカギだった。(9) 習近平の個人支配擁護の基盤にあるのは、中国は「この1世紀見られなかった」深刻な危機に見舞われており、その難局を乗り切るためには、中国共産党の「核心」の断固たるリーダーシップしかないという論理だった。(10)

脅威との戦いのなかには、政敵の一掃から不動産ブームの抑制まで、さまざまな対策が含まれた。危うく金融危機に陥りかけた2015年の記憶は、いまだ生々しかった。あの時は為替介入を行い、1兆ドルの外貨準備金を投入して食い止めたのだ。しかも、SARSのことも忘れてはいない。2003年、中国政府はSARSの発生に激しく動揺した。習近平の側近のなかには、SARS後に実施された党内の粛清で政権中枢への出世を果たした者もいた。(11) 武漢で起きた感染症の集団発生の規模を、ひとたび中国共産党の指導部が理解すると、習近平の重要幹部たちは猛烈な勢いで行動を開始した。

中国の過酷な措置は中国共産党のお馴染みの手段のひとつだ、と西洋は決めつけたがる。だが、その考えは中国の実情を誤解しており、中国政府の大胆さも軽視している。武漢で発令されたロックダウンは、近年の中国では類を見ない規模だった。２００３年には、ＳＡＲＳ患者と濃厚接触した４０００人の北京市民を隔離して、３００人の大学生を2週間、軍の駐屯地に足止めしている。[12] とはいえ、１１００万人を擁する都市全体を、ましてや省や全土を封鎖することはまったく別ものである。[13]

武漢市あるいは湖北省から届く報告は、中国政府にとってなんの励ましにもならなかった。中国疾病予防管理センターの疫学首席科学者である曽光《そこう》は、中国共産党系のタブロイド紙『環球時報』に次のように述べている。「(地方政府は)政治的見地に立ち、社会の安定、経済、そして市民が旧正月を楽しく過ごせるかどうかを考慮する」[14]。

西洋の専門家も、市全体のシャットダウンの可能性については懐疑的だった。それだけ大きな規模のシャットダウンは非現実的であるばかりか、人権侵害にもなりかねない。[15] 矛盾するようだが、中国政府は丹念に歴史的文献にあたって、１９１８〜19年のスペインかぜの時には、市全体の隔離に効果がなかったことを議論している。また、エボラ出血熱を封じ込めるためにリベリアで防疫線を張った結果、暴動が発生したことも指摘していた。

それらの前例が２０２０年の中国にどう当てはまったにせよ、全面的なロックダウンは、鍾南山と彼の専門家チームが共産党指導部に提案した最初の選択肢ではなかった。ロックダウンはおそらく李克強首相と国務院が考え出し、習近平に提案された。[16] その急進的な決断に現れていたのは、体制の権威主義的な傾向と、疫病がもはや制御不能であるという山のような証拠だけではなかった。中国政府が最初から、新型コロナウイルスを、ＳＡＲＳやＭＥＲＳのレンズを通して見ていたという事実だった。西洋のように、インフルエンザの一種とみなすという間違いは犯さなかった。「集団免疫」獲得のために感染症を拡大させる、という選択肢はなかった。「アウトプット型正当性」、すなわち実効性や結果を重視する中国政府にとって、「自然の成り行きに任せる」ことなど、到底考えられなかったのだ。[17] 欧米の政策立案者は、インフルエンザのような感染症に対して容赦ない措置をとるという考えに躊躇してしまい、結局、甚大な被害を招いてしまった。

1月22日、中国共産党指導部は全土に及ぶシャットダウンを決定し、旧暦の元旦にあたる1月25日に、中央政治局常務委員会が緊急会議を開いた。そして、会議開催のニュースを大々的に国民に知らしめると、それを機に国家＝共産党の巨大機関が一気に動き始めた。春節休暇も2月2日（日曜日）まで3日間延長し、金融センターを有する上海のような経済ハブでも、企業は2月9日までの休業が決まった。学校は2月17日まで休校とする。2月初めには、全人口の約70％を抱える14の省と都市がシャットダウンしていた。世界第2位の規模を誇り、世界の経済成長を牽引する中国経済は、こうして一時停止状態に陥ったのである。

封じ込め手段のなかには、ハイテクを駆使した措置もあった。上海の鉄道駅や空港では、旅行者に接触者追跡アプリへの登録を求めた。[18] もし自分の行動経路を覚えていなければ、簡単なテキストを打ち込むだけで、スマートフォンのプロバイダーがリストを作成した。雲南省はあらゆる公共の場にQRコードをインストールし、市民みずからスキャンできるようにした。[19]

中国のほとんどの地域では、居民《きょみん》委員会と呼ばれる住民組織を使った、もっと直接的な方法が効果を発揮した。その活動を背後で支えたのが、地方の共産党組織のグリッドマネジメント（網格化管理）である〔訳註　行政区画を小さな単位に区切り、その単位ごとに責任者を置いて情報収集を行うとともに、党の政策を浸透させる制度）。これは、中国共産党にとって近年の重点的な取り組みのひとつであり、拡大する新たな巨大都市において共産党支配を磐石にする狙いがある。[20] その〝社会福祉行政のイノベーション〟に対する投資は、2020年に大きな利益を生んだ。

中国南東部の海岸沿いに位置する浙江省は、かつて習近平が浙江省党委員会書記を務めた土地である。6000万近い人口を擁するこの省には、33万人のグリッドワーカー（網格員）が存在する。湖北省には17万人、広東省には17万7000人、四川省には30万8000人。巨大都市の重慶市では、11万8000人のグリッドワーカーが住民一人ひとりの行動に目を光らせる。各管轄区域の人口密度は、アメリカの大都市で警察が受け持つ管轄区域の人口密度とほぼ一致する。[21] グリッドワーカーは、民間住宅団地にサービスを提供する不動産管理会社と協力して、共産党員から数百万人のボランティアを登録して組織し、それぞれの担当区をロックダウンした。[22]

目的は、感染者を見つけ出して隔離することにあった。浙江省杭州市当局は薬局での鎮痛剤販売を禁じた。市販薬が簡単に買えなければ、市民は自己流で直そうとせず、病院に足を運ぶはずだからだ。武漢から南東に900キロメートル離れた沿岸に位置する、同じく浙江省の温州市では、「2日に1度、家族ひとりでの買い物」に制限した。高速道路は封鎖された。江西省の鄱陽《はよう》県では地元当局者が、全信号を常時赤のままにしておく、という少々変わった手段に訴えた。[23]

ある欧州人の言葉を借りれば、中国の「どの都市もちょっとしたアラモの砦と化した」[24]。2月3日の週には、1日の鉄道利用者の数は普段の約75％も減少した。[25] ショッピングモールも、お洒落な繁華街も空っぽになった。スターバックスが半数の店を閉める。イケアが全土で休業する。それは外食、観光、映画などの産業にとって、1年の書き入れ時の利益を失うことを意味した。旧正月を祝う宴会の禁止が中国の外食産業にもたらす損失は、1週間で1440億ドルにのぼるとみられた[26]。

工場もシャットダウンした。西洋のブランドものを扱う有名な製造工場も例外ではない。アイフォーンの生産を請け負う台湾企業フォックスコンや、ジョンソン・エンド・ジョンソン、サムスン電子の工場が集中する蘇州市では、春節で帰省した出稼ぎ労働者に同市への帰還を禁じた。テスラは地元当局の要請に従い、上海工場の操業を一時停止した。GM、トヨタ、フォルクスワーゲンも要請に応じる[27]。日産、ルノー、グループPSA（現ステランティスN.V.）は、外国人スタッフの国外退避を発表した[28]。

だが、ロックダウンは大都市や錚々たるグローバル企業だけの問題ではなかった。スタンフォード大学のリサーチチームが行った電話調査によると、彼らが電話をかけた中国の地方のどの村も、自主的にシャットダウンしていたという。「中世の欧州みたいです」と言うのは、在中国欧州連合（EU）商工会議所会頭のイェルク・ブトケだ。「どの都市でも、厳しいチェックを念入りに行っています[29]」。地方の住民はみな、道の真ん中にトラックを駐めたりガソリン缶を置いたりして、通りを封鎖した。通過しようとする旅行者はみな声をかけられた。聞き慣れた地元の方言の旅行者は通過しやすかったが、そうでなければ通過できる日を待つほかなかった。

感染拡大の封じ込め

シャットダウンが始まった最初の1週間、武漢は大混乱に陥った。4万人の建設作業員が昼夜を問わず働いて、2軒の救急病院を建設した。最初に完成した火神山《かしんざん》医院は2月4日に開院した。

だが、入院させる患者の基準はでたらめで、重症患者が自宅で息を引き取るケースもあった。患者を4つのカテゴリーに分類し、その基準に沿って隔離する制度が整ったのは、ようやく2月2日日曜日のことだったのだ。重要なのは、この制度によって、感染が確認されたか疑われた患者を即座に家族から隔離し、感染拡大に歯止めがかけられるようになったことだった。まだほかの誰も知らないうちから、中国はコロナ危機に対処する方法を見つけ出していたのだ。

2月3日、習近平は中央政治局常務委員会会議を開催し、経済の営業再開を祝うどころか、いまや「人民戦争」と宣言した新型コロナウイルスとの戦いについて詳細に報告した。[30] それは感動的なスローガンだったかもしれず、毛沢東時代の記憶を呼び覚ましたかもしれないが、上海株式市場にとっては説得力が足りなかった。

この日、トレーダーたちが端末を起動させ、春節明けの取引を再開した時、「国家代表チーム」すなわち大手銀行、保険会社、ファンドマネジャーの買い注文が市場を支えるというのが大方の予想だった。[31] ところが、中国人民銀行が1710億ドルもの資金を金融市場に供給したにもかかわらず、市場は大幅に下落した。上海証券取引所がたった1日で7・9％も急落したのである。[32] 2015年8月の株価大暴落以来、最悪の取引だった。[33]

湖北省と武漢市の感染状況は悲惨としか言いようがなく、メディアもその事実を隠そうともしなかった。感染者隔離センターは目を覆うような惨状に陥り、病院というより倉庫を思わせた。医師の奮闘も虚しく、次々と犠牲者が出た。[34] そのなかには医師の姿もあった。武漢市内の医院に勤務していた李文亮《りぶんりょう》は早くから警告を発したせいで、地元公安局から訓戒処分を受けた。2月に入る頃には重症に陥り、酸素マスクをつけて病院のベッドに横たわる姿を、みずからウェイボー

（微博）に投稿した。2月6日に李が亡くなると、当局にとってはPR上の大惨事となった。「武漢政府は李文亮に謝れ」というハッシュタグが検閲によって削除されるまでに、すでに1億8000万回も閲覧されていたのである。(35)

習政権の初動の遅れに対する失望は、もっと大きな政治的要求に飛び火した。2020年2月7日金曜日、武漢にある高名な大学の教授たちが、中国の憲法に明記された言論の自由を保障するよう、当局に公開書簡で要求したのだ。著名な知識人たちも、全国人民代表大会に宛てた別の書簡で次のように宣言した。「今日という日から、中国の市民が誰も言論のせいで、いかなる国家機関や政治グループからも脅かされるべきではないことを、私たちは強く主張する……。国はいますぐソーシャルメディアの検閲をやめ、アカウントの削除や停止もやめなければならない(36)」。

ほんの数週間前、習近平の権威は磐石かと思われた。ところがいま、ユーザーが投稿したミュージカル『レ・ミゼラブル』の劇中歌「ドゥ・ユー・ヒア・ザ・ピープル・シング？（民衆の歌）」の歌詞を、検閲官は必死になって削除していた。近年、香港の抗議デモ参加者がプロテストソングとして選んだ歌である。

2020年2月7日は、中国共産党の権威が最悪の危機に瀕した日だった。だが同時に、中国政府にとって事態が好転した日でもあった。高まる抗議に、当局は容赦ない弾圧で応じた。検閲がフル回転する。ソーシャルメディアの投稿は即座に削除される。地元の武漢の様子を批判的な動画で投稿した者は姿を消した。許章潤は自宅で軟禁状態に置かれ、外部との接触を絶たれた。(37)

中国共産党の国家安全保障機構は強大な権力を持つが、その統制が大きな効果を発揮したのは、強大な権力のなせるわざというよりは、時を同じくして、新型コロナウイルス感染症の制御に成功したためだった。入手できた資料から判断する限り、2月も半ばに入る頃には、感染者数は中国全土で減少に向かっていた。つまり中国政府は、湖北省というひとつの省の感染拡大と戦うために、14億人を抱える国家の資源を総動員していたのである。人民解放軍率いる4万人超の医療従事者を、まずは武漢に派遣し、そのあとほかの地方にも送り込んだ。(38)

感染拡大の封じ込めには、このような戦略的柔軟性が重要だった。戦いのカギを握ったのは中国政府だった。2003年にSARSが発生した時、北京市当局は対応に失敗していた。今回の新型コロナウイルスでは、2020年2月10日になる頃には、北京で337人の患者が確認され、さらに多くの感染が疑われた。もし春節の連休が終わって日常生活が再開されてしまえば、60万人の住民と労働者が列車で、14万人が航空機で北京に帰還し、感染者が激増してしまう。(39)最悪の事態を防ぐために、北京市当局は市内全域の消毒と「市民以外の出入り禁止」を決定した。平穏だという空気を演出するために、2月10日、習近平自身が北京市内を視察した。メッセージは明らかだった。武漢を除けば中国は平常に戻りつつある。

操業停止と雇用危機

中国政府の観点からすれば、2月半ば頃には、コロナ危機は極端から極端へと振れていた。つまり問題は、ほかの省が湖北省のように感染症の封じ込めに失敗することではなく、むしろ、地元当局者が感染の拡大を恐れて過剰反応することのほうだった。シャットダウンの勢いが増し、中国経済の成長を失速させてしまう恐れが出てきたのだ。上海市、浙江省、江蘇《こうそ》省、広東省のような経済活動の中心では、学校閉鎖の延長や出稼ぎ労働者の移動制限によって機能が停止した。

小さな町では、コロナ感染者が出た都市で荷物を積んだか、単にその都市を通過しただけのトラック運転手に2週間の隔離を求めた。

いっぽう、フォックスコンやフォルクスワーゲンのようなグローバル企業は、早期操業再開のリスクを見極めようとしていた[40]。国民の命を危険に曝したといって非難され、被告人席に座りたい者はいなかった。2020年2月10日の上海市当局の会見によれば、世界経済の巨大ハブである上海で、操業再開を事前に承認された工場はもちろんのこと、再開の意思を表明している工場は全体の70%にとどまったという。在中国米国商工会議所会頭は述べている。雇用主は「従業員の生活を守りたがっているが、労働法や政府の日々の発表を考えると、誰も反則で捕まりたくはない[41]」。

中央政府を懸念させたのは、湖北省で起きたような情報の隠蔽と対応の鈍さではなかった。遠心分離機のようにフル回転する、地元住民の過剰な熱意だった。「高速道路を勝手に封鎖する。地方の幹線道路に障害物を置く。村を強制的に隔離する。村の道路を掘り返す。緊急車両の通行を邪魔する」。国務院弁公庁もこれらの行為を強く禁ずる必要性を痛感したほどだ[42]。

だが、中央政府が社会と経済の流れを再開させたくとも、共産党地方委員会はそう簡単には納得しなかった。財と人の流れを再開させることは確かに重要だったが、新たな武漢を発生させたかどで、誰も批判されたくはなかったからである。規則を守れという中央政府の要求に対して地元当局者は、「感染症対策は、法の支配に関する抽象的で、時に杓子定規な議論とは無縁であるべきだ」という方針をとった。

地方の厳格な姿勢を批判することは、中央政府にとって簡単だった。もし感染症が再び拡大してしまっても、責任を負うのは中央政府ではなかったからだ。確かに、一部の地方の隔離政策は厳しすぎたかもしれない。だが、失策や悪習はあとで正すこともできる。優先すべきはいますぐ、スピード感をもって行動することだ。もしその結果、支障が起き、それが気に入らないのなら、中央政府は「もっといい方法」をひねり出すべきなのだ。(43)

厳しい措置に支持が集まりやすかった理由は、皺寄せを受けたのがおもに〝よそ者〟だったからだ。中国には多くの出稼ぎ労働者がいる。全労働人口7億7500万人のうち、実に3分の1にあたる2億9100万人が出稼ぎである。2020年2月、地方出身の出稼ぎ労働者は「3つのゲート」をくぐり抜けなければ、都会の仕事に戻れなかった。まずは「地元の出口ゲート」、次が「輸送機関のゲート」、最後が出稼ぎ先の都市の「隔離ゲート」である。(44)

武漢のある湖北省となんらかの関係がある者は絶望的だった。北京で暮らす湖北省出身の家族は、賃貸住居から立退きを命じられた。居民委員会は、湖北省と関係のある者が住んでいる各住戸にラベルを貼り始めた。地元の活動家は、湖北省出身者と思しき者や湖北省出身者と接触した住民について情報を提供した者に、500元（71ドル）を支払うと提案した。運の悪いことに、湖北省出身者の訛りは聞き間違えようがなかった。しかも、身分証明書を見れば誰の出身地も一目瞭然だった。(45) 差別を禁じると当局が公布しようが、お構いなしだった。

公表された数字によれば、2月半ばには3億人近い出稼ぎ労働者が春節の連休から戻ってきているはずだったが、実際に職場に復帰できたのはそのうちの8000万人にとどまった。残りのうちの1億2000万人は2月末には復帰すると見られたが、それでもまだ、出稼ぎ全体の3分の1は職場に戻れない計算になる。(46) 経済活動に与える影響は疑いようもなかった。(47) 2月半ば、旅客輸送量は前年比85％も減少し、電力会社大手6社の1日の石炭消費量も43％減少した。二酸化炭素排出量は激減し、大都市に青空が戻った。(48)

2月10日に北京市内を視察した習近平は、そのような状況を背景に、優先事項は「大規模なレイオフ」を避けることであり、地方政府が法を尊重することだと述べた。(49)「(感染症に対する)過剰反応を正し、やみくもに休業するか操業を停止するといった短絡的なアプローチは避け」なければならないという習近平のコメントを、わざわざ国営メディアも引用した。(50)

だが、国家発展・改革委員会でさえ柔軟性の必要を認識し、営業再開や操業再開については「感染拡大状況に基づき」各省や市の「裁量に」委ねるとした。(51) 2月17日、国営の新華社通信が「両会」の延期が話し合われていると報じる。(52) 全国人民代表大会の代表(議員)の3分の1が地方政府当局者のため、感染症対策で手一杯だったからである。

ロックダウンに伴う窮地が最も明白だったのは、フォックスコンだろう。台湾が本拠のこの電子機器受託生産企業では、アイフォーンの全組み立ての40％を請け負っている。河南省《かなん》鄭州《ていしゅう》市にアイフォーンの巨大工場を構え、総勢20万人の従業員を抱えていた。春節の連休を終えて帰省先から戻ってきた出稼ぎ労働者を隔離する必要があったが、フォックスコンには彼らを収容するだけの寮がなかった。(53)

アップルの主要な生産ラインのシャットダウンは、国内だけの問題ではなかった。2月21日には習近平みずから、世界のサプライヤーたる中国の地位が危ないと警告を発した。厳しい環境のなか、中国が請負業者として選ばれる現在の地位を維持するのであれば、生産ラインが再開できることを、一刻も早く証明しなければならない。(54)

そのリスクに対処するためにフォックスコンが実施した方法は、すぐに世界中に広まった。感染リスクの高い地方から帰還した労働者には、14日間の自主隔離を求めた。感染リスクが中程度の地方から帰還した労働者は、感染していないことを示す健康証明書を提出しなければ、職場に戻れなかった。これ以降、フォックスコンは、おもに新型コロナウイルス感染症の発生率が低い河南省から、従業員を採用することになる。(55)

トラックによる物流を復活させるために、中国全土で高速道路や有料道路の通行料金が無料になった。(56) だが、港のある上海市と寧波《ねいは》市のトラック運転手の90%が、いまだ仕事に復帰していなかった。(57) 海に面した浙江省のような生産拠点は窮地に陥り、専属の輸送手段を手配した。地方政府がバスや列車、航空機をチャーターしたのである。チャーターされた高速列車に乗り込み、笑みを浮かべて一斉に旗を振る労働者の様子がテレビで映し出された。

全面的なロックダウンの実施から1カ月が経った2020年2月23日日曜日、習近平は中央と地方の党幹部を対象に全国規模のテレビ会議で講話を行った。(58) この年に世界中で行われたあらゆるテレビ会議やズーム会議のなかで、最も壮観な光景だったに違いない。共産党最高指導部をはじめ、地方政府や警察部隊の代表など17万人が視聴した。データは新規感染者数が急激な減少に転じたことを示していた。ギアチェンジを図る時だ。香港の英字新聞『サウスチャイナ・モーニング・ポスト』紙によれば、習近平は「中国の経済成長に警鐘」を鳴らしていた。この国の社会・経済システムを「長く中断させるわけにはいかない」。

ウイルスを制圧したいま、企業活動の再開に重点をおくべきだ。当局は新たな感染者数を報告するのではなく、企業から嬉しい再開率の報告を受け取っていた。そのトップを走っていたのが、習近平の権力基盤である浙江省だった。まだ稼働率は低いとはいえ、浙江省の大企業の90％がすでに操業を再開していたのだ(59)。

習近平が厳かな口調で指摘したように、今回の危機は「中国の経済と社会の発展に大きな打撃を」与えてもおかしくはなかった。「しかしながら、このような時だからこそなおさら、中国の発展を包括的、相互的、長期的な視点で捉え、断固たる自信を強く持つことが重要だ」。この時、習近平が強調したのは選択（感染リスク別の措置）と規律だった。

中国国土のおよそ半分の地域では、コロナ感染者が報告されていなかった。感染リスクの低い地域にとって優先すべきは「感染持ち込みを未然に防ぐことと、生産と生活の秩序を全面的に取り戻すこと」だった。感染リスクが中程度の地域においては、「地元の防疫状況に基づいて、規則に従った方法で仕事と生産の再開」を促すことである。いっぽう、いまだ感染リスクの高い地域ではロックダウンを継続する(60)。共通の記事が示唆するメッセージは疑いようもなかった。中国共産党最高指導部はコントロールを取り戻しつつある。

それが合図であるかのように、2020年2月24日月曜日、WHOが中国の新型コロナウイルス感染症対策を褒め称え、最大の危機は去ったと宣言する(61)。前日の習近平の講話に応えて、工場が集積する広東省の政府が「重大突発公共衛生事件」のレベルを引き下げた。山西省、甘粛《かんしゅく》省、遼寧《りょうねい》省、貴州省、雲南省もあとに続いた(62)。河南省では、地元当局者の「指導により、鄭州市にあるフォックスコンの工場が稼働再開に漕ぎ着けた」。

感染者の出ていない省出身の労働者は慌てて職場に戻った。健康状態自己申告書にスタンプを押してもらい、体温を測って、感染していないことを証明した。労働者を乗せたバスの車列を、警察が工場ゲートまでエスコートした例もある。フォックスコンの競合であり、アイフォーンの受注生産を行う台湾のペガトロンは、上海の工場に労働者を呼び戻すために1万元のボーナスを支払うと発表した。

誰もがそんな気前のいい措置を講じられるわけではない。習近平が2月末までの職場復帰を呼びかけたにもかかわらず、経済活動が最も盛んな省でも、再開に漕ぎ着けた大企業が60％だったのに対して、中小企業は推定で30％だった(63)。フォックスコンや国営の大企業には大きな注目が集まったが、中国で登記された企業の99・8％は中小企業である。そのほとんどが民間企業で、労働人口のおよそ80％を雇用している。中小企業がGDPの60％以上を、税収の半分以上を支える(64)。

中小企業は今回のロックダウンで深刻な打撃を受けていた。工業生産はまもなく回復したが、都市の大衆消費は２０２０年を通して低迷すると見られた。政府は銀行に対して、できるだけ寛大な条件で融資に応じるように指示した。残念ながら、李克強首相も認めたように、中小企業の大部分は金融システムに充分に組み込まれていなかった。銀行に融資を申し込んだことがあるか、実際に融資を受けたことのある中小企業は、全体の5分の1だったのだ(65)。中央政府の景気刺激策も、中小企業には届きにくかった。中小企業の生き残りは、景気の回復と日常生活の復活にかかっていたが、まだ先が見えなかった。

経済の健全性を示す最も優れた一般的指標は、就業率と失業率だろう。コロナ危機のあいだ、中国の公式の失業率は5・3％から6％へとわずかに増加しただけだった。だが、失業保険制度が適用されるのは、都会の労働力の半数と出稼ぎ労働者の5人にひとりにすぎない。操業再開に向けた必死の努力にもかかわらず、２０２０年3月の時点で、長期の出稼ぎ労働者1億７４００

万人のうち、職場に復帰できたのは1億2900万人にとどまった。[66] 最低でも4500万人が仕事を失った。公式データが出稼ぎ労働者を除外していることを考えれば、3月の失業者の数字は8000万人近くにのぼったと見られる。

危機がピークに達した時点で、中国の都市で仕事にあぶれていた労働者が全体の18・3％を占めたことは、中国国家統計局でさえ認めている。データを綿密にチェックした、欧州の金融グループBNPパリバのアナリストによれば、1億3200万人の労働者が一時的に失業状態にあったか、解雇されたか、自宅待機になったという。これは、都市部の労働人口の30％に相当する。[67]

これらの数字は試算であり、今回のコロナ危機が引き起こした社会的危機について、中国政府は躍起になって詳細な議論を避けようとした。労働市場が重大な影響を受けたことは間違いない。2003年のSARS発生や、2008年の世界金融危機の時を凌ぐ厳しさだった。[68] 労働市場がこれほどの大きな打撃を受けた経験は、世界中のどこの経済国にもなかった。

習近平が17万人に講話を行った2日後の2月25日、北京有数のビジネススクールが注目度の高い企業景況感の指標を発表した。数値の50を分岐点とし、50を上まわれば景況感がよく、下まわれば景況感が悪いとされる。1月の指標は56・2とまずまずの景気だったが、2月末には37・3に急落して経済の深刻な収縮を示した。調査を行った統計学者は激しいショックを受けた。李偉《りい》教授は「悪い結果は……覚悟していたとはいえ、実際の数字は想像以上に悪かった」と述べている。[69]

西洋の失敗と中国共産党の勝利

中国がくぐり抜けていたのは、冷戦時代の衝撃波ではなかった。「チェルノブイリの瞬間」ではなく、まったく前例のない社会的、経済的な衝撃だった。習近平体制と中国の市民は実効性の高い緊急措置を講じて、ウイルスを抑え込んでいた。だが、その成功には莫大な代償が伴った。

２０２０年前半、中国は経済改革の時代が始まって以来の深刻な景気後退に苦しんでいたのだ。過失があったことは間違いない。湖北省の党指導部の呆れるほど近視眼的な隠蔽工作によって、コロナウイルスを世界中に蔓延させてしまったのだ。２００３年にＳＡＲＳが中国共産党の信用を傷つけたにせよ、今回の危機の規模はその時の比ではなかった。２０２０年2月の感染症対策が成功を収めたにもかかわらず、コロナ危機が簡単に、習近平政権の大きな失点になっていた可能性もある。だが、そうはならず、いみじくも「災害ナショナリズム」と呼ばれる状況に転じた。中国共産党のリーダーシップの下、国と国民が一丸となって国難を跳ね返す力を証明する、絶好の機会になったのである。(70)

共同体意識が、内部だけでなく外部に向かうこともある。グローバル化の進んだ世界において、中国が実施したコロナ危機との戦いとその成果をどう評価するかは、中国以外の国が今回の感染症の集団発生にどう対処したかによっても大きく変わった。もし欧米の感染症対策のほうがずっと効果が高く、中国だけが厳しいシャットダウンに耐えなければならなかったのならば、習近平の権威も地に堕ちていたかもしれない。だが、そんな事態は起こらなかった。

中国以外の国は感染症対策に失敗した。西洋が感染拡大の非難の矛先を中国に向けたことは、中国共産党が国民に植えつけてきた四面楚歌の意識をさらに掻き立てただけだった。中国は実際、大きな犠牲を支払ったが、封じ込めは成功し、それ以上の経済的損失を阻止し、習政権は即座にコントロールを取り戻した。全体的なエピソードは、「公衆衛生と経済の両方において国民を最優先に考えた、断固たるリーダーシップの行使」として描かれるのかもしれない。

２０２０年５月21～22日、全国人民代表大会と中国人民政治協商会議の「両会」がついに北京で開かれた時、習近平体制が前面に押し出したのは、国家の壮大な回復の物語だった。[71] 西洋の失敗は、中国共産党に歴史的勝利を献上したのである。

第3章

グローバル化した世界の悪夢

「中国の問題は中国の問題」

2020年1月後半、中国湖北省武漢市で新たなウイルスが発生したというニュースは、世界に警報の波紋を広めた。長く予測されてきたパンデミックの悪夢だろうか。中国で発生した致死性のウイルスをめぐる2011年公開のハリウッド映画『コンテイジョン』は、しばらくのあいだ、アイチューンズ・ストアで映画レンタルのトップ10に入っていた[1]。

だが中国の外に住む者にとって、ウイルスのニュースは依然、現実味がなかった。遠く離れた異国の話だった。「中国のチェルノブイリ」という話は、感染のリスクを、よその国の関係のない出来事にしてしまった。中国政府の強硬な対応も、いかにも全体主義の国を思わせた。もちろん、西洋においてそのような強硬策は想像できない。中国が病院をいちから建設した壮観な光景さえ、共産主義体制のステレオタイプだと納得し、来たるべき危機の警告と受け取った者はいなかった。

中国がくぐり抜けた1カ月の悲惨な体験を、中国以外のほとんどの国は、自分たちには直接関係のない惨事として捉えていた。[2] ウイルスに対する軽視の表れであり、自分たちには対処できるという驕りであり、グローバリゼーションの時代にあって、中国の問題は中国の問題だという強い意識の表れだった。

北京から1000キロメートル以上も離れた武漢市で起きた感染症の集団発生に対して、中国政府は確かに急進的な措置をとらなければならなかったかもしれない。だが、中国の都市で発生したウイルスを封じ込めるために、ロンドンやニューヨークのような遠く離れた地で、すぐにでも措置を講じる必要があるとはとても想像できなかったのだろう。2020年が明らかにしたのは、航空機に乗って世界を飛びまわれる能力が、結果としてどんな事態をもたらすのかという私たちの理解を、現実がはるかに超えてしまっていたことだった。

それは歴史的な失敗だった。2020年2月初めには、中国国外の専門家たちは、新型コロナウイルス感染症が及ぼす脅威と緊急性を充分に理解していた。[3] 感染拡大を食い止めるために中国がとった措置は、大きな警告になってしかるべきだった。

理想的な世界であれば、アメリカかEUのリーダーシップの下、複数の政府が——G20のように——即座に協力して、航空機の運航を段階的に中止するとともに、検査キットや個人防護具の集中生産と分配に取り組んでいただろう。それこそが基本的に、14億の人口を擁する中国が国家規模で実行したことだった。同じことを地球規模で実行するためには、中国が推し進めたウイルスとの「人民戦争」を、陳一新が指摘した第5の「拡大作用」によってスケールアップする必要があった。

だが、現実と理想は大きくかけ離れていた。断固たるリーダーシップを執る国はなかった。WHOやIMFなどの国際機関は警鐘を鳴らしたが、アメリカもEUもみずからの影響力を行使して、国際機関の主張を支持することはなかった。中国が隔離政策をとることも、移動の制限を積極的に訴えることもなかった。[4] 各国が渡航・入国制限を講じるなか、WHOは中国側に立ち、渡航を不必要に妨げる必要はないと述べた。[5] グローバル化を進展させ、相互に強く結びついた世界をつくり上げたのは、グローバルな支配層である。ところが驚くことに、2020年2月は、実際にそのような世界を統治するとはどういうことかを、当の支配層自身がよく理解していないことを、あらゆる面で証明したのだった。

各国政府の反応

グローバルなサプライチェーンの管理者にとって、新型コロナウイルスの脅威は深刻だった。SARSが発生した2003年、世界経済に占める中国経済の割合はわずか4%だったが、2020年には20%近くを占めるまでになっていた。自動車産業のような製造部門にとって、中国は最大の市場であり最大の製造ハブである。2019年、世界の自動車製造の80%が中国の部品を利用していた。[6] ある自動車メーカーは述べている。「誰もが中国から調達する」。そのため、中国がシャットダウンしたら「うちは影響を受けない」と言える企業はどこにもない。

2月、韓国のヒョンデ（現代）は生産ラインを完全に停止しなければならなかった。フィアット・クライスラー（現ステランティスN.V.）と日産も部品調達に苦労した。欧州のメーカー数社は、中国から部品を空輸するという緊急手段に訴えた。その方法はリスクを伴った。なぜならドイツでは、バイエルン地方の自動車部品サプライヤー、ベバストで最初のクラスターが発生していたからだ。中国で展開する合弁事業の従業員が、ドイツのベバスト本社を訪れたあとのことだった(7)。

この数十年、グローバルな金融センターで働く最先端のトレーダーは、衛星画像を駆使して、コモディティの輸送をリアルタイムで追跡してきた(8)。石油タンカーと違ってウイルスを宇宙から見ることはできないが、シャットダウンの影響を捉えることはできる。２月中頃、衛星画像は中国の大気汚染が劇的に改善している様子を捉えていた。トムトム（オランダの多国籍企業）などの衛星ナビゲーションシステムのデータによれば、交通量の減少は一目瞭然だった(9)。中国最大の検索エンジン、バイドゥ（百度）では、「レイオフ」「失業」「シャットダウン」「企業破綻」などのキーワード検索が激増した(10)。

だが、中国の危機が世界に及ぼす影響を懸念したからといって、中国の危機が世界の危機になる事態を想像できたわけではない。製薬業界の大物にとってさえ、そのギャップを埋めるのは難しかった。ワクチン開発競争でまもなく主役を務めることになるファイザー製薬のＣＥＯアルバート・ブーラも、のちにこう認めている。ウイルスが最初に発生した時、「それが、莫大な介入を必要とする世界的な大問題になるという印象は受けませんでした……」(11)。

ブーラだけではない。今回のワクチン開発者のなかには、ウイルスのゲノム配列が発表されてわずか数日以内に開発に着手したメーカーもあったが、カンシノ・バイオロジクス（康希諾生物股分公司）の董事《とうじ》長兼ＣＥＯの宇学峰《ユーシュエフォン》は、懸念を拭えなかった。今回の感染症もＳＡＲＳの時のように、〝一時の空騒ぎ〟で終わってしまうのではないか。[12]

潮目が変わったのは、専門家のあいだで新型コロナウイルスの感染力の強さと入院率の高さが明らかになった時だった。それらの数字を標準的な疫学モデルに当てはめたところ、このままなんの手も打たなければ、数億人の感染者が出ると試算された。数百万人が命を落とす恐れもある。

２０２０年1月29日、プーチン大統領が公式の場で初めてウイルスについて言及し、すぐに中国との国境を封鎖した。[13] 1月末、複数の国が中国からの入国制限に踏み切った。1月31日、イタリアとアメリカが自国民以外の中国からの入国を一方的に禁止すると、議論が起こり、中国政府はただちに抗議した。

アメリカ政府内で〝武漢ウイルス〟のニュースに飛びついたのは、対中タカ派だった。かねてから中国との断絶を訴えてきたピーター・ナヴァロもそのひとりである。当時、トランプ政権の通商製造業政策局長を務めていたナヴァロが、２０２０年2月9日に提出したメモにはこう書かれていた。「我々は、アメリカで新型コロナウイルスの深刻なパンデミックが発生し、２０２１年に入っても影響がなお続くかもしれないという、重大な危機に直面している」[14]。さらに2月23日になる頃には、コロナ危機が数百万人の命を奪いかねないとして、警鐘を鳴らしていた。[15]

ナヴァロには、世界が東洋と西洋の大規模な対立に向かっているという強い確信があった。中国がウイルスを意図的に「撒き散らした」という考えは、彼のシナリオにそぐうものだった。[16] だが、誰もがその陰謀説を信じたわけではない。トランプはみずからのナショナリズムを誇り、中国相手に強気の発言を繰り返したが、それ以上にこだわったのは貿易交渉だった。２０２０年2月、トランプはウイルスに「第1段階の合意」の邪魔をさせるつもりはなかった。中国政府に喜んでウイルス対策を任せた。「中国は新型コロナウイルスの封じ込めに、一生懸命取り組んできた」。トランプはそうツイートしている。「アメリカは彼らの努力と透明性を高く評価する。すべてうまくいくだろう。特に、アメリカの国民を代表して習国家主席に礼を伝えたい！」[17]。

強硬な態度に出るべきだという側近の助言を無視して、トランプは習近平のパンデミック対策を2月だけでさらに13回も持ち上げている。しかも、レトリックだけでは終わらなかった。2月7日、国務長官のマイク・ポンペオは、18トン相当の医療機器や資材を中国に寄付すると発表したのである。欧州もアメリカに倣った。中国に感染症対応を任せておいたほうが、都合がよかったからだ。トランプも欧州の首脳も、自国に懸念事項をたくさん抱えていたのだ。

コロナ危機が発生した頃、トランプ大統領はウクライナ疑惑〔訳註　２０１９年に、トランプが電話会談でウクライナ大統領に圧力をかけ、ウクライナへの軍事支援と引き換えに、民主党の大統領候補バイデンとその息子について調査を行い、バイデンに不利な情報を探るように働きかけた。これが権力の濫用にあたるとされた〕をめぐる弾劾裁判を控えていた。２０２０年2月5日、連邦議会上院はトランプに無罪評決を下した。罷免を免れると、トランプは共和党支持者の多い〝赤い州〟をまわって支援者集会を開き、みずからの勝利を祝った。

公衆衛生の顧問がウイルスの脅威を深刻に受け止めるべきだと助言すると、財務長官のスティーブン・ムニューシンと、トランプの娘イヴァンカの夫で大統領上級顧問だったジャレッド・クシュナーが反対した[18]。ふたりは、ウイルスの話題に金融市場の邪魔をさせたくなかったのだ。2月10日、トランプは議会に予算教書を提出し、ＷＨＯに対する拠出金の削減と、グローバルな医療支援に対する予算の大幅カットを求めた。商務長官のウィルバー・ロスにとっては、中国で発生した今回の危機は製造業の国内回帰を促す好機だった[19]。

英国では、ジョンソン政権も同じようにウイルスにあまり関心がなかった。1月31日、国外退避を希望する83人の英国人を乗せた、英国政府のチャーター機が武漢を飛び立った。イングランド北部のヨークでは、中国人旅行者が初の新型コロナウイルス感染者と特定された[20]。

ところが、その日のニュースの見出しはブレグジット一色だった。２０２０年1月31日に英国はEUを離脱する。その日の夕方、ボリス・ジョンソンは首相官邸から国民に向けて晴れやかな声で談話を発表し、EU離脱は「夜明けであり、英国の偉大なドラマの新たな幕が上がる瞬間だ」と歓迎した。「主権」を取り戻すことは、「この素晴らしい国の可能性を最大限に」解き放つだろう[21]。

2月3日、ジョンソン首相はグリニッジの旧王立海軍大学で演説し、英国はEUだけでなくパンデミックのパニックに対しても、自由貿易を擁護すると述べた。「新型コロナウイルス感染症のような新たな疫病がパニックを引き起こすリスクがある時、そしてそれが医学的な合理性を超え、不必要な経済的損失をもたらすほど、市場の隔離を望む声が上がる時、人には……取引の自由を……積極的に擁護する政府がどこかに必要です。クラーク・ケントの眼鏡を外して電話ボックスに飛び込み、地球の人たちが自由貿易を行う権利を守るために、エネルギー溢れる擁護者としてマントをなびかせ、電話ボックスから出てくる準備ができている国があります」[22]。ジョンソン首相は電話ボックスから飛び出すことを夢見ていたが、そのいっぽう、英国会計検査院によれば、ブレグジットを実際どう遂行するかについて2万７５００人の公務員が日々、頭を悩ませていた[23]。

EUで、医療が重要政策リストの上位を占めたことはなかった。欧州疾病予防管理センター

（ECDC）が創設されたのは、2003年のSARS危機のあとである。[24] 2020年2月13日、コロナ危機について欧州疾病予防管理センターがメンバーを招集した際、議題は欧州の危機についてではなかった。ほかの国や地域がコロナ危機に対処する際に欧州がどう支援できるか、についてだった。[25]

WHOで緊急事態対応を統括するマイク・ライアンは、危機の発生が懸念される場所としてアフリカの名を挙げた。もし今回の感染症がアフリカで集団発生したら、どうなるのか。EUの2・5倍近い人口を擁するアフリカ大陸には、感染症を扱える研究所は数えるほどしかない。

同じ2月13日、ネパールから帰国したばかりの69歳の男性が、スペインのバレンシアで肺炎と診断されて亡くなった。それが、新型コロナウイルス感染症によるスペイン初の犠牲者と特定されるまでに3週間かかった。

そのため、欧州初の犠牲者として公式に発表されたのは、翌2月14日、フランスでのことだった。それでいて、事態は制御されているかに見えた。欧州で特定された感染者数がまだ40人だったからだ。中国が感染症の封じ込めに成功していたことから、ドイツのイェンス・シュパーン保健相は大胆にも、当時の状況を「中国での地域的な集団発生」と呼んだ。[26] 欧州では、市全域に及ぶ包括的なロックダウンを行うような事態にはならないと思われたのだ。

2020年2月15日にミュンヘン安全保障会議が開催された時、次々と反省の弁が繰り広げられたが、議題は適切な公衆衛生システムについてではなく、貿易、NATO、気候政策をめぐる大西洋両岸の分断についてだった。

WHOのテドロス・アダノム事務局長やIMFのクリスタリナ・ゲオルギエバ専務理事のように、

コロナ危機に警鐘を鳴らす者もあったが、彼らの意見に耳を傾ける者は少なかった。大きな注目を浴びたのは、アメリカのポンペオ国務長官と、そのあとに登壇したフランスのマクロン大統領との激しい言葉の応酬だった。[27]

世界への感染拡大と株価の暴落

2020年2月第3週、市場のムードは二極化が進んでいた。いっぽうでは、コロナ危機が中国経済に与える影響の大きさをアナリストが解説したように、安全資産である債券の需要が高まっていた。ドルが上昇した。中国向けコモディティの輸出国は、間接的な影響を被っていた。2月末になる頃には、ブラジルの通貨が2020年初めよりも10％も下落していたのだ。

そのいっぽう、ゴールドマン・サックスや資産運用会社ブラックロックは、顧客に冷静に対応するよう助言していた。もし新型コロナウイルス感染症がSARSや豚インフルエンザ、ジカ熱のように局所的な流行で終わるなら、脅威はすぐに過ぎ去り、経済の力強い回復が見込まれる。もし安全資産を求めて債券購入に走れば、株式を維持したほうに利益が出る。[28]

株式に対する信頼はなお強かった。シャットダウンは深刻だったにしろ、中国から届くニュースが楽観主義の根拠になった。混乱が続く21世紀の資本主義世界で、2月23日に習近平が中国共産党幹部を集めて開催した壮観なテレビ会議は、西洋の株式市場にとって素晴らしいニュースだった。中国経済がつまずけば、習政権がさらなる景気刺激策を打ち出すことは間違いない。

そのあいだも、欧州の人びとは2月の休暇を心待ちにしていた。数十万人がアルプスのスキーリゾートに押し寄せた。イタリア北部では大きなサッカーの試合があった。運の悪いことに、ラテンアメリカの数千人の富裕層も欧州で休暇を楽しんでいた。感染は静かに広まっていった。

２０２０年２月22日土曜日、穏やかな冬のサウジアラビアの首都リヤドで、Ｇ20財務相・中央銀行総裁会議が開かれた時、会場にいまだ切迫感はなかった。(29) アメリカのムニューシン財務長官とＦＲＢのパウエル議長は、中国は急速に経済回復するという民間エコノミストたちの予測を引用した。

それに対して懐疑的な意見もあった。フランスのブリュノ・ル・メール経済・財務・復興相は、ウイルスの拡大に深刻な懸念を表明した。ＩＭＦのクリスタリナ・ゲオルギエバ専務理事は、先週のミュンヘン安全保障会議に引き続いて注意を呼びかけた。だが結局、ＩＭＦは中国の２０２０年の成長率予測を６％から５・６％に下方修正しただけだった。悪いニュースだったが、破滅的ではなかった。

事態は急変しようとしていた。いま振り返ってみると、世界でパンデミックの動きが本格化したのは２０２０年２月第３週のことだった。２月15日、韓国、イラン、イタリアで集団感染が発生する。イラン最初の犠牲者が出たのは、おそらく１月22日と思われるが、その時には新型コロナウイルス感染症の犠牲者と特定されたわけではなかった。(30) イラン政府は、アヤトラ・ホメイニ師が亡命先からテヘランに帰還した41周年の祝賀と、地方選挙の不正操作に忙しかった。そして２月19日には、集団感染と52人の犠牲者を公式に認めていた。のちの分析が指摘するように、その時点でウイルスはすでにフランス、スペイン、ロンドン、ニューヨーク、ラテンアメリカ、特にエクアドルでひそかに広まっていたことになる。

２月20日、韓国第４の都市大邱《テグ》の市長は「家にとどまる」ように訴えた。集団感染の震源地は、新興宗教団体の「新天地イエス教会」だった。同じように、多くの巡礼者が訪れるイランの宗教都市ゴムも、住民に移動制限を呼びかけた。

ローマでは2月22日土曜日に、ジュゼッペ・コンテ首相が閣僚を招集して、イタリア市民保護局の会議を開いた。コンテ首相が議長を務め、イタリア北部ロンバルディア地方の約5万人を対象に、隔離措置をとることが決まった。[31] あらゆるイベントは中止。警察と軍が防疫線を張る。スーパーマーケットで買い占めが始まる。その翌日、習近平が中国は集団感染の封じ込めに成功したと誇らしげに発表し、ミラノではファッションウィークを締めくくるアルマーニのショーが無観客で行われ、ライブ配信された。[32] 遠く離れた中国の問題だったコロナ危機が、日増しに欧州に近づいていた。

2月24日月曜日、EUが華々しい記者会見を開いて、アフリカの複数の研究所に1億2900万ユーロの支援を行うと発表すると、記者のなかから苛立ちの声が上がった。なぜEUの官僚はアフリカに寄付をして、韓国やイランや、EUのメンバーであるイタリアにはなにもしないのか。「アフリカ大陸には、まだ感染が広まってないではないか！」。記者のひとりが叫んだ。だが、欧州委員会の担当者は考えを変えようとはしなかった。新型コロナウイルス感染症は欧州の問題ではない。それは「グローバルな懸案事項」であり、医療体制が整っていない開発途上国にとって脅威なのだと主張した。記者から執拗に追求されてようやく、欧州委員会は今回の感染症が欧州に危機をもたらす可能性を認めた。[33]

先にその結論に達したのは、欧州委員会ではなく各国政府のほうだった。少なくとも、イタリアに問題があるという見解に達したのは早かった。スイスとオーストリアが、国境検問の実施を発表する。ドイツのシュパーン保健相は、イタリアで新規感染者が爆発的に増加すると、ドイツで感染経路を追跡するのは著しく難しくなると認めた。休暇を楽しむ観光客で、あちこちごった返していたからだ。ロンドンのヒースロー空港では、ミラノ行きの民間機が滑走路で方向転換するという事態が起きた。ミラノ行きが怖くなった乗客を降ろすためである。[34]

金融市場について言えば、今回の感染症が基本的にアジアの問題でなくなったのは2月24日月曜日だった。国債利回りの下落と株式市場の上昇という不一致が解消し、ついに株価が下落に転じたのだ。あるマーケット担当記者は「金切り声を発するブレーキと、スリップして急停止する熱いタイヤの臭い」と評した。[35] 投資家がイタリアの株式を投げ売りする。欧州の格安航空会社イージージェットやライアンエアーの株価が急落する。

その日、ニューヨークの市場が開いた時、ベンチマークとされる10年物の米財務省証券の需要が跳ね上がった。安全資産への殺到という典型的な事態が発生したのだ。利回り曲線は逆イールドを描いた。短期金利が長期金利の水準を上まわる状態（長短金利の逆転現象）である。投資家に遠い先よりも目先の懸念が強く、景気後退の兆候とされる。

ここに来て、新型コロナウイルス感染症が中国で終わらず、全世界に感染拡大した場合の損失額について試算が出まわり始めた。簡単な試算でさえ、莫大な額を弾き出した。[36] 世界の観光業だけをとってみても、あちこちの国全体で9兆ドルにのぼるとされた。[37] 2月最後の週、ＦＴＳＥ全世界株価指数がほぼ13％も下落した。世界の株式市場でも前例のない最悪な週だった。２０００年にドットコムバブルが崩壊した時、ナスダックが４兆６０００万ドルを失うのに2年かかった。[38] あれから20年が経ち、市場が世界の株式価値を６兆ドル近く失うのに１週間しかかからなかった。

株価の下落を受けて、金融アナリストは医療関係の書類を慌てて読み漁った。状況はどれほど悪化しそうか。誰が判断を下したのか。結局のところ、株価の暴落を招いている破滅論者たちも、医学の博士号を持っているわけではないのだ。[39] 銀行は疫学者に電話をかけた。「マクナマラの誤謬《ごびゅう》」の話が出た。ベトナム戦争当時の国防長官ロバート・マクナマラが、作戦の成否を測る指標として「ボディ・カウント」、すなわち敵の死体の数など、数えられるものの数値データを使って、作戦の成果を判断していたという話である。[40]

日本と韓国

リスクに国境がないことは、グローバルな人間にとって自明の理だ。今回の感染症が圧倒的に多くの人に影響を及ぼす可能性がある、という意味において、確かにリスクに国境はない。ところが、感染症が拡大して勢いを増すとすぐに、国による対応の違いが明らかになった。パンデミックは、中央政府が国の統治を競うオリンピックになったのである。

日本政府の対応は、最初から的外れだったわけではない。安倍首相は夏のオリンピックのことで頭がいっぱいだった。開催地に選ばれて、東京は運がよかった。感染の拡大がいち早く確認された北海道では、知事の鈴木直道が政府に先駆けて独自の緊急事態宣言を発令し、感染の封じ込めに動いた。[41]

断固たる初動による対応のお手本を示したのが、韓国だった。韓国には2015年のMERS発生の際に、38人の犠牲者を出すという苦い記憶があった。2020年1月27日、感染者がいまだ4人の段階で、公衆衛生当局はソウルの鉄道駅にある殺風景な会議室で、緊急対策会議を開いた。政府は国内のバイオテック企業に、治療薬でもワクチンでもなく検査キットの開発を要請した。[42]検査キットがあれば、集団感染のルートを追跡できるからだ。

検査技術は韓国だけのものではなかった。ドイツ、英国、アメリカも即座に検査キットの開発に着手した。ところが、インフルエンザを危機管理モデルの中心に置いたために、英国が検査を感染対策に組み込んだのは数週間も経ったあとだった。インフルエンザの速度で感染する疫病を検査しても意味がない、という理由である。

アメリカでは疾病予防管理センターが開発した最初の検査キットが、全米100カ所のおもな研究所に配布されたのは2月4日だった。ところが、そのキットには不備があった。[43]新しいキットの開発までにさらに数週間を要した。そのあいだ、アメリカ食品医薬品局（FDA）は、それ以外の検査キットを認可しなかった。この機に乗じて不当利益を得る者が出ることを懸念し、検査キットの〝無法地帯《ワイルドウエスト》〟が出現するのを防ごうとしたのだ。だが精度の高い検査キットなしには、アメリカの当局者も、東西両海岸で感染拡大している疫病の規模を正しく把握できなかった。最悪のシナリオにおいてさえ、検査キットなしに感染症に対応することは想定外だった。[44]

韓国のバイオテック企業にとって、優先事項は検査キットの完璧な信頼性ではなく、開発スピードだった。[45]2月4日には、コジェンバイオテックの最初の検査キットが承認された。ふたつ目の検査キットが承認されたのが2月12日。検査結果は絶対確実ではなかったものの、精度を上げることは可能だった。2月半ばに新型コロナウイルス感染症の患者数が一気に増え始めた時には、即座の対応が重要だったが、韓国にはすでに感染経路を追跡する手段があった。

時間との戦いだった。2月7日から2月末まで、韓国の検査可能件数は1日3000件から2

万件にまで急増した。その夏の標準的な検査件数と比べればまだ少なかったが、感染拡大の初期段階においては充分だった。しかも重要なことに、検査結果は6～24時間以内に判明した。

2月20日になる頃には、症状のある者は誰でも、渡航歴のあるなしにかかわらず検査を受けられた。韓国は7週間で29万件超の検査を行い、8000人以上の陽性者を特定していた。大邱市で人の移動を80％制限し、2月23日には韓国全土で学校を休校し、世界最高レベルのブロードバンドネットワークを利用したオンライン授業に切り替えた。その結果、韓国は中国とほぼ同時に、新型コロナウイルス感染症のコントロールに成功した。感染が収束に向かい始めたのは2月29日、中国のほんの数日後のことである。

欧州、アメリカ、英国

世界各国の政府が韓国と同じように対応していれば――すなわち、集団感染の初期段階で集中的な検査を即座に行い、ソーシャル・ディスタンス戦略を選択的に実行していれば――2020年の歴史はまったく違っていたかもしれない。西欧諸国のなかで、最も近い対応をとったのがドイツである。韓国のようにドイツは高い検査能力を備えていた。だが2月末に、すでに欧州全体で感染が拡大していたことを考えれば、大きな被害を避けられるという望みはほとんどなかった。ドイツは感染経路を追跡し続けた。それ以外の国は、優先事項を「流行曲線の平坦化」へと切り替えていった。感染曲線の山の部分をできるだけ低く抑えて、医療崩壊を防ぐことになったのだ。

イタリアではそれすら難しくなった。2月25日、イタリア北部で感染拡大の規模が明らかになると、イタリア政府はＥＵ諸国に支援を求めた。だが、加盟国が協力してイタリアを支援することはなかった。支援要請に対する拒絶は続いた。イタリアの感染の震源地であるロンバルディア州は、みずからの職業倫理を誇りにしている。州都のミラノはそう簡単にはシャットダウンしない。ミラノの象徴であるゴシック建築のドゥオーモは、3月2日に観光客を再び受け入れ始めた。

パンデミックに対する欧州の態度は、ますます「逃げうる者は逃げよ！」という考えに変わっていった。3月3日、フランスが個人防護具の輸出禁止に踏み切ると、欧州で医療機器や器具の確保競争が起きた。ドイツも個人防護具の輸出制限を宣言する。仏独というEUの2大覇権国が自国の利益を優先させている時に、EUが協調行動をとることは難しかった。

ブリュッセルでは、EU首脳部がほかの問題に頭を悩ませていた。最大の問題はシリア危機の再来である。EUとしてはなにがなんでも、2015年の難民危機の二の舞だけは避けたかった[46]。3月3日、欧州の幹部はギリシャとブルガリアに集まり、難民キャンプを視察した。次のステップはトルコのアンカラに飛んで、エルドアン大統領と会談することである。3月初めになる頃には、ブリュッセルで感染が猛スピードで拡大していた。

いっぽう、アメリカ政府も分裂していた。2月25日、アメリカの都市で初めてサンフランシスコが非常事態宣言を出した。その同じ日、CDC国立予防接種・呼吸器疾患センターのナンシー・メソニエ所長は、国内で大きな集団感染が起きることは避けられず、日常生活に深刻な混乱が生じる恐れがあると警告した。これに対して、アレックス・アザー保健福祉長官と、トランプの腰巾着であるラリー・クドロー国家経済会議委員長が即座に反論した。クドローは言った。「我々はウイルスを封じ込めた。もちろん完璧とはいわない。だがかなり完璧に近い」。「経済的な悲劇が起きるとは、まったく考えていない[47]」。

トランプ自身、強気の態度を崩さなかった。2月24日月曜日に株式市場が急落すると、トランプは投資家に「米国株の押し目買い」を勧めた。その2日後、メソニエ所長の悲観的なメッセージに腹を立てたトランプは、新型コロナウイルス対策本部を設置して、ペンス副大統領を責任者に据えた。「すぐに感染者がたった5人という状況になる」。トランプは大口を叩いた。「我々の働きがよかったからだ」。

トランプの別のお気に入りである経済評論家のスティーヴン・ムーアも、次のように述べている。3月のホワイトハウス内の雰囲気は「熱狂の一歩手前だった……。経済はまさに全速力で成長していた。株式市場はエンジン全開で、労働者統計は文句のつけようがなかった。ほとんど完璧だった」[48]。すべては、11月3日の大統領選に勝つためだった。トランプの義理の息子ジャレッド・クシュナーが重要な門番を務めた。クシュナーにとって、おおぜいのPCR検査であろうと人工呼吸器の大量注文であろうと、市場を動揺させるものはすべて排除すべきものだった。

3月3日にG7財務相・中央銀行総裁が電話会議を行った際、大西洋の両岸で大きな意見の相違があった。あと10日ほどで任期を終えるイングランド銀行のマーク・カーニー総裁と、フランスのブリュノ・ル・メール経済・財務・復興相が、パンデミックについて深刻な懸念を表明したのに対して、トランプ政権のムニューシン財務長官とクドロー国家経済会議委員長の態度には、強気な楽観主義が滲み出ていた[49]。

クドローは、トランプの減税と規制緩和がもたらした経済的奇跡をまくし立てた。アメリカが世界をリードしたいと言ったが、そのなかにパンデミック対策は含まれていなかった。クドローの優先事項とは経済成長を指し、「私たちがかつて西洋同盟と呼んでいた」西側の素晴らしい民主主義が、「なぜ約束を果たしていないのか」について議論すべきだと訴えた。

クドロー以上に重要な立場にあったのがFRBだった。パウエル議長はこの時、なにも言及しなかったが、その日の終わりに緊急利下げに踏み切った。FRBは、その情報をG7の仲間に伝えることを適切とは思わなかったのだ。だが、市場は明らかに支援を必要としており、最初に動くかどうかを決めるのはFRBだった。FRBが最初に動くことで、各国の中央銀行があとに続くことができる。

問題は、従来通りの金融政策に実際どのくらいの実効力があるか、だった。『フィナンシャル・タイムズ』紙のケイティ・マーティンは書いている。「犠牲者数、駐機したままの旅客機、操業停止の工場、ゴーストタウン化した街が原因で起きている景気の落ち込みを、(中央銀行の)政策がいかに簡単に修復できるのか、明確に説明できる方はどうかご連絡ください[50]」。ある投資家も指摘したように、「事態収拾のカギを握るのがWHOであって、中央銀行ではない」点に新しく慣れる必要があった[51]。

その事実を逆手にとって、3月6日金曜日、トランプは側近を引き連れて疾病予防管理センターを訪れ、職員を励ました。いかにもトランプらしいパフォーマンスだった。メディアと一戦を交え、フォックスニュースが伝えるみずからの支持率を自慢し、つい先日まで好調だった株式市場について意気揚々と語り、集団発生の封じ込めに悪戦苦闘しているワシントン州の民主党知事を攻撃した。毎年のインフルエンザの犠牲者数は知らない、と認めた。

トランプは自画自賛していた。国民を安心させようと思ったのか、MITの教授だった自分の〝超天才〟の叔父の話を持ち出した。自分は、その叔父の科学的才能を受け継いだのかもしれない。

そしてコロナ危機の話に戻し、「400万個の検査キットが1週間以内に準備できる」、検査は「素晴らしい」、「検査を受ける必要のある人は誰でも検査を受けられる」と請け合った。

実際のアメリカの検査システムは混乱していたにもかかわらず、さらに続けた。韓国はアメリカの支援を求めている。「あの国ではたくさんの人が感染している。アメリカは違う。私が言うのは『落ち着け』ということだ。みながアメリカを頼りにしている。世界にとってアメリカが頼りなんだ」[52]。その姿は、チェルノブイリ原発事故に対応した旧ソ連の最高指導者ミハイル・ゴルバチョフというよりは、「衝撃と畏怖作戦」を前にしたイラクのサダム・フセイン大統領を思わせた。

妄想の世界に生きるトランプの精神状態は間違いなく尋常ではなかったが、それはトランプだけではなかった。大衆迎合主義者であるメキシコのロペスオブラドール大統領の態度は、トランプに引けを取らなかった。2009年、メキシコが豚インフルエンザに見舞われた時に、当時のカルデロン大統領がロックダウンを宣言すると、ロペスオブラドールはすぐさま反対運動を展開した[53]。あれから11年が経ち、今回、ロペスオブラドール大統領は国民に落ち着けと呼びかけ、新型コロナウイルスはインフルエンザほどひどくないと訴えた[54]。ブラジルのボルソナロ大統領のアプローチは、例のごとくマッチョなものだった。ボルソナロにとっては、耐え抜くだけの問題だった。タンザニアのジョン・マグフリ大統領は、神の御加護がこの疫病を退治すると約束した[55]。

このような政治姿勢を嘲笑うのは簡単だが、専門知識を持つ科学者がコロナ対策に確かな助言を与えてくれるという期待も幻想だった[56]。英国では3月3日、ジョンソン首相が主席医務官のクリス・ウィッティと記者会見に臨んだ。これはのちに、ジョンソンがあちこちの病院を視察して握手したことを自慢げに話し、不評を買った会見となった。それから約1カ月後、ジョンソン自身が新型コロナウイルス感染症に感染し、集中治療室に入ることになったのだ。

だが、ウィッティ主席医務官のパフォーマンスも、同じくらい役に立たなかった。「人口の80％が感染する恐れがあり、そのうちの1％が命を落とす」という最悪のシナリオを説明しておきながら、その数字の持つ破滅的な恐ろしさを強調するどころか、そのシナリオを軽視し、単なる仮説にすぎないと主張したのである。そのような軽視が、英国の医療サービスと検査システムは優れていると、ジョンソン首相が決まり文句をばら撒く扉を開いてしまった。[57] そして閉じた扉の向こうでは、英国の科学顧問たちが、中国式ロックダウンを早急に実施する必要性を退けていた。慌てないことが重要だ。時期尚早にロックダウンすれば国民が疲弊してしまい、従わない者が出てきてしまう。

それは、中国の体験から引き出された間違った結論だった。本来の教訓は「即座に、より全面的な措置を講じればそれだけシャットダウンは短く済み、社会や経済は回復しやすくなる」という内容のはずだった。日常性を犠牲にすることが、日常性を維持する最善の方法だったのだ。この一見、矛盾に思える考えに飛躍するのは、そう簡単ではない。

韓国がとった即時の対応はまさに例外だった。ほかの危機の基準からすれば、各国政府の対応はさほど不充分なものではない。問題を認識し、急進的な対策をとるまでのあいだに、ほんの数週間しかかかっていない。たいていの危機であれば、それでもよかった。だが、またたく間に拡大したパンデミックに対応するには、致命的に遅かったのだ。

3月最初の週、イタリア北部ロンバルディア州で起きた集団感染が、制御不能に陥った事実は否定のしようもなかった。[58] 3月7〜8日の週末、ローマが全面的なシャットダウンに入るという噂が広まると、何十万もの市民が慌ててローマに駆け戻り、故郷でシャットダウンを迎えようとした。

西洋人にとって、中国の危機を遠く離れた異国の地で起きた出来事とみなすのは簡単だった。だが、イタリアは違った。数百万人の観光客が2月の休暇でこの地を訪れていた。もし今回の感染症がイタリアで制御不能に陥ったのなら、欧州でも感染が拡大し、さらにアメリカやラテンアメリカでも猛威を振るうだろう。もしイタリアがシャットダウンするのなら、欧州や世界のあちこちの都市がシャットダウンするのは、もはやあり得ないことではなかった。

第4章 ロックダウン

原油市場の混乱

グローバル経済の共通項はエネルギーだ。原油市場の年間取引高は３５０億バレルにのぼり、それ以外のすべてのコモディティ市場を合わせた規模よりも大きい[1]。原油の価格変動は、国家経済全体に影響を及ぼす。供給サイドから見ると、世界最大級の原油産出国は、石油輸出国機構（ＯＰＥＣ）の盟主であるサウジアラビアと、ＯＰＥＣ非加盟国のロシアである。このふたつの国は、収益の必要性と過剰供給のリスクとのバランスをとりながら、お互いがお互いのまわりで複雑なダンスを踊っている。いっぽうの需要サイドから見ると、21世紀の幕開け以降、原油市場を牽引してきたのはおもに中国の目覚ましい経済成長だった。２０２０年2月、中国がシャットダウンに踏み切ると、原油市場は動揺した。国際エネルギー機関（ＩＥＡ）は、２０２０年第１四半期の原油需要が、２００８年の世界金融危機以来、初めて減少する見込みだと発表した。[2]

新型コロナウイルス感染症が欧州とアジアに拡大したことが、さらに問題を悪化させた。需要の激減を受けて、サウジアラビアは減産で価格の安定を図ろうとしたが、対するロシアは価格戦争を仕掛けようとした。そうすれば、アメリカの新興のシェールオイル生産者を痛い目に遭わせられるからだ。３月６日金曜日、ロシアが減産に合意せず、交渉は決裂してしまった。[3]

サウジアラビア政府は一転、増産方針を打ち出し、原油で市場を溢れさせると決定した。消費者にとっては嬉しいかもしれないが、生産コストの高い産油国は破滅的な損失を被ることになる。5週間もしないうちに、原油価格が暴落しただけではない。24時間にわたって、アメリカ中の貯蔵施設に原油の過剰在庫が積み上がり、原油の先物価格が史上初めてマイナス域に落ち込むという、恐ろしい事態が起きたのである。

原油市場の混乱は、経済に明らかなシグナルを送っていた——世界的な景気後退が目の前に迫っている、というわけである。サウジとロシアの交渉決裂のニュースが世界を駆けめぐり、週明け3月9日朝、まずはアジアの、次いで欧州の市場が開くと原油価格は大幅に下落した。[4] ウォールストリートでも暴落する。２０２０年２月最後の週に株式市場が急落したあと、世界の金融関係者はこの時、全力で向かってくる危機に直面していた。

トランプ大統領はフロリダの高級リゾート地にある別荘で、楽しい週末を過ごしていた。息子やそのガールフレンドとパーティを開き、盟友であるブラジルのボルソナロ大統領と首脳会談を行った。数日後、ボルソナロ大統領の同行者がコロナウイルスに感染したことが判明する。

だが3月9日月曜日、トランプの頭を悩ませていたのはウイルスではなく、市場だった。それまでS&P500はトランプにとって朗報だった。ところが、いまや自由落下状態だった。フェイクニュースのせいだった。そこで、トランプは怒りにまかせてツイートした。「昨年、アメリカでは3万7000人が普通のインフルエンザで亡くなった。平均すると、毎年2万7000人から7万人だ。シャットダウンはしておらず、生活も経済も続く。いまのところ、この国で新型コロナウイルスの感染者と特定されたのは546人で、犠牲者は22人だ。その数字を考えてみればいい!」[5]

そしてWHOは考えた。欧州とアジアの一部で市中感染が確認された。110カ国でウイルスが報告された。2020年3月11日、WHOは正式にパンデミックを宣言した。[6]

シャットダウン開始

どのような手を打つべきだったのか。韓国が感染を抑え込んだ方法は、大規模な検査と隔離だった。だがその戦略が功を奏するのは、感染者を特定し、追跡できる初期段階での話だ。欧州のほとんどの国やアメリカでは、その時期をとうに過ぎてしまい、もはや容赦ない選択肢しか残されておらず、しかも日を追うごとに厳しい措置が必要になっていった。感染拡大を抑えるためには、社会全体でのソーシャル・ディスタンス戦略と、日常生活や行動の全面的な変容が必要になる。数日、数時間単位で緊急性が増していた。

パンデミックは特に都市部に脅威をもたらした。3月9日、18人の学識者と地域社会のリーダーが、ニューヨークのビル・デブラシオ市長と衛生局長に面会し、学校閉鎖と勤務時間の短縮を要請した。[7] なんの措置もとられない場合、暴動が起きるという噂が市の衛生局内で流れていた。

2020年3月も第2週に入る頃には、ニューヨークは感染の世界的なハブになっていた。アジアや欧州から毎日、たくさんの渡航者があることを考えれば、それも予想できたことだった。感染ハブになることを防ぐためには、渡航禁止、検査、隔離などの包括的な措置をとる必要があった。そして、そのためには国の政策が必要だった。

ところがトランプ政権は、ほかの西洋諸国の政府と同様、なんでもその場しのぎだった。アメリカが中国からの渡航者の入国拒否を打ち出すと、中国政府は猛抗議した。感染対策を求める声の高まりを受けて、3月11日、トランプは大統領執務室でテレビ演説を行い、欧州大陸からアメリカへの渡航を禁止すると発表した(8)。しかも、欧州各国の政府に前もってその旨を伝えてはいなかった。アメリカ市民の帰国者の扱いをどうするのかについても、明言しなかった。そして、英国とアイルランドは渡航禁止措置の対象から外すと発表した。

おおぜいのアメリカ人が帰国しようと必死の思いでパリ＝シャルル・ド・ゴール空港にたどり着くと、歯に衣着せぬフランスのル・メール経済・財務・復興相は、トランプの措置を「常軌を逸している」と批判した(9)。「欧州とアメリカとのあいだにはもはやなんの協調もない」。ル・メールは続けた。「欧州は我々だけで防御し、我々だけで守り、我々だけで対処できなければならない。主権を持つブロックとして結束し、我々の経済利益を守る必要がある。なぜなら誰も――明らかにアメリカを含めて誰も――我々を助けてはくれないからだ(10)」。コロナ危機は複合危機に発展していた。

トランプによる入国制限の対象から外れたとはいえ、英国内で歓声が上がる理由はほとんどなかった。3月12日、ジョンソン首相が珍しく深刻な声で記者会見に臨んだ。クラーク・ケントの話をした時や、医療従事者との握手を自慢気に話した時の自惚れは消えていた。「率直に言いましょう。国民のみなさんに正直にお伝えしなければなりません。もっと多くの家族が、さらに多くの家族が愛する人を失うことになります⑪」。そして、「今後数週間のどこかの時点で」必要となる厳しい措置に、いまから備えておくようにと述べた。

だが、シャットダウンは行わないと伝えた。英国政府のなかでは、適切な感染対策をめぐって激しい議論が戦わされていた。つまるところ、ウイルスの感染力が極めて高く、ワクチンもないのなら、そのうち誰でも感染するだろう。ほとんどの患者において症状は穏やかだ。ウイルスを野放しにしておいて、最も感染しやすい人たちを守るというのは、筋が通らないのではないか⑫。感染症を抑え込むことよりも、「集団免疫」を得ることを目標にすべきではないのか。

英国以外の国でも特に大きな措置はとらなかった。スペイン政府は3月8日日曜日、「国際女性デー」の大規模な行進を中止にしなかった⑬。その翌週、英国当局は、欧州チャンピオンズ・リーグで「リバプール」と戦う「アトレティコ・マドリード」の応援に駆けつけた、スペイン人サポーター3000人の入国を許可した⑭。アイルランド政府は苦渋の決断を強いられた。3月9日、約1週間後に迫った「聖パトリックデー」のパレードを中止にすると決定し、パブの営業停止に踏み切ったのだ⑮。ドイツでは、メルケル政権が16の州政府と400の地元保健当局に、感染対策の協力を必死に呼びかけていた。フランスでは3月12日、マクロン大統領が学校の一斉休校を発表し、参加者が1000人を超えるイベントや集会の開催を禁止した。

新型コロナウイルス感染症対策は、国ごとに、都市ごとに、企業や組織ごとに、その時々で決められた。それにもかかわらず、3月9日に株価が暴落し、3月11日にWHOがパンデミック宣言をしたあと、世界的な趨勢が浮かび上がってきた。一つひとつのシャットダウンの決定が積み重なって、やがて政府主導のロックダウンを期待する空気が醸成されていったのだ。

ある行動科学者のグループは、英国政府に次のように助言している。「もしほかの国がとっている措置を英国がとらなければ、国民からの信頼が失われ」、国際的な基準を外れた時には「充分な説明」が必要になるでしょう。[16] 個人も組織ももはや指示を待ってはいなかった。スイス、イタリア、スペイン、フランスのサッカーリーグが、試合の一時中止か無観客試合を決定すると、イングランドのプレミアリーグもあとに続いた。３月13日、タブロイド紙『デイリー・ミラー』の第１面の大見出しは、こう問いかけていた。「それで万全？」[17]。英国だけに向けた問いではなかった。その同じ日、トランプ大統領が国家非常事態を宣言した。

世界中の大きな組織や機関で、意思決定者が決断を迫られた。３月13日、35万人の学生を抱えるマンモス校のメキシコ国立自治大学が、オンライン授業に切り替えると発表する。同じ日、ロサンゼルスが公立学校を一斉休校にすると発表。１００万人を超える低所得世帯の子どもたちが学校給食を頼りにしている学区では、容易な決断ではなかった。[18] ３月14日にカリフォルニア州がシャットダウンについて議論を開始し、結局、16日にサンフランシスコで、19日にはカリフォルニア州全体で外出禁止令が出た。

ロシア教育省のスケジュールもほぼ同じだった。３月14日、ロシアでは遠隔授業に備えるよう各学校に通達し、３月18日から一斉休校になった。パンデミックの猛烈な脅威をなかなか認めようとしなかったニューヨークのデブラシオ市長もついに、クオモ州知事に措置を講じるように要請した。[19] そして３月21日になって、ようやく「屋内退避命令」が発令された。

フランスでは３月12日に学校閉鎖が始まり、14日にバーやレストランが休業になり、17日から全面的なロックダウンに踏み切った。[20] 前日の夜、マクロン大統領が「総動員」を呼びかけたテレビ演説を、3500万人という記録的な数の国民が視聴したという。マクロンは6度にわたって「我々は戦争状態にある」と繰り返した。[21] 第1次世界大戦時のジョルジュ・クレマンソー首相の言葉にヒントを得たのだろう〔訳註 第1次世界大戦末期に首相に就任したクレマンソーは、「余は戦う」と宣言して戦局を立て直し、フランスを勝利に導いた〕。

2015年のパリ同時多発テロ事件の際には治安維持のために、そしてまた2018年に始まった「黄色いベスト運動」〔訳註 燃料税の引き上げなどに反対して、2018年11月から毎週土曜日に行われるようになった抗議デモ運動。名前の由来は、抗議者が蛍光色の黄色いベスト（反射チョッキ）を着用してデモに参加することから〕の際には抗議デモを封じ込めるために、当局は10万人の警官を動員したが、今度はその警官を外出を取り締まるために動員すると宣言した。外出には許可が必要になった。許可証なしに外出した市民には罰金を科した。この措置はフランス国内だけではなく、カリブ海に浮かぶフランス領の島々にも適用された。

都市の封鎖措置に踏み切ったのは先進国だけではない。医療システムが脆弱で、出稼ぎ労働者によるウイルスの持ち込みが懸念される低〜中所得国は、先進国と同じくらいリスクが高かった。フィリピンでは3月12日に、ドゥテルテ大統領がマニラ首都圏でロックダウンに入ると宣言し、15日から実施された。[22] 混乱が起きるなか、翌16日には人口5700万人のルソン島全域でもロックダウンが敷かれた。世界で4番目に大きな国土面積を誇るインドネシアでは、3月15日に全土でソーシャル・ディスタンス戦略を採用し、数週間にわたって学校が休校になった。[23] 5000万人を超える就学年齢の子どもを抱えるパキスタンでは、3月14〜15日の週末に、約半年間の休校を発表した。
イランから巡礼者が帰還するパキスタン国内では、集団感染の脅威があるにもかかわらず、イムラン・カーン首相が全面的なロックダウンは行わないと表明した。ところが、州当局がロックダウンなどの厳しい措置を講じたことから、ラホールやカラチのような都市で食料不足の危機を招いた。[24] エジプトでは3月15日に学校と大学を封鎖した。19日には航空便が運行停止になり、21日にはモスクの集団礼拝が禁止になった。[25] 3月中頃、エチオピアは通常の授業を中止した。[26]
あちこちの国が次々と世界の流れに従うのに伴い、シャットダウンはのちにマクロン大統領が「人類学上の深刻な打撃」と呼ぶ事態に発展していた。[27] 世界中の世帯が同じように感じていたことは間違いない。国連の報告によれば、2020年4月半ばには、世界中で15億人の子どもたちが学校封鎖により、通常の授業を受けられなかったという。[28]
大きなリスクに曝されていたのは、子どもたちではなかった。教師でもない。イタリアの状況を見れば明らかなように、重大な問題は、免疫力の衰えた高齢の感染者の増加であり、彼らのような患者が医療システムの、とりわけ集中治療室の病床の逼迫を招くことだった。
重要な変数に「基本再生産数」と呼ばれる指標がある。これは、ひとりの感染者が平均して何人を直接感染させるかという人数であり、感染拡大のスピードを表す。基本再生産数の数字が1を大きく上まわると、感染症の暴走を許してしまい、どんな医療システムでも事実上、封じ込めは不可能になってしまう。集中治療室の病床はその多寡にかかわらず、感染の指数関数的な増加に呑み込まれてしまうことになる。
イタリアの最新の数字を疫学モデルに当てはめて、弾き出された予測は不吉なものだった。とりわけ衝撃的だったのは、3月16日にインペリアル・カレッジ・ロンドンの疫学者チームが発表した数字だった。その発表によれば、感染対策をなにも講じなかった場合に、英国では現在の30倍を超える集中治療室が必要になると予測していた。その規模で病院に過度の負担がかかった場合、英国で犠牲者の数が51万人に、アメリカでは220万人にのぼるという。たとえ有効な対策をとったとしても、犠牲者の数はその半数にしか減らず、英国とアメリカの医療システムは崩壊する。

もはや遅きに失したが、残された唯一の選択肢は感染拡大の全面的な抑制を目指し、感染者数を極力抑えることだった。専門家チームの助言は、「全人口のソーシャル・ディスタンス戦略、感染者隔離、感染者家族全員の隔離、学校と大学の一斉休校」を、最低でも5カ月間続けることだった。そのいっぽう、次のようにも指摘した。「抑制策がそれほど長く、うまくいくかはまったくわからない。社会に破滅的な影響を及ぼす公衆衛生上の介入策が、5カ月もの長期にわたって行われた前例はない。市民や社会がどう反応するかは予測がつかない[29]」。

世界はそのようにさらに厳しいシャットダウンへと向かって行ったが、その趨勢からオプトアウトした国がひとつだけあった。スウェーデンである。スウェーデンでは、国民の移動の自由を縛る政策に厳格な制限を設けている[30]。スウェーデンの公衆衛生管理は専門機関が担い、その専門家グループが政府に答申する。そしてこの時、スウェーデン公衆衛生庁が助言したのは、旅行制限、高齢者のソーシャル・ディスタンス、中学と高校の休校だった。だが、全面的なロックダウンもマスクの着用も推奨しなかった。経済がおもな理由ではない。ロックダウンもマスクも、公衆衛生論理にかなっていなかったからだ。果たしてスウェーデンの医療システムは、感染者増加の負荷に耐え切れるのか。そのギャンブルに賭けようとした国は、スウェーデンのほかにはなかった。

政府主導のロックダウン

基本的に英国とアメリカの状況を対象にしていたインペリアル・カレッジの報告は、意図した通りの影響を与えた。報告を読んだ英国政府は、気乗りしないまま全面的なシャットダウンに方向転換した[31]。「国民保健サービスを守れ」がマントラになった。それに伴い、病人や脆弱な入院患者を、負担に喘ぐ病院から設備の不充分な介護施設に移したために、介護施設において新型コロナウイルス感染症による死亡率が跳ね上がった[32]。

いっぽう、インペリアル・カレッジ・ロンドンの報告は、大西洋を挟んだアメリカ政府の受け止め方にも変化をもたらしたようだった。『フィナンシャル・タイムズ』紙のエドワード・ルースは書いている。「トランプの頭のなかでなにかが弾けた。息子のひとりに電話をかけ、トランプは3月16日にこう言った。『ひどい。ひどい……。彼らは（あの感染症がようやくピークを迎えるのは）8月だと考えている。7月かもしれない。もっと長引くかもしれない[33]』」。その日、アメリカ政府は初めて、ソーシャル・ディスタンスの全米規模のガイドラインを発表し、10人以上の集会の自粛を求めた。「感染拡大を遅らせるための15日間」が、アメリカ政府の新たなスローガンになった[34]。

シャットダウンを求める声は、いまやあらゆる方面から上がっていた[35]。3月16日朝、スペインのバスク地方ビトリアにあるメルセデス・ベンツの工場では、操業停止を求めて労働者がストライキを行った。検査によって、ひとりの陽性が確認されたのだ。濃厚接触者として23人の工場労働者が隔離された。スペインのあちこちで、日産、フォルクスワーゲン傘下のセアト、ルノー、ミシュランがすでに操業を停止していた。

イタリアでもフィアット・クライスラーの工場労働者が山猫ストライキ〔訳註　労働組合を経由せ

ずに、組合員が独自に行うストライキ」に踏み切り、雇用主は責任ある公衆衛生政策に従うべきだと訴えた。イタリア産業総連盟（経済団体）が、強い影響力を発揮して政府に圧力をかけたことから、イタリア政府は「必要不可欠ではない《ノン・エッセンシャル》」工場の稼働停止を推奨したが、最終的な判断はそれぞれの工場に任せるとした。これが労働組合の怒りを買った。「工場労働者は8時間働いているあいだも市民なのだ。毎日の生活は多くの規則によって保護され、保証されているのに、労働者がひとたび工場のゲートをくぐったとたん、曖昧な状況に置かれるのは許容できない」。イタリア金属労働者連盟のフランチェスカ・レ・ダヴィド書記長はそう述べた。[36]

　大西洋の向こうでも、3月18日、全米自動車労働組合の圧力を受け、ＧＭ、フォード、フィアット・クライスラーのビッグ3が、全土に及ぶ事実上のシャットダウンに合意した。これを拒んだ唯一の自動車メーカーは、やはりというか、テスラだった。中国では当局の指示に従ったイーロン・マスクも、カリフォルニアでは抵抗した。コロナ危機の懸念は誇張されていると主張した。「私の率直な意見は変わっていない。コロナパニックの害はウイルスの害よりもずっと大きい」と従業員に伝えた。[37]ところが翌日になると、テスラも工場を一時閉鎖すると発表した。

　いかにもイーロン・マスクらしい好戦的な利己主義であり、マスクはシャットダウンの要請を、彼個人の判断の基準に取り入れるべきだった。実際、労働者だけでなく、消費者も正式なシャットダウンを求めた。買い物客はなにも買わなかった。車だろうがなんだろうが、わざわざ外に買い物に出かけなかった。3月半ばになる頃には、欧州のあちこちで見かけるファストファッションのプライマークは一斉休業を発表した。[38]スウェーデンのＨ＆Ｍをはじめナイキ、アンダーアーマー、ルルレモン、アーバン・アウトフィッターズ、アバクロンビー＆フィッチもあとに続いた。店員も顧客も店に近づきたがらなかった。

需要の激減はサプライチェーンを直撃し、その影響はバングラデシュ、インド、スリランカ、ベトナム、中国の縫製工場に拡大した。[39] 労働者もサプライヤーも市場もなく、売れない商品が倉庫に積み上がった。休業は、過保護な公衆衛生政策の要請を受けた結果ではなかった。企業として、休業以外に筋の通った選択肢はなかったのだ。

政府主導のロックダウンは、民間企業の決断と支援にひと役買った。国家、地域、都市レベルでシャットダウンが広まった。ブラジルのリオデジャネイロでは、州知事が検査で陽性を示したこともあり、3月18日に非常事態宣言を出して、有名なコルコバードのキリスト像を封鎖し、海岸から観光客や地元住民を締め出した。[40] 知事は「自分の手を数千人の血で」汚したくはなかったのだ。州政府がシャットダウンを発令したからといって、必ずしも市民が順守するとは限らない。その点について、リオデジャネイロ州の知事は思わぬ方向から支援を得た。ファベーラと呼ばれるスラム街を牛耳る、悪名高きギャングの「赤い部隊」がロックダウンに協力し、外出禁止を破った者に厳罰を下すと脅したのだ。[41] いっぽう、アマゾン川流域に点在する原住民の村では、外部から持ち込まれた疫病に自分たちが弱いことを、歴史的な経験からよく知っており、原住民は道路を封鎖してより深い森のなかへと入っていった。

2020年3月18日、トランプ大統領は記者会見を開いて新しいメッセージを発した。自慢気な口調は相変わらずだったが、2月のような浮ついた雰囲気は消えていた。アメリカは戦争状態にある。「今日に至るまで、第2次世界大戦中の市民にできたことを誰も体験してはこなかった」。そしてこう続けた。「今度は我々の番だ。ともに犠牲を払わなければならない。なぜなら、我々はみな戦争状態にあるからだ。一致団結して乗り越えよう」。

その象徴として、トランプは冷戦時代に成立した「国防生産法」を復活させた。この連邦法によって、トランプは大統領として、危機の際に必要となる設備や物資の増産を、民間企業に直接指示できる幅広い権限を手に入れた。だが会見後に、その法律を発動させるのは「最悪のシナリオ」に陥った時だけだ、とツイッターに書き込んだ(42)。

英国とアメリカに対する予測は悪かったにせよ、インドでは破滅的な事態が予想された。3月も3週目に入る頃には、インドが行ったごく少ない検査だけで600件近い陽性が確認されたのだ。だが、複数の感染モデルによると、なんの感染対策も講じなければ「7月末には3億～5億人が感染し、3000万～5000万人が重症に陥る恐れがあった」(43)。インドでは、衛生状態の悪い密集した都市で、多くの人が貧しい生活を送っている。人口1000人当たりの病床数を見ると、アメリカの2・9床、イタリアの3・4床に対して、インドでは0・7床。人口13億人を超えるこの国に、人工呼吸器は5万台しかない(44)。

インドは早々に国境を封鎖した。当時はまだ感染者数が少なかったが、検査数が充分だと思う者はいなかった。問題は、いつインド政府が動くのか。モディ首相は極めて予測不可能だった。国民に向けてテレビ演説を行ったのは、2020年3月19日午後8時。演説が始まった時、全土に不安のさざ波が広がった。前回、モディ首相が午後8時にとつぜんのテレビ演説を行ったのは、2016年のことである。その時には、流通している紙幣の86％に当たる2種類の高額紙幣を、わずか数時間後に廃止すると発表したのだ。インド経済は急激な景気後退に陥った。

だが2020年3月19日夜、モディ首相はもっと慎重だった。3月22日日曜日にたった1日だけ外出を自粛する「人民の外出禁止」を呼びかけるとともに、医師や看護師、警備員など最前線で働く人たちに向けて、感謝の気持ちをこめて拍手するように伝えたのである。[45] 3月22日、何億人ものインド国民がモディの呼びかけに応じ、外出を控えた。そして夜になると通りに出て、最前線で働く人たちを拍手で称えた。ナショナリストの腰巾着たちは、モディの「見事な腕前」を持ち上げた。「エネルギー療法」の熱心な信奉者が、ウイルスも「国民の拍手の残響によって蒸発する」はずだとソーシャルメディアに投稿した。[46]

その翌日にあたる3月23日夜、英国がロックダウンを宣言する。キューバ、ナイジェリア、ジンバブエもロックダウンに踏み切った。日本政府はオリンピックの延期を余儀なくされた。インドではすでに、すべての州と連邦直轄領が閉鎖やロックダウンに入ることを告知していた。

そして3月24日、モディ首相はまたもや午後8時にテレビ演説を行い、今回はより不安なニュースを伝えた。インド全土でシャットダウンに入る、と発表したのだ。[47] ひとつの州や都市ではなかった。全土をシャットダウンするばかりか、わずか3時間の通知で、翌3月25日から実施するというのだ。13億のインド国民はとつぜん、自宅に閉じ込められることになった。その日暮らしの多くの者は、なんの支援も得られなかった。

ロックダウン反対派

2020年3月26日にはバングラデシュが、翌27日には南アフリカ共和国がインドに続いた。世界のあちこちがシャットダウンしていた。そんなことはこれまでになかった。地球上の公的生活が一つ、またひとつと停止していった。国際労働機関（ＩＬＯ）の見積もりによると、4月初旬の段階で、世界の労働人口の81％がなんらかの制限を受けていたことになる。[48]

信じ難いとともに、多くの人にとっては受け入れ難いことだった。世界中の反対派が、その国に特有の言葉で抗議を表明した。フランスとイタリアの極左勢力は、「例外状態」の常態化と、それによって政府が手に入れる莫大な権力に対して怒りを露にした。[49] 対照的に、英国のジョンソン首相は次のように認めている。「古代から続く、英国人が持って生まれたパブに行くという奪うことのできない権利を、我々は取り上げているのだ。人びとがどう考えているか、私にはわかる……。それがどれほど難しいことか、それが自由を愛する英国の人びとの本能にどれほど反しているか、私には理解できる」[50]。

ブラジルでは、最初から感染対策に懐疑的だったボルソナロ大統領が、いまだにロックダウンを激しく罵っていた。ボルソナロの取り巻きは思う存分、中国嫌いを爆発させてコロナウイルスを「コミュ《共産》ナウイルス」と呼んで非難し、中国人のアクセントを真似て嘲笑った。[51] 3月最後の週、ボルソナロは感染対策をめぐって対立する保健省の助言を無視し、州政府が実施したシャットダウンをこき下ろした。[52] 大統領の支持者が車両デモを行ってクラクションを鳴らし、シャットダウンの中止を求めた。[53] 裁判所の禁止命令が下るまでのあいだ「#BrazilCannotStop（ブラジルは止まれない）」のスローガンの下、ボルソナロはシャットダウンに反対するキャンペーンを大々的に展開した。「近所のセールスマン、繁華街の店のオーナー、国内の従業員、数百万人の市民にとってブラジルは止まれない」とテレビCMは訴えていた。犠牲者は出ますか。もちろんだ。ボルソナロは肩をすくめて答えた。「悪いが死者は出る」。

右か左かというお馴染みの政治スペクトラムにおいて、メキシコの左派のロペスオブラドール大統領は、ボルソナロ大統領の対極にあった。だが、WHOが正式にパンデミック宣言を出したあとでさえ、ボルソナロと同様に今回の感染症を軽視した。メキシコで最初に確認された感染例のほとんどが、アメリカの休暇旅行から帰国した富裕層だったことから、「メキシコの大衆には新型コロナウイルスの免疫がある」という誤った考えが広まった。[54] ロペスオブラドール大統領は、大袈裟に騒ぎ立てる報道には惑わされないよう国民に呼びかけた。[55] さらには、「野党の保守派が感染拡大に大喜びし、政策の失敗を誇張して我が政権の失脚を狙っている」と非難した。[56]

大手メディアは政権への怒りを掻き立てたが、ロペスオブラドール自身は専門家の助言を無視してマスク着用を拒み、ソーシャル・ディスタンスも守ろうとしなかった。感染拡大が続くなか、3月29日には麻薬カルテルの本拠として悪名高いシナロア州に出かけ、麻薬王「エル・チャポ」の母親に挨拶している場面まで撮影されている。しかも、にこやかな表情の地元の当局者や一族の子分に囲まれ、ソーシャル・ディスタンスはまったく保たれていなかった。[57]

国境を越えたアメリカでは、多くの共和党支持者がロペスオブラドール大統領と同じ意見だった。ホワイトハウスの内部報告によれば、トランプのもとには「実業界のリーダーや裕福な支持者、保守派の同志から電話が殺到し、たとえ感染リスクがあったとしても、アメリカの労働者を職場に戻し、これ以上の損失は食い止めてほしいと直訴された」という。[58] 3月18日、トランプはみずからを「戦時大統領」に喩えた。それから1週間も経たないうちに、3月23日月曜日の記者会見ではこう述べている。「我々の国はシャットダウンするためにつくられたのではない」。翌日には引き続き、お馴染みの主張を繰り広げ、「治療法のほうが（感染の）問題よりも悪い」と述べた。さらにこうもつけ加えている。「私の意見では、シャットダウンを続けたらもっと多くの人が死ぬだろう」。そして、記者会見の場に同席した大統領主席医療顧問が唖然とする脇で、4月12日のイースター（復活祭）までには経済活動を再開させたいと公言した。新型コロナウイルス感染症を再びインフルエンザに喩えて、次のように述べた。「我々はインフルエンザで年にたくさんの人を失っている。だが毎年、アメリカを閉鎖してはいない[59]」。

アメリカでは新型コロナウイルスの感染者がおもに東海岸の民主党支持者の多い州で発生していたことから、トランプは1カ月前の習近平のように、徐々に規制を緩めると宣言した。中国との違いは、この時点でアメリカが国内のどこであれ、ウイルスを制御しておらず、人の移動をコントロールする手段もなければ、検査キットもなかったことだ。

英国のジョンソン首相、ブラジルのボルソナロ大統領、メキシコのロペスオブラドール大統領、トランプ大統領はそれぞれ、独自の政治的慣用句を使ってロックダウンに反対の立場を表明した。とはいえ、表面上、彼らの姿勢も理解できなくはない。なんと言っても、ロックダウンが経済に及ぼす破壊的影響は免れないからだ。中国はロックダウンを簡単に成し遂げたように見える。感染症をうまく抑え込んだあと、日常を取り戻しつつあった。3月に入る頃には、欧州、アメリカ、ラテンアメリカには、もはやその選択肢は残されていなかった。いまとなっては、経済活動を早急に再開させるという要求は、おおぜいの犠牲者が出るリスクを受け入れるという意味だった。

ロックダウンの継続

2020年3月最後の週、アメリカの公衆衛生の著名な専門家たちが、ロックダウンの継続を求めて緊急のキャンペーンを行った。ニューヨーク市では毎日、1000人近い犠牲者が出ており、ロックダウンを緩和するというトランプの考えは早計で危険極まりなかった。アメリカにはいまだ検査能力も追跡能力もないため、経済活動を再開するのならば、感染者数の少ない地域で始めるほうが安全だろう。

ホワイトハウスで会議が行われた時に、シャットダウンを率先して擁護したのは、新型コロナウイルス対策調整官のデボラ・バークスと、大統領首席医療顧問のアンソニー・ファウチだった。彼らには予測モデルという大きな武器があった。予測モデルは、もし感染対策を講じなければ160万~220万人の犠牲者が出ると弾き出していた。だがロックダウンを継続した場合には、犠牲者の数を10万~24万人にまで減らすことができる。[60] もちろん仮説にすぎない。だが最高技術の科学に裏づけられた予測であり、その数字が引き起こす結末を否定することはできなかった。

ファウチはのちに、トランプ大統領と交わした会話を明かしている。「デボラ・バークス医師と私は大統領執務室に入り、デスクに大きく身を乗り出すようにして言ったんです。『データです。ご覧になってください』……ふたりが差し出したデータに、大統領は目を通され、すぐに理解されました」。データは確かにモノを言った。だが、同じくらいトランプの心を揺り動かしたのは、テレビが映し出したある映像だった。ニューヨークのクイーンズにあるエルムハースト病院から、遺体の入った袋が運び出されるシーンだ。トランプは子ども時代をクイーンズで過ごしている。「これは基本的に私の育ったコミュニティだ。ニューヨークのクイーンズ区だ」。トランプは言った。「こんな光景は見たこともない[61]」。ファウチによれば、この時、トランプは首を横に振り、ロックダウンの必要性を認めた。「どうやら続けなくちゃならんようだ」。

クイーンズは、アメリカのコロナ危機の震源地だった。世界でも最悪の感染地帯のひとつだった。

トランプは、クイーンズを例外とみなすこともできた。だが、テレビの映像に激しく心を揺さぶられ、またデータを見たことで、全米中にあのような恐ろしい光景が広がる事態が思い浮かんだ。トランプは強気の発言を控えた。そして3月末の記者会見で、ロックダウンを4月いっぱい継続すると発表した。「すべてのアメリカ国民に、この先待ち受ける厳しい日々に備えてもらいたい」。トランプはそう述べた。ウイルスは「これまで我々が直面したことのない、国家にとっての最大の試練だ」。感染者数を最小限に抑えるためには「一致団結した強さ、愛、献身が絶対的に」必要になるだろう。「率直に言って生死を分ける問題だ……。生きるか死ぬかの問題だ」(62)。どんなに努力しようと、そしてトランプがあらゆる選択肢を探ろうと、2020年春、コロナ危機の威力を逃れる術《すべ》はなかった。

第II部

類を見ないグローバル危機

第5章

自由落下する経済

自粛と強制

2020年3月7〜8日の週末、イタリア政府が感染者の多い北部地域を封鎖すると発表すると、世界中の政府が雪崩《なだれ》を打ったように同様の決断を下した。異例の事態だった。それ以上に前代未聞だったのは、事実上、何十億もの人たちが感染症対策として生活様式を変えたことである。人びとはメディアを通して、新型コロナウイルスを理解していた。決断を促したのは、スマートフォンのカメラが捉えた病院内のドラマであり、医師や専門家、疫病学者が暗闇に映し出した画像やグラフだった。当初は中国に限られていたニュースも、やがて欧州、アメリカ、ラテンアメリカから届くようになり、強い感情を呼び覚まし、さまざまな反応を掻き立てた。

あらゆる種類の組織や企業、消費者、家庭、学校、労働者、世界中の数十億の市民が、さまざまな行動を起こし始めた。必ずしも同時だったわけではない。中央政府か地方政府が先に動いた場合もある。だが、社会が——組織や企業や家庭が——みずからの身を守るために、決断の遅い政府に代わって動いた場合も多かった。重要なのは、それが、どこにおいても集団的で複雑な活動だった点だ。政府が命じた時でさえ、感染症対策の実効性は大部分が、組織、企業、市民が積極的に順守するかどうかにかかっており、彼らにとって政府の指示は、彼ら自身の行動を調整し、正当化するための手段だった。

市民の自己防衛意識は、経済データからも読み取れる。英国政府が全面的なロックダウンを実施したのが2020年3月23日。その数週間前の3月初め、家計の裁量支出はすでに週300ポンドから180ポンドに落ち込んでいた。[1] アメリカでも同様の傾向が見られた。3月9日にアメリカの株式市場が暴落すると、今回の感染症に対する懐疑派でさえ、危機の深刻さを思い知ったのか、政府主導のロックダウンに先んじて、消費者が自主的なシャットダウンに入った。

世界中のすべての国が同じだったわけではない。楽天的な国民性かどうかや、政府が対策を講じたスピードにもよりけりだった。スペインでは、全面的なロックダウンが発令された3月14日に、クレジットカードの利用額が激減した。[2] その10日後にロックダウンに入ったインドでも、消費はとつぜん落ち込んだ。

計量経済学の手法を携帯電話のデータに応用して、IMFは次のような試算を行った。シャットダウンによって市民の移動が減少したうち、「自主的な減少」と「政府命令による減少」の割合はどのくらいか——結果は明らかだった。裕福な国では、自主的な移動の減少が、政府命令による移動の減少を大きく上まわっていたのだ。最初の感染が確認されてから90日後に、移動は19%

減少していた。そのうち、政府主導のロックダウンによる減少は3分の1超であり、残りの約3分の2が自主的なソーシャル・ディスタンスによる減少だった。[3]

新型コロナウイルスに対する反応を集団的な作用と捉え、ロックダウンではなくシャットダウンと呼んだからといって、そこに犠牲や制限が伴わなかったと言いたいわけではない。政府の権限が民間の活動を補完していたからといって、政府主導のロックダウンが調和をもたらしたとか、そこに抑圧的な要素はなかったという意味ではない。もちろん犠牲は伴った。そして、当然ながら政治的対立が起きた。

「供給ショック」

経済ショックを分析する際、エコノミストは「需要の変化」と「供給の変化」のふたつに分けて議論する。[4] このふたつの違いは重要だ。なぜなら、原因が違えば必要となる政策も違うからだ。もし「供給ショック」が原因で生産、雇用、所得が縮小したのなら、経済活動の回復のために必要なのは、財・サービスの生産、配送、消費方法を調整することである。エコノミストはそれを〝真の〟調整と呼ぶ。いっぽう、問題が需要の落ち込みにあるのなら、生産や流通システムを調整する必要はない。「需要ショック」の場合に調整が必要となるのは、予算制約の緩和だ。たとえば減税、政府支出、金融緩和策を通して需要を喚起することになる。

新型コロナウイルスは、供給ショックという直接的な影響をもたらした。これほど大規模な「負の供給ショック」は過去に類を見ない。例を挙げれば、ハリケーンによってメキシコ湾岸の製油施設が一時操業停止に追い込まれた時がそうだろう。[5] もっと身近な例で言えば、技術の進歩によって新しいことが安価に可能になり、生産量を増やすという「正の供給ショック」がある。今回のパンデミックは、そのような技術進歩による正の供給ショックの逆を行く、負の供給ショックの例だった。

空の旅を例に取ろう。2020年の問題は、航空機をうまく運航できなくなったことではない。安全なフライトが難しくなったのだ。密状態になるエコノミークラスに、新型コロナウイルスの感染リスクが加わった。客室内の感染リスクについては熱い議論が交わされたが、リスクを最小限に抑えるシンプルな方法があった。[6] 1回のフライトの乗客をひと組に限定して、空港内を完全防備のVIP待遇で通過させるのだ。言い換えれば、富裕層のように空港内を特別扱いで案内され、プライベートジェットで飛ぶならば、空の旅を安全に楽しめる。実際、プライベートジェットの旅行は2020年のあいだもほとんど減らなかった。もちろんとてつもなく高額だ。同様に、プライベートヨットをチャーターしたり、別荘や島に滞在したりすれば、感染リスクは抑えられる。[7]

いっぽう、民間機で安全に旅行したければ、全座席のチケットを購入したうえ、全乗務員に検査を受けてもらう必要がある。これは、恐ろしいほど高くつく。景気刺激策として、民間機に無料で搭乗できる振興券を国が配布してくれたところで、感染リスクは防げない。だが1回のフライトをひと組に限定してしまえば、以前と同じ乗客数を運ぶためには航空機が何機あっても足りなくなり、搭乗待ちリストが10年分くらいになってしまう。それが供給ショックだ。景気刺激策の給付金や追加のマイレージポイントでは解決しない。

2020年、航空業界は破滅的な打撃に見舞われた。4月の時点でロンドンのヒースロー空港の利用者数は前年同月比97％も減少し、1950年代の水準に落ち込んだ。世界中で94％の減少だった。すでに夏の時点で、2020年の航空業界の損失額は世界全体で843億ドルに達すると予測された。[8] 1000万人の雇用が危機に瀕していた。[9]

感染症は通常の供給ショックとは異なる。なぜなら感染症は、通常、私たちが焦点を合わせる経済変数——技術あるいは富や所得——を通して作用したのではなかったからだ。つまり、感染症は私たちのからだに影響を及ぼした。そして、個人としても集団としても、人間のからだが社会・経済生活の共通項であることを明らかにした。[10] 新型コロナウイルス感染症は、私たちのからだを通して全面的な影響を及ぼし、仕事と家庭生活、生産と再生産を混乱に陥れた。

もし子どもが学校に行けば、感染リスクがあった。だが家にいれば、たくさんの世帯が家に子どもを置いたまま、外に働きに出かけなくてはならなかった。たとえば、パンデミックのあいだに女性研究者が提出する論文の数が、がくりと落ちたという事実が証明するように、子どもの世話が増え、その負担がかかったのは圧倒的に女性のほうだった。[11] もし子どもの世話を、祖父母や親などの世代間ネットワークや地域社会に委ねなければならないのなら、あるいは不充分な環境でリモートワークを余儀なくされたのなら、そしてもし自宅がスラム街や特定の貧しい居住区にあって、水道やトイレ、キッチン、洗面設備などを共同で使用していれば、さらに深刻な窮地に陥った。

どんな場合でも、労働市場は頭を使う観念的な仕事に報いる。そのヒエラルキーのなかでコロナ危機は、すでに存在していた不平等をさらに拡大させた。危機から身を守れる手段があれば、問題はない。リモートで働ける。買い物もリモートで。インターネットを使えば、遠く離れた土地に想像のなかで旅ができる。親密な関係でさえ、リモートで楽しめるかもしれない。パンデミックのあいだ、ドイツやオランダではセックスワークが禁止され、免許を持つ売春婦が生活支援を要求したのに対して、ニューヨーク市では危機のあいだ、住民にマスターベーションで我慢するように呼びかけた。[12] 一部の女性たちが指摘したように、連日、テレビでコロナ危機についてブリーフィングするニューヨーク州のクオモ知事のマッチョな態度は、別の意味でも刺激的だった。

もしあなたが、インターネットが完備し、いろいろなデリバリーサービスが頼める居心地のいい部屋に引きこもるなら、危機の影響は抑えられた。コロナ危機が襲った時、幸運にもブロードバンドの契約件数は、世帯と企業を合わせて世界中で11億件以上にのぼった。2010年の2倍以上の数字である。[13] 20年前にはほとんど存在しなかったこのインフラのおかげで、西洋の多くのオフィスワークは事実上、中断に陥ることはなかった。

しかしながら、裕福な国も含めて、世界中でその恩恵が享受できたわけではない。英国では子どもたちの9％が、自宅にコンピュータもラップトップもタブレットもなかった。[14] ユニセフによれば、世界中で3人にふたり以上の子ども――すなわち8億3000万人の若い世代――が、自宅でインターネットに接続できなかったという。[15]

インドでは、IT産業とアウトソーシング業界がコロナ危機にうまく対応できなかった。自宅にインターネット設備がないだけでなく、西洋の取引先が課した厳しいセキュリティ規則によって、リモートワークができなかったのだ。ハイエンドのソフトウエア開発会社は、自社スタッフのために安全なネットワーク環境を整備した。130万人の労働者を抱えるビジネス・プロセス・アウトソーシング（BPO）業界は、みずからの業務は必要不可欠《エッセンシャル》な金融サービス業であり、ロックダウンの対象からは除外されるべきだと訴えた。[16] 納期が遅れるという連絡の殺到に頭を抱えていた西洋の取引先は、BPO業界の訴えを大いに歓迎した。

リモート生活という新たな生活様式に即座に切り替えられるかどうかは、技術やインフラだけの問題ではなかった。現場でからだを使って働く仕事かどうかにも、大きく左右されたのだ。社会的ヒエラルキーを見れば一目瞭然だった。アメリカでは年収20万ドル以上の従業員の75％がテレワークが可能だったが、2万5000ドル以下の場合では、その割合は11％にまで減少した。

アマゾンの配達は事実上の公共サービスになった。高まる配達需要を満たすために、2020年1～10月のあいだに、アマゾンは新たに42万7300人を雇った。危機のピークには、1日2800人の割合で雇用していたのである。2020年も終わる頃には、アマゾンの従業員は世界全体で120万人に達し、前年の2倍に増加していた。物流サービスのフェデックス、UPS、DHLはどこも需要の急増に四苦八苦した。徹底的な感染対策が講じられた。[17]

感染の脅威は、メディアとサービス業全般にわたった。密になる旅客機の次に感染リスクが高い格好の場所といえば映画館である。[18] 2020年、中国はアメリカを抜いて、映画の興行収入が世界1位になる道を突き進んでいた。ところが2020年1月23日に、中国全土の7万2000館に及ぶ映画館が閉鎖されてしまった。2月16日、MGMが中国において新作のジェームズ・ボンド映画『007／ノー・タイム・トゥ・ダイ』の公開延期を発表する。それから1年が経った時点でも、まだ公開の目処が立たなかった。映画タイトルの「死ぬ時ではない」は、まさに当時の状況をぴったり言い当てていた。この映画が、公開延期が決まった最初の作品になった。4～7月、中国でハリウッド映画はただの1作も公開されなかったのだ。

インドでは、100万人がボリウッドで生計を立てている。いつもなら年間1800本の映画が、インド半島で使われるおもな28言語で公開される。ところが3月半ばになると、制作も公開もすべてストップした。パパラッチを支援する救済資金が設立された。いつもの年であれば、ジムに通い、空港に向かうボリウッドスターの姿をパパラッチして、その写真を映画のPR会社に売り込むのだが、もはやパパラッチは商売にならなかったからだ。やがて制作は再開されたものの、年配の俳優は家に閉じこもり、群衆シーンはなくなり、インド映画お約束の延々と続くロマンチックな場面もカットされた。3月22日には中国で映画館が試験的に再開されたが、誰も足を運ばなかった。そして1週間後には再び閉鎖された。習近平も述べている。「映画が見たいなら、オンラインで見ればいい！」[19]。

買い物や旅行に出かけたり、美容院や歯科医院、病院、ジム、映画館に足を運んだりすることは、経済のごく一部にすぎないと思いがちだ。景気循環で大きく取り上げられるのはたいてい建設業と製造業であり、注目が集まるのは、韓国のチップの輸出やアメリカ製の巨大なトレーラートラックの注文といった変数である。これらの変数の変動は重要に思えるかもしれないが、実際、現代のほとんどの経済において、循環型の産業部門が占める割合は小さい。サービス部門のほうが、雇用面でも付加価値面でもはるかに大きい。２０２０年春、アメリカのＧＤＰが激しく落ち込んだ最大の原因は、クリニックと歯科医院の休業だった。医療・社会支援部門の失業者が、全製造部門の失業者数を上まわった[20]。

世界中のどの都市でも日常の商業活動が影響を受けた。人口２０００万人を抱えるナイジェリアの商業都市ラゴスにおいて、店主、露天商、バスに群がって乗客に物を売りつける地元民にとって、２０２０年４月は「飢餓の１カ月」だった[21]。稼ぎがなく、たった26セントの粗悪なマスクさえ買えなかった。[22] ロックダウンの空白に乗じて、恐怖を煽る噂が街を駆けめぐった。悪名高いギャングの「ワン・ミリオン・ボーイズ」が恐ろしげなチラシを配り、略奪するぞと触れまわったのだ。住民は自警団を組んで襲撃に備えたが、ほとんどの地域で略奪は起きなかった。[23]

あえて街に足を運んだ者は、閑散とした通りに驚いた。それでなくても長いあいだ、絶滅の淵に立たされてきたショッピングモールは、まさしく瀕死状態だった。アメリカの老舗小売店が相次いで破産を申請した。[24] Ｊ・Ｃ・ペニーが２４２店の閉鎖を宣言する。百貨店のニーマン・マーカスをはじめ、Ｊ．クルー、ブルックス・ブラザーズが連邦破産法の適用を申請する。ブルックス・ブラザーズは１８１８年の創業以来、アメリカのビジネスウエアの必需品だったが、ズームで打ち合わせが済んでしまう時代に、もはやスーツはあまり需要がなかった。[25]

ドイツでは、百貨店チェーンのガレリア・カールシュタット・カウフホーフがあちこちの店舗を閉鎖し、数千人を解雇すると発表した。１９４０年代からパリ北部のバルベスで、手頃な小売店として親しまれてきたディスカウントショップのタチは、２０２０年７月に店を畳んだ。[26] パリの歴史的な書店のひとつジベール・ジューヌは、労働組合員と閉店の交渉を始めた。[27]

英国では、ダイアナ妃が愛用し、１９８０年代のシックなファッションの代名詞だったローラ・アシュレイが経営破綻して、管財人の管理下に置かれた。[28] 老舗百貨店のデベナムズと、ファストファッションの先駆けであるトップショップも同じ運命をたどり、２万５０００人が失業の危機に陥った。[29] 衣料品とサンドイッチで不動の地位を築いたマークス＆スペンサーは生き延びたものの、社債はジャンク級に格下げされ、８０００人が職を失った。

今回の危機はサービス部門を直撃し、景気後退《リセッション》の影響は男女で差が出た。「彼女の景気後退《シーセッション》」だったのだ。[30] なんとも皮肉だった。なぜなら、過去の大きな景気後退の時期を除いて、2019年後半にアメリカ史上初めて、有給で働く女性の数が男性の数を上まわったからだ。[31] その1年後の2020年、今度は失業した女性の数が男性の数を上まわるという、史上初の景気後退となった。[32]

危機の煽りを最も受けたのは、からだを使うサービス業の頼みの綱であるラテン系の女性であり、その失業率は20％を超えた。欧州でも同じ現象が見られ、失業率がいちばん高かったのは、所得分布の下位5分の1の女性労働者だった。[33] ほとんどの保育施設が閉鎖されたことから、子を持つ親は苦境に陥り、女性が直接その影響を被った。2020年の夏が終わる頃には、アメリカで100万人を超える女性が、家族の面倒を見るために有給の仕事を辞めていた。[34]

需要の急減と大量の失業

もしパンデミックの1次的影響が、財を安全に供給する能力の低下であり、それが何億人もの暮らしを危機に曝したならば、2次的影響は需要サイドから生まれた。不安定な状態のせいで、消費と投資が落ち込んでしまったのだ。需要の急減はさらなる失業につながった。それゆえ、新型コロナウイルス感染症特有のショックは、需要の落ち込みが原因の、よりお馴染みの景気後退に発展し、その影響はさざ波のように世界に広がった。

もう一度、旅行・観光部門の話題に戻ろう。もし西洋の観光客がもはや旅客機を利用しないのなら、世界の観光業は危機に瀕する。世界旅行ツーリズム協議会は、世界全体で7500万人の雇用が危ないと警鐘を鳴らし、世界の観光業に及ぼす損失額が2兆1000億ドルにのぼると試算した。[35] 旅行と観光が世界のGDPに占める割合が3・3％であることを考えれば、想定される損失額も現実味を帯びてくる。[36] 野生動物ツアーのようなニッチな部門でさえ、2018年に1200億ドルの付加価値を生み出し、世界中で910万人の雇用を支えていたのだ。[37]

2020年春、タイ中央のロッブリー県では大量の猿の群れが街に溢れた。観光客がいなくなって、餌をもらえなくなった猿は、食べ物を見つけると激しく奪い合った。[38] また、施設で飼育されている象3000頭の健康状態が懸念された。[39]

東アフリカと南アフリカでは、サファリビジネスが急成長し、毎年124億ドルの利益をもたらしていた。2020年も好調な出だしだった。2月にはパークやロッジ、オープンタイプのランドクルーザーの予約はどこもいっぱいだった。ところが3月に入るととつぜん、キャンセルが出始める。4月に入る頃には、予約はぱたりと止まった。ガイドも観光客もおらず、パークは放棄され、密猟が横行した。最悪の事態を防ぐため、南アフリカ共和国の3つの動物保護区では、狙われやすいサイの角を切って密猟者から守ろうとした。「そうすれば、狙われにくくなるのではないか」と考えたからだ。

いっぽう、観光大臣のンマモロコ・クバイ＝ングバネは、観光業だけで最大60万人の雇用が危機に瀕していると議会に訴えた。[40] アフリカ大陸で2番目に大きな経済を誇る南アフリカ共和国では、2〜4月のあいだに雇用が約18％も減少していた。2月には所得を得ていた国民の3人にひとりが、4月には収入がなかった。特に女性と肉体労働者に皺寄せが及んだ。[41]

スリランカ、ベトナム、インド、バングラデシュの縫製工場が最初にパンデミックの影響を感じたのは、2020年2月、中国のサプライチェーンを通してのことだった。中国の工場から生地も糸も送られてこなくなったのだ。そして3月。西洋ブランドの数十億ドル規模の注文が、相次いでキャンセルになる。契約義務が免除される不可抗力だとして、すでに発生している原材料費や賃金の支払いを拒まれたことも多かった。[42]

バングラデシュから輸出される衣料は85％も激減した。[43] 新型コロナウイルスに感染するのではないかという不安が、南アジアでも広まった。3つの影響が出た。「サプライチェーンの途絶」「需要の落ち込み」「従業員とその家族の生活を襲う脅威」である。4月初めには、解雇の憂き目に逢うか、自宅待機を命じられた縫製工場労働者は、バングラデシュだけで少なくとも100万人にのぼった。この数字は、バングラデシュの衣料業界で働く全労働人口の4分の1にあたり、8割が女性だった。[44] 自国で仕事にあぶれ、海外に出稼ぎに出た家族からの仕送りも途絶え、貧困率は40％に急増すると見られた。[45]

パキスタンでは、たいてい予告もなしに縫製工場が閉鎖された。労働者は未払いの賃金を取り戻そうと抗議したが、威嚇する武装警備員に阻まれただけだった。[46] 彼らのような賃金労働者の陰には、さらに多くの在宅労働者の存在がある。彼らは雇用もされず、国の社会保険制度にも入っておらず、とつぜんのシャットダウンに直面して極貧状態のままに放り置かれた。1日12時間、時給40セント以下で働いていた在宅労働者は、パキスタンだけで1200万人を数えると見られた。その暮らしが危機に瀕していた。[47]

縫製工場の労働者は比較的、現金収入が安定しているため、たとえば故郷の村に家を建てる目的でマイクロファイナンスを利用できた。カンボジアでは、縫製工場の労働者による借り入れは数十億ドルに達し、全マイクロファイナンスの約5分の1を占めた。[48] だが、彼らにとって失業の恐怖は大きかった。ローンが支払えないと担保が差し押さえられ、最悪の場合、せっかく手に入れた家を失ってしまいかねないからだ。さらに悪いことに、仕事にあぶれた縫製工場の労働者は、新たな収入源を見つけようとして、隣国のタイから流れ込んできた出稼ぎ労働者と職を奪い合うはめになってしまった。

失業対策

大規模な労働人口が仕事にあぶれ、隔離され、新型コロナウイルス感染症は世界中で労働市場制度の安全性を占う試金石となった。

世界の国と比較した場合、欧州の福祉国家は非常に気前がいい。新型コロナウイルス感染症は、その福祉国家に新たな試練を強いた。最も重要なイノベーションは、欧州のあちこちの国が採用した時短勤務（ワークシェアリング）だった。2008年の世界金融危機後にドイツが採用して、労働者を失業から守った方法である。[49] 労働者は解雇を免れ、公的資金によって給料の全額か一部が保証される。シャットダウンの真っただなかにあった2020年5月、時短勤務で働いていた従業員は、オーストリア、フランス、オランダで全体の約3分の1にのぼり、ドイツ、スペイン、アイルランドでは約5分の1を占めた。[50]

この制度では、雇用主に大規模な公的給付金を支給した。給付金がなければ自前の経費で雇用を支えなければならない雇用主にとっては、特にありがたかった。価値ある補助金だった。欧州において、社会危機を封じ込めるための大きな制度になった。

時短勤務はもともと工場労働者のために考え出された制度だったが、2020年には、自営業者、ギグワーカー、さらには世間から不名誉な烙印を押されるセックスワーカーのような労働者にも拡大された[51]。革新的なプログラムであり、労働者の連帯の象徴だったが、社会の不平等を帳消しにする福祉の提供以上の効果はなかった。

派遣会社と雇用計画を結んで働く契約労働者は、宙ぶらりんな状態に放り置かれ、狭い宿泊所に押し込められ、仕事もなければなんの手当もなかった。最底辺に位置したのは、例によって欧州の豊かな国へと送り込まれた出稼ぎ労働者だったが、この時にはさらに屈辱的な状況に陥り、衛生基準などないに等しかった[52]。ルーマニアやブルガリアの田舎から出稼ぎに来た労働者には贅沢を言っている余裕はなく、EUのなかに、人生の可能性をめぐる大きな格差が存在するという事実が浮かび上がった。2020年4月になる頃には、欧州社会でいまだ忙しく動きまわっていたのは、東欧から働きに来ていた低賃金の出稼ぎ労働者だけだった[53]。

最悪の影響を食い止めるべく、欧州の福祉国家がコロナ危機に適応していたいっぽう、大きな面積を誇る開発途上国が悪戦苦闘していたのは、もっとずっと基本的な問題だった。

4億7100万人を擁するインドの労働人口のうち、社会保障制度に組み込まれているのは19%にすぎず、全体の3分の2は正式な雇用契約を結んでいない。少なくとも1億人が出稼ぎ労働者であり、郷里と都市とのあいだを行ったり来たりし、仮住まいの宿所に住むか路上で寝泊まりしていた[54]。モディ首相のとつぜんのロックダウン宣言を受けて、約2000万人の出稼ぎ労働者が都会を脱出して故郷へ向かった様子は、「ロックダウンと（ウイルスの）ばら撒き」と呼ばれた[55]。おそらく彼らの半数が村にたどり着く途中で、州政府の厳しい規制によって足止めを食らい、急ごしらえの収容所に入れられた[56]。1947年のインド・パキスタン分離独立の時以来の大規模な人口移動だった。

推定するほかないが、ロックダウンのあいだに発生したインドの失業者数が莫大な数にのぼることは間違いない。最も信頼できるデータによれば、２０２０年４月になる頃には、雇用者数は前年比で１億２２００万人も減少していた。生まれ故郷の村に戻って野良仕事に就いた者もいたが、２０２０年４月27日から５月３日までの１週間、失業率は27％を超えていたと思われる。[57] インドのロックダウンに匹敵するのは２月の中国だけであり、労働市場がこれほどひどい影響を受けたのは史上初めてのことだった。

もしインドが労働市場構造のいっぽうの端に属し、欧州が対極にあるとすれば、アメリカはその中間に位置した。アメリカには正規の労働市場があり、定期的に失業率を公表したが、欧州式の時短勤務を可能にする行政制度や法的保護はなかった。アメリカには国家レベルの失業保険制度が存在しないのだ。

１９３０年代のニューディール政策の時代に整備された失業保険事業のほとんどは、州レベルの制度だった。給付額は少なく、ほとんどの州で26週までと決められている。フロリダやノースカロライナでは12週が上限だった。[58] 受給申請を思いとどまらせ、多くの申請者を拒否するように設計されていたが、２０２０年３月になる頃には、この時代遅れの懲罰的な制度は、経験したことのない重圧に耐えかねてうめき声をあげていた。感染リスクがあるにもかかわらず、数万人の市民が申請手続きのために、あるいはニューヨークでは数少ないＡＴＭから給付金を引き出すために、列をつくっていたのである。[59]

毎週木曜日の朝、アメリカ労働省は失業保険の１週間分の新規申請件数を公表する。国全体の申請者数は、各州政府から上がってきた数字をまとめたものだ。２０２０年３月第３週には、破滅的状況が近づきつつあることは疑いなかった。新規申請件数が激増しているという噂が飛び交っていた。専用サイトにアクセスが殺到して、一部のオンライン申請システムが停止した。トランプ政権はこの憂慮すべき報道を差し止めようとした。[60]

3月26日午前8時半、労働省が新規申請件数を発表した。前の週の申請数が約330万件に達したという。まさしく前代未聞の数字だった。いつもの週であれば、せいぜい20万～30万件というところだっただろう。2008年の世界金融危機のあとに記録した最悪の数字は、2009年3月の66万5000件だった。[61] ところが、2020年3月26日に発表された数字はその5倍に及んだ。統計グラフを半世紀前まで遡って見ても、これほど垂直の上昇を描いたのは初めてだった。その翌週、申請件数はさらに跳ね上がり、1週間で664万8000件を記録したのである。

2020年4月、アメリカは黙示録的な経済危機に見舞われていた。わずか3カ月のうちに、25歳以下の4人にひとり以上が職を失ったのだ。[62] 普段、あまり感情を表に出さないセントルイス連邦準備銀行総裁のジェームズ・ブラードが、警鐘を鳴らした。必要と思われるあいだずっとロックダウンを続けていたら、失業率が30％に達してしまう、と。1930年代の世界恐慌を上まわる数字だった。[63]

海運業への影響

世界中で生産と消費が縮小するのに伴い、国際貿易の見通しは破滅的だった。毎年4月に開かれるIMFと世界銀行の春季会合に先立ち、世界貿易機関（WTO）は4月8日、2020年の貿易取引が12～30％減少する見込みだと発表した。楽観的シナリオと悲観的シナリオの数字の差はそのまま、パンデミックがもたらす不透明性を物語っていた[64]。

その影響が直撃した最たる産業は海運業だった。重量換算した場合、世界貿易の90％が海路で運ばれる。6万隻の貨物船が世界の財を運んでいる。ばら積み貨物船が運んでいるのは石油や石炭、穀物、鉄鉱石であり、コンテナ船はより価値の高い貨物を積んでいる。貨物船で働く船員は120万人に及ぶ[65]。ほかにも、観光客を世界中に運ぶクルーズ船では60万人のクルーが働いている。そのほとんどがインド、インドネシア、中国、フィリピンの出身だ。毎週、複雑なスケジュールであちこちの港に停泊してクルーを入れ替え、5万人のクルーがドバイや香港、シンガポールなどのハブ港で船を乗り降りする。

2020年のシャットダウンは海運業に激震をもたらした。船舶による貨物輸送は停止した。コンテナが港に山積みになる。貨物は降ろせるが、パンデミックの隔離規制によってクルーには上陸許可が降りず、下船できない。数十万人のクルーの故郷であるフィリピンは、船をマニラ沖に停泊させて隔離期間を過ごすよう、多くの船舶に提案した。5月も第3週になる頃には、21隻の大型クルーズ船がマニラ湾に集結し、クルーを下船させようとした。ところが上陸許可が降りず、マニラからの航空便もすべてキャンセルになっていたことから、数万人が洋上に係留され、多くの場合、外部とコミュニケーションもとれなかった[66]。6月末になる頃には、40万人のクルーが沖に浮かぶ巨大な隔離施設にとどまっていた[67]。2020年末になってもまだ解決策もなく、数十万人のクルーが船内に隔離されたままだった[68]。もはやロックダウン（封鎖）というよりもロックイン（閉じ込め）というほうが近く、いつ終わるとも知れず延々と職場に監禁された状態だった。

急激な景気後退

供給ショックが需要ショックを引き起こし、売上げ、所得、雇用の減少につながり、投資と消費のさらなる縮小を招いた。2020年春まで、このような悪循環がこれほど包括的に、これほど大規模かつ速いペースで起きた例はない。世界経済全体を機能させる仕組みが、これほどとつぜん重圧を受けるか、危機に曝されたことはなかった。

ソーシャル・ディスタンスとロックダウンをリアルタイムで捉えるデータを用いれば、世界全体のGDPを1日単位で見積もることができ、その結果、驚くようなドラマが浮かび上がった。2019年末、世界GDPは約87兆5500億ドルだった。平凡な年の成長率は3・2%。近年、最悪を記録した2009年は1・67%の縮小だった。2020年2月、中国がシャットダウンに踏み切った結果、生産の巨大な流れは6%も縮小した。そして、3月に入ると急な崖を描いて落ち込んだ。世界GDPはグッドフライデー（聖金曜日）の4月10日前後に最悪を記録したのである。2020年の始まりと比べて20%の減少だった。[69] 経済活動がこれほど速く世界規模で収縮したことは、ただの1度もなかった。1930年代の世界恐慌の時でさえ、これほど急激な収縮ではなかった。

この前例のない景気後退は生産を混乱させ、人びとを失業に追い込んだだけではない。信用システムも揺るがした。政府、企業、家計は負債の上に成り立つ。そしてバランスシートの負債の反対側に現れるのが、ほかの政府、企業、家計の資産だ。権力と不平等、リスクとリターンは、誰が誰になにを、どんな条件で負うのか、というかたちに符号化される。その巨大で脆弱な体系は、将来に対する期待があって初めて成り立つ。ところが、その期待が2020年3〜4月のよ

図3　コロナ規制が2020年に世界のGDPに及ぼした影響（ゴールドマン・サックスの「ロックダウン厳格度指数（ELI）」7dma*による）

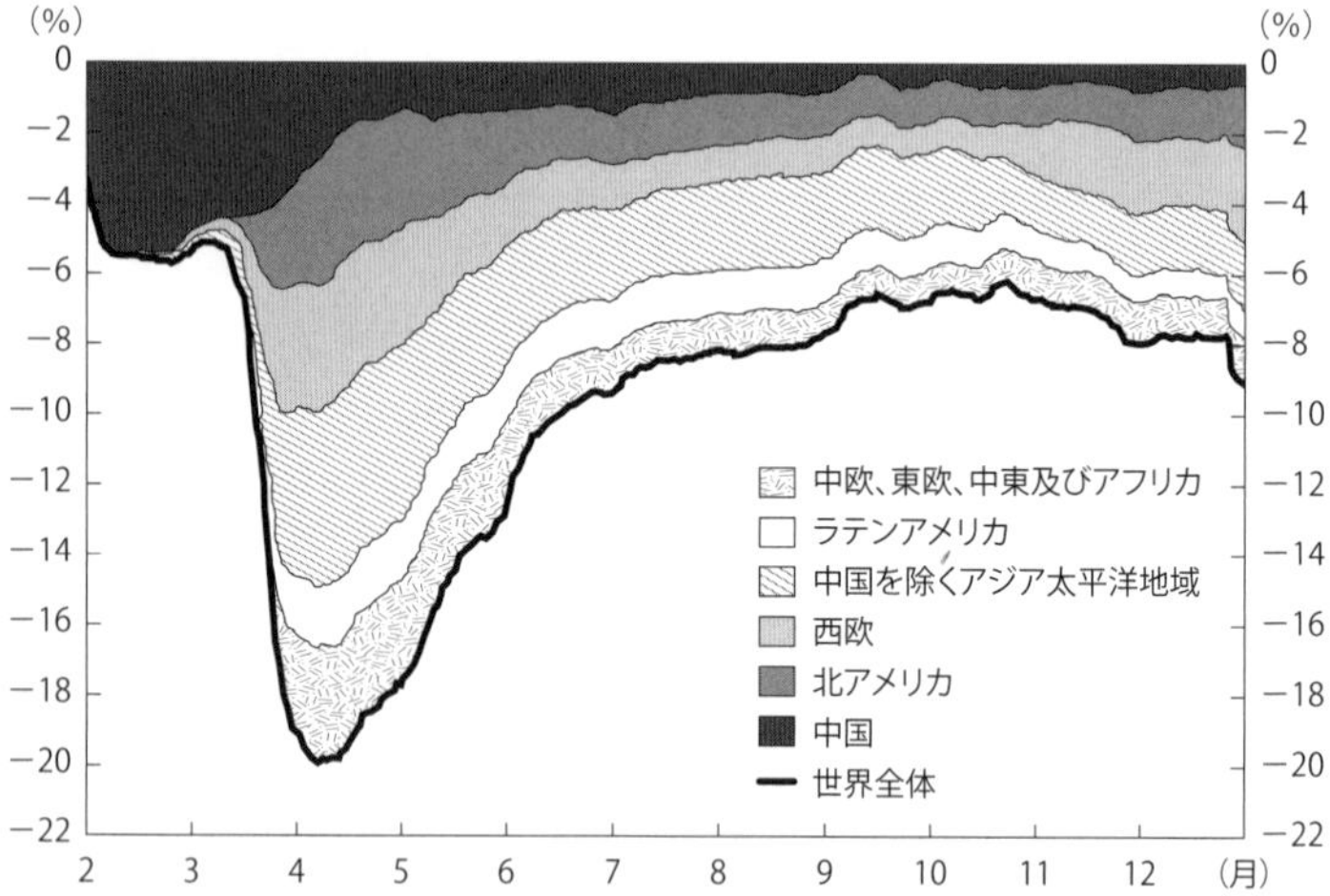

注：7dma*＝7 day moving average＝7日移動平均。
出典：Goldman Sachs Global Investment Research, via Dailyshot.com

うに急進的に変化する時、すべての構造が崩壊しかねない。

世界の金融市場で、安全資産に走る傾向が始まったのは2月だった。その動きは、3月9日にパニックの様相を呈した。欧州のほとんどの国やアメリカで政府がロックダウンを発令する数週間前、世界の金融市場はすでに資本逃避の状態にあった。民間に安全資産を求めるように促したのは、新型コロナウイルス感染症のニュースだった。すなわちシャットダウンである。安全資産への殺到はあっという間に起きた。一つひとつの動きとしては、筋が通っていた。とはいえ、世界中で数十兆ドルが一斉に安全資産へと逃避したために、システミックな崩壊の恐れが出て、国家による大規模な介入を余儀なくされた。

株価の急落が、コロナ危機関連の見出しを独占した。リタイア後の生活に備えてアッパーミドルクラスが資産運用に強い関心を持つ、アメリカのような社会では、株価の急落は大きな懸念を引き起こした。その不安の底にあるのは、新興市場国で山積する債務と、大企業の負債だった。3月も半ばになる頃には、欧州は感染症の影響で激しく動揺し、ユーロ圏の国債市場もストレスに曝されていた。もちろんいいニュースではなかったが、本当の意味で恐ろしかったのは、2020年3月に米財務省証券市場を襲った激震だった。

株式市場の崩壊は、富にとっても、資金調達を目指す企業にとっても打撃だったに違いない。信用の崩壊は企業の弱体化を招いただろう。欧州債務危機は、イタリア、スペイン、フランスの政府が、パンデミックに対応する能力を妨げたに違いない。しかしながら、米国債市場の下落は桁違いの懸念を生んだ。その影響が意味するところは、2008年に北大西洋両岸を襲った金融危機をも凌いだ。米国債は安全資産であり、民間による資金調達の全体系の基盤である。米財務省証券こそはアメリカの金融力の礎であり、今日の世界秩序の礎にほかならないのだ。

第6章

金融危機を回避せよ

米国債市場の乱高下

2020年3月12日木曜日、金融市場から届いた報せは不吉だった。アメリカの株式市場が、2008年の世界金融危機を凌ぐ大暴落を記録したというのだ。この時よりもひどいのは、1987年10月の「ブラックマンデー」と1929年の世界恐慌だけだった。[1] 恐ろしい出来事だったが、消息筋にとって真の懸念は株式市場ではなかった。〝調整〟は正常なことだ。世界はシャットダウンに向かっている。株価の下落は織り込み済みだ。リスク耐久資本という株式の機能は、不況の際には緩衝材として働く。株式市場よりもはるかに懸念されたのは債券市場であり、それも特に米財務省証券をめぐる動きだった。本来であれば、変動の激しい株式の効果を相殺する安全資産である。

景気後退に見舞われた不透明な時代、投資家は自信を失う。そして、価格と配当が企業の業績に大きく左右される株式から、国債へと切り替える。国債は安定した価格で売却することもできれば、担保に用いて悪くない条件で融資を受けることもできるからだ。安全資産のピラミッドの頂点に君臨するのは、ドル建ての米財務省証券である。[2] 究極の安全資産というその位置づけは、ドルの強さゆえではない。ドルは半世紀のあいだ、徐々に価値を下げてきた。そしてまた、アメリカの財政政策は高潔だという高い評価のせいでもない。米国債が究極の安全資産であるのは、市場規模が巨大だからだ。

２０２０年初め、米国債市場は17兆ドル規模にのぼった。その背後には世界最大の経済を誇る世界最強の国家が控え、米財務省証券は最も活発で最も高度な債券市場で取引される。[3] 米財務省証券を購入するのは、市場が極めて大きいために、緊急時にも債券価格に影響を与えずに売却できるからである。購入者は必ず現れ、しかも必ずドルで決済できる。ドルは世界の準備通貨だという時、それは特徴のない緑のドル札を指しているのではない。十数兆ドルに及ぶ、利付きの米財務省証券を指しているのである。

そのゆえ、通常の景気後退では株価が下落し、債券価格が上昇する。債券価格が上昇すると、利回り――債券の購入者が受け取る年率のリターン――は低下する。新型コロナウイルス感染症の影響が出始めた２０２０年2月にも、その通りのことが起きた。株価が下落して、米国債の価格が上昇し、利回りが低下したのだ。利回りの低下は金利を押し下げ、企業は融資を受けやすくなり、やがて投資を刺激する。金融市場は経済の調整を促していた。

ところが、3月9日月曜日に驚くようなことが起きた。安全資産への逃避が、パニックに陥ったようにキャッシュへの殺到に変わったのである。[4] 投資家はなにもかも売った。株式だけではない。米国債まで売った。経済にとっては極めて悪いニュースだった。なぜなら金利を押し上げたからであり、企業が投資を控えるからだ。債券価格の低下と利回りの上昇以上に懸念されたのは、世界最大の金融市場が――ある市場参加者の言葉を借りれば――「まったく機能していない」ことだった。[5]

あらゆる金融取引の基盤であり、十数兆ドル規模の米国債市場が、急激な上昇と下落を演じ、胃が痛くなるような痙攣を起こしていた。端末画面の債券価格は不規則に動いた。さらに悪いことに価格が消えた。これまで買い手が見つからなかったことのない市場で、とつぜん買い手が消えたのである。3月13日にJPモルガンが報告したのは、何億ドルにも及ぶいつもの市場の厚みではなかった。債券価格に大きな影響を与えずに売り買いできるのが、わずか1200万ドルしかないという見込みだった。[6] これは、通常の市場の流動性の10の1にも満たなかった。もはや金融恐慌の状態であり、このまま手をこまねいていれば、2008年9月に起きたリーマン・ブラザーズの経営破綻以上の混乱を招きかねなかった。

2020年の金融危機とFRBの取り組み

2008年、大人気商品だった不動産担保証券は、金融市場を危うく破滅させるところだった。[7] 大西洋の両側で、リスクは銀行のバランスシートに集中していた。不動産価格の下落を受けて、債務者がデフォルトに陥り、それが金融危機につながった。銀行の経営破綻が予想されると、中央銀行と財務省は介入を余儀なくされた。中央銀行は資産を買い入れ、不動産担保証券市場を買

図4　アメリカの銀行の普通株式等Tier1比率とリスク調整後の資産

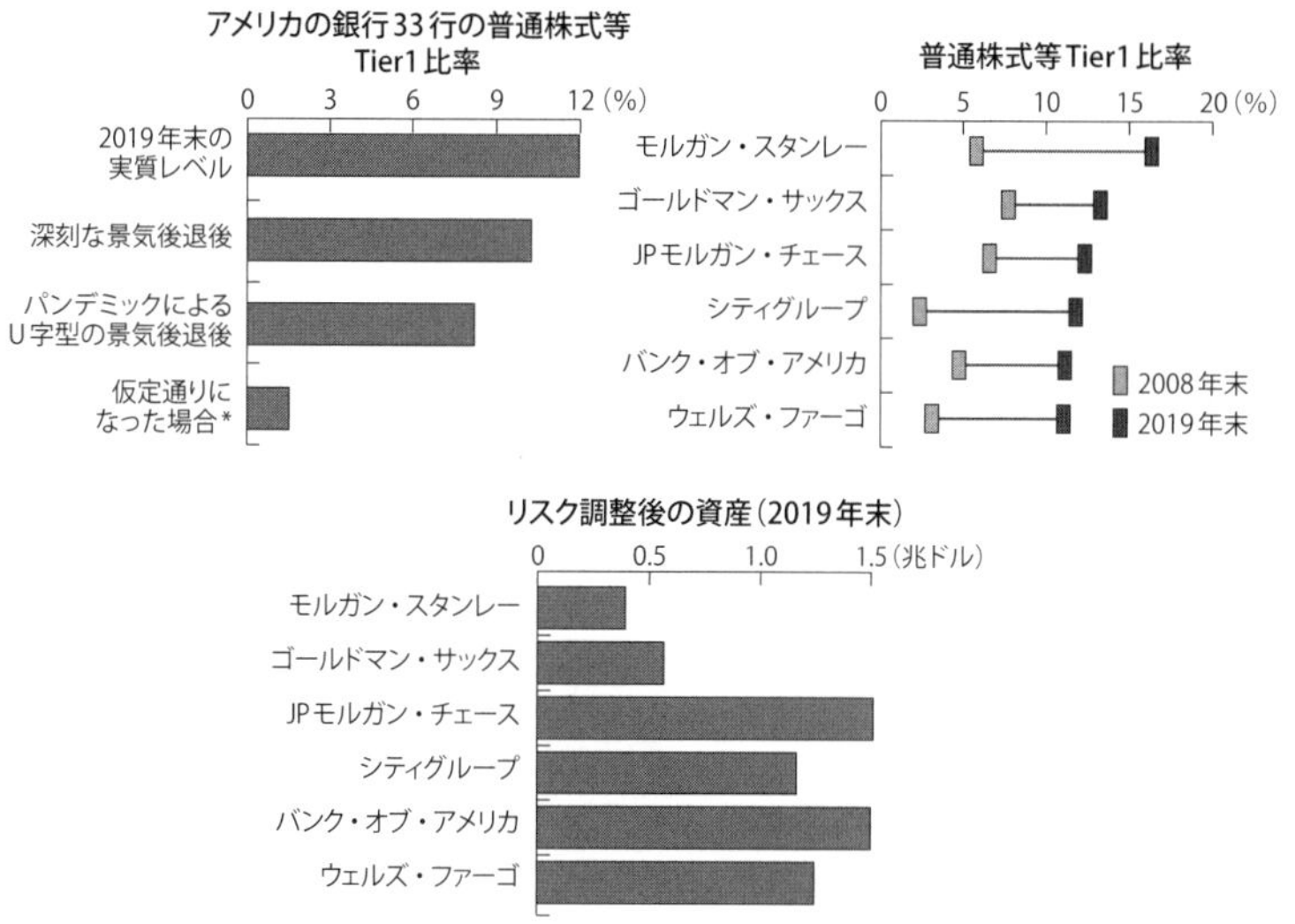

注：*U字型のシナリオが実現すると仮定し、また最初の自己資本率を2008年当時の数字とした場合。
出典：https://www.economist.com/finance-economics/2020/07/02/banks

い支えた。破綻寸前の銀行に流動性を供給するための必死の試みだった。そしてアメリカ政府は、厳密な意味での救済措置に踏み切り、とりわけ脆弱な金融機関に公的資金を注入した。

２０２０年、不動産市場は堅調だった。実際、２０２０年には全米のあちこちで住宅価格が上昇した[8]。郊外への移住を考える人が増えた。住宅リフォーム市場は活況を呈していた。いっぽう、銀行の貸し付け帳簿には損失が増えることになる。金利が低いために、利幅が小さくなってしまうからだ。そのため、銀行の株式が容赦なく売られて深刻な事態に陥り、規制当局のあいだに懸念が波紋のように広がった[9]。もし２０２０年の銀行が、2008年当時の銀行と同じくらい脆弱であれば、破滅的状況に発展していたかもしれない。

実際、コロナ禍の銀行危機がどれほど破滅的になりえたか、その規模を見積もる方法はある。2020年春に起こりえた損失を、2008年のサブプライム住宅ローン危機当時の、アメリカの大手銀行のバランスシートに当てはめてみるのだ。すると、恐ろしい結果が出る。もし2020年の銀行が、2008年当時の銀行と同じくらい脆弱だったと仮定すると、どこの大手銀行でも、損失を吸収する「中核的自己資本(Tier1)」の比率が、総資本のわずか1・5%に低下してしまうのだ。その数字は、安全とされる最低水準の6分の1にも満たない。アメリカの大手銀行数行が破綻して、莫大な救済措置を必要とし、政治に有毒な影響を及ぼしていたに違いない。[10]

幸い、新たな世代はたくましく、自己防衛意識の強い銀行の取り組みも功を奏して、大西洋両岸において2020年の銀行のバランスシートは、2008年3月当時よりもはるかに強固だった。その状態を維持するために、2020年3月、世界各国の銀行規制当局は当面、銀行に配当の支払いや株の買い戻しを禁じた。[11]

だが、銀行のバランスシートが比較的安全だからといって、そのリスクがほかの部門に移っただけなら、慰めにはならなかった。金融資本主義は絶え間なく拡大し、発展する。2008年以降、規制当局と金融アナリストの頭を占めていたのは、新たなタイプのリスクだった。そのリスクはアセットマネジャーのバランスシートの上で蓄積し、リスクの高い企業債務、融資、商業用不動産担保証券をリパッケージしたファンドのなかで積み重なった。[12] また世界の新興市場国において、ドル建てで社債を発行した企業の安定性も懸念された。[13]

以上はどれも市場型金融の例である。市場型金融は、銀行のバランスシートに基づいた財務関係ではない。市場を介してローン債権や債券、デリバティブを売買し、再売買して資金を調達する方法を指す。市場型金融のおもなハブは、いわゆるレポ市場であり、買い戻しを条件に債券を担保に短期の資金を貸し借りする。[14] レポ市場では毎日、数兆ドル規模の長期国債を担保に、1日から1カ月単位で資金を貸し借りする。債券を売って買い戻す方法を続ければ、少量の資本で大規模なポートフォリオが維持できる。2008年のサブプライム住宅ローン危機から、2020年の債券市場の混乱へとつながる連続性は、この市場型金融にあった。

2008年の世界金融危機の原因は本質的に、質の悪い不動産担保証券ではなかった。ましてや、シティグループやドイツ銀行のようなメガバンクが行う、通常のリテール銀行業務でもない。原因はまさしく、銀行がもはやおもな原資を顧客の預金に置いておらず、不動産担保証券をレポ市場で頻繁に売買することで、資金を調達していたことにあった。それがまさにリーマン・ブラザーズのしていたことだ。

2008年9月にリーマン・ブラザーズを経営破綻に追い込んだのは、不動産担保証券で出した巨額の損失ではなかった。リーマン・ブラザーズを破綻させ、ほかの金融機関の存続を脅かしたのは、不動産担保証券のバランスシートに数千億ドルの資金を供給していた、レポ市場へのアクセスを失ってしまったことだった。[15] レポ市場の資金の出し手のあいだで、債券の売り手に対する信用不安が広がれば、それは即座に、莫大な規模の銀行取り付け騒ぎを意味した。

不動産担保証券はレポ市場で大量に売られていた。なぜなら、トリプルAの格付けだったからだ。言い換えれば、安全資産に見えるようにパッケージされていたからだ。そのほとんどはかなり安全だったにしろ、目まぐるしく変化する市場で必要なのは、不動産担保証券やほかのタイプの民間債務を、レポ市場から完全に締め出すことだった。もしそのような市場型金融システムを引き続き機能させ、拡大させたいのであれば、本当に必要なのは申し分のない安全資産であり、最も安全な資産は米財務省証券だった。

２００８年の世界金融危機と２０１７年のトランプ減税によって、２００８～19年のあいだに米国債の発行額は急増し、供給は即座に需要を満たした[16]。２０１６～19年、ＦＲＢは段階的に利上げを行ったが、それでもまだ歴史的に低い水準のままだった。激しく変化する複雑な金融市場にとって、米財務省証券は理想的な資産であり、需要が不足することはなかった。ミューチュアルファンドは、利付き流動性準備として米国債を吸収した。ヘッジファンドは入念な戦略を練って、わずかな乖離率で利益を上げた。バーゼルⅢが新たな流動性規制を導入すると、その流動性バッファーを満たすために各銀行は米国債を保有した。

２０１４年以降、海外投資家はもはや純額ベースで大規模な購入者ではなかったが、すでに米国債を大量に保有し、不平も言わずにロールオーバー（乗り換え）した。巨大な新興市場国の中央銀行の外貨準備運用者《リザーブマネジャー》は、自国の企業が抱えるドル建て負債による為替リスクに備えて、米国債を保有した。非常に流動性の高い市場で売るかレポ取引できるという前提のもとに、誰もが米国債を保有した。重要なのは、保有する米国債を損切りせずに現金化できることだった。その前提が崩れてしまえば、すべての目論見が外れてしまう。それこそが、２０２０年3月9日に米国債市場で始まった出来事を、誰もがあれほど恐れた原因だった。

少なくとも２０２０年3月がそうだったように、米財務省証券でさえ、誰もが即座に売却できたわけではなかった。そのため、米国債以外の投げ売りにつながるリスクがあった。２０２０年３月、取り付け騒ぎは金融システムのあらゆる資産クラスに拡大した。もはや、より安全な投資に殺到したのではない。キャッシュめがけて一斉に突進したのである。しかも、誰もがドルを欲しがった。資産を捨てて、みながドルへと殺到したのだ[17]。

この時のドル需要を強調することは重要である。なぜなら最も信頼の置けるデータによれば、２０２０年３月に売却された米国債のうち、３分の２にあたる４０００億ドルが海外投資家の保有分だったからだ[18]。

中国による米国債の大量売却は、アメリカの戦略家にとって長いあいだ悪夢だった。中国が米国債を大量に売り出すと債券価格は下落し、金利は上昇し、ドルが急落する。それが、２００８年に大いに恐れられたシナリオだった。だが、そんな事態は発生しなかった。中国は、２０１３年末まで米国債を買い入れ続けた。２０２０年、新興市場国は確かに米国債を売り、米国債市場を動揺させたが、前回と同様、今回も恐怖の「売り崩し」とまではいかなかった。ドルの価値は下落するどころか上昇した。

実のところ、それが問題だった。新興市場国のリザーブマネジャーが米国債を売却したのは、ロールオーバーによる資金調達に四苦八苦していた自国の債務者に、ドルを供給するためだった。ドル体制が世界中に浸透していたために、世界の大部分は事実上、アメリカの金融システムに組み込まれていた。新興市場国のリザーブマネジャーは、出口を探していたわけではない。ほかのみなと同じように、手元の米財務省証券を売り払い、危ないポジションを清算して、ドルのポートフォリオを再配置していたのだ。

2020年3月に起きた残り3分の1の米国債売却は、アメリカの金融システムの内部で発生した。この時、カギを握ったのがミューチュアルファンドとヘッジファンドである。彼らによる売却は、新興市場国での動き以上に不穏だった。なぜなら、不安定な市場型金融システムが、銀行と不動産担保証券市場だけでなく、強い米財務省証券市場をも揺るがしかねないことを暴露したからである。

ミューチュアルファンドのファンドマネジャーは、資金の莫大な払い戻しに直面し、キャッシュが緊急に必要になり、どの資産を最初に売るかを決めなければならなかった。本来であれば、最もリスクの高い資産から売却したに違いない。つまり株式や社債だ。通常なら、それが最善の戦略だっただろう。

ところが2020年3月には、株式や社債の処分には巨額の損失を覚悟しなければならなかった。そこでファンドマネジャーは、最も流動性が高い安全資産を、すなわち米国債を売却した。その結果、株式市場と社債市場の不確実性が米財務省証券市場にも広がった。売り圧力が高まるにつれ、従来の前提は通用しなくなった。これまでは株価が下落すると、債券価格が上昇した。その逆もまた真なりだった。ところが、今回はそうやってバランスをとるどころか、株価も債券価格も同時に下落してしまったのである。

お馴染みの逆相関関係が崩れて、取引はますます混迷を極めた。ウォールストリートとロンドンの金融街が在宅勤務を命じると、混乱に拍車がかかった。トレーダーは自宅にこしらえた、間に合わせのワークステーション――2020年3月には「ロナ・リグ」という言葉を生んだ〔訳註ロナ（Rona）は「コロナウイルス」を略したスラング。リグ（Rig）は「装置を簡単に備えつける、整える」などの意味〕——の前で背中を丸め、食い入るようにして画面を見つめ、遅いワイファイのせいで市場の動きについていけず、フラストレーションのあまり大声で悪態をついていた。あるファンドマネジャーはこう漏らしている。「ウォールストリートの平均的なトレーダーは経験が浅く、リスクを冒せない。そしていまは、同僚とまともにコミュニケーションもとれない……。スウェットパンツを穿いたまま、自宅で孤立している……。精神的にいってよくない状況だ[19]」。

トレーダーにとっては悪い状況だが、損失のほとんどはアルゴリズムのせいだ。世界で最も高度な市場において、米財務省証券のマーケットメイクの75%は、アルゴリズム取引が担っている。ボラティリティが急上昇してリスクが高まると、ポジションのサイズをアルゴリズムが自動的に減らす。同時に、国債の買値と売値のスプレッドを広くするように、プログラムされている。なぜなら、それが荒れ狂い、すでに下落に向かい始めた市場に対する合理的な反応だからだ。市場を動揺させていたのは、脆弱な市場型金融システムでカギを握る別のノード、すなわちヘッジファンドを締め上げ《スクイーズ》たからである。

国債価格のとつぜんの下落とスプレッドの急拡大は、ヘッジファンドにとって悪いニュースだった。ヘッジファンドは、米財務省証券の現物と先物のわずかな価格差を取引するからだ。メガバンクやブラックロックのようなアセットマネジャーと比べると小さな市場参加者だが、おもにレポ市場によるレバレッジ戦略のおかげで、米国債市場において桁外れに大きな役割を担っている。そして利益を何倍にも増やすために、手元の米財務省証券を使ってレポ市場で資金を補充し、米財務省証券を資金に換え、その資金でさらに米財務省証券を購入した。そのたびに最低限の証拠金で裏書きした。

だが、取引によって損失が発生したため、マージンコールの発動を受け、証拠金を追加しなければならなかった。２０２０年3月は、新たな投資家を見つける時期ではなかった。そこで、ヘッジファンドはポジションを決済せざるを得ず、数千億ドルを超える米国債をとつぜん投げ売りすることになった。その時にはすでに、新興市場国のリザーブマネジャーとミューチュアルファンドが米財務省証券を売りに出していたせいで、市場は不安定だった。

死に物狂いで売りたがっている売り手がそれほどたくさんいるのなら、買い手側は大きな利益を手にできたはずだった。投げ売り価格の米財務省証券を買って保有し、市場の安定を待って、正常価格近くで売りに出せばよかった。通常、その役目を担うのは、マーケットメーカーの巨大銀行であり、レポ市場を牛耳っているＪＰモルガン・チェースだった。しかしながら、２０２０年、銀行は米財務省証券を買う意欲を失っていた。２０１７年以降、トランプ政権が積み上げた巨額の財政赤字のせいで、アメリカの金融市場は米財務省証券で溢れていた。

２０１９年秋にはすでにレポ市場で大きな混乱が起き、短期金利が急騰したことから、ＦＲＢは介入に踏み切っていた。２０２０年、巨大銀行はその時の繰り返しは避けたかった。大量の国債をどこかの大手証券会社に投げ売りするにしても、かつてなら数分で終わった取引が２０２０年には数時間もかかり、幹部レベルの承認も要した。「２００８年以降、多くの規制が強化されていなければ、ことはもっと簡単だった」というのが、ＪＰモルガンをはじめとする銀行の言い分だった。

規制のせいで多少の違いはあったかもしれないが、実際、２０２０年に米財務省証券市場を呑み込んだ混乱はあまりにも大きく、銀行のバランスシートを最大限に拡大しても、あれだけの米財務省証券は吸収できなかったに違いない。[20] ２０２０年の数少ない慰めのひとつは、切迫した状態に陥っていた大手銀行がなかったことだった。

しかしながら、なんらかの手は打たなければならない。米財務省証券市場がこれ以上崩壊するのではないか、と考えるだけで恐ろしかった。〝安全〟資産が簡単に売れないか、額面を下まわる価格でしか売れないのなら、もはや安全資産とは呼べない。米財務省証券について、そのような問題が持ち上がること自体が前代未聞だった。金融システムの内破だけでも最悪なのに、金融システムが及ぼす広い影響について、バンク・オブ・アメリカの米金利戦略担当責任者マーク・カバナは、２０２０年３月半ばに次のように警鐘を鳴らした。もし米財務省証券市場が機能しなくなったら、それは「国家安全保障上の問題」であり、「新型コロナウイルス対策を打ち出すアメリカ政府の能力を制限する」ことになってしまう。

それは不吉な事態だったが、カバナにとっても最大のリスクは金融市場だった。「もし米財務省証券市場が大規模な非流動性を経験するのなら、ほかの市場が効果的な価格をつけることは難しく、どこかほかの場所で大規模なポジションの清算を行うことになるだろう」[21]。もし大切に保有してきた米財務省証券をキャッシュに換えられるかどうかが不透明なら、ほかのポートフォリオの保有も安全ではなく、アメリカがそのような事態に陥ったなら、ほかのどこの国でも同じだった。

３月12日、ユーロ圏のあらゆる種類のファンドから顧客資金が大量に流出し始めた。２００８年９月以来の規模だった。[22] 流動性バッファーを最小限まで削減していたファンドは不意打ちをくらい、流出をコントロールする捨て鉢の戦略に訴えた。出口がないという懸念によって、パニックは拡大した。

２０２０年3月に始まった全体的な取り付けにおいて、信頼回復の方法はたったひとつ、制限のないキャッシュだった。そして、ドル中心の世界の金融システムにおいて、そのキャッシュを無制限に供給できる機関はひとつしかなかった。ＦＲＢである。最後の貸し手としての機能を果たす必要があっただけではない。マーケットメーカーとしての役割を果たすことも求められたのだ。[23]

２０２０年3月3日、ＦＲＢは最初のコロナ危機対策として緊急利下げを行った。市場を支えるいつも通りの措置だったが、3月第2週に明らかになったのは、今回がいつも通りの危機ではないことだった。株式市場は歴史的損失に見舞われた。米財務省証券市場は混乱していた。唯一、誰もが求めたのはキャッシュであり、それも米ドルだった。ドルの価値が急騰し、金融逼迫が世界に伝播した。ドル建ての負債がある者——事実上、世界中の大手企業とあちこちの政府——は、大きな圧力に曝された。

トランプ大統領は、ヘッジファンド戦略や米財務省証券市場について詳しく理解しているわけではない。それでも取り憑かれたようにS&P５００をチェックし、3月9日月曜日に怒りを爆発させた。なぜＦＲＢの「間抜けども」は、市場の崩壊に手をこまねいている？ トランプは財務長官のムニューシンを呼びつけ、パウエルをＦＲＢ議長に選んだ責任をムニューシンに押しつけ、ＦＲＢにもっと劇的な手を打たせろと命じた。[24]

翌3月10日火曜日、腹の虫が治まらないトランプは次のようにツイートした。「ジェイ・パウエル率いる哀れで動きの鈍いＦＲＢは、利上げのタイミングは早すぎ、利下げのタイミングは遅すぎる。政策金利を競合国と同水準に引き下げるべきだ。競合国は我々より（金利で）２ポイントも有利だ。通貨のもっと大きな助けも借りている。しかも景気刺激策まで！[25]」。あまりに激しいトランプの口撃に、側近は大統領がこの危機のさなかにパウエル議長を更迭するのではないかと恐れた。そんな事態にでもなったら、市場の信頼をさらに傷つけてしまう。

3月11日夕方、トランプは爆弾を投下した。欧州からの渡航禁止をとつぜん打ち出したのである。スイス国立銀行総裁からブラックロックの副会長に転身したフィリップ・ヒルデブラントは、かなり気取った口調で述べている。「それは、現時点でシステム全体を覆う懸念のひとつである。リーダーシップはどこにあるのか？ アメリカのリーダーシップはいったいどこに？ ２００８年の世界金融危機の際には決定的な特徴だったはずなのに[26]」。その問いに答えたのは、ホワイトハウスではなくＦＲＢだった。

パウエル議長は、思いがけない英雄だった。英雄のように見えなかったからではない。伝えられるところによれば、トランプがジャネット・イエレンを再任せず、その後釜にパウエルを据えたのは、1メートル60センチしかないイエレンはアメリカの中央銀行の議長としては身長が低すぎる、と考えたからだという。パウエルのほうがずっと堂々として見栄えがいい[27]。しかも、パウエルが富豪だという点も気に入った。イエレンやその前任者のベン・バーナンキにあってパウエルに足りないものは、きらびやかな学歴だった。その意味において、パウエルは経済学や金融政策の専門知識を重視しない時代の議長だった。

パウエルには、法人弁護士として実業界で活躍した豊富な経験があった。政治の重要性も理解している。パウエルが２０１１年、超党派の候補としてＦＲＢの理事に指名されたのは、ティーパーティ（「小さな政府」を掲げる保守派）の説得にひと役買ったからだった。当時、ティーパーティは連邦議会で債務上限引き上げに強硬に反対していた。その時、「連邦政府に税収だけで国家を

運営させることになれば、破滅的な事態を引き起こす」と説明して、ティーパーティを説得したのがパウエルだった。(28)

パウエルはなかなかの策士であるだけではない。人道主義者でもある。不平等に取り組む最善策として、労働市場が売り手市場になることを支持した。バーナンキやイエレンと同様に、容赦ない社会格差を放っておけないという考えでFRBを引き継いだ。(29)

パウエルの脇を固めたのは、2008年の世界金融危機をくぐり抜けたベテランチームである。ニューヨーク連邦準備銀行のローリー・ローガンは、量的緩和政策第1弾（QE1）の頃から最前線で活躍し、資産購入の方法を熟知しており、2019年12月にFRBのポートフォリオ管理を全面的に引き受けた。(30) 金融政策の策定においては、実践主義世代がパウエルを支えた。その先頭に立ったのが、かつてオバマ政権で国際担当財務次官を務めた経験を持つ、FRB理事のラエル・ブレイナードである。(31) FRB議長就任を承認された時、パウエルは最近の前任者の誰よりも反対票が少なかった。(32)

FRBは、高い能力と機能を備えたアメリカの国家機構である。すでに2020年の前に、トランプの激しい怒りを買っていたことは驚くほどでもないが、驚くのは、2020年にFRBがまたもや、安定化に向けた拡張的介入主義プログラムの推進役を担ったことだった。この時の内部情報が証拠資料に基づいて明らかになるのは、まだ何年も先のことだろう。いまのところは、「2008年の金融危機を経験したベテランチームが、独断的ではない、寛大なリーダーシップの下、鋭い政治的センスを発揮して信用危機に最大限の力で対応した」というのが最もシンプルな解釈である。その信用危機は、一国の存在を揺るがすものになる恐れがあった。だが、それ以上の衝撃を伴わなかったことも、ＦＲＢの取り組みの重要な要素だった。ＦＲＢの対応策の規模を軽視すべきではない。

最初に市場への直接介入に踏み切ったのは、ニューヨーク連邦準備銀行だった。ニューヨーク連銀なら、ウォールストリートに近く、影響を及ぼしやすい。介入の直接的な目的は米国債市場の厚みを回復させることであり、そのためには、ディーラーができるだけ安く資金調達できるようにしなければならなかった。３月９日、ニューヨーク連銀はレポ取引の翌日物への資金供給を１５００億ドルに拡充した。３月11日には翌日物の供給規模を１７５０億ドルに増額し、さらに２週間物と１カ月物について９５０億ドルのレポを行った。翌12日からは、１カ月物と３カ月物について、それぞれ５０００億ドルのレポを開始した。

市場で高まる流動性ニーズにＦＲＢが連日、対応していたことが市場の神経をなだめた。「遅かったにしろ、非常に歓迎すべき動きだ」。投資調査会社エバーコアＩＳＩでグローバル政策・中央銀行戦略チームを率いるクリシュナ・グハはそう述べたあと、こうも続けた。「果たしてそれで充分かどうかはわからない」[33]。ＦＲＢはレポ市場の貸し手として、米国債の買い手が現れるようにすることで、米財務省証券市場を支えていた。問題は、ＦＲＢ自体が介入するタイミングだった。

その週末、世界に不透明感が広がっていた。ユーロ圏の債券市場は欧州中央銀行（ＥＣＢ）の矛盾したメッセージのせいで動揺していた。Ｇ20参加国のブラジル、メキシコ、インドネシアを含む巨大な新興市場は、急上昇するドルの圧力に曝されていた。３月15日日曜日、パウエル議長は新たに劇的な措置を打ち出した。急遽、記者会見を開いて、即効性ある措置として、金利をゼロに引き下げると発表したのである。２００８年の金融危機の真っただなかに実施した、ゼロ金利政策の復活である。市場の安定を図るため、少なくとも5000億ドルの米国債と、2000億ドルの不動産担保証券を購入し、大量の資金を供給すると発表した。[34]

3月17日火曜日になる頃には、FRBは証券会社から800億ドルを買い取っていた。この時のFRBは、かつてバーナンキ議長の下でFRBが1カ月間に買い入れた以上の額を、たった48時間で買い入れたことになる。さらに世界のドル需要を満たすために、既存のドル流動性スワップライン――英ポンド、ユーロ、スイスフラン、日本円とドルとを、無制限にスワップできる取り決め――の条件を緩和することにした。実際、FRBは世界の中央銀行として、逼迫する信用システムの隅々にドルを供給していた。

2008年、FRBのスワップラインは、不振に喘ぐ欧州の銀行に救いの手を差し伸べた。今回、とりわけ支援を必要としたのは、アジアの金融制度だった。[35] もしそれらのアジア諸国が、日本か韓国の中央銀行を介してドルの供給を受けられれば、米国債を売却せずに済むことになる。

スワップラインは、世界的な金融セーフティネットとして知られている。このような制度を起動させるために、派手な演出の会合を開く必要はない。G20のような会合を開催して、各国政府の首脳が集まる必要もない。中央銀行のトップか上級スタッフが、非公式の電話会議で話し合えば充分である。金融関係のコミュニティは、科学分野のコミュニティと同じくらい国際的だが、よりこぢんまりして、より緊密に結びついている。各国の財務省、IMFや国際決済銀行（BIS）、あるいは多くの大手銀行やアセットマネジャーには、そのエコシステムを取り巻く特別な存在がある。学識者のコメンテーターや影響力の強いジャーナリストのことであり、彼らは、機能的なエリートグループの良識を翻訳し、増幅させることで、金融関係のエコシステムを補完する。

２０２０年3月になる頃には、そのコミュニティのなかで――２００８年の世界金融危機の時と同じように――ＦＲＢが「世界の最後の貸し手」として介入する是非を問う者はいなかった。[36] アメリカと世界全体の金融を安定させるためである。

それはまた、トランプ相手の正念場でもあった。トランプが大統領に就任した２０１７年、国際的な金融コミュニティが恐れたのは、世界の中央銀行というＦＲＢの事実上の役割を、トランプ政権が骨抜きにするのではないかということだった。ＦＲＢの事実上の役割と「アメリカ・ファースト」の政策目標が両立するとは、とても思えなかったからだ。

ＦＲＢの足を引っ張るのがトランプでないなら、〝地球は平らだ〟と言い張る共和党議員の一団に違いない。文化的衝突は不可避に思われた。ところが、そのような衝突は起きなかった。3月15日にパウエル議長がゼロ金利政策を発表すると、トランプがＦＲＢを褒めちぎったのである。[37] トランプはＦＲＢの介入に大賛成で、なんの非難の言葉もなかった。となると、問題はトランプではなかった。市場だった。

市場をなだめるための施策

パウエル議長が緊急利下げの記者会見を終えた3月15日夜、翌月曜日の朝にウォールストリートの株式市場が開くのに先立ち、夜間の先物市場が大幅に下落してサーキットブレーカーが作動した。サーキットブレーカーは、市場が自由落下状態になるのを防ぐために、取引が自動的に一時停止する措置である。[38] 週明け16日の株式市場は、取引開始直後に急落し、またもやサーキットブレーカーが作動した。〝恐怖指数〟として知られるＶＩＸ指数は、２００８年11月の暗黒の日々に匹敵するほど上昇した。市場の恐慌をいまや市場が煽っていた。もしＦＲＢの魔法には、もはやなんの効力もないとするならば、ほかにどんな手が打てたのだろうか。それは全世界に対する問いでもあった。

イングランド銀行は、前の週の混乱ぶりを１歩離れたところから眺めていた。マーク・カーニーのあとを継いで、アンドリュー・ベイリーが新たに総裁に就任したばかりだった。枯渇している流動性は、英ポンドではなくドルである。ＦＲＢの措置は功を奏するだろう。ところが３月16日月曜日には、その無関心な態度が極めて危険だと判明する。(39)

各国の通貨を売買する外国為替市場は、金融市場最大の取引量を誇る。金融強国という、かつての英国の地位には翳りがあるものの、シティではいまなお最大規模の取引が行われている。１営業日の世界の平均取引高は６兆６０００億ドルにのぼる。

３月16日月曜日の週、ロンドンは混乱に陥っていた。ジョンソン首相の自由放任主義《レッセフェール》なウイルス戦略は破滅的だった。インペリアル・カレッジ・ロンドンの報告を見れば、即座のシャットダウンが必要なことは、もはや疑うべくもなかった。英国首相官邸は、歯を食いしばってこの状況に耐え抜くつもりだろうか。欧米で、いまだ全面的なシャットダウンに踏み切った大都市はどこにもない。ロンドンもニューヨークもまだだ。３月18日、再開発されたロンドンのビジネス街カナリー・ワーフに聳え立つどのタワーの、どの金融機関のオフィスの端末でも、一種類の取引しか行われていなかった。世界のあらゆる通貨を売却してドルを買え、と。(40)

アップルのような最優良企業は、３カ月のコマーシャルペーパー（ＣＰ）の発行でさえ、法外なプレミアム（上乗せ金利）を要求された。(41)ヘッジファンドは欧州の長引く景気後退に数十億ドルを賭けていた[42]。絶対的な安全資産のゴールドですら、投げ売りされた[43]。キャッシュへの殺到はピークに達し、米財務省証券の利回りは、ポール・ボルカーがFRB議長だった1982年当時を凌ぐ勢いで急騰した[44]。

「まったく度肝を抜かれましたよ」。そう漏らすのは、JPモルガン・アセット・マネジメントの最高投資責任者（CIO）のボブ・マイケルだ。「この仕事をかれこれ40年も続けてきましたが、市場のこんなおかしな動きは見たこともありません」。ゴールドマン・サックス・アセット・マネジメントでグローバル債券責任者を務めるアンドリュー・ウィルソンも述べている。「我々のいちばんの責務は、顧客の求める流動性を生み出すことだ。我々はみな、自分たちが売りたいものではなく、売れるものを売らなければならない……。そんなわけで、あちこちに波紋が広がっているわけだ[45]」。ブラックロックの首席投資責任者リック・リーダーも同じ意見だ。彼がポートフォリオに欲しいヘッジはキャッシュだけだ。JPモルガン、ゴールドマン・サックス、ブラックロックがどこも売っている時に、買い手になるのには勇気が必要だった。

3月18日水曜日、イングランド銀行は記者会見を開いて市場に安心感を与えようとした[46]。アンドリュー・ベイリー総裁が話しているあいだに英ポンドは5％も急落し、対ドルで1985年以来の安値をつけた。いっぽう、おもな資産市場として世界で最も古い英国債市場は、未曾有の混乱に見舞われていた。10年物の英国債の利回りが3月9日から18日のあいだに、0・098から0・79にまで跳ね上がったのだ。もちろん低い水準だが、問題はその規模だった。たった数日間に8倍も上昇したのである。

さらに、デュレーションの長短の違いによって、普段は見られない違いが債券価格に現れた。これは、ディーラーが需給の調整に失敗した証拠だった。自宅のキッチンテーブルや屋根裏部屋に据えた端末でリモート取引していた、イングランド銀行の市場チームは、「重要な市場ストレス」を報告した。国債市場は「自由落下」状態だった。ベイリー総裁がのちに認めたように「一部の金融市場は、基本的にメルトダウン1歩手前だった」。あのまま手をこまねいていたら「英政府は資金調達に四苦八苦することになっていただろう……」[47]。

英国、欧州、アメリカの金融市場が見舞われた混乱の10日間のあと、各国の中央銀行は新たなイニシアティブに着手し始めた。ロンドンでは3月19日に、イングランド銀行金融政策委員会が緊急会合を開き、英国債の買い入れ規模を２０００億ポンド増額すると発表した[48]。２００８年の時と違って、事前にスケジュールを決めて行うことはしない。ベイリーの言葉を借りれば、「適切と見れば可及的すみやかに実施する」。タイムテーブルを決める局面ではなかった。イングランド銀行自体も認めたように、みずからの勘や経験が頼りだった[49]。前日3月18日の夜遅く、ＥＣＢは大規模な資産購入プログラムを発表していた。それが、欧州が方向転換するきっかけとなった。

そのあいだも、ＦＲＢはアメリカの複雑な信用システムにおいて一つ、またひとつと緊急措置を打ち出していった。3月17日、ＦＲＢは市場支援策として企業に融資を行うと発表する。これによって、企業は給与やその他短期の経費を賄えることになる。翌18日、ＦＲＢは支援を拡充してミューチュアルファンドを含めるとし、裕福なアメリカ市民が貯蓄を取り崩さずに済むようにした。

3月19日、既存の流動性スワップラインのネットワークに、新しくメキシコ、ブラジル、韓国などの9行の中央銀行を加えて計14行に拡大した。その翌日、今度はＥＣＢと日本銀行に対するドル資金供給の頻度を引き上げた。スワップラインのメンバーであるかどうかに限らず、ＦＲＢの決定が全体の方向性を決めた。ＦＲＢはさらに新たなファシリティを設け、海外の中央銀行が米国債をレポ取引できるようにした。このファシリティを利用する限り、米国債を売ってドル資金を調達する必要はない。

ドルをふんだんに供給するというシグナルをＦＲＢが送ると、ドル高は落ち着き、あちこちの国の中央銀行が措置を講じるドアを開いた。日本銀行は国債を買い入れた。オーストラリア準備銀行は政策金利を引き下げた。それまで自国通貨がドルよりも相対的に弱いことを懸念していた新興市場国の中央銀行は、これで思い通りの金融支援策が打ち出せるようになった。[50] ３月の３週目が終わる頃には、モンゴルからトリニダード・トバゴまで39カ国の中央銀行が利下げを行い、銀行の規制を緩和して特別貸し出し枠を設けた。[51]

それで充分だろうか。パウエル議長は２００８年に講じた基本的な政策措置はすべて発動した。利下げ。量的緩和。マネー市場を支え、スワップラインも拡充した。これらのお馴染みのツールは、米国債市場の激しいストレスを緩和した。需要の回復に伴い、利回りは下がったが、株式市場や社債市場をなだめるのには不充分だった。不安定な状況が続く限り、波紋はシステム全体に広がり続けるだろう。

基本的な問題は、ＦＲＢには限界があることだった。すなわち、信用供与を行い、利下げに踏み切ることはできる。だが２００８年の金融危機の時と違って、ウイルスとロックダウンという、コロナ危機の原因に対しては手の施しようがない。市場はワシントンＤＣから届くニュースを待っていた。だが、ＦＲＢから届くニュースではなく、連邦議会から届くニュースである。連邦議員は所得保障、財政支出、医療対策に対する支持をどれだけ集められるだろうか。

3月22日日曜日に届いたのは、市場が待ち望んでいたようなニュースではなかった。民主党と共和党が新型コロナ対策法案をめぐって対立し、連日のように法案が否決されていたのだ。3月23日月曜日朝にアジア市場が開くと、先物市場は急落し、ウォールストリートでも暴落した。その取引日、S&P500とダウジョーンズは一時、約30％も価値を失った。株式市場は世界中で26兆ドルを失い、莫大なポートフォリオを保有する最富裕層と、巨額の資産を保有する年金基金や保険基金が損失を被った。もし下落を止めたいのなら、FRBは次なる手を打つ必要があった。

安定化アプローチの3本の柱

2020年3月23日午前8時、市場が開く1時間半前に、パウエル議長は彼にとっての「できることはなんでもする《ホワットエヴァー・イット・テイクス》」瞬間を迎えていた。「公的部門と民間部門にわたって積極的な措置を講じる必要があります。雇用と所得の喪失を食い止め、ひとたび混乱が緩和したところで、経済の速やかな回復を促すためです」。パウエルはそう述べた。

4月の終わり、FRBは民間の信用市場のバックストップ（支援）策として、9種類の「流動性供給ファシリティ」を打ち出していた〔訳註　世界金融危機当時の4種類のファシリティを復活させ、5種類のファシリティを新設した。本著では、そのうちの8つについて言及している〕。どれもアルファベットの頭文字を並べた略語で呼ばれた。いまや企業の収益は落ち込み、労働者は自宅待機を命じられ、「売り手が殺到する」市場は軋みをあげている。そのような経済に、巨額の当座貸越を供与するためである。[52] 銀行の当座貸越と同じように、FRBの資金は振り出される必要がなかった。FRBが流動性を供給するという事実だけで、市場や経済をなだめていた。

パウエル議長が打ち出した安定化アプローチは、次の3本の柱から成っていた。

第1の柱として、2020年3月23日、FRBは「最後の貸し手」という役割において、2008年の世界金融危機当時の「TALF」すなわち「ターム物資産担保証券貸出ファシリティ」を復活させた。これにより、自動車ローン、クレジットカードローン、中小企業庁保証ローン、学生ローンを裏付けとした、資産担保証券（ABS）の保有者に融資を提供した。

TALFを復活させる前に、FRBはすでに「コマーシャルペーパー購入ファシリティ（CPFF）」、「マネーマーケットミューチュアルファンド流動性ファシリティ（MMLF）」、「プライマリーディーラー向け連銀貸出ファシリティ（PDCF）」の3つを復活させると発表していた。どれもおもに金融システムのプロ向けのファシリティであり、FRBは最小限の貸出リスクしか負わない。緊急時に優良担保に流動性を供給するという、中央銀行の古典的な機能を果たしていた。だが、3月23日になる頃にはそれだけでは充分ではなかった。

パウエルが発表した第2の柱はさらに急進的だった。次のふたつのファシリティを新設して、大企業の信用を支援したのだ。FRBは、融資を保証しただけではない。信用そのものも供与したのだ。まず「発行市場での企業債権の信用ファシリティ（PMCCF）」を新設して、企業から新発社債を直接買い取るか、直接貸付を行った。また「流通市場での企業債権の信用ファシリティ（SMCCF）」も新設して、流通市場を通じて発行済み社債を直接買い入れた。そのなかには、ハイリスクで高利回りの上場投資信託（ETF）も含まれた。

このふたつの信用ファシリティの規模は、計7500億ドル。社債の購入に踏み切ることで、FRBは従来の「最後の貸し手」としてよりも、はるかに莫大な損失リスクを負うことになる。最悪の非常事態に備えて、緊急条項である「連邦準備法13条3項」を発動した〔訳註　緊急かつ切迫した状況に限って、銀行以外の金融機関、企業、ファンドなどのノンバンクにも、融資のかたちで流動性支援を認める〕。損失が生じた場合には、財務省の為替安定化基金（ＥＳＦ）が拠出する計３００億ドルで吸収する。ＥＳＦは１９３０年代初めの遺物であり、緊急時に介入する際の使い勝手のいい資金源として機能した。

ＦＲＢはそれまで、企業に対する直接貸付を避けてきた。個々の企業の債務を買い入れれば、特定の企業のひいきにつながる。だが、幅広い企業の債務を買い入れれば、質の悪いローンを多く抱えることになってしまう。リスクの高い社債市場では、未公開株投資会社がいわゆる高利回り債やジャンク債を利用して、ウォールストリートの銀行家の時間給も色褪せるようなリターンを生み出していた。ＦＲＢは政治的、法的な理由によって、金融システムの最も投機的な部門を支援することには消極的だった。

企業債務の買い入れを拒否したことで、ＦＲＢはほかのおもな中央銀行とは一線を画した。イングランド銀行とＥＣＢは企業債務を買い取った。２０２０年3月の欧州では、フォルクスワーゲンのような大企業は、ＥＣＢの支援を求めて臆面もなくロビー活動を繰り広げた。[53] 日本銀行はさらに踏み込んだ措置を講じた。株式を買い取り、株式所有のリスクを負ったのだ。日本銀行は２０１０〜20年末に株式を購入し続け、４３４０億ドルに及ぶ国内株式を保有している。[54] 驚くような数字だが、資本市場の世界の指標はアメリカである。そしていま、どこの中央銀行も打ち出したことのない規模の措置を、パウエル議長は考えていた。

総額７５００億ドルの社債引き受け、あるいは購入プログラムを、３００億ドルの資本で支えられないことは明らかだ。ＦＲＢの発表が暗黙の前提としていたのは、財務省や連邦議会とＦＲＢとのあいだで、新たな連携が結ばれつつあることだった。理想的に言えば、ＦＲＢは３月23日月曜日の午前中に、みずからの壮大な発表を、連邦議会が可決した包括的な景気刺激策と併せて行うはずだった。ところが、新型コロナ対策法案が否決されたために、景気刺激策の発表はその週の後半までお預けになった。そのあいだ、ＦＲＢが連邦議会に先んじて発表したのは、政府の大企業向け貸付プログラムを側面で支える、「メインストリート貸付プログラム（ＭＳＬＰ）」の創設だった。

そして、パウエル議長が第３の柱として打ち出したのは、公的債務市場をＦＲＢが全力で支える制度だった。

州・地方自治体は今回の感染症との戦いの最前線にあり、パンデミック対策を練り、追加措置を講じるいっぽう、税収の落ち込みに見舞われていた。３月23日、ＦＲＢは「コマーシャルペーパー購入ファシリティ（ＣＰＦＦ）」と「マネーマーケットミューチュアルファンド流動性ファシリティ（ＭＭＬＦ）」を復活させて、州・地方自治体に対する信用の流れを緩和すると表明した。４月９日には、「地方自治体流動性ファシリティ（ＭＬＦ）」を新設して総額５０００億ドルを用意し、州、郡、大都市が発行した短期地方債を買い入れると発表した。

これらのファシリティはどれも、金融システム全体に対する信用構築手段であり、米国債市場にかかるプレッシャーを間接的に緩和する働きがあった。だが、ＦＲＢはさらに一歩踏み出した。米国債市場を直接支える方法は、ＦＲＢが米財務省証券を買い入れることである。３月20〜21日の週末、ＦＲＢの連邦公開市場委員会（ＦＯＭＣ）は米財務省証券を５０００億ドル、不動産担保証券を２０００億ドル買い入れると表明していたが、パウエル議長はその方針を改め、無制限に買い入れるとした。

３月23日午前、ＦＯＭＣは次のようなシンプルな発表を行った。ＦＲＢは「米財務省証券と不動産担保証券を必要量買い入れ、市場の滞りない機能、及び広範な金融情勢への金融政策の効果的な波及を支える」[55]。その翌週、ＦＲＢが購入した米財務省証券と不動産担保証券は、実に３７５０億ドルと２５００億ドルにのぼった。ピーク時には、毎秒１００万ドルのペースで買い入れていたことになる。ＦＲＢはものの数週間で、20兆ドル市場の５％を購入していたのである[56]。

ＦＲＢの市場介入は絶大な効果を発揮した。３月23日が転換点だった。ひとたび投資家が、最後の貸し手と最後のマーケットメーカーの存在を確認したとたん、自信が回復し、信用は流れ、特にアメリカの金融市場は驚くような回復力を見せ始めた。８月半ばになる頃には、Ｓ＆Ｐ５００は２月以降の損失を充分に埋め合わせ、歴史的な高値を更新し続けていた。金融市場に莫大な直接的利害を持つ、ごく一部の人間は富を取り戻した。ＦＲＢの介入は、企業の富を幅広く甦らせ、経済を生き返らせた。

もし２０２０年３月に金融市場が心臓発作を起こしていれば、世界の大部分は悲惨な目に遭っていたに違いない。とはいえ、回復の利益は等しく配分されたわけではなかった。２０２０年、世界中で億万長者の富は１兆９０００億ドル増加した。そのうちの５６００億ドルが、アメリカの最富裕層の懐に収まったのである[57]。２０２０年には、非現実的で不快な出来事が起きていた。特に激しい対比を見せていたのは、巨額の資金供給のいっぽうで、日々、苦しい生活を余儀なくされた数十億もの人びとの姿だった。

「できることはなんでもする」

２０００～01年にドットコムバブルが崩壊したあと、各国の中央銀行はサーカスの舞台監督《リングマスター》から、ますます必死に流動性を操るジャグラーに変わった。当時のマントラは、２０１２年にＥＣＢ総裁だったマリオ・ドラギの「できることはなんでもする」だった。各国の中央銀行は政策金利をゼロに引き下げた。破綻の淵で喘ぐ銀行の救済策を捻り出した。低利の融資で大規模な流動性ニーズを満たした。資産を買い入れ、金融市場の安定を図った。急進的な介入を行ったにもかかわらず、そのような措置は永遠に続けられるものではないという認識があった。いつかの時点で、バランスシートを元に戻し、政策金利を正常な水準に引き上げなければならない。

ＦＲＢのパウエル議長、イングランド銀行のベイリー総裁、ＥＣＢのクリスティーヌ・ラガルド総裁が、それぞれの中央銀行のトップに選出された時、３人はポスト英雄世代だという印象があった。２００８～15年に中央銀行が急進的な介入を行ったあと、３人の任務は秩序を回復すること、つまり「正常化」だったからだ。

２０１９年の不安定な世界経済は、すでに正常化の可能性に疑問を投げかけていた。２０２０年には、その可能性は完全に消えてしまった。中央銀行は空前のスケールで措置を講じただけではない。即座に介入したことで、この数十年、徐々に「脱抑制」へと向かってきた傾向が露になったのだ。２００８年には、中央銀行が介入することにはまだ躊躇があった。ところが、２０２０年には躊躇は跡形もなく消えていた。金融の堰《せき》を解放したことによる全面的な影響は、政府が景気刺激策を発表したあとの数週間で明らかになるだろう。今回の介入は最も急進的なタイプの緊急措置だった。だがいまとなっては、正常がどんなものなのかはもはや疑問だった。

第7章 生活を守れ

金融と財政の統合

2020年3月25日水曜日、もう少しで日付が変わるという頃に「コロナウイルス支援・救済・経済安全保障法」すなわち「CARES法」が、米連邦議会上院を満場一致で通過した。交渉に2週間を要したとはいえ、アメリカの分裂した政治体制は、財政支出、減税、財政支援配分の一括法を成立させた。総額2兆2000億ドル。アメリカのGDPの10％に相当する。[1] これまでで最大規模の財政支援である。実際、これほどの規模の支援は過去にも、どこの国でも行われた例がない。

2020年春、アメリカはどこの国よりも大きな支援策を打ち出したが、大きく出たのはアメリカだけではなかった。2020年4月、IMFの推計によれば、あらゆるかたちの財政出動は世界で総額8兆ドルにのぼった。5月に入ると9兆ドルに及び、10月には12兆ドルと試算された。2021年1月になる頃には、実に14兆ドルに達していた。[2] 2008年の世界金融危機後に打ち出された景気刺激策を、はるかに上まわる数字である。

2020年の財政支出と減税は、シャットダウンによる社会的危機の芽を摘むためには不可欠だった。実際、戦時経済の喩えや新たな社会契約説が現実的に聞こえたのも、財政出動の規模がそれほど巨大だったからだ。政府予算が膨れ上がり、中央銀行が介入に踏み切ると、第2次世界大戦以来初めて、金融政策と財政政策は縫い合わされたかのように一体化して見えた。[3]

3月、FRBは米国債市場を安定させるためにみずからの仕事をした。今度は財政政策の番だった。[4] 資源を配分し、コロナ危機の社会・経済的課題に取り組む優先順位を決定するのは、公衆衛生当局と民主的に選出された政府に委ねられた。

ケインズ主義全盛だった20世紀半ばと比較したところで、今回のドラマを正しく理解する役には立たない。そのような比較は、右派か左派かを問わず、過去の時代に戻りたいという願望の現れだ。当時、国家経済は統合され、管理しやすかった。かつては需給が相互に関連して内破したことからも明らかなように、マクロ経済の関係性は極めて現実的なものだった。

だが2020年の危機対応を読み解く枠組みとして、過去の経済を持ち出すことには時代錯誤の危険を伴う。2020年の金融と財政の統合は、21世紀という時代の統合だった。[5] その統合は、とりわけ政府の介入規模についてネオリベラリズムの主張を覆したが、危機対応の枠組みをつくったのは、ネオリベラリズムの遺産だった。すなわち、ハイパーグローバリゼーション、脆弱で希薄化した福祉国家、社会と経済の深刻な不平等、民間資金の傲慢なほどの規模と影響力である。

各国の財政出動の規模

コロナ危機に対する各国の財政措置には、共通点とともに大きな幅もあった。世界のどの国も事実上、一斉にシャットダウンに向かい、どの国も実質的に財政出動を行った。その反面、実際に出動できる財政規模に大きな差が出たのである。IMFによれば、平均的な先進経済国の場合、財政出動の規模はGDPのほぼ8・5％を占めた。中所得の新興市場国では、平均して4％をわずかに下まわった。低所得国の財政出動は、たいていGDPの2％にも満たなかった。[6]

その大まかな3つの区分のなかでも、さらに幅が見られた。貧困に喘ぐハイチが打ち出した景気刺激策は、GDPの4％というなかなかの数字だった。[7] 4月21日に南アフリカ共和国政府が講じた299億ドルの包括的措置は、医療支出、地方自治体への財政支援、最貧層に対する給付金支給を目玉とし、全体的な規模は国民所得の約10％に及んだ。

それに対して、原油価格急落の打撃を受けたナイジェリアでは、財政支出と減税でGDPのわずか1・5％を拠出するのにとどまった。これには500億ナイラ（1億2800万ドル）の救済プログラムも含まれており、コロナ危機の影響を最も受けやすい360万世帯に2万ナイラ（52ドル）が支給された。[8] だがその数字は、1日1ドル90セント以下で暮らす市民を8700万人も抱え、極度の貧困人口が世界で最も多いナイジェリアでは、まさに焼石に水だった。[9] 大きな新興市場国のなかでも、インドやメキシコの景気刺激策の規模は特に小さかった。反対にブラジルの場合は、世界の富裕国の規模に匹敵するほど大きかった。

欧州は〝2020年の驚き〟のひとつだった。2008年以降、EUは緊縮財政のお手本だった。そして、厳しい緊縮財政はフランスと南欧に深刻な後遺症をもたらした。[10] 2020年、コロナ危

図5　コロナ危機の第1段階でG20の主要政府が実施した財政努力の対GDP比

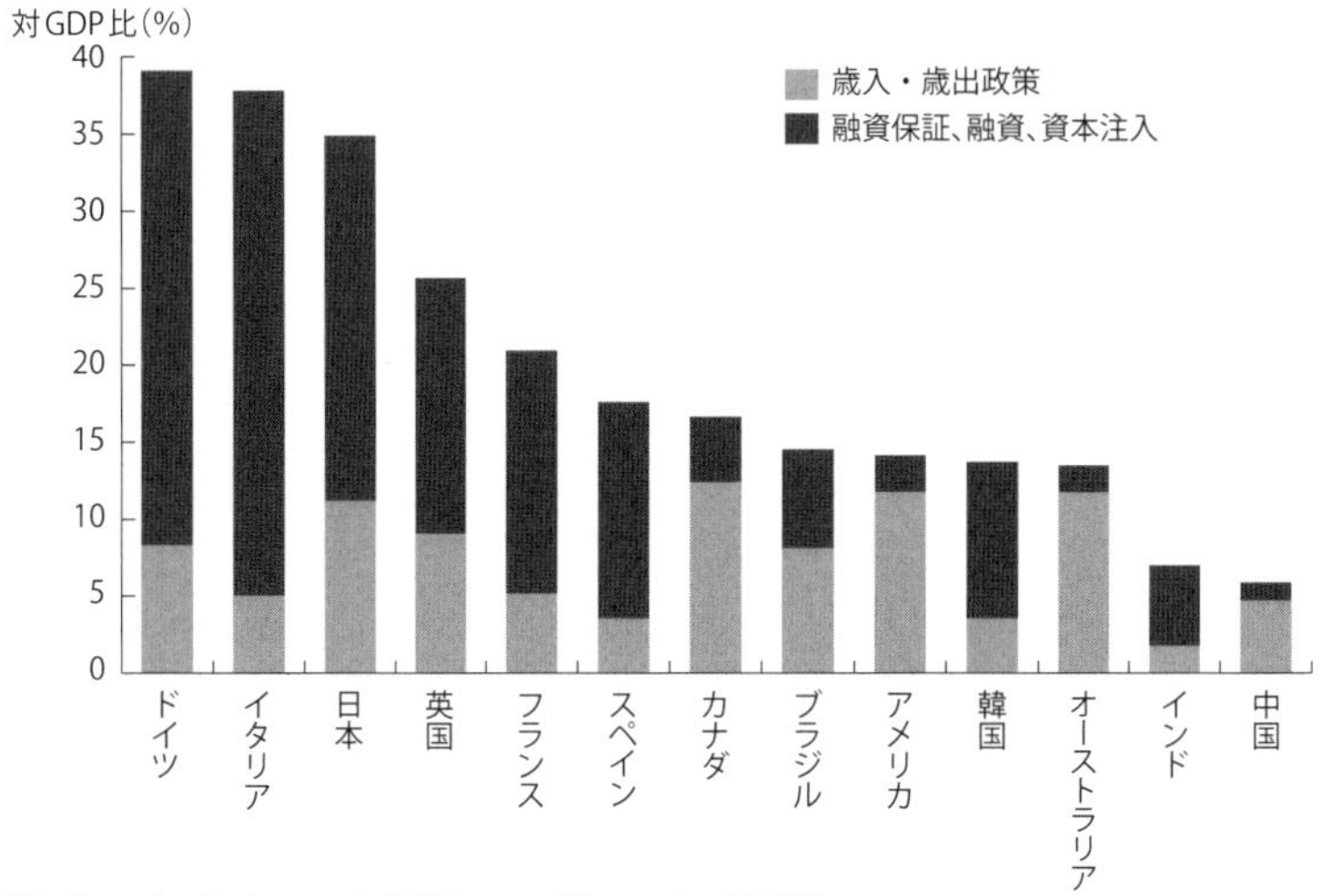

出典：Deutsche Bank research, IMF data as of September 11 2020

機の影響をまともに被った欧州では、幅広い政治的色彩の政府が、それまで固く閉めていた財政の蛇口を開けた。

上のグラフを見ればわかるように、融資保証などの割合が非常に大きいため、全体的な規模は極めて大きく見える。融資保証は、政府による直接的な支出ではなく、企業に対する融資リスクを政府が損失補償を通じて負担するという約束だ。英国では、それらの割合はＧＤＰの約15％も占めた。ドイツではトータルで30％にものぼった。[11] そのような条件にもかかわらず、欧州が大きく方向転換して財政の蛇口を開けたことは驚きだった。

ＥＵ内の勢力均衡を考えれば、方向転換の先陣を切ったのがドイツだった点は重要だ。保守派の古参ウォルフガング・ショイブレ（欧州債務危機当時のドイツ財務相）のあとを継いで、アンゲラ・メルケルの大連立政権で財務相を務めたのは、実際的で知られるドイツ社会民主党のオーラフ・ショルツだった。[12] すでに2月末の時点でショルツは、ドイツが憲法で規定する「財政収支均衡の原則」を一時的に保留する考えを表明していた。この決定によって、州政府がコロナ対応策を打ち出せるようにするためだ。[13]

2020年3月25日、アメリカ連邦議会が歴史的なCARES法に賛成票を投じたその同じ日、ドイツ連邦議会は1230億ユーロの補正予算を承認し、これにより、融資保証と合わせて総額7500億ユーロ規模の支援策が決まった。[14] さらに6月には、第2弾となる1300億ユーロの景気刺激策に合意した。公共投資を促し、州政府の予算負担を軽減し、地方のインフラ整備に対する資源を供給するためである。[15] 一連の決定は、欧州最大の経済国であるドイツに、景気刺激策を提供しただけではなかった。ドイツのあとに続くよう、欧州各国に許可を与えていたのだ。財政規律〔訳註　EU各国の財政赤字をGDP比3％以内に抑えることと、債務残高がGDP比60％を超えないこと〕適用の一時停止を、欧州委員会がEU加盟国に呼びかけた時、ドイツは異を唱えなかった。

パンデミックは、補助金や社会福祉支出に対するモラルハザードの議論を、ほとんど黙らせた。パンデミックを引き起こしたとして、その責任を問われて非難されるべき企業や政府はなかった。コロナ危機の前に、一部のEU加盟国のバランスシートが健全でなかった理由を説明するよう、オランダの財務相が求めた時、ポルトガルのアントニオ・コスタ首相は、その発言は不快だと嚙みついた。[16]

コロナ危機は通常の経済危機ではない。もし通常の経済危機であれば、長期にわたって財政的に備えることは理にかなっていた。いまや議論の形勢は逆転していた。もしパンデミックの被害がとりわけイタリアとスペインでひどいのであれば、それは10年に及ぶ緊縮財政政策のせいで、公衆衛生システムの予算を大きく削減せざるを得なかったからだ。メルケル政権の野心的な保健相イェンス・シュパーンは、コロナ危機の前に〝余剰〟病床の削減を提唱していたことで気まずい立場に陥った。[17] 2020年も夏になる頃には、パンデミックが歴史的に類を見ない困難だという議論が浮上し、共同債発行という新たな制度に向けて、EUが飛躍的に前進する土壌をつくった。

2020年の欧州は、2008年の時よりも積極的行動主義をとっていたが、中国の場合はその逆だった。2008年、中国は相対的に見て巨額の景気刺激策を展開した。ところが2020年、中国は新型コロナウイルス感染症を早々に抑え込み、過去の過剰投資と借入れ超過の反省からもっと抑制していた。2020年5月の「両会」（全国人民代表大会と全国人民政治協商会議）で発表された財政パッケージの規模は、3兆6000億元（約5500億ドル）。2008年の金融危機の時の4兆元よりもわずかに少ない。だが中国の経済規模は、2008年より2020年のほうがはるかに大きいのだ。

2020年末には、中国の財政出動の規模はGDPの5・4%と試算され、そのうちの2・6%が地方レベルでの投資支援に充てられた。西洋と違って、家計に対する直接支援は中国経済の回復には、ほとんど役に立たなかった。2008年の時と同じように、最大の景気刺激策は政府予算による財政支出を通してではなく、いわゆる政策銀行を通して行われた。「社会融資総量」〔訳註　金融システムから実体経済に供給される流動性の総量。中国独自の経済指標〕によれば、政策銀行の融資額は、2020年3月だけで5兆1500億元に達したという。[18]

シャットダウンのドラマのなかで、財政支出の規模を正当化するためによく引き合いに出されたのが、「戦時経済」のイメージだった。習近平国家主席、フランスのマクロン大統領、インドのモディ首相、トランプ大統領も戦争という言葉を使った。マレーシアのムヒディン・ヤシン首相はテレビ演説で「我が国は見えない敵と戦争をしている。歴史上、前例のない状況だ」と語った(19)。イタリアのコンテ首相は、第2次世界大戦時に英国のチャーチル首相が述べた「最も暗い時《ダーケスト・アワー》」という言葉を引用した(20)。金融関連のメディアは、「国防生産法」によって、民間の工場がどのように個人防護具や人工呼吸器を生産するのかについて議論を繰り広げた(21)。

パンデミックとの戦いをつい戦争に喩えたくなるかもしれないが、2020年の状況を考えれば、適切な喩えとは言えなかった。問題は、兵力をどのように動員するかではなかった。難しいのは、経済をどう非動員化して、人びとに家のなかにとどまってもらうかだったからだ。医療システムにおいてさえ、救急でない患者や治療や手術はあとまわしにされた。必要なのは景気刺激策や動員ではなく、生活支援だったのである。

今回の緊急事態に伴うそのような特殊性こそ、アメリカが打ち出した財政出動の規模の大きさを説明している。ＣＡＲＥＳ法が莫大な規模でなければならなかったのは、アメリカの社会構造が労働と雇用の上に成り立っているからであり、公共部門が長年にわたって攻撃を受け続けてきたせいで、福祉制度が脆弱で、擦り切れてしまっていたからだ。

ジャーナリストのエリック・レビッツは、強い口調で述べている。

> 着実なＧＤＰ成長率は、ぐらつく社会秩序をつなぎ合わせるダクトテープだ。低所得のアメリカ市民には、いざという時に使える蓄えがほとんどない。雇用されなければ基本的

な福祉給付もなく、お粗末なセーフティネットは最初からつぎはぎだらけだ。政治経済学という頭でっかちで金メッキのポンコツ車は、お天気のいい時には安全に走れる。ところが、100年に1度という疫病の嵐が吹き荒れるなかを走ってみればいい。バラバラに分解し始める。(22)

つぎはぎだらけで、最低限の失業保険しかない社会では、数百万人の市民がぎりぎりの生活を強いられ、病気で仕事を休んでもなんの補償もない。数千万人の子どもたちが給食で空腹を満たす。そんな社会は簡単にはシャットダウンに踏み切れない。シャットダウンするのなら、即座の支援が必要だ。(23)

2020年3〜4月に労働市場が崩壊すると、ほとんどのアメリカ人はパニックを抑え切れなかった。トランプ政権が行き当たりばったりであり、アメリカ政治が著しく分断している状況を考えれば、政府の適切な対応策は期待できなかった。2009年、オバマ政権は、雇用の維持と創出をおもな目的とする復興法（景気刺激策）を成立させた。だがこの時、ほとんどの共和党議員は反対票を投じた。そして2020年、政治の星座は配置が一変し、上院を牛耳っていたのは共和党のほうだった。しかも、選挙までにはまだ時間がある。

ホワイトハウスにいるのは共和党が送り込んだ代表だ。もしCARES法を成立させたければ、民主党の協力が必要になる。それにもかかわらず、共和党上院議員のリンゼー・グラムのような保守派のうるさ型は、失業保険の受給者に対して週600ドルを追加支給するという法案の成立を阻止しようとした。そんな額は多すぎるというのである。夏になると、グラムの主張に賛同する声は増したが、3月にはグラムの反対は押し切られた。当時の政治論理は引き算ではなく足し算だったからだ。

2009年、オバマ政権の政策運営者は〝目の玉が飛び出る〟恐れがあるから、景気刺激策の規模は1兆ドルを超えることはできない、とオバマに釘を刺していた[24]。ところが2020年3月に、トランプ政権が最初に提案した景気刺激策の規模は「2兆2000億ドル」だった。そして、最終的にCARES法として割り当てられた規模は、実に2兆7000億ドルにのぼった。2009年の復興法のほぼ3倍に相当にする額である。2020年4月27日の週に、連邦政府が景気刺激策につぎ込んだ額は2000億ドルだった。5月の第3週になるまで、その額が週500億ドルを下まわることはなかった[25]。

もし2020年3〜4月に、予測していた最悪の事態を免れたならば、それはひとつには今回、政府が行った介入規模のおかげだった。2020年の財政出動は、従来の意味での景気刺激策ではない。シャットダウンによって制約を受けているのが供給側だったことを考えれば、通常の景気刺激策が生み出す乗数効果は期待できなかった。政府が行ったのは、所得保障（現金給付）であり、まだ機能している経済分野の需要を維持することだった。

ミクロなデータセットを用いれば、コロナ危機の支援策が貯蓄と支出に与えた影響を1日単位で追跡することができた[26]。最も重要だったのは、家計の可処分所得を支える効果だった。困窮する家庭は、少なくともこの先数カ月は家賃や光熱費を払っていけるという自信が持てた。クレジットカードの債務も支払えた。アメリカの低所得者は今後さらに厳しい時が来ると見越して、CARES法で受け取った小切手で債務を返済した。高所得世帯は手元にカネが余ったが、派手に散財しようにも、休暇や外食に出かける機会はなかった。景気刺激策の小切手を手に入れても、誰もレストランや美容院やクリーニング店には足を運ばなかった。2019年に平均8％だったアメリカの貯蓄率は、2020年4月には32・2％という、過去にない数字に跳ね上がっていた。[27]欧州でも、2019年に13・1％だった貯蓄率が、2020年の第2四半期には24・6％に上昇している。[28]

CARES法の給付金が使用される時には、高額の家庭用品に使われる場合が多く、恩恵を被ったのは大手オンライン小売業者や全米規模のサプライチェーンであって、地元経済ではなかった。その結果、アメリカの景気刺激策の利益を得たのは国内の企業だけに限らなかった。2020年2〜5月にアメリカの輸入は急落したが、6月からは堅調に回復した。トランプの経済ナショナリズムにもかかわらず、2020年のアメリカはグローバル需要にひと役買っていた。

不平等な財政政策

2020年の財政出動の規模を考えた時、もしそこに政治的意図があったのなら、新しい——あるいは少なくとも新たに更新された——社会契約の話も、あながち的外れとは言えなかっただろう。[29]莫大な財政出動には、間違いなく新たな要素があった。ドイツとデンマークで始まった時短勤務モデルは、英国、スペイン、イタリアでも効果があった。これまでにないほど雇用関係の維持に重点が置かれた。〝非標準的な〟仕事にもその制度が適用されたことは——たとえそれが不完全で、極めて不平等な雇用関係であっても——福祉制度の重要な拡張だった。

さまざまな種類の雇用維持対策によって、OECD全体で5000万の雇用を支えた。これは、

図6　アメリカの家計可処分所得の推移

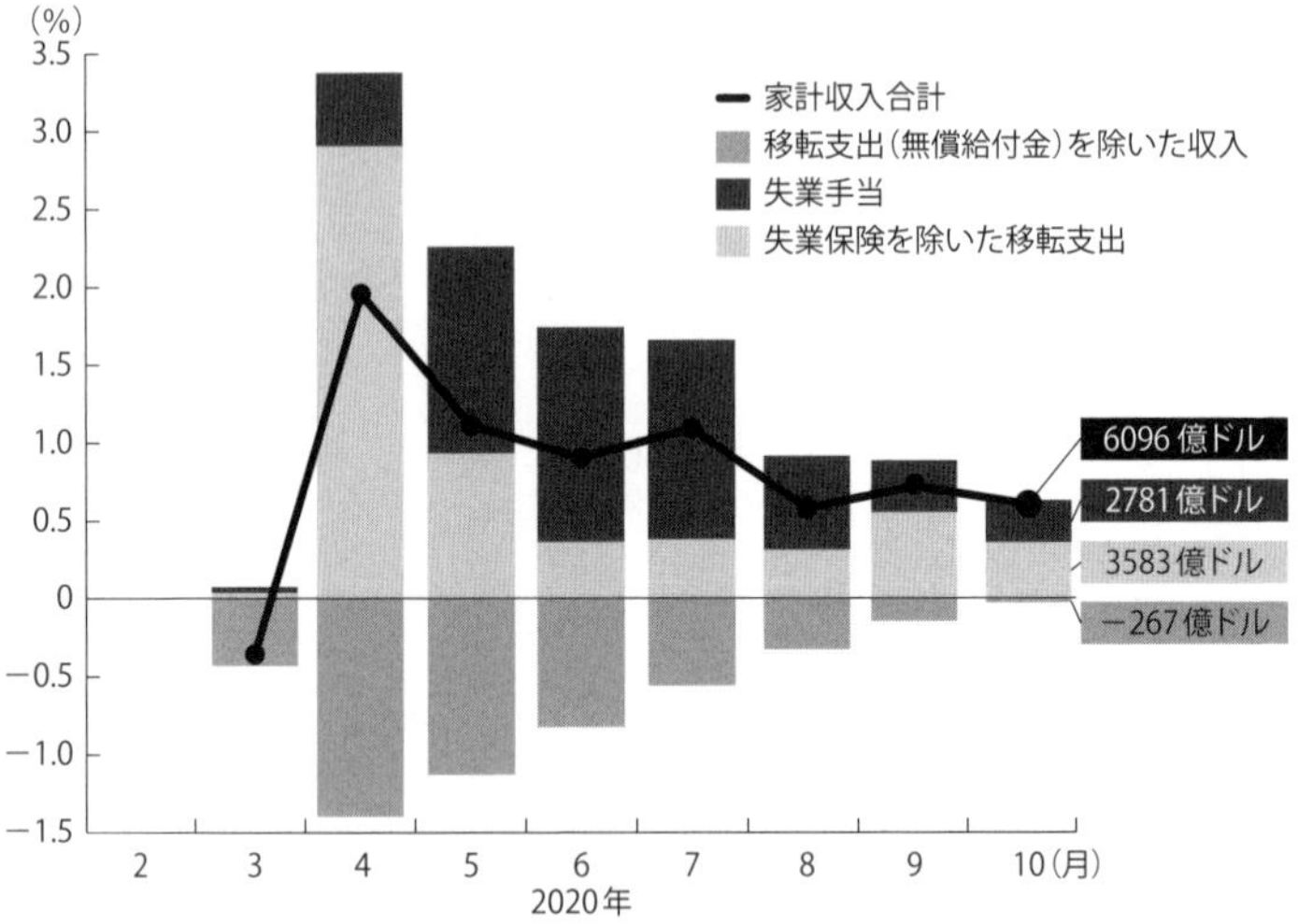

注：2020年11月25日（水）に公表された、2020年10月までの月毎のデータ。
出典：Based on Mizuho Securities, BEA

2008～09年の世界金融危機の時の10倍に及ぶ数字である。[30] 日本、カナダ、オーストラリアが特例の雇用労働対策を打ち出した。ニュージーランドでは、労働人口全体の3分の2が雇用維持制度の適用を受けた。

アメリカのCARES法は即席でつくられた短期の緊急経済対策だったが、劇的な影響をもたらした。新しい構造をつくり上げたわけでもなければ、脆弱な労働市場制度を強固にしたわけでもなかったが、財政支出の規模は紛れもなく衝撃的だった。[31] ほかの富裕国には見られないアメリカの大きな特徴のひとつは、所得の極端な格差である。そのおもな原因のひとつは、アメリカの不充分な福祉制度にある。ところが、2020年にはほんの短いあいだにしろ、事情は一変した。
仕事を失った何百万ものアメリカ人は、現金給付の小切手と失業給付の追加支給のおかげで収入が増えた。失業者が急上昇したにもかかわらず、可処分所得は増えた。[32]ＣＡＲＥＳ法は１９６０年代以来、アメリカにとって初となる、富裕国にふさわしい規模の福祉事業だったと言ってても差し支えないだろう。

だが、その規模の大きさに保守派は震え上がった。こんな大盤振る舞いをすれば、労働者の働く意欲を削いでしまうのではないか。失業保険だけでなく、追加の給付までついてしまっている。そのいっぽう、ＣＡＲＥＳ法が分配する小切手に保守陣営は大喜びしたかもしれない。小切手にトランプ大統領の名前が書き込まれていただけではない。アメリカは古いタイプの福祉国家ではないのだ。一定の所得未満の誰にでも現金を給付したことは、「福祉国家なき福祉」だった——煩わしくて杓子定規、官僚主義で家父長的な国家機関を排した現金支給である。[33]ミルトン・フリードマンなら、この種の給付を支持したかもしれない。２０２０年のアメリカ大統領選予備選に民主党から立候補したアンドリュー・ヤンが提唱したような、ユニバーサル・ベーシックインカムへの第一歩だった。景気刺激策の小切手で、なんでも好きなことができた。自分の自由に使えたのである。

しかしながら、そのような革新的な要素があったにもかかわらず、２０２０年の財政出動の基本論理は明らかに保守的なものだった。巨額の財政支出に賛成票を投じた連邦議員のなかで、社会を変えるつもりだった者は実際、ただのひとりもいなかった。財政政策について考える時、その政策を再配分や、社会を変革するようなソーシャルエンジニアリングと結びつけて考えたくなるものだ。一般的に、どんな国の課税システムと福祉システムも、少なくともある程度は不平等を解消する。だが、福祉は保守的な機能も果たす。実際、ビスマルクのドイツ帝国が1880年代に福祉国家に舵を切った時、その歴史的な目的はまさしく保守的な機能を果たすためであり、疾病、加齢、失業という人生の浮き沈みを経験しても、社会的地位のヒエラルキーを維持することにあった。[34]

コロナ危機の影響は経済全体に及んだ。誰の責任でもない。みなが損失を補塡されるべきだ。というわけで、潜在的受給者の範囲は爆発的に拡大した。普段は国による支援に厳しいEUも、その原則を保留した。[35] あちこちで融資、減税、補助金が乱発され、その状況を正しく把握するために、OECDのような機構は悪戦苦闘した。[36]

中小企業は融資、減税、補助金の本来の受益者だった。カナダでは、中小企業に対するすべての融資に政府保証を付与した。大企業の場合には、最大625万カナダドルまで銀行融資が受けられ、その80%を政府が保証した。韓国では、大きな被害を受けた地域の中小企業を対象に減税した。付加価値税も減額し、それ以外の税金は支払い期限を猶予した。ノルウェー政府は、エネルギー、金融、公共事業を除いたあらゆる部門の企業に補助金を給付した。

アメリカではCARES法に割り当てた2兆7000億ドルのうち、失業給付と家計に対する現金給付は、全体のおよそ4分の1の6100億ドルにとどまった。そのほかに、大企業向け支援に5250億ドル、医療従事者向け支援に1850億ドル、中小企業向け支援に6000億ドルを充てた。

CARES法の目玉は、6690億ドルを充てた「給与保護プログラム（PPP）」だった。従業員500人以下の企業が、コロナ危機のあいだ、従業員の雇用を維持した場合に返済を免除する融資であり、アメリカが採用できた欧州式の自宅待機措置に最も近いかたちのプログラムだった。従業員を解雇しないと決めた企業しか申請できなかったため、事実上の現金給付に等しかった。「給与保護プログラム」は最終的に、240万の雇用を1雇用当たり22万4000ドルで支援したことになった。[37] このプログラムの擁護者は、企業の経営陣だけでなく従業員に対する支援になる、という理由で賛成票を投じたのだった。[38]

これらの寄せ集めの補助金に、戦略的な根拠はほとんどなかった。積極的行動主義者によるグリーン政策を求める声はあったが、それが勢いを増すのはようやく夏になってからであり、すでにパンデミックの第1波が過ぎたあとだった。[39] そのあいだも、数千億ドルが航空業界や化石燃料業界につぎ込まれた。アメリカでは、航空業界とその労働者の支援に610億ドルが充てられた。[40] 8月に入る頃には、OECD全体で航空業界への支援額は1600億ドルに達していた。そのうちの4分の1が給与支払いに、残りの4分の3が直接的な補助金、株式持分、融資のかたちで使われた。[41]

いっぽう、巨額の景気刺激策の成立を目指す陰でひっそり、重要なロビー活動が繰り広げられていた。小さな活動だったが、大きな利益を生んだ。2017年、トランプ率いる共和党は高額所得者の利益になる大型減税を行った。当時、連邦議会を通過させるために、減税法案に次のような制限を設けざるを得なかった。大企業が債務に対して支払う金利の控除に制限を設け、また株式ポートフォリオのキャピタルゲインから控除できる事業損失の範囲に制限を設けたのだ。ところが、それらの制限を2020年のCARES法は撤廃した。そのため富裕層、未公開株投資会社、年収50万ドル以上の家計、売上げが年2500万ドル以上の企業は、総計1740億ドルの利益を手に入れることになった。(42)

減税と補助金が寛大な利益をもたらしたいっぽう、財政支出プログラムは不当な利益を貪る機会ももたらした。新型コロナウイルスの接触追跡アプリはまったく機能せず、莫大な投資に見合わない無用のプロジェクトになった。(43) 英国では危機対応時の契約となると、コネのある企業が「VIP専用レーン」を通って列の最前列に案内される。『ニューヨーク・タイムズ』紙の調査によれば、英国政府が結んだ、約160億ポンド（約220億ドル）規模の1200件に及ぶ契約の半数が、保守党議員の縁故者が経営する企業か、充分な資格がないか、礼儀正しく言って〝過去に議論にのぼった〟企業に発注されていたという。小さな会社に勝ち目はなかった。(44)

新たな社会契約について盛んに議論され、財政出動が莫大な規模にのぼったにもかかわらず、今回の財政政策は――政府措置のほかの分野と同様に――既存の利害関係と不平等をそのままに映し出していた。適切な失業保険システムがアメリカにないならば、それは意図的なものだった。一時解雇された不法な出稼ぎ労働者が、なんの補償も受けられなくても特に驚くことではなかった。2兆ドルを超えるプログラムのあちこちに、紛れもない不平等が現れていた。詳細な調査からも明らかだったとはいえ、今回の危機対応の政治経済学を充分に理解するために私たちに必要なのは、1歩後ろへ下がって、次のように質問してみることだ。財政措置には、莫大な額に見合うだけの効果があったのか。財政政策と金融政策、財務省とFRBはどのように協力して、プログラムを前へ進めることができたのか。

中央銀行による政府債務のマネタイゼーション

支出が急増するいっぽう、税収が落ち込んだのを受けて、各国政府は巨額の国債を発行した。OECDの見積もりによれば、2020年1~5月に先進経済国が発行した国債の合計は、11兆ドルに及んだという。そのうちのおよそ67・5%がアメリカの、10%が日本の発行であり、残りは欧州諸国の発行だった。[45] 2020年末には、国債の発行額は18兆ドルに達していた。

戦時以外で発行された国債としては、過去最大規模を記録した。従来の考えによれば、これほど大量の国債が氾濫すれば、民間の貯蓄と投資のバランスに深刻な問題を突きつけていたはずだった。国債を発行して政府が民間から借入れを行うと、経済からわずかな貯蓄を吸い上げることになり、金利の上昇を招き、民間投資を押しのけてしまう《クラウディングアウト》。だがこれは、福祉国家の世間知らずな保守派にありがちな考え方だ。福祉国家は貧困層のためにあり、政府とは公務員が運用する不正行為にほかならず、社会を犠牲にする。財政政策がもたらす利益を、政府の財政難が取り上げてしまうという論理である。

もしこの論理が正しければ、2020年には巨大なクラウディングアウトが起きていてもおかしくはなかった。ところが、実際はその反対だった。債券の大増発に伴い、政府と民間の発行者は金利の歴史的な暴落を体験した。2020年にOECD全体で発行された国債のほぼ80%が1%未満の利回りだった。残りの20%がマイナス金利で発行された。ユーロ圏で発行された国債の50%が、また日本で発行された国債の60%がマイナス金利だった。[46]

財政赤字が莫大に膨れ上がっても、政府支出に占める債務返済の比率は下落した。国債発行額が極めて大きいにもかかわらず、カナダ、アメリカ、英国はどこも資金調達コストが下落した。

図7　ドイツ連邦政府がマイナス金利の国債を発行して得た収益

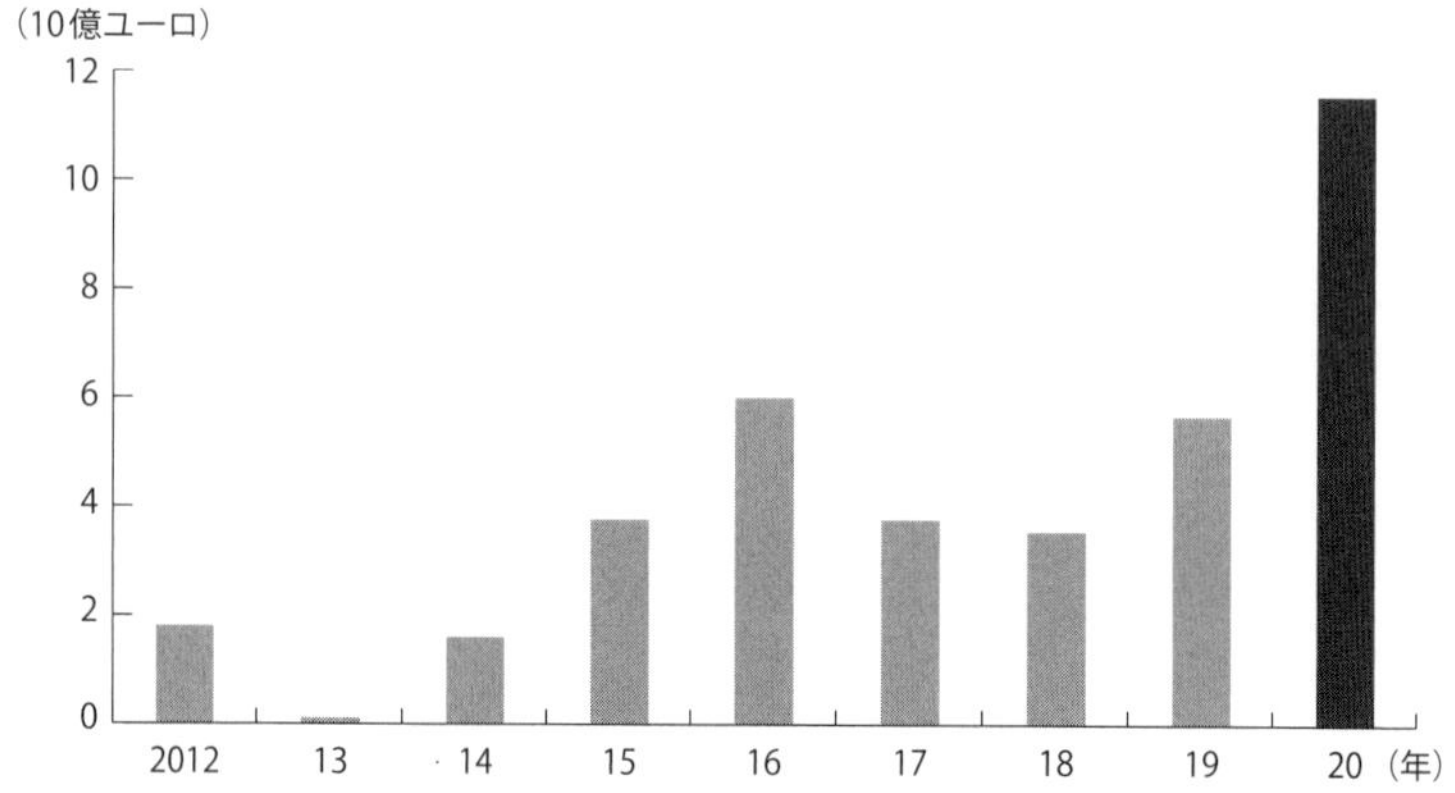

2020年前半、ドイツ政府はマイナス金利で国債を発行し、熱心な投資家が120億ユーロを支払ってくれることを期待した。[47]アメリカでは、投資適格の社債の利回りが1950年代以来という低水準に沈んだ。[48]

2020年は極端な年だったのかもしれない。だが、債務が積み上がるにつれ、金利が下がる現象は実際、新しい動向ではなかった。この数十年、公的債務は長期的に増加傾向にあり、金利は低下傾向にある。これは、経済学者のローレンス・サマーズが2013年に提唱した「長期停滞論」現象のひとつである。[49]基本的な需給の枠組みに忠実に、サマーズは次のように主張する。もし国債の相場である金利が下がれば、それはインバランスのせいだ。貯蓄が過剰か、投資が不足している。いずれにしろ、景気の低迷を政府投資で補うのにはいいタイミングだった。債務レベルを懸念する理由もない。IMFの元チーフエコノミストであるオリヴィエ・ブランシャールが指摘したように、金利が経済成長率を下まわる限り、債務負担は持続可能だった。[50]

2020年春、サマーズとブランシャールは積極的な財政政策を支持し、債務パニックに陥る必要はないと強調した。[51] その主張は役に立ったが、もし2020年の金利の著しい下落を説明するのなら、長期需給の説明には限界があった。焦点を合わせるべきは長期的動向ではなく、コロナ危機が資金の流れに及ぼす直接的な影響だったからだ。市民の支出が減少し、景気刺激策の給付金が一斉に流れ込んだことから、銀行口座は預金で溢れた。ミューチュアルファンドのような投資ビークルも同じだった。企業はキャッシュを仕舞い込み、取引銀行の与信限度枠を縮小したが、収益を設備投資や生産拡大にまわすことはなかった。これらの資金は、どこかで使わなければならない。

2020年3月のFRBの政策措置によって、ひとたび市場が安定すると、マネー・マーケット・ファンド（MMF）が安全な選択肢となった。7月に入る頃には、企業の運用資産額は4兆7000億ドルに跳ね上がっていた。米財務省が発行した2兆2000億ドル相当の短期国債のほとんどを、2020年前半にMMFが買い上げて、政府の財政赤字の補塡にひと役買った。[52]

いっぽう、中央銀行も長期債市場でなすべき仕事をした。FRBは2020年3月に相次いで莫大な資産買い入れを行い、市場の安定を図り、国債価格を引き上げ、利回りと実効金利を押し下げた。3月末、FRBは毎日、ほぼ900億ドル規模の米国債と不動産担保証券を買い入れていた。ECB、日本銀行、イングランド銀行も同じように買い入れを行った。その総額は、2008年以降の年と比較して2・5倍以上も多かった。合計すると、2020年の最終的な新発債の半数以上をOECD加盟国の中央銀行が買い上げていた。

図8　主要中央銀行が、各国政府のパンデミック対策のために購入した国債額

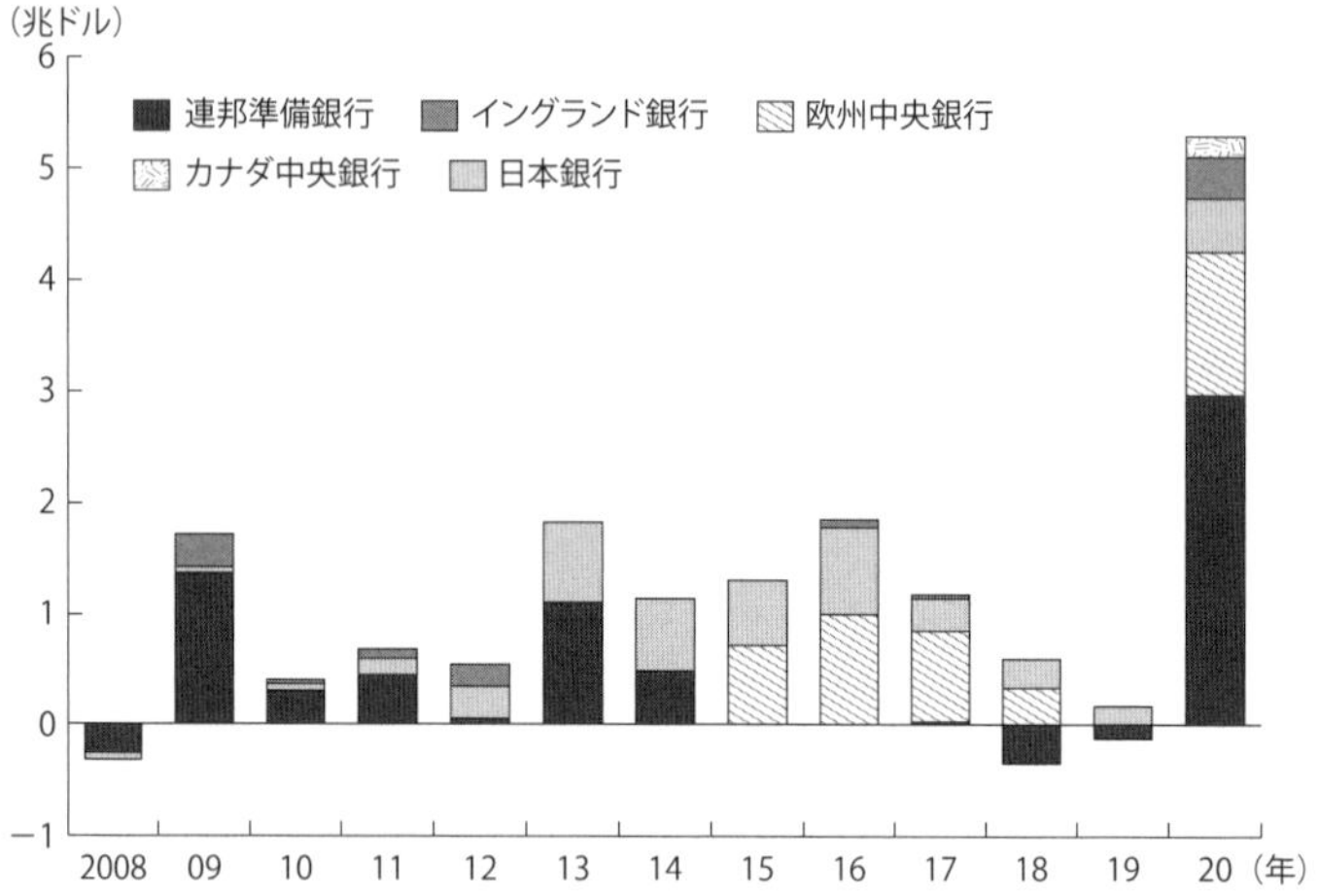

注：各国の通貨をドルに換算している。
出典：Compiled by Bloomberg, https://www.bloomberg.com/graphics/2021-coronavirus-global-debt

そのため「金利を押し上げずに、どうやって莫大な財政赤字の資金を調達したのか」という問いに対する最も簡潔な答えとしては、政府の1部門が――すなわち財務省が――発行した国債を、政府の別の部門が――すなわち中央銀行が――購入していたからだった。

全体的に、中央銀行が直接国債を買い入れたわけではない。銀行や投資ファンドから購入した。その引き換えに中央銀行は「キャッシュ」を支払った。現在のようなオンラインバンキングの時代、それは中央銀行に準備預金をデジタル記入することを意味する。それらの資金が引き出されないよう、中央銀行は準備預金の利子を支払った。メリーゴーランドのメカニズムだが、つまるところ、2020年には大西洋の両側で中央銀行が莫大な規模の政府債務をマネタイゼーションし

ていたのだ。実際、英国において、政府の借り入れ所要額と、イングランド銀行による追加の国債買い入れ額とがほぼ一致するという、きまりの悪い事態が出来した。(53)

量的緩和（QE）と中央銀行の独立性

低い金利、巨額の財政赤字、中央銀行による国債買い入れ。これらの組み合わせが最初に現れたのは1990年代の日本だった。そして物価の下落と合わさって、最終的にデフレに陥った。2008年のあと、今度はユーロ圏とアメリカでも同じ傾向が見られるようになった。とはいえ、アメリカではデフレ傾向はあまり目立たなかった。中央銀行の国債購入政策は、量的緩和（QE）と呼ばれるようになった。

QEは、頭が混乱するような政策である。なぜなら、中央銀行は独立性を保つための禁をみずから破っていたからだ。1970～80年代、中央銀行は独立性を築いていた。市場革命の時代、中央銀行の使命はインフレとの戦いだった。その戦いにおいて、中央銀行が財政赤字のマネタイゼーションを拒否するのが原則とみなされていた。実際、その旨はECBの設立法にも明記されている。それにもかかわらず、2015年以降、ECBは世界の中央銀行と同じように大量の国債を買い入れてきた。そして法的な異議申し立てを招き、2020年5月にはドイツ連邦憲法裁判所でQEの合法性が争われた。QEは、インフレを誘発しなかった。物価と賃金を再び上昇させるためには、中央銀行のバランスシートに記入する以上のものが必要だったのだ。

かつて中央銀行は、国債を購入しないことで独立性を保っていた。ところが驚くことに、各国の中央銀行が数兆ドルの国債を買い入れる世界へと移行していった。なおさら戸惑うのは、QE

が暗黙のうちに行われ、公的には認められていないことだ。グローバル資産運用会社ＰＩＭＣＯの元チーフエコノミスト、ポール・マカリーは述べている。「金融政策と財政政策を合体させた。かつての教会と国家みたいに、金融と財政のあいだの仕切りを壊したんだ……。宣言はしてない。だが宣言していたら、それはそれで驚くことだっただろう――ジャスト・ドゥ・イット（とにかくやってしまう）だったんだよ[54]」。

もしこれが革命なら、「どんな種類の革命」で「誰のための革命」だったのか。宣言もなしの「ジャスト・ドゥーイング・イット」だったために、このふたつの問いに対する答えはどのようにでも解釈できた。中央銀行の実際の役割と潜在的な役割について、ますます激しい議論が起こった。

明らかな解釈のひとつはこうだ。巨額の財政出動のマネタイゼーションは、急進的なケインズ主義の、待ちに待った遅ればせながらの勝利であり、第2次世界大戦の頃に登場した、いわゆる「機能的財政論」への回帰である、と[55]〔訳註　機能的財政論とは、「財政の健全性」を基準にするのではなく、「完全雇用」や「インフレ」など、財政がマクロ経済で果たしている「機能」に照らし合わせて財政を評価すべきだという考え方〕。「現代貨幣理論」を信奉する新たな学派は、バーニー・サンダースや彼の左派のライバルの人気に便乗して大きな注目を集めた[56]。英国では労働党のジェレミー・コービンが「人びとのためのＱＥ」を提唱し、その取り巻きはヘリコプターマネーの急進的な実験について話し合った[57]。現金給付であれ減税であれ、政府支出の原資が結局のところ、国債を発行し、その国債を中央銀行が買い入れることで賄われるのなら、いっそのこと金融部門を省いて、国民全員に中央銀行の口座を与えればいいのではないか。そうすれば、その口座に現金を財政・金融介入のかたちで空中投下できる。ベン・バーナンキはＦＲＢ議長の座を退くにあたってこう認めている。そのような政策の大きな問題は「経済的論理ではなく、政治的正当性にある」[58]。

リスクは、紙幣を刷る中央銀行の権力が政治的に濫用されかねないことだった。だが、その点についても解決策はあった。2019年、ブラックロックのある委員会――そのなかには、FRBの傑出した元副議長スタンレー・フィッシャーも含まれていた――は、次のように提唱している。中央銀行を相談役にして政治家が財政政策を決定するのではなく、独立した中央銀行に永続的な財政能力を持たせてはどうか[59]。危機の際には、中央銀行がみずからの権限において、財政当局として機能することになる。

金融政策と財政政策に対するそのような考え方に、市場が動揺することを懸念するかもしれない。しかしながら、資産運用会社はセンチメンタルではない[60]。政府債務は市場型金融のロケット燃料だ。もし莫大な量の米財務省証券を発行して売り捌くために、中央銀行と財務省が緊密に協力する必要があるならば、そうすればいい。一部の統計的尺度によれば、マネーサプライは膨張するかもしれない。だが、インフレリスクがあると本気で思う者はいないだろう。

1980年代以降、労働組合、ストライキ、賃金・物価スパイラルは真の脅威ではなくなっていた。人口動態的な要因によって最終的に均衡が崩れ、均衡が資本から再び労働力へと傾くと警告するカサンドラの声もあったが、それは遠い先の話だった[61]。2020年にはまだ、「新常態」という過去10年の極端なかたちが続いていた。

2020年末に『フィナンシャル・タイムズ』紙が、ロンドンの債券市場で強い影響力を持つ関係者を対象に調査を行い、コロナ危機の始まり以来、中央銀行の機能をどう解釈するかと訊ねたところ、圧倒的多数が、イングランド銀行のおもな役割は「財政QE」だと答えた。すなわち、政府債務の吸収とマネタイゼーションである。[62]

革命とは、行き着く先が決まっていないものだ。なぜなら革命の意義について、革命の主唱者たちの意見が一致していないからだ。これは、21世紀の中央銀行政策についても当てはまった。マネタイゼーションの規模は否定できなかった。低金利と低インフレだという事実も、あるいは異端の理論が市場の関心を強く惹きつけたという事実も否定できなかった。だからこそ、中央銀行の政策は「財政ＱＥ」だという解釈を拒んだグループのひとつが、実際にＱＥを実践しているとみなされている中央銀行だったことは、なおさら目を引いた。

大転換があったことは、中央銀行も否定しなかった。中央銀行はすでに、緊縮政策の執行者という役割を放棄していた。ＥＣＢもイングランド銀行も、リーマン危機のあとにはまだその役割を担っていた。２０２０年、コロナ危機に対応した政府の財政出動に、中央銀行は盛大に拍手喝采した。巨額の国債を購入しておきながら、買い入れは政府資金の調達とはなんの関係もないと主張した。中央銀行は、いわゆる財政支配を頑として認めようとしなかった。[63] ２０２０年になってもまだ、ルディガー・ドーンブッシュが恐れた「民主主義的貨幣」を思わせるところがあった（「はじめに」参照）。中央銀行が従いたがる論理は、金融システムの論理だった。

２０２０年3月に中央銀行の国債購入が急増し始めたのは、国債市場の混乱に対応するためだったのかもしれない。だが中央銀行の主張するところ、その目的は政府資金の調達を容易にするためではなかった。国債購入を正当化する第1の議論として、買い入れの目的はレポ市場を安定させ、民間債務の山を処理することにあった。[64] 実際には、買い手のいない米財務省証券を吸い上げるという意味だった。政府資金の事実上の調達になったのかどうかという点については、国債を保有する期間によりけりだ。中央銀行は積極的なマーケットメーカーだったのか、それとも国債の保管庫に近いのか。

それに対する中央銀行の言い訳がましい答えは、市場の混乱も金利の上昇も招かずに売却できる時がきたら、その時に売却する、というものだった。その時点で「中央銀行はマーケットメーカー」という議論は、国債購入を正当化する第2の議論に収斂した。つまり、QE本来の議論である。

中央銀行が国債を買い入れるのは金利にメッセージを送るためであり、中央銀行にはその資格がある。なぜなら、中央銀行の基本的な使命は物価の安定を図ることであり、2020年で言えば、経済がデフレに傾くのを防ぐ必要があったからだ。デフレを防ぐということは、なんとしても需要を喚起する必要があるということだ。中央銀行にとって、それは金利を低く抑えることを意味する。

このように、結局は金融市場の議論に戻ることになる。誰にでもわかるように、QEは国債の価格を上げ、利回りを下げることでその効果を表す[65]。低金利は借り手に投資や消費を促す。アセットマネジャーは利回りの低い国債市場から、株式や社債など、もっとリスクの高い資産へと資金を再配分する。それが企業の借り入れを促し、株式市場の活性化を招く。金融正味資産の増加と、需要の増大につながる。

それゆえ、コロナ危機との戦いにおいて中央銀行と財務省の協力は、金融市場を通して経済を管理しようという、必死の取り組みに伴う副次的な作用にすぎない、と中央銀行は断固として訴えた[66]。政府債務がバランスシートに容赦なく積み重なっているのにもかかわらず、中央銀行はそれを財政支出の資金調達とはなんの関係もないと強弁したのである。

中央銀行の優先事項は金利の安定と金融の安定であり、それは実のところ、ヘッジファンドや投資ピークルの高リスクの投資戦略を引き受けるという意味だった。それどころか意外にも、中央銀行はこう主張したのである。危機に際してみずからが果たした、政府資金の調達を支援するという極めて機能的で、実際、不可欠な役割を公的に認めることよりも、金融市場の面倒を見ることのほうが、はるかに合理的な社会的使命である、と。

ケインズ主義は、その全盛期にあってさえ、せいぜい中途半端な革命だった[67]。2020年、危機対応策の規模は、認知的不協和〔訳註　考えや行動などについて矛盾する認知を抱えた状態や、それによって不快感を覚えること〕のレベルを新たな高みに引き上げた。危機の真っただなかにあった時、その矛盾は——すなわち市場と中央銀行の見解の違いは——実際問題としてほとんど重要ではなかった。ところが、それが差し迫った問題となるのは、将来に目を向ける時だ。経済が上向き、物価が徐々に上がり、金利もじりじりと上昇し始めた時だ。その時、市場と中央銀行の思惑の違いはどう働くのか[68]。

つまりこういうことだ。債券市場は「中央銀行の役目を財政赤字のマネタイゼーションだ」と考えている。ところが物価が上昇した時に、中央銀行が——「国債購入の目的は政府資金調達の支援ではなく、物価の安定だ」と示してきたように——資産の買い入れをやめて、金利が上昇したら？　両者の解釈の違いによって、ショックは発生するのだろうか。

過去の経験を考えれば、懸念の必要はあった。2013年夏、FRBのバーナンキ議長が、QE3の規模縮小を考える可能性を示唆しただけで、債券市場が激しく動揺したのだ[69]。FRBが発言の撤回という屈辱を味わった時には、すでに「テーパー・タントラム（癇癪）」の影響は世界中に拡大していた。ＦＲＢが結局、利上げに踏み切るのは、２０１５年12月のイエレン議長の時まで待たなければならなかった。イエレンのあとを継いだパウエル議長は、正常化の道を模索し続けたが、約束の地へはたどり着けなかった。

２０１９年、市場は新たな混乱に見舞われ、世界経済は低迷した。パウエル議長は、実質金利をプラスの領域に引き上げることを断念した。２０２０年、中央銀行の資産買い入れとバランスシートの爆発的拡大に伴い、正常化はますます遠ざかり、この先いつかの時点で、テーパー・タントラムが起きる可能性はさらに深刻になった。(70)

民間債務への金融支援

表面的には、財政政策と金融政策の強力な統合に見えた。調和し、協力し合い、寛大で「新たな社会契約」に資金を供給しているように見えた。ところが仔細に調べてみると、そこに現れたのは混乱し、歪んだモンスターの姿だった。片方の端がフランケンシュタイン、もう片方の端がジキル＆ハイドという連続体のどこか中間に位置する政策体制だった。

そのいっぽうで、劇的な財政プログラムだった。世界中の政府は数兆ドルを投じて、労働市場と企業を支援した。不安定な生活を余儀なくされた数千万の国民にとっては、政府の給付金が頼りだった。２０２０年の財政出動が特異だったのは、景気の刺激が目的ではなく、生活支援が目的であり、仕事を失うか生産活動ができなくなった市民への現金給付だった点だ。今回は例外的な危機だったことから、巨額の財政出動に対して議会の賛同を得やすく、幅広い国民に大盤振る舞いをすることになった。大量の資金がキャッシュのかたちでばら撒かれた。「福祉国家なき福祉」というわけである。

散弾銃のような手当たり次第の財政支出に資金を供給するため、政府は空前の規模で国債を増発した。通常、国債は安全資産の格付けを持つ。2020年3月、各国の中央銀行は国債という最も安全な資産市場のメルトダウンに直面し、市場型金融のシステム全体が危機に瀕した。その難局を乗り切るために、あちこちの国の中央銀行は空前の規模で国債を吸収し、米財務省証券や英国債、ユーロ債などの安全資産の安全性の回復に努めた。

そのプロセスのなかで、各国の中央銀行は国債をマネタイゼーションした。中央銀行が国債購入に使ったキャッシュは、民間銀行が中央銀行に持つ準備貯金口座に収まった。民間銀行がそのキャッシュを引き出さないようにするため、中央銀行は利子を支払った。民間部門の連結バランスシートのなかで、財務省は国債の保有者に利子を支払うのではなく、中央銀行に利子を支払い、中央銀行が民間銀行に利子を支払った。金融市場は落ち着きを取り戻した。市場型金融の行為主体――オフショアドル調達、ヘッジファンド、オープンエンド型ミューチュアルファンドなど――は大惨事を免れた。金利は最低水準まで下がった。QEの論理通り、資金は株式や社債に流れた。

2020年3月に最悪を記録した金融市場は、順調に回復に向かった。世界の金融資産の大部分を保有する上位10％の裕福な先進国が実施した景気刺激策は、公会計で明らかになった、いかなる数字も矮小に見えるほど大規模だった。

QEは、民間資金を社債や株式に振り向けただけではなかった。3月に入ると、FRBは直接、民間の信用支援へと踏み切った。それが3月末から4月初めにかけてFRBが設置したファシリティの役割であり、これによって企業に融資したり、企業の債権を買い入れたりすることができるようになった。CARES法と連動して設置されたこれらのファシリティによって、財政政策と金融政策の近親相関的な結びつきが完成した。

中央銀行が国債を買い取る時、元本の損失リスクはない。公的部門の機関として、中央銀行はみずからに債務を負う。中央銀行が民間債務を買い入れる時、その企業の経営破綻に伴う損失リスクに曝される。政府が通常そのようなリスクを負うのは、融資保証を引き受ける時だ。中央銀行が融資保証を引き受ける時、グレーゾーンに足を踏み入れる。中央銀行は民間銀行ではない。中央銀行が破綻するわけにはいかない[71]。

自国通貨の操作に関する限り、原則として中央銀行は莫大な損失を吸収でき、資本がないか、さらには負債を抱えていても操作を行える。損失吸収のリスクは財務的なものではなく、政治的かつ法的なものだ[72]。議会には予算を成立させる権限があり、その権限を考える時、どんな中央銀行も、みずからの独立性を濫用して国民の税金を危険に曝した、と非難されたくはない。議会の明白な承認も得ずして、「小遣い」をリスクに曝すことは許されない。そこで、紛《まが》いものだが強力な見せかけを用意することで、CARES法はFRBに「公的なお墨付きを得た非常時の貸し手」として機能する、明白な権限を与えたのだった。

CARES法として最初に議会を通過した2兆3000億ドルのなかから、FRBのファシリティに対する資金源として、連邦議会は4540億ドルを計上した。融資の種類は特定されなかった。貸し出し条件も特定されなかった。連邦議会が条件を決めることもできたが、ムニューシン財務長官が最後まで譲らず、一般的要件は決定されなかった。資金を必要とする民間の信用システムのどの部分にも支援を提供するための、巨大な取り決めだった。どれだけ巨大かはレバレッジ次第だった。

ＦＲＢに関する限り、レバレッジについて議論することは見せかけの行為だった。なんといっても、ＦＲＢは絶対にキャッシュが枯渇することのない銀行だからだ。この時、レバレッジが重要だったのは、ＦＲＢによって貸し出される納税者の税金が、さらに大きな威力を発揮すると示唆するためだった。納税者は「払った税金以上の価値」を手にする、とムニューシン財務長官はしきりに訴えた。[73] レバレッジの割合は10倍になると想定された。ＣＡＲＥＳ法が拠出した４５４０億ドルをもとに、ＦＲＢは融資や債務保証に使える資金として、少なくとも４兆５０００億ドルを「装備していた」。

米国債の買い入れによって金融システムの安定を図るいっぽう、ＦＲＢは付随的に民間債務にも金融支援していた。その不均衡な結婚に、連邦議会はいまや祝福を与えていた。連邦議会はＦＲＢに明白な政治的権限を与えた。連邦議会お墨付きの融資をＦＲＢが行う権限であり、融資の規模はＪＰモルガンのバランスシートの50倍を上まわった。専門的かつ財政的な観点から言えば、４５４０億ドルの計上はインチキだった――無制限の火力を誇るＦＲＢが、強力にしろ「普通の」銀行のかたちを装っていたからである。だが、信用がすべてだった。ＦＲＢは実際、社債を買い入れる必要はなかった。ＦＲＢの代わりに買い入れる者がたくさんいたからである。

企業の起債ラッシュ

米財務省証券の利回りにかかった大きな下押し圧力とともに、必要に応じて民間の債券市場を支えるというFRBの約束は、社債へと向かう高波のような資金を解き放った。金融逼迫に見舞われるどころか、企業は社債の歴史的な大増発に乗り出した。

2020年第2四半期、アメリカ社会はシャットダウンと記録的な景気後退に喘ぎ、実業界は新たな記録を打ち立てていた。第2四半期だけで、8730億ドルもの社債を発行したのである。[74]株式市場の回復に伴い、新規株式公開（IPO）も活発さを取り戻した。2020年末には、アメリカで発行された社債は2兆5000億ドルに達した。[75]債券と株式の発行を通じて、世界中の企業が調達した資金は3兆6000億ドルにのぼった。[76]不透明感が蔓延し、莫大な量の債券と株式が発行されたにもかかわらず、アメリカの投資適格債の利回りは、前年の2・8％から下落し、2・6％を記録した。資金がこれほど簡単に調達できたために、実際にCARES法を利用せざるを得なかったのは脆弱な企業だけにとどまった。

2020年3月後半、窮地に陥った航空機製造大手のボーイングは、資本市場を締め出され、最大600億ドルの支援を得ようと熱心なロビー活動を展開した。みずからのためだけではない。さらに業績が悪化したサプライヤーのためでもある。CARES法の最後の草案には、「国家安全保障上重要な企業」向けに総額170億ドルの支援が含まれていたが、条件付きだった。[77]たとえば、上場企業は株式かワラント（新株予約権）を担保として政府に差し出さなければならず、株式買い戻しの禁止、経営陣に対する報酬制限のほか、レイオフも禁じられたのだ。[78]

ボーイングは激しいロビー活動を行ったが、財務省が課す条件には従いたくなかった。そこで債券市場に目を向けた。当初、100億〜150億ドル規模の起債を望んでいたが、700億ドル相当の需要が見込めるとわかった。利回りが高水準だったうえ、CARES法が投資家に、ボーイングが生き残るというシグナルを送っていたからだ。ボーイングは250億ドル規模の起債を行ったばかりか、信じがたいことに投資適格の格付けまで維持できた[79]。そして段階的な人員削減を発表し、2020年末までに16万1000人の従業員を13万人に削減した[80]。

2020年末、CARES法で170億ドルを充てていた「国家安全保障上重要な企業」、すなわち防衛産業向け融資のうち、実際に使われたのは7億3600万ドルだけだった。融資を申請したのは、アメリカ国家安全保障関連の周縁に位置する中小企業だけだった。わざわざ申請書類を作成して、政府融資の条件を受け入れたことは、それらの企業がそれだけ切羽詰まっていた証拠だった。5・5%という金利は、もっと大きな企業にとってもありがたい数字ではない。総額7500億ドルという社債購入枠のうち、8月になる頃にFRBが実際に買い入れていたのは、120億ドルにすぎなかった[81]。

債券市場の起債ラッシュが、「食うか食われるか」という過酷な競争を意味していることは、最初から明らかだった。2020年4月、リスクの高い債券を増発する最初の号砲を鳴らしたのは、カーニバル・クルーズ・ラインだった[82]。このクルーズ運航最大手は事業休止に追い込まれ、大型客船は停泊したままだった。横浜港に停泊していたダイヤモンド・プリンセス号は、約700人の感染者と14人の犠牲者を出した。それでもクルーズ事業が再開された時には、最大手だけが生き残れるものと見られた。それゆえ、カーニバル社が将来の市場支配に投資するのには絶好の機会だった。4月1日、カーニバル社は社債と株式で62億5000万ドルを調達した。12%という魅力的な収益率だった。

FRBが政策措置を発表した2020年3月23日を境に、株式市場の複数のインデックスが急上昇したが、広範囲にわたる回復でないことは確かだった。残酷ながら、回復は一部の企業に限られた。ごくひと握りのスーパースター企業、それもテクノロジー部門の企業が牽引する景気回復だった。[83]コロナ危機を踏まえて言えば、テック系企業の未来は磐石に思えた。それらの企業なしに、もはや生活できないのは明らかだったからだ。2020年も終わる頃、アマゾンのような人気の高い企業は、1・5％の利回りでも社債を発行できた。

そのいっぽう、〝オールド〟エコノミーの大部分が深刻な危機に陥っていた。小売り部門の破綻が目立った。低所得労働者である従業員のほとんどは女性だった。ショッピングモールや百貨店は、もちろん安全保障関連分野ではない。

不平等は、持つものと持たざる者だけの問題でも、経営者側と労働者側だけの問題でもなかった。2020年の特異な状況において、不平等はまた、どの企業が好調でどの企業が不調か、誰がどの支援をどんな条件で受けられたのか、あるいは受けられなかったのかによっても決まった。食肉包装業界で働く契約社員か、アマゾンの経営陣か、テキサスの油田採掘場で働く労働者か、郊外の寂れたショッピングモールでカウンター越しに化粧品を勧める販売員か。その違いによって、2020年の懐具合もまったく異なっていたのである。

そのように差別的で一方的なコロナ危機のせいで、個人デイトレーダーが株式市場の狂乱を誘発した。2020年春、スポーツ賭博の楽しみを奪われた若い男性たちが、投資アプリのロビンフッド〔訳註　若い世代をターゲットにした、ソーシャルゲーム性やギャンブル性の高い投資アプリ。手数料が無料だったことからも人気に火がついた〕を使った株式投資にはまり、株式市場で勝ち馬を当てようとしたのだ。[84]

リアルタイムのアカウントデータによって明らかになったのは、景気刺激策の小切手のかなりの割合が、株式市場に流れ込んだことだった。[85] 小切手が発行された週に、市民による株式取引が目に見えて増加していたのだ。年収3万5000～7万5000ドルの場合、株式取引は90％増加していた。年収10万～15万ドルの場合には80％。大きく儲けたい者はレバレッジを効かせた。9月に入る頃には、個人投資家のサンプル群の43％がストックオプションを利用するか信用取引をしていたという。[86]

リスクは大きいが、歪な経済回復に対する反応としては筋が通っていた。「人びとのためのQE」や、中央銀行に市民が口座を開設すればいい、と主張する急進的な活動家を、ロビンフッドの個人デイトレーダーたちはのんびり待ったりしなかった。FRBの大盤振る舞いが、景気刺激策の小切手を発行し、株式市場ブームを支えているのなら、なぜ点と点をつなぐ政治を待つ必要がある？　なんであれ掻き集められるチップを掻き集め、実際に現金が手に入るゲームに賭ければいいだけではないか。

第8章

新興市場国の新たなツールキット

新興市場国が受けた打撃

シャットダウンの影響を緩和するために、富裕国の政府は壮大な規模の財政政策と金融政策を実施した。だが、一部の裕福な国を除けば、使える原資ははるかに限られていた。それでは、富裕国以外の国はどう対応したのだろうか。

2020年最初の数カ月、新型コロナウイルスの嵐は即座に、圧倒的な規模で新興市場と低所得経済とを呑み込んだ。世界の大手民間金融機関が参加する国際金融協会（IIF）によれば、2020年1月半ば〜3月半ばに、新興経済国21カ国の株式市場と債券市場から1030億ドルもの資金が国外へ流出したという。この数字は、2008年9月の世界金融危機後に流出した規模の4倍に及ぶ[1]。サハラ以南のアフリカの脆弱な債務国は事実上、2020年2月以降に金融市場から締め出されたが、被害を受けたのはそれらの国だけではなかった。もっと経済が強い新興市場国も激しい打撃に見舞われたのだ。

購買力平価GDPが3兆ドルを超えるブラジルは、新興市場国の代表である。ほかのラテンアメリカ諸国を圧倒し、中国、インド、インドネシア、ロシアに次いで、購買力平価GDPの高い新興市場国としてランクインしている。2020年春、ブラジルを金融の嵐が襲った。わずか数カ月のうちに通貨が25%も暴落し、輸入品を購入するか、ドル建て債務を返済する者に大きな損害をもたらしたのだ。3月も後半になる頃には、サンパウロの株式市場の平均株価は半分に下落していた。5年物ブラジル国債のCDSスプレッドは、2月半ばの100ベーシスポイントから1カ月後には374ベーシスポイントに急上昇し、資金調達コストが高騰した。[2]

原材料価格の崩壊は激しい圧力をかけた。ペトロブラス（石油大手）やヴァーレ（鉄鉱石生産大手）のような、莫大な財力を誇る有力企業の長期外貨建て債券は、1ドルあたり30〜40セントも下落した。通常なら、破綻間近の企業の債券と言えただろう。「あっという間だった」。ある債券アナリストは解説する。「誰も回収率のことなんか考えてなかったよ。パニックを起こす価格だった[3]」。

新興市場国はどうやって今回の危機を乗り切ろうとしたのか。金融危機は、新興市場国がコロナ危機に対応する能力を損なってしまったのか。欧米が牛耳る国際金融機関と先進経済国は支援を申し出たのか。それとも、そのせいで圧力はさらに増したのか。コロナ危機は、先進経済国だけでなく、世界全体の経済システムにも大きな試練をもたらしたのである。

過去の経験から学んだ教訓

2020年にはかつてない深刻な資本の逃避が起きていたにしろ、開発途上国を襲った金融危機は今回が初めてではなかった。1990年代以降、新興市場国の成長率は世界経済の成功物語だった。最初は低い水準だった成長率も、やがて大きな繁栄を生んで世界に広がり、多くの人が好況の恩恵にあずかった。とはいえ、成長は不揃いで、時に不安定だった。新興市場国は何度も危機に見舞われた。1997年には東アジアを、翌98年にはロシアを、2001年にはアルゼンチンとトルコを危機が襲った。中国の成長に支えられて、新興市場国は2008年の世界金融危機を比較的無事にくぐり抜けた。

ところが、2013年にFRBが利上げの可能性を示唆したとたん、「テーパー・タントラム」を引き起こし、海外投資家が資金をアメリカに引き上げてしまった。翌年、コモディティ市場の底が抜ける。サハラ以南のアフリカで最大の石油輸出国であるナイジェリアとアンゴラで、ひとり当たりの所得が下がった。ベネズエラは景気悪化の負のスパイラルに陥った。ブラジルは深刻な景気後退に見舞われた。

政治問題も絡んでいた。タイは2014年に軍事クーデターに揺れた。南アフリカ共和国では、汚職まみれのジェイコブ・ズマ大統領の下、経済成長は瀕死状態にあった。黒人居住区の失業率は25％あたりをうろうろしていた。中国のような成長エンジンでさえ、打撃を免れなかった。2015年、上海の株式市場が暴落し、人民元が急落して1兆ドルもの外貨準備が流出したのである。中国政府は外貨準備の流出を必死に食い止めようとしたが、景気減速がコモディティ価格にさらなる圧力を加えた。

そのような状況にもかかわらず、金利が最低水準であるために、新興市場国の借り手は積極的な貸し手を常に見つけ出せた。新興市場国は、金融の発展が大きく期待できるフロンティアのひとつだからだ。2019年になる頃には、本当の意味で新興市場国と言える中所得国の対外債務は、7兆6900億ドルに達していた。その内訳として、4840億ドルが民間投資家の保有する長期債券。2兆ドルが銀行保有の長期債務。2兆1000ドルが短期借り入れだった。極めてリスクの高い低所得国であっても、2019年までの5年間に、基軸通貨建ての債務は3倍に増加し、2000億ドルを超えていた。(4) 低~中所得国は、徐々に市場型金融システムに加わっていった。1990年代の「ワシントン・コンセンサス」ではないが、経済学者のダニエラ・ガボールの言葉を借りれば「ウォールストリート・コンセンサス」に組み込まれていったのだ。

グローバル金融の新たな世界では、IMFや世界銀行のような機関は巨大銀行に対してだけでなく、アセットマネジャーや、債券市場やデリバティブ市場のオペレーターに対しても、補助的な役割を果たした。(5) 新興市場国が、その新たなグローバル金融のネットワークに参加することには大きな魅力があった。一見したところ寛大な条件で、莫大な額の信用を供与したからだ。問題はふたつ。そのメンバーの地位は、果たしてどれほど安定したものなのか。そして、困難に陥った時には誰がそのリスクを負うのか。

グローバリゼーションに批判的な者は、それらの債務は開発途上国の頭上に「ダモクレスの剣《つるぎ》」のようにぶら下がっている、と警鐘を鳴らす〔訳註　ダモクレスの剣とは、古代ギリシャで、王の栄華を羨む臣下のダモクレスが実際に王座に座ってみると、頭上には鋭い剣が髪の毛1本で吊るされていたという故事。栄華のなかにも、常に死の危険が迫っていることの喩え〕。国際金融に組み込まれるのに伴い、開発途上国はみずからをグローバルな信用サイクルに翻弄される立場に置いた[6]。もし信用状態が収縮してドルが強くなれば海外投資家が急遽、資金を引き上げてしまうかもしれないからだ。そうなると、残された債務国は過酷な緊縮財政を強いられ、何億もの弱い市民は耐え難い痛みを余儀なくされ、将来の経済成長も政治の安定も危機に瀕することになる。2019年末、世界の最低所得国のほぼ半数がすでに債務に苦しんでいた[7]。

数十年に及ぶ経験は危機だと告げていたが、新興市場国はただ運命を受け入れたわけではなかった。過去の体験から学んでいたのだ[8]。1990年代以降、新興市場国はグローバル金融システムに伴うリスクに対処すべく、幅広い政策レパートリーを発達させてきた。そのツールキットは、自由市場のワシントン・コンセンサスの重要な要素と、もっと介入主義的な政策とをうまく折衷したものだった[9]。

グローバルな統合が招くリスクを回避することには、もちろん代償が伴った。新たな政策ツールキットは、完全な自主性を保証してはいなかった。新興市場国は「コントロールを取り戻す」魔法の杖を発見してはいなかった。重要なのは、その杖を発見することでもなかった。彼らが見つけ出したのは、グローバリゼーションに伴うリスクに、もっと対処しやすくなる方法であり、率直に言って、その方法は新興市場国にとってのみ都合がいいわけではなかった[10]。

ハゲタカファンドは、経営不振に喘ぐ債務者を餌食にするかもしれない。災害資本主義〔訳註 自然災害や政変、戦争、テロ事件などの惨事で国民がショック状態にあるあいだに、過激な市場原理主義を強硬に導入すること〕は実際に起こりうる。だが、それらは本筋の話ではない。アメリカの巨大銀行やファンドマネジャーが望んだのは、新興市場国の中央銀行と財務省が、ドル基盤のウォールストリート・システムを強固に支えるシステムに進化することだった。

新興市場国が学んだ第1の教訓は、外貨建ての政府債務を最小限に抑えることだった。2000年代初め以降、新興市場国の政府はできる限り、先進経済国の政府に倣ってきた。つまり、自国の市民からか海外の貸し手からかを問わず、自国通貨で融資を受けてきたのだ。そうすれば、中央銀行は最終的に返済をコントロールできる。いざとなったら、紙幣を刷ればいい。インフレを起こし、自国通貨の対外価値を下落させる恐れはあるが、デフォルトリスクは避けられる。

2020年にまたもやデフォルトに陥ったアルゼンチンは、特異な事情を抱えていた。政府債務の80％が外貨建てだったからだ。つまり、自国と海外のどちらの投資家の信用も低かったという証拠だ。インドネシアの場合、現地通貨による債務の割合は70％以上。タイの場合はほぼ100％。現地通貨の国債は海外投資家にとって魅力のないもののように思える。ところが金利が最低水準の世界では、買い手には困らない[11]。現地通貨建ての国債市場で、証券化とデリバティブとレポ市場が揃った市場型金融の冒険に乗り出せるからだ[12]。

コロナ危機の前には、ペルー、南アフリカ共和国、インドネシアで、現地通貨建て国債の約40％を海外投資家が保有していた[13]。その割合では、金融恐慌が起きるリスクがある。実際、もっと大きく複雑な債券市場では、より大きな恐慌リスクを伴った。そして危機が起きた時には、先進経済国と同じように、新興市場国の中央銀行も市場を安定させるために介入を迫られるだろう。いっぽうの海外の貸し手は、債券価格と為替レートの変動で生じるリスクを負った。

新興市場国が学んだ第2の重要な教訓は、通貨レートをペッグさせることで、海外投資家に対するリスクを減らそうとしてはいけないことだった。通貨レートをドルかユーロに固定させると、安定しているという錯覚に襲われる。景気のいい時は、外貨を強く引き寄せる。景気が悪くなると、資金は流出し、その場合にドルとの連動を維持するのは、莫大な資源を要する無駄な努力と化してしまう。自国と海外の投資家が動かすホットマネーは、巨額にのぼる。実際に景気が悪くなった時には、通貨価値を下落させて、ホットマネーを操る投資家にはお引き取り願い、損失を受け入れるのがいいだろう。もしリスクヘッジする必要があれば、投資家にはいつでもデリバティブ市場がある。

通貨の大幅な切り下げは苦痛を強いる。輸入品の価格が上昇する輸入業者や、運悪く、あるいは迂闊にもドルで借りていた者にとっては大きな痛手だ。とつぜんの通貨切り下げに弾みがつくと、通貨の価値が下がりすぎてしまいかねない。そうなると、利上げするほか選択肢はないが、それがさらに痛みを増幅させてしまう。そのリスクを和らげる確かな方法は、特定の通貨ペッグを厳格に維持することではなく、介入によって為替レートの変動ペースを緩和することだった。そのために、当局は大量の外貨準備高を必要とした。21世紀に入って以降、中国は外貨準備高を積み上げ、2014年には4兆ドルを保有していた。それだけの外貨準備高を保有する国はほかになかった。だが新興市場国のタイ、インドネシア、ロシア、ブラジルも大量の外貨準備高を積み上げ、2020年初め、その4カ国の外貨準備高は2兆6000万ドルに達した。[14]

外貨準備高が不充分な国では、コロナ危機は地域ネットワークの構築を促した。各国は外貨準備高をプールして融通し合い、資本の流れを管理しようとした。その点で世界をリードしていたのが〝チェンマイ・ネットワーク〟を持つアジアである。[15] 対照的に、ラテンアメリカとサハラ以南のアフリカには、域内の強固な金融ネットワークがなかった。そのため、緊急時にはＩＭＦに頼るか、流動性スワップラインのかたちで友好国の中央銀行に支援を求めなければならなかった。

流動性スワップネットワークの中心を成すのが、２００７年にＦＲＢが構築したドルスワップラインである。最も特権的な新興市場国だけを対象とし、２００８年と２０２０年には、メキシコとブラジルがそのスワップラインに加わった。ＦＲＢのネットワークを超えて、２００８年以降、流動性スワップラインを築いた中央銀行もある。その動きが目立ったのは、日本銀行と中国人民銀行だった[16]。

金融フローの大部分を動かしているのは、大企業や金融機関のクラスターとごく一部の最富裕層である。だが、金融フローについて抽象的な話をすると、そのような事実が見えなくなってしまう。２００８年9月のリーマン・ブラザーズの破綻は、たった1行の破綻がシステミックな被害を引き起こすことを証明した。この時の苦い経験をきっかけに〝システム上重要な金融機関〟の相互関係にも目を向ける規制――いわゆるマクロ・プルーデンス規制――が広く採用されることになった。これは新興経済国では、国家経済を覆すのに充分な規模を持つ銀行や企業を対象に、その外国為替エクスポージャーを点検することを意味した[17]。煩わしい規制であり、実業界のロビー団体から反対の声も上がったが、金融システムの安定を図るうえで不可欠だった。

最後に、以上のすべてが失敗した時には、もはや資本規制はタブーではなかった[18]。１９７０～90年代、国境を超える資本移動の自由化を推進することは、ネオリベラリズムの壮大な運動だった。だがＦＲＢ、ＥＣＢ、日本銀行が国債市場を大規模に操作し、利回りを求めて数兆ドルが世界を駆けめぐる世界において、ＩＭＦやＢＩＳのような機関でさえ、新興市場国が資本の流入を回避し、必要に応じて資本の流出を遅らせる権利があることは認めていた。

結局のところ、2010年代の資本の流れを動かしていたのは西洋の中央銀行政策であり、牽引していたのは轟音を立てて発展する中国の国家資本主義だというのに、その資本の流れが、かつて市場原理と呼ばれた作用によるものだ、などと考える者は誰もいなかった。もし先進経済国が財政政策と金融政策の静かな革命を行っており、FRB、ECB、日本銀行がますます国債市場を管理していたのなら、それは新興市場国にも大きな影響を与えた。

BISが2019年の年次経済報告で指摘したように、金融グローバリゼーションのリスク管理においては、理論よりも実践が先んじた。1994年のメキシコ通貨危機から25年以上が経ち、多くを学んだ新興市場国は、グローバルな資本フローのボラティリティに対処する経験を積んでいた。[19]「ワシントン・コンセンサス」のようなスローガンはなかったが、新たなツールキットが誕生した。

IMFのような国際金融の専門機関も学んでいた。IMFの金融支援は相変わらず厳しい条件付きだったが、IMF自身はみずからを、いわゆる「国際金融セーフティネット」の協力的なパートナーに見られたがった。[20]そのおもな役割は――少なくともIMF自身による新たな解釈によれば――ならず者の主権国家に規律を課すことではなく、市場型金融の世界をうまく泳ぎ渡るために必要な力を、開発途上国に授けることだった。それは、金融のグローバル化の範囲を拡大させた。金融のグローバル化は、債券取引業者、金融アドバイザー、アセットマネジャーが説明するまでもない、既知の事実だった。

2020年の問いはこうだ――「ウォールストリート・コンセンサス」と「新興市場国の新たなツールキット」は、深刻なコロナ危機においてどのような効果を発揮するのか。新興市場の債務国は、ドル基盤の金融システムにアクセスし続けられたのか。それはどんな犠牲を伴ったのか。新興市場国は、国家経済のニーズを優先できたのか。それとも多くの例に漏れず、資本流出を食い止めるために、金利の引き上げと支出削減を迫られたのか。

IMFの融資拡大と中央銀行の介入

IMFと世界銀行の春季会合の開催を控えた2020年4月初め、紛れもない恐怖が漂っていた。コモディティ価格は下落していた。原油と天然ガスの輸出国であるアルジェリア、アンゴラ、エクアドルは大きな圧力に曝されていた。観光業と出稼ぎによる送金収入は先行きが暗かった。サハラ以南のアフリカとラテンアメリカでロックダウンが敷かれ、恐ろしい勢いで貧困率が上昇していた。国連食糧農業機関(FAO)は、食料品の価格高騰に警鐘を鳴らし、パンデミックによって世界中で新たに8300万〜1億3200万人が栄養不良に陥ると予測していた。[21] IMFの発表によれば、102カ国の加盟国から緊急融資を要請する声が上がったという。[22] 国連加盟国の半数以上にあたる国である。

2020年3月26日、G20首脳会議は次のように確認した。「打てる手はなんでも打ち、利用可能な政策ツールを総動員して、パンデミックによる経済的、社会的損失を最小限に抑え、世界の成長率を回復させ、市場の安定を維持し、抵抗力を強化する」。[23] だが、それはどういう意味だったのか。

IMFは、総額1兆ドルに及ぶ融資能力の活用を約束した。[24] それで充分だろうか。危機に対処するために、アフリカと欧州の政府首脳は合同で緊急措置を要請した。IMFの国際準備資産である「特別引出権（ＳＤＲ）」の新規配分もそのひとつだった。[25] ＳＤＲはいわば国際通貨に当たり、加盟国に配分されて、各国がＩＭＦに持つ各口座に保有される。今回はその〝仮想〟通貨の発行を拡充して、新規に割り当てようという提案であり、貧困国は受け取ったＳＤＲと引き換えに、ほかの加盟国からドルを借り入れることができる。問題は、果たしてほかの加盟国がその提案に同意するかどうか。

ＩＭＦ理事会において、アメリカは影響力の強い少数派である。トランプ政権が誕生すると、そのナショナリストの好戦的な態度が加盟国の不安を掻き立てた。国際貿易について言えば、トランプの態度は効果てきめんだった。２０２０年になる頃には、アメリカの妨害を受けてＷＴＯが麻痺状態に陥っていたからだ。２０２０年夏、今度はＷＨＯ相手に執拗な抗議を繰り返した。ところが、国際金融分野においてはもっと協力的だった。トランプは、ＦＲＢのスワップラインには異論を唱えなかった。３月末、連邦議会は財務省に促されて、ＩＭＦの「新規借入取り決め（ＮＡＢ）」の増額を承認していた。ＮＡＢとは、ＩＭＦが緊急融資に対応する際の補完的な財源である。[26] だが4月、アフリカと欧州が訴えたＳＤＲの新規配分に、トランプ政権が反対した。おもな理由は、ＳＤＲの増額によって、新たな資金がベネズエラやイランの手に渡ってしまうからというものだった。だがトランプ政権にとって、新規配分の提案は政治的理由によって受け入れ難いだけではなかった。連邦議会のタカ派の異議を掻き立てかねないからだった。特に、リベラルな国際主義に片っ端から噛みつく、上院議員のテッド・クルーズのような不倶戴天のタカ派は要注意だった。

しかしながら、トランプはＧ20が支持するほかの提案には反論しなかった。最貧国73カ国を対象に、2国間債務の返済を一時的に猶予する「債務支払い猶予イニシアティブ（DSSI）」にも抵抗しなかった。重要なのは、DSSIに中国が参加したことだった。これには極めて大きな意味があった。なぜなら多くの債務国にとって、2カ国間債務の圧倒的な債権国は中国だったからだ。IMFや世界銀行のような国際融資機関はDSSIの当事者ではなかったが、どちらも譲許的融資を拡充すると発表した。[27]

もしDSSIのすべての適格国がこの取り決めを利用すれば、返済期限を猶予される額は120億ドルにのぼると見られた。これによって、個人防護具の輸入に必要な資金も確保できるだろう。だがその控えめな数字が示すように、経済的な観点からすれば、DSSIは雀の涙とでも言うべき規模だった。ある試算によれば、4月にDSSIを適用されて一時的に猶予された支払いの割合は、低〜中所得国の債務全体の1・66％にすぎず、しかもその債務国のなかに中国、メキシコ、ロシアは含まれていなかった。[28] DSSIは、世界の最貧国だけが対象だったからだ。経済規模の大きな新興市場国の債務額は1桁違った。IMF専務理事のクリスタリナ・ゲオルギエバによれば、新興国か低所得国の資金調達ニーズは、世界全体で2兆5000億ドルにのぼると見られた。[29] 最貧国への支援は道義的に不可欠に違いない。だが、グローバル金融の安定を図るという点で見れば、重要なのは中所得国のほうである。[30]

IMFは危機に対処すべく、即座に融資枠を拡大した。これほど多くの支援プログラムを審査したことはなかった。2020年7月末になる頃には、84カ国に対して881億ドルの支援を承認していた。[31] 融資パターンは特異だった。まず、譲許的融資は83億ドルにとどまった。すでに過剰債務に分類されていた、おもにサハラ以南の25カ国が対象になった。その25カ国が危機を乗り越える見通しは極めて不透明だった。ところが驚くことに、これらの債務国が無事にＶ字回復を果たして、２０２１年には財政再建が可能だという前提のもとに融資は承認されていたのである。[32] そして、ＩＭＦの融資全体の90％にあたる７９８億ドルが非譲許的融資だった。対象になったのは低所得国ではなく、おもに中所得の債務国だった。

実のところ、融資の圧倒的多数は利用されなかった。土壇場に立たされた際の最後の手段というよりは、最悪の事態に備えた〝抑え〟としての意味合いが強かったからだ。ＩＭＦの融資枠の承認を得たことで、債務国は利用可能な準備金を増強し、潜在的な貸し手に対して、信用力のシグナルを送っていたのだった。

いっぽう、激しい景気後退に見舞われた新興市場国にとっては、どんな支援も手遅れだった。２０２０年の始まりとともに、アルゼンチン、レバノン、エクアドルは、債務危機の迫る国としてリストの上位に名を連ねていた。夏になる頃には３カ国ともデフォルトに陥った。アルゼンチンは長年、苦境に喘いできた。２０１８年にＩＭＦが行った５６０億ドルという記録的な金融支援も、アルゼンチンの財務状況を安定させることはできなかった。レバノンは内戦で引き裂かれ、域内の地政学の力場にはまり込み、もう何十年も〝絶滅の危機〟にあった。また、２０２０年の最初にはすでに経済が危険な状態にあったエクアドルは、原油価格の急落で激しい打撃を受けていた。どの国の場合も、デフォルトによって新たな融資がストップし、債権者とのあいだで長引く法廷闘争に発展していた。この３つの国がより大きな債務危機を招くのではないかと懸念されたが、杞憂に終わった。

２０２０年、ほとんどの新興市場国について驚いたのは、これらの国の財政がよく持ちこたえたことだった。2020年春、なにもかもが停止した時、金融ストレスに対処する新たなツールキットが功を奏した。財政出動に必要な政府の借入金が急増し、海外投資家の信頼が揺らぐと、中央銀行が介入して国債を買い入れた。3月から4月にかけて、韓国、コロンビア、チリ、南アフリカ共和国、ポーランド、ルーマニア、ハンガリー、クロアチア、フィリピン、メキシコ、タイ、トルコ、インド、インドネシアが債券購入に踏み切った。[33] FRBやECBによる巨額の資産買い入れと比べれば、規模は小さかった。だが、新興市場国の中央銀行が介入すること自体が、かつては矛盾だったに違いない。以前ならば、ハイパーインフレの噂がパニックのように広まり、取り付け騒ぎに発展していただろう。今回の危機では、先進経済国の大規模な介入を背景に、市場は新興経済国の積極的行動主義を冷静に受け止めた。[34] ゴールポストは動いていた。

生き延びた金融市場と実体経済の混乱

世界経済は大混乱した。大都市がシャットダウンする。ドルが急上昇する。だが、世界の債券市場に対する強烈な圧力が3月に収まると、少なからぬ額の外貨準備高を保有する新興市場国が恐慌を起こす、直接的な原因はなくなった。おもな新興市場国は、自国通貨を下落させた。必要に応じてドルにアクセスでき、混乱に陥った時には通貨切り下げの速度を緩められるという、ふたつの点で自信があったからだ。

インドネシア銀行は大規模な介入を行って、ルピア下落の速度を遅らせ、投資家が売りに出した国債を買い入れた。[35] 通貨市場の特に洗練された資産運用者であるブラジル中央銀行は、4月に230億ドルをつぎ込んでレアルを買い支えた。莫大な額だが、それでもブラジルが積み上げた外貨準備高のわずか6%にすぎなかった。[36] チリ、コロンビア、インド、メキシコ、ロシア、トルコもオペを行い、通貨下落の速度を遅らせた。

そのような介入が何カ月も続いたならば、最も安定した新興市場国でさえ、厄介な事態に陥る恐れがあった。外資の流出を食い止めるか、少なくとも流出速度を遅らせるために、利上げの必要があっただろう。だがFRBが金融政策を緩和させると、通貨市場の状況は一変した。ブラジル、メキシコ、韓国といった一部の選ばれた国は、FRBのスワップラインを利用してドルにアクセスできた。

一説によれば、G20の優秀な参加国であるインドネシアは、日本銀行と中国人民銀行とのあいだで2国間通貨スワップラインの協定を結んでいるが、FRBに補完のスワップラインを申し込んだところ断られたという。その代わりに、ニューヨーク連邦準備銀行がインドネシアの中央銀行に、600億ドルのレポファシリティを提供したようだった。[37] 大きな違いはなかった。重要なのは、FRBが解き放つ巨額の流動性の波だったからだ。アメリカが事実上のゼロ金利政策に踏み切ったことでドル安となり、新興市場国の通貨は回復し、海外投資家へのリターンも戻った。

そのような動向を背景に、多くの者が恐れた新興市場国の金融の絞殺は起きなかった。新興市場国の中央銀行は、信認回復のために利上げするのではなく、先進経済国の中央銀行に倣って利下げに動いた。2020年4月になる頃には、国際資本市場も再開しつつあった。国債発行によって資金調達の流れをつくったのは、原油と天然ガスの損失を埋め合わせる必要に迫られた裕福なOPEC加盟国だった。だがインドネシアが、そして最終的にはエジプトやホンジュラス、パナマもこの機に乗じて債券を売り出した。新興市場国の債券に対するCDSスプレッドは下落した。

インドネシアの場合、290ベーシスポイントから100ベーシスポイント以下に下がったのだ。[38] 一時、8%に跳ね上がっていた新興市場国のドル建て債券の平均利回りも、コロナ危機前の4・5%に落ち着いた。それは先進経済国の国債の利回りを大きく上まわる数字だったにしろ、耐えられない負担ではなかった。夏の前には、まさかと思うような逆転劇が起きていた。コロナ危機の打撃を受けたアフリカ諸国が発行したジャンク債が、大胆な投資家にとって〝今月のお勧め〟になったのだ。[39]

2020年、新興市場国は、極めて深刻な資本逃避さえ乗り切れる力を証明した。だが、今回の危機はそれまでの危機とは違った。金融市場が受けた打撃を和らげることと、コロナ危機が実体経済に及ぼした影響に対処することとは同じではなかったからだ。

南アフリカ共和国の例がわかりやすいだろう。長いあいだ、南アフリカ共和国の国家財政には厳しい視線が注がれてきたが、2020年3月17日、アメリカの信用格付け大手ムーディーズが南アフリカ共和国の国債をジャンク級に格下げした。[40] それを受けて、通貨ランドは激しく売られた。それにもかかわらず、南アフリカ準備銀行（中央銀行）は利下げして、国内経済を支えようとした。恐慌に陥るどころか、国内と海外の投資家は国債を買い続け、保有し続けた。アフリカ民族会議（ANC）率いる政権は、アパルトヘイト終了後以降のタブーを克服して、IMFにアプローチし、43億ドルの譲許的融資を申し込んだところ、即座に承認された。[41]

ところが、苦い薬を飲むことになったのはそのあとだった。問題は財政ではなかった。感染拡大を食い止めるために講じた厳しい措置が、それでなくても脆弱だった経済に破壊的な影響を及ぼしたのである。大規模な都市人口と、HIV感染症／AIDSの蔓延状況を考えれば、南アフリカ共和国はパンデミックを真剣に警戒すべき国のひとつだった。極めて厳しいロックダウンによって、2020年に南アフリカ共和国は8％の経済縮小に見舞われた[42]。失業率は30％を上まわった。

2020年が普段の年と違ったのは、今回の感染症による実体経済の混乱が、金融市場のショックを凌ぐ厳しさだったことだ。通常の金融危機のパターンと違って、2020年には開発途上国の外貨準備高が増加した。なぜか。理由は、ロックダウンによって消費が抑制されたからだ。輸入は落ち込んだ。貿易収支は改善した。果たして、社会はそのような強行着陸に耐えられたのか[43]。今回の広範な試練に、アメリカも欧州もなかなか対処できなかった。2020年前半、新興経済国のなかでも特に苦境に立たされたのが、ラテンアメリカだった。夏が始まる頃には、アメリカと並んでラテンアメリカは、世界のパンデミックの発生源になろうとしていた。

ラテンアメリカの危機

2020年2月、武漢で最初の感染騒ぎが起き、3月にイタリア北部のベルガモでたくさんの犠牲者を出したあと、脳裏に焼き付いて離れない映像があるとすれば、それは4月初めにエクアドルの港町グアヤキルで繰り広げられた光景だろう。4月4日、グアヤキルとその周辺地域では、新型コロナウイルス感染症で778人が亡くなった。遺体安置所には棺が積み上がり、満杯の患者を乗せた救急車が行き交い、死者は遺体袋か急ごしらえの棺に入れられたまま、通りに放置された。上空をハゲタカが旋回していた[44]。

グアヤキルは、恐ろしいほどの不運に見舞われた。エクアドルの首都キトは、アンデス山脈の麓にあって赤道のすぐ北に位置するため、アメリカと同じように夏の休暇時期を7～8月に迎える。

いっぽう、グアヤキルは赤道のすぐ南に位置するために、長い〝夏の〟休暇に入るのは2月初めだ。すなわち、裕福なグアヤキル市民は、新型コロナウイルス感染症が猛烈な勢いで拡大している2月の欧州を休暇で訪れていた。同じように、2月にはエクアドル系移民が帰国して、生まれ故郷でカーニバルを楽しんだ。[45] エクアドルのメディアによると、2月1～14日に欧州や北米から約2万人の帰省客や旅行客がエクアドルを訪れていたという。ゼロ号患者（初発症例）は、2月中旬にスペインのマドリードからグアヤキルを訪れていた71歳の女性だった。3月初め、その女性とふたりのきょうだいが亡くなった。

グアヤキルは不運だったに違いない。だが今回の危機は、エクアドルのみならずラテンアメリカ全体に共通する、はるかに深刻な問題を浮き彫りにした。[46] グアヤキルは階級と人種によって大きく分断されている。脆弱な公共サービスは、コロナ危機のはるか前に始まった、南米大陸全体を覆う低迷の象徴だった。

好調なコモディティ輸出が牽引する経済成長のおかげで、1990年代以降、ラテンアメリカの生活水準は大きく向上し、医療システムも充実した。公的及び民間の医療費は、この地域全体のGDPの8・5％に達し、すべての市民に基本的な医療を施せる資金を確保していた。ラテンアメリカはまた、過去に何度も感染症を経験している。1991年のコレラ、2009年の豚インフルエンザ、あるいは2016年のジカ熱もそうだ。世界クラスの医師や医療分野のテクノクラートも集まっている。1902年に創設された汎米保健機構は、世界で最も古い国際的な公衆衛生機関である。[47] ブラジルのオズワルド・クルス財団は、アメリカのロックフェラー財団やフォード財団、英国のウェルカム・トラストにも負けない名声を誇っている。ところが、治療費が賄える市民向けの都会の病院と、資金不足に喘ぐ崩壊寸前の公衆衛生サービスとのあいだには大きな格差があった。

ラテンアメリカは、世界で最も不平等のはびこる大陸だ。景気のいい大企業があるいっぽう、非公式部門で働く労働者の割合は全労働人口の54%を占め、数にして1億4000万人にのぼる。これは、インドの出稼ぎ労働者の1・5倍に、また中国の出稼ぎ労働者の約半数に相当する。(48) ラテンアメリカの都市の周囲に広がる巨大な郊外は多くの人口を擁し、出稼ぎ労働者はウイルスの犠牲になりやすかった。

ラテンアメリカ諸国のなかでもとりわけ大きな被害を受けたのが、エクアドルである。2017年まで大統領だったラファエル・コレアは、原油価格高騰で得た利益を国民への派手なばら撒きに使った。ところが2014年に原油価格の底が抜けると、エクアドルは莫大な財政赤字を抱えることになってしまった。2019年2月には、IMF率いる国際機関から総額102億ドルの融資の約束を取りつけている。だが、厳しい緊縮財政が条件だった。そのため、政府は10月に燃料補助金の打ち切りを発表したが、国民の激しい反発に遭って撤回を迫られた。さらに、2020年には41億ドルもの債務返済を控えていた。(49)

コロナ危機による原油価格の暴落に伴い、エクアドルの国債は売られた。2022年3月に満期を迎える国債の価値は、1ドル当たり88セントから24セントに急落した。コロナ対策の莫大なコストを前に、債務を返済し続ける余裕などなかった。とはいえ、650億ドルもの対外債務をデフォルトさせてしまえば、今後の借り入れ手段が絶たれてしまいかねない。

3月最後の週、エクアドル政府は、8億ドルに及ぶ利払いの猶予について合意に達したと発表する。4月17日、猶予期限は4カ月間延長された[50]。海外のある事情通はこう説明する。国際金融機関と債権者が支払い期限の延長に譲歩したのは、それによって、2021年の大統領選挙でエクアドルの有権者が、現職のレニン・モレノよりも市場に優しい大統領を選出してくれることを期待したからだ、というのである[51]。

お隣のペルーはエクアドルよりも、はるかに財政状態がよかった。中国の銅需要のおかげで、ペルーのGDPは2000年以降4倍以上に上昇していた。だが、公衆衛生のインフラはエクアドルと同じくらい脆弱なうえ、首都のリマに1000万人が密集して暮らしていることも弱点となり、新型コロナウイルスが重大な脅威になることは明らかだった。

大統領のマルティン・ビスカラは即座にロックダウンを敷き、都市で暮らす270万の低所得世帯を対象に107ドルの現金給付を実施した。そのあと、農村地帯にも給付金を支給した[52]。銀行口座を持つペルー市民は人口全体の40%にとどまるため、支給には携帯電話が使われた[53]。独創的で効果的な方法だったにせよ、リマがウイルスの巨大な培養器になることは防げなかった。非公式な労働人口を、いつまでもぶらぶら遊ばせておくわけにはいかなかったからだ。7月に入ると、リマの超過死亡率は、世界のおもな都市のなかで最も高い289%に達した〔訳註　超過死亡とは、感染症による死亡だけでなく、ほかの疾患を含めて、すべての死亡数が平年に比べてどのくらい増減したかを示す指標〕。

2020年11月、ビスカラ大統領に州知事時代の賄賂疑惑が持ち上がり、議会で弾劾投票が行われた末に罷免された。この決定に反発したリマ市民がその後1カ月、暴力的な反政府デモを繰り広げた。激しい抗議を鎮めるために、ペルー議会は世界銀行の元職員であるテクノクラートを、

2021年の次期大統領選までのあいだ暫定大統領に据えた。

ペルーの北に位置するコロンビアは、山岳地帯に軍を配備してエクアドルとの国境を封鎖し、感染拡大を防ごうとした。周辺国と比べて、コロンビアには包括的な医療システムが整備されている。1993年に税金を原資として創設された国家保健制度は、国民全員に基本的な医療サービスを提供していた。とはいえ、その保健制度も貧民街では感染拡大を阻止できなかった。都市の失業率は、じりじりと25％に上昇した。

貧困に陥ったのは、コロンビア人だけではなかった。2015年以降、曖昧な国境線を超えて、500万人ものベネズエラ人がコロンビアに流入していたのだ。世界でも類を見ない規模の難民だった。ベネズエラ難民はコロナ危機のさなか、さまよっていた。100万人が滞在許可証を持たず、仕事もなかった。彼らの窮状を物語るように、おおぜいがベネズエラへの帰還を望んだ。その動きは地域全体に広まった。エクアドルから1700キロメートル離れた故郷まで、アンデス山脈を歩いて帰るベネズエラ難民を救助活動家が支援した。[54]

無事に母国にたどり着いたベネズエラ人を待っていたのは、さらに悲惨な状況だった。ベネズエラ経済は崩壊のスパイラルを描き、電力供給も停止したままだった。世界最大の原油埋蔵量を誇る国で、人口の90％がガソリンを購入できなかった。[55] ガソリン不足のために農場で収穫ができないのではないか、という深刻な懸念があった。清潔な水も不足している。ニコラス・マドゥロ大統領は初動対応として、新型コロナウイルス感染の検査を、政府が管理するふたつの病院に限定してしまった。

とはいえ、感染対策に悪戦苦闘したのは低所得国だけではなかった。ラテンアメリカの経済発展の優等生であるチリもまた、苦戦を強いられたのである。当初、チリ政府は感染の発生地だけを封鎖して、全面的なロックダウンを回避した。そして、ＧＤＰの10％を超える大規模な支援策を次々と打ち出した。前例のない規模だったが、国民の窮状を緩和するまでには至らなかった。毎晩のように抗議デモが起き、首都サンティアゴのランドマークであるテレフォニカタワーには「空腹」の文字が映し出された。大規模な社会危機の発生を防ぎ、前年のチリ暴動〔訳注　地下鉄運賃の値上げや格差拡大、物価上昇に抗議する暴動や略奪〕の二の舞を防ぐために、２０２０年4月中頃、チリ政府は外出制限を解除する決定を下した。早急に「新常態」に戻るように促したのである。

ところが、時期尚早だった。感染拡大のピークはまだ過ぎていなかったのだ。5月15日、感染者数の急増に伴い、政府はサンティアゴに全面的なロックダウンを敷かざるをえなかった。(56) ピノチェト大統領の独裁政権の日々以降、チリの代名詞は「倹約」だったが、２０２０年のチリの財政赤字はＧＤＰ比９・６％に達し、この半世紀で最も高い数字を記録した。(57)

だが、チリの大きな問題は財政ではなかった。ペソの切り下げを緩和するために、チリの中央銀行は２０２０年初めに２００億ドルの為替介入を行った。そのドル売り介入にさらなる弾丸《たま》を供給するために、チリはペルー、メキシコ、コロンビアと4カ国で、ＩＭＦが新設した「弾力的信用枠（フレキシブル・クレジットライン）」に最初の対象国として申請した。(58) 融資額はメキシコに６１０億ドル、チリに２４０億ドル、ペルーとコロンビアにそれぞれ１１０億ドルと決まった。総計で１０７０億ドルという数字は、ＩＭＦの融資能力の10％に及び、より経済規模の小さな国１００カ国に対してＩＭＦが用意した、コロナ危機の金融支援額を上まわった。

高圧的介入という非難を避けるために、ＩＭＦはチリをはじめとする4カ国に対して無条件での融資とし、商業信用枠のかたちを取った。構造調整の条件は課さないが、コミットメントフィー（先行して支払い、のちに払い戻される手数料）の支払いは求めた。610億ドルの融資を受けるメキシコの場合、2020年に支払うコミットメントフィーは1億6300万ドルだった。

2008～09年の世界金融危機の時と同じく、IMFの信用枠を獲得したうえ、FRBのスワップラインを使ってアメリカから直接支援が受けられたのは、4カ国のなかでメキシコだけだった。そのため、メキシコにはドルが枯渇する心配がなかった。だが、それだけ多くの支援を受けていながら、ロペスオブラドール政権のコロナ感染症対策は極めて消極的だった。[59] 経済活動と輸出の落ち込みを埋め合わせる財政刺激策は、実施しなかったも同然だった。財政支出額をすべて合わせても、GDPのわずか0・6％にすぎなかったのだ。[60]

その結果、貧困層が増加した。1日5ドル50セント以下で暮らす人たちが、3300万人から4400万人に急増したのである。感染症そのものに対する対策も、やはり現実を無視していた。検査数が足りず、感染ルートを正確に追跡できなかった。だが、犠牲者の数は多くを物語っていた。2020年9月26日には、新型コロナウイルス感染症で命を落としたメキシコ市民は13万9000人――人口の1000人にひとり――にのぼり、ペルーに次いで多かった。[61] このあと、メキシコとブラジルという規模の大きな国が、この地域を新たに世界のパンデミックの中心にしていくことになる。

パンデミックについて言えば、ブラジルのボルソナロ大統領のリーダーシップはないに等しかった。世界を駆けめぐる旅行者によって持ち込まれた感染症が、サンパウロからブラジル社会に拡大しても、ボルソナロは深刻な状況ではないと強弁し続けた。[62] そのため、対応は州政府に委ねられた。ブラジルの州は、欧州のひとつの国に匹敵するほど規模が大きい。部分的ロックダウンに踏み切れば、感染拡大は抑制できるが、経済が混乱する。ウイルスが剝き出しにしたのは、ブラジル経済を牽引するグローバル企業と、労働人口の大半を抱える中小企業とのあいだで広がる格差だった。2020年初めにすでに約12％だった公式の失業率は、15％に向けて徐々に上昇した。公式の統計は、労働人口のほぼ半数を占める4000万人の非公式労働者を含んではいなかった。[63]

シカゴ大学で博士号を取得したブラジルのパウロ・ゲデス経済相が最初に講じた措置は、ひどくケチくさかった。10億ドルの緊急支援で充分だと考えたのだが、連邦議会は満足せず、野党はもっと気前のいい支援策を要求した。野党に出し抜かれることを恐れた政府は、思い切って「非常事態宣言」を発令して、あらゆる財政ルールを一時的に停止し、6800万人の最貧層に月額600レアルの緊急補助金を支給すると発表した。[64] 2020年末には支給額は570億ドルに達し、結局、ボルソナロ政権の緊急財政出動は1090億ドルにのぼった。これはGDPの8・4％を占め、対GDP比で見た場合に英国やイスラエルの数字と並んだ。[65] アルゼンチンやメキシコでは2020年にGDPが7〜9％縮小したのに比べて、ブラジルの場合は5％未満に抑えられた。[66] アメリカと同様に、巨額の財政出動を行ったブラジルでも、2020年には貧困と不平等の一時的な減少が見られた。

「豊富な流動性ありき」

2020年、世界でも最も厳しい影響を受けたラテンアメリカは、こうして当初の財政的打撃を乗り越えた。しかも、国際資本市場へもアクセスできた。3〜6月、メキシコとブラジルを筆頭に、ラテンアメリカの10カ国の政府が外貨建て債券を発行し、240億ドルを超える資金を調達した。金利はグアテマラの5・8%からチリのわずか2・5%までと幅広かった。どれも数倍の応募超過だった[67]。政治の混乱に見舞われたペルーでさえ、12年物国債を10億ドル分、40年物国債を20億ドル分、さらには100年物の——すなわち2120年に償還日を迎える——国債を10億ドル規模で発行できたのである。

投資銀行が認めるように「政治背景」は「厄介」だったが、ペルーの経済成長率は見通しがよく、既存の債務負担もわずかだった。10億ドルを1世紀にわたって借りるためにペルー政府が支払ったプレミアムは、米財務省証券の直接利回りの0・85よりも、1・7%ポイント高いだけにすぎない。ゴールドマン・サックスのラテンアメリカ地域担当チーフエコノミストは、結局はグローバル環境のおかげだと述べている。「私たちは、あり余るほど豊富な流動性の世界に生きています[68]」。

問題はドルの獲得ではなかった。パンデミックであり、経済の回復だった。ペルーの銅やブラジルの鉄鉱石のような輸出部門は、海外投資家に明るい展望を与えた。だが、経済全体の見通しは暗かった。IMFの予測するところ、ラテンアメリカの2020年のGDPは5〜9%のマイナス成長であり、史上最悪の景気後退だった。南米大陸の15〜24歳の若い労働者の3人にふたりが、自宅待機を余儀なくされた[69]。人口増加率を年1%とすると、南米大陸のひとり当たりのGDPが2015年の水準に回復するには、2025年までかかるかもしれない。国連ラテンアメリカ・カリブ経済委員会（ECLAC）は、ラテンアメリカとカリブ諸国の貧困率が2020年末には34・7%に達し、極度の貧困層が1600万人増えて8300万人に及ぶと警鐘を鳴らした[70]。不安が蔓延していた。2020年が新たな「失われた10年」の始まりになるのではないか。市民の生活水準が停滞し、ラテンアメリカはこのまま、成長著しいアジアに追い抜かれてしまうのではないか。

そのような状況を考えた時、豊富な資金はいつまで続くのだろうか。まともな景気刺激策を行わない理由を問いただされたメキシコのロペスオブラドール大統領は反論した。自分はみずからが提唱する「第4の変革」〔訳註　汚職撲滅、政府債務の抑制、緊縮財政、格差是正などを含む、ロペスオブラドール大統領の政策プログラム〕を重圧に曝すつもりはない。メキシコは1980〜90年代、先進国の民間銀行から借りた債務の返済に大いに苦しめられたのだ。[71]ロペスオブラドール大統領の公約は、政府債務残高をGDP比50％をはるかに下まわる水準に抑えることで、メキシコの独立性を保つことだった。

いっぽう、政治的立場ではメキシコのロペスオブラドール大統領の対極に位置する、ブラジルのパウロ・ゲデス経済相は、政府債務残高を対GDP比100％以下に抑えるためなら、なんでもすると主張した。[72]金融市場はボルソナロ政権の大盤振る舞いを、いっそう懸念の目で見ていた。コロナ危機の次の波が起きた時には、この大衆迎合主義の政権はいったいどう対処するつもりなのだろうか。[73]投資家たちは、ますます短期のブラジル国債しか買わなくなっていた。[74]

金融のグローバル化に伴うリスクを管理する新たなツールキットによって、低〜中所得国は、2020年を襲った嵐の直接的影響を乗り切ることができた。それは、借り手だけでなく貸し手にとっても安心材料だった。新興市場国の中央銀行が機能の高いノードの役割を果たすことで、ウォールストリート・コンセンサスはさらに強い抵抗力を発揮した。金融危機の回避が大きな利益をもたらしたことは間違いない。だが、それは豊富な流動性ありきの話であり、金融危機を回避したところでパンデミックは軽減できなかった。

第Ⅲ部

混乱と安定

第9章

EUの復興基金

追い詰められたイタリア

2020年3月、世界で最も危険な債務状況にあったのはアメリカでも新興市場国でもなく、[1]欧州だった。イタリア政府は1兆7000億ユーロ（1兆9000億ドル）もの債務を抱え、その政府債務残高は世界第4位、対GDP比136％だった。[2]コロナ危機によって、2020年末までにその比率は少なくとも155％に膨らむものと予測された。日本を除いて、世界の先進国のなかで最も高い比率である。

ところが、日本よりもイタリアの債務のほうがはるかに厄介だったのは、ユーロ建てだったからだ。イタリアにとってユーロは外貨ではないが、アメリカ当局がドルを、英国当局がポンドを扱うようには、イタリアはユーロを管理できなかった。イタリアの公的債務をいかに、どのような条件で支援するかを決めるのは、イタリアではなく欧州の政治だった。

近年の歴史を振り返ると、欧州の金融問題が世界の懸念を引き起こしたのは、今回が初めてではない[3]。欧州の歪な金融システムは10年前にも、桁外れの危機を発生させていた。その時、危機の中心にあったのはギリシャだったが、危機はユーロ圏全体に波及した。2011年、イタリアの債務は一時、ザンビアやエジプトよりもデフォルトの見込みが高かった。IMFはギリシャだけでなく、アイルランドやポルトガルでも債務整理を行うことになり、それぞれの国に対する支援プログラムを発表した。さらに加えて、IMFは当時の野心的な専務理事ドミニク・ストラス＝カーンの指揮の下、オバマ政権の全面的な支持を得て、ユーロ圏全体の金融のセーフティネットを支援するために、2500億ユーロの拠出を約束した[4]。IMFとしては前例のない巨額の介入であり、著しい矛盾でもあった。21世紀の新たな役割に乗り出そうとしていたIMFが、図らずも〝欧州という古い世界〟の火消し役を果たすことになったからだ。

ユーロ危機の最も危険な局面は、2012年に当時のECB総裁マリオ・ドラギが、単一通貨を救うために「できることはなんでもする」と、大胆に約束したことで収束に向かった。市場は鎮静化したが、ECBが実際に動いたわけではない。アメリカや日本のようなQEは、2015年まで実施しなかった。そして実際に踏み切った時には、欧州北部の保守的な国から抗議の嵐が起きた。それまでのあいだ、痛みを伴う緊縮財政によって財政再建が進められた。欧州南部で反EU感情が膨れ上がった。経済成長は低迷し、インフレ率が足踏みするなか、イタリアの債務比率は下降するどころかじわじわと上昇した。

2020年の問いはこうだった。コロナ危機がイタリアを瀬戸際まで追い詰め、ユーロ圏で第2

の――そして前回を凌ぐ――危機に発展するのではないか。そうなってしまえば、ユーロ危機の時と同じように、単に欧州だけの問題ではなくなってしまう。

欧州の緊張とＥＣＢの試練

イタリアがパンデミックの最前線に立たされたのは、運命の残酷ないたずらだった。コロナ危機の被害がイタリアだけにとどまっていたとしても充分悪い状況だったのに、フランスとスペインまで大きな打撃を受けた。どちらの国もイタリアほど巨額の債務は抱えていなかったが、コロナ危機の衝撃でフランスとスペインの政府債務残高も、対ＧＤＰ比１００％を超えることになった。市場が心理的に危険と捉える閾値である。

とりわけ懸念されたのが「破滅のループ」の兆候だった。これは、政府債務と銀行危機とが連動し合う状況を指す。イタリア国債の利回りが急上昇するのに伴い、イタリアの大手銀行ウニクレディトとインテーザ・サンパオロのＣＤＳの保証料率も急騰した。[5] リスクレベルはまだ「中」とされたが、「破滅のループ」の兆候は不安要素だった。[6]

もし欧州の金融の安定化が目的であれば、為すべきことは明らかだった。ユーロ加盟国のすべて、あるいは一部の債務の共有化である。ユーロ圏の政府債務をひとつにまとめれば、２０２０年第１四半期の債務残高は対ＧＤＰ比86％に収まる。[7] アメリカ、日本、英国の債務残高（対ＧＤＰ比）を下まわる数字だ。欧州の信用格付けをまとめれば、ドイツほどではないにしろ、「優良」になるだろう。グローバル投資家にとっては限りなく魅力的に違いない。ＥＣＢもほかの国の政府と同じように、債券市場の衝撃に対処できるだろう。

そのような事実は誰にでも明らかなのに、欧州内で激しい議論を巻き起こすため、真剣な会話でほのめかすこともできなかった。カギを握るのは配分の問題だ。どの国の債務残高が高いのか。どの国が低いのか。2019年、ドイツの政府債務残高の対GDP比は60％をわずかに下まわっていた。オランダの場合は50％のあたりをうろうろしていた。欧州の財政体系は、ふたつの財政規律（各国の財政赤字をGDP比3％以内に抑えることと、政府債務残高が対GDP比60％を超えないこと）で成り立っている。この財政ルールによって、欧州北部の国の神経をなだめるとともに、ECBが国債購入に乗り出す際の大義名分とした(8)。

介入を正当化するため、ECBはさまざまな口実を持ち出した。お馴染みだったのは、ユーロ圏の本来あるべき姿を守るためという説明だった。もしその統一性や全体性が損なわれてしまえば、物価の安定という使命を遂行するECBの能力も危機に曝されてしまう。ECBは片足を1990年代に、もう片足を21世紀に突っ込んでいる間に合わせの存在だった。

2015年に左派政権率いるギリシャがデフォルトに近づいた時や、2018年にイタリアの自称、大衆迎合主義政権が欧州北部の国の忍耐力を試した時、ECBは政治的な緊張の高まる場面でその力量を試された。2020年に比べれば、2015年も2018年も〝微震〟のようなものだった。新型コロナウイルスは、ユーロ圏の制度がいかにお粗末かを暴露したのである。

2020年、ECBにとって最初の試練は3月9日の週にやってきた。ニューヨーク市場が大混乱に陥り、ドイツ国債とイタリア国債のスプレッドが不穏なほど拡大したことを受け、3月12日、ECBは記者会見を開いた。FRBはすでに米財務省証券市場に介入し、レポ市場を安定させるために必死の努力を続けていた。ECBはなにをやってくれるのか。クリスティーヌ・ラガルド総裁は、欧州の金融システムに低コストの資金を供給すると述べた。さらに、現行の買い入れ額に加えて、1200億ユーロの国債を購入すると述べた。

ないよりはましだったものの、10兆ユーロにのぼる公的債務に対して1200億ユーロの国債買い入れでは、とてもではないが充分とは言えない。イタリアがデフォルト寸前に陥ったらどうするのか。それに対するラガルドの答えは、困惑するようなものだった。ドイツ人ジャーナリストの何気ない質問に、ラガルドが厳しい口調でこう答えたのである。「ECBは、スプレッドを縮小させるために存在するのではない……。それはECBの役割でもなければ使命でもない。その問題には別のツールがあり、ほかに対処する者がいる」[9]。

「スプレッド」はイタリアを意味していた。ラガルドはまるで、イタリアの問題はECBの問題ではない、と言っているかのようだった。だが、ECBがイタリアに手を差し延べないなら、いったい誰が差し延べるのか。米財務省証券市場は大荒れだった。新興市場国も苦境に陥っていた。ECBは、ユーロ加盟国がイタリアに対するセーフティネットを編み出すことを期待していたのだろうか。

ECB内部の情報筋によれば、ラガルドのあの発言は、6人から成るECB役員会のドイツ人専務理事イザベル・シュナーベルの方針だったという[10]。つまり、ドイツ連邦銀行の意向である。それはまた、ラガルドの2代前のECB総裁ジャン＝クロード・トリシェがユーロ危機の際に採用した方針でもあったが、あの時にはユーロ危機を最悪の状況に陥れてしまった。毎日、数千人が新型コロナウイルス感染症で亡くなり、グローバルな金融市場がいまにもパニックを起こしそうだというのに、ECBは本当に、ドイツ政府、フランス政府、イタリア政府が意見の相違を乗り越えて、事態の収拾にあたるのを待つつもりだったのか。

ラガルドの発言は、国債市場に稲妻のような衝撃をもたらした。市場は下落し、イタリアの資金調達コストが急騰する。イタリアの10年物国債利回りの対独スプレッドが、1・25％から2・7％に上昇する。たいした増加には思えないかもしれない。だが、イタリアの大量の国債に当てはめると、利払いだけで年間140億ユーロも多く支払うことになってしまう。ラガルドのたった7つの単語（We are not here to close spreads／ＥＣＢは、スプレッドを縮小させるために存在するのではない）は、ひとつの単語につき20億ユーロに相当した。[11] イタリアが、なんとしてでも避けたかった状況である。

自分の発言の恐ろしい破壊力に気づいたラガルドは、すぐさま前言を撤回した。ユーロ圏の分断を防ぐために1200億ユーロの債券購入プログラムを柔軟に活用する、とカメラの前で約束したのだ。イタリアを助けるという意味だった。

とはいえ、1200億ユーロではとてもイタリアを支援できない。ロンドン市場やニューヨーク市場がパニックを起こすなか、ＥＣＢはもはや傍観しているわけにはいかなかった。3月18日水曜日夕方、ＥＣＢ役員会が緊急声明を発表する。「パンデミック緊急購入プログラム（ＰＥＰＰ）」を導入して、7500億ユーロの国債と社債を買い入れるとともに、必要であれば「みずからに課した制限」を一時的に保留すると表明したのである。[12]

ＥＣＢのような旧弊な組織にとっては、まさに革命的だった。みずからに課した制限とは、インフレターゲットや、どこの国の政府債務をどれだけ買うかを決定する規則を指し、ＥＣＢは常にその規則に従って金融政策を実施する。ドイツとオランダの中央銀行は抵抗し続けた。[13] 最終的に決着をつけたのは、市場の懸念だった。ＥＣＢは市場に決意のシグナルを送る必要があった。ラガルドは、前ドラギ総裁の「できることはなんでもする」という発言が求められた時には失敗したが、ＥＣＢはこの時、少なくとも「必要なことはなんでもする」と約束していたのだった。

ＥＣＢのこの緊急措置は時間を稼いだ。市場のパニックは次第に収まった。だが、高止まりを続けるイタリア国債の対独スプレッドは、大きな懸念材料だった。巨額の措置が求められていた。加盟国は手を打ったが、すべての加盟国に同様の被害が生じていたわけではない。イタリア、フランス、スペインは、ドイツやオランダよりもはるかに深刻な被害を被った。危機のあいだ、ＥＵは加盟国の国家予算に課したすべての制限を一時保留にすると発表し、各国が必要なだけ財政出動を行えるようにした。国の支援措置についても制限を一時保留とした。その結果、どんなことが起きるだろうか。もし財政基盤の確かな国が強力な対策を講じ、それによって、すでに加盟国内に存在していた財政的、経済的な分断がさらに進んでしまったら？　ユーロ圏は崩壊してしまうかもしれない。

フランス、イタリア、スペイン、ポルトガルが率いる9カ国の連合にとって、答えは明らかだった。２０２０年3月25日、欧州全体で今回の危機に対応するための資金源として、9カ国は共同債の発行を呼びかける共同書簡を発表したのである。[14]案の定、抵抗の壁が立ちはだかった。ドイツとオランダは共同債のいかなる責任を負うことも拒否した。翌3月26日にオンラインで開催されたＥＵ首脳会議は、激しい議論の応酬となった。[15]ズーム会議が生み出した感情的な隔たりは、欧州の政治にとって非常に悪い展開だった。

ドイツの保守中道派ウルズラ・フォン・デア・ライエンは、２０２０年初めに欧州委員会委員長に選出されたばかりだったが、ＥＵ政治の刷新のために最善の努力を続けていた。[16] フォン・デア・ライエンが打ち出した魅力的な優先政策は、アメリカの「グリーン・ニューディール」に賛同する「欧州グリーン・ディール」だった。欧州委員会は気候変動問題について、欧州が活力と共通の目的を取り戻すことを願っていた。

新型コロナウイルスは古い傷口を開いた。ユーロ危機が収束した２０１２年以降、ＥＵの構造改革は遅々として進まなかった。財政同盟は実現しなかった。銀行同盟も実現していない。スペインやイタリアの感情は悪化していた。ドイツとオランダがイタリアに対して、既存の財政支援メカニズムを利用してはどうかと提案したが、その有益な提案もユーロ危機の苦い記憶を甦らせただけだった。フランスのマクロン大統領が、欧州は「正念場」を迎えたと漏らしたのも無理はない。[17] そして２０２０年5月5日、ドイツ連邦憲法裁判所が下した判決が、欧州の緊張をさらに高めたのである。

ドイツを代表する法律家たちは、当時のＥＣＢ総裁マリオ・ドラギが２０１５年に大規模な資産購入を開始した時から、この問題について議論を重ねてきた。[18] 今回、この問題をドイツ連邦憲法裁判所に訴えたのは、極右政党「ドイツのための選択肢（ＡｆＤ）」の〝顧問団〟率いる寄せ集めの原告だった。「ＥＣＢの低金利政策に対し、ドイツ政府が利益の調整――特にドイツの貯蓄者の利益の調整――を怠った」というのが原告側の主張だった。

ドイツ連邦憲法裁判所は、この種の裁判所として世界で最も敬意を集める裁判所のひとつである。政治色が濃く、論争を招きやすい訴訟を担当する傾向があり、[19] ドイツの民主主義的主権の擁護者という評判を築いてきた。ＥＣＢに関連する過去の判決を見ると、ドイツ連邦憲法裁判所は

ＥＣＢの介入にますます不快感を示すようになっていた。そのため、原告側の主張を支持する判断を下したとしても、さほど驚くことではなかった。[20] それでも今回の判決には、問題の本質をとつぜん突きつけられた印象があった。

２０２０年5月5日、ドイツ連邦憲法裁判所は次のような判決を下した。国債を買い入れるにあたって、ＥＣＢが比例性の原則〔訳註　欧州連合条約総則第5条。ＥＵの行動は、条約の目的を達成するために必要な特定の範囲内に限定される〕に従うよう、ドイツ政府は確認すべきだったが、政府はその義務を怠った。ＥＣＢは国債購入をドイツ政府の承認なしに行ったため、ＥＣＢの行為は「ウルトラ・ヴィーレス（権限の範囲外）」であり、ＥＣＢは越権行為を行ったことになる、というのがその主旨だった。いかにもそっけない裁判所の判決文だったが、内容は明白だった。ただし、判決が及ぼす影響を充分に理解していた裁判長は、「この判断がラガルド総裁とそのチームが現在、コロナウイルス対策として実施している、パンデミック緊急購入プログラムを危うくするものではない」と強調した。だがその判断に、人びとの怒りを買う問いが含まれていたことは隠せなかった。すなわち、「ＥＣＢに対する法的かつ政治的な監督はどの程度までが適切か」。

欧州はこの判決に憤慨した。「欧州の中央銀行を監督する権利を、各国の司法や政府に与えよ」と、ドイツ連邦憲法裁判所が要求するとはなにごとか。ＥＣＢの債券購入の合法性に根本的な疑問を投げかけられることは、２０２０年夏に欧州が最も避けたかったことだった。だが判決が明らかにしたことは、単に欧州だけの問題ではなかった。ドイツの司法が投げかけていた問いに、きちんと答えられる者がどこかにいるとは思えなかったのだ。[21]

そもそもこの訴えを起こした極右政党と、その政治姿勢に賛同しない者もいるだろう。金融関係のこととなると、司法は素人も同然だった。ドイツの経済学者の保守派が提出した証拠を、司法は額面通りに受け取った。それにもかかわらず、司法が発した問いが歴史的に重要な問題であることに違いはなかった。中央銀行はなにをしていたのか。果たしてその権限はあったのか。中央銀行とは本来、インフレを抑制する機関ではないのか。インフレを起こすために、なぜ金利をゼロ近くまで引き下げていたのか。誰がツケを支払わされ、誰が恩恵を被ったのか。中央銀行を監督しているのは誰なのか。

2008年の世界金融危機で行われた大規模な介入以降、そのような問いが大西洋の両側で投げかけられた。アメリカでは、さまざまな意見を持つ幅広い人たちがFRBの役割に疑義を抱いた。金本位制支持の超保守派や、金融政策ルールを擁護するテクノクラートから、現代貨幣理論の左派の支持者、仮想通貨の熱心な主導者までの幅広い層が、FRBの役割を疑問視したのである[22]。欧州でも活動家のコミュニティがECBに対して、中央銀行の権限を定義するように求め、格付け機関や市場型金融との共謀関係について納得のいく説明を求めた[23]。賢明な中央銀行家は、同じ質問をみずからに問いかけた[24]。ドイツ連邦憲法裁判所の判決は、否定できないことを大声で発言した。すなわち、2008年以降、中央銀行の役割は大きく拡大し、1990年代に確立した「独立した中央銀行」というパラダイムを粉々に破壊してしまったのだ。そしてその合法性が、いままさに疑問視されていたのである。

そのうえ、この問題に取り組みたい者は誰ひとりとしていなかった。欧州にも、世界のほかの地域にもいなかった。そう、独立した中央銀行は新たな役割をつけ加えたのである。危機の発生によって、必要に迫られて、新たな役割を担わざるを得なくなった。そして2008年の時と同じように2020年にも、ぐずぐず長考し、議論している暇はなかった。パンデミック危機に瀕して、そのような余裕はなかった。2020年5月、当のドイツ国内で、コロナ危機は政治を転換させていた。ドイツ連邦憲法裁判所の判断に従うどころか、その判断から離れ、ドイツは欧州の連帯に異議を唱えるのではなく、連帯を強化する方向にむかっていたのである。

合意への道のり

今回のパンデミックでは、世界中の関心が感染症の影響や犠牲者に集まった。人びとは被害者の境遇に自分の体験を重ね合わせ、よその国や都市と自分の街とを比較し、国境を超えた同情の念を覚えた——中国共産党中央政法委員会の秘書長を務める陳一新の言葉を借りれば、「収斂作用」「連鎖作用」「拡大作用」「誘発作用」というわけである（「はじめに」参照）。イタリア北部ロンバルディア州の疲弊した看護師、死体で溢れかえる安置場、孤独な葬儀。悪夢のような映像に、欧州の人びとの心は掻き乱された。

ドイツの世論調査が明らかにしたように、比較的犠牲者の少ない国に対して、イタリアにさらなる支援を呼びかける声が高まった。[25] それは財政問題にも及んだ。ドイツの有力なニュース週刊誌『デア・シュピーゲル』が、「ユーロ共同債を拒絶するドイツ政府は、身勝手で狭量で卑怯だ」と書き立てたのである。[26] ドイツ政府は、ユーロ危機の時と同じ間違いを犯そうとしていた。あの時の間違いによって、政治も経済も機能不全に陥り、欧州全体が貧困と嫌悪の後遺症に襲われてしまったのだ。

メルケル首相は、EUによる債務の共有化に強硬な反対姿勢を貫いてきた。ユーロ危機のさなか、2012年には、「私が生きている限り」ユーロ共同債の発行はないと有権者に約束した。[27] 2020年4月、メルケルは同じ理由でコロナ債発行の提案に抵抗していた。だがフランス政府から、さらには国内で連立政権を組むドイツ社会民主党（SPD）から強い圧力を受けて、5月第2週に態度を軟化させた。[28]

5月18日、フランスのマクロン大統領との共同記者会見に臨んだメルケル首相は、ドイツは5000億ユーロ規模の復興基金の設立を支持すると宣言した。コロナ共同債の発行は行わない。だが基金の原資は、加盟国が個別に発行する債券ではなく、欧州委員会が発行する債券とする。基金の大部分は、コロナ危機で大きな打撃を受けた加盟国に対して、融資ではなく補助金のかたちで分配される。返済義務はなく、そのため、これ以上債務を増やすことにはならない。EUがその借金を返済する方法は具体的に決まっていないが、それは後々考えればいい。債券が最高の格付けを得ることは確実で、金利は最低水準になるはずだ。

欧州委員会は早速、この機を逃すまいと、計画中の復興基金の規模を総額7500億ユーロに引き上げた。[29] ユーロ圏の対GDP比で見た場合、アメリカの基準からすれば、圧倒的な規模ではなかったにしろ、それでも前例のない額だった。ドイツがフランスや欧州委員会とともに債券で資金を調達する、巨額の欧州向け共同財政プログラムを主唱したのは今回が初めてだった。

なにがメルケルの心を変えたのか。2011年の福島原発事故のあと〔訳註　ドイツでは原子力法を改正して原子炉を停止させ、エネルギー政策を転換させた〕や、2015年の難民危機の時がそうだったように、危機が発生すると、メルケルはとつぜん方向転換する傾向がある。今回は、ドイツ連邦憲法裁判所の判断がきっかけになった可能性があった。ナショナリストの反発を抑えるために、メルケルはリーダーシップを発揮する必要があった。ベルリンでは、連立政権を組むドイツ社会民主党が財務省を牛耳っており、財務省は復興基金の設立を強く支持していた。塹壕戦に陥ったユーロ危機の二の舞だけは避けたかったのだ。

オーラフ・ショルツ財務相とフランス政府とのあいだには、ホットラインがあった。[30] だが、メルケルが方向転換したさらに深い理由を探すとすれば、それは「新型コロナウイルスが欧州に新たな種類の危機をもたらしたことを、メルケルが、環境に深刻な影響を引き起こす新たな時代の到来」と認識していたことである。その証拠にメルケルは、マクロン大統領との共同記者会見の場で、今回の感染症のような危機は国民国家の衰退の明白な表れだと主張している。「欧州はともに行動すべきです。国民国家だけでは将来はありません」[31]。

当時、この発言は困惑をもって受け止められた。ドイツがコロナ感染症対策で比較的成功しているのは、結局、中央政府の高い能力のおかげではないか。だが、メルケルが基準としていたのは基本的能力ではなかった。メルケルの頭のなかにあったのは、より大きな戦略的問いだった。欧州の経済はどうか。今回のような公衆衛生上の危機を、欧州全体で監視し、対抗策を講じ、ワクチン開発を通して、将来どのようにうまく対処できるのか。そのような機能主義者の論理は、いまのようなグローバリゼーションの時代には人気がない。だが、そのような論理こそメルケルの指針だった。[32] リベラルな国際主義に対する信念の問題でもなければ、理想主義的な関与の問題でもなかった。単に現実的なだけだった。複雑で新たな難問だらけの世界で、欧州諸国が協力し合うことが、かつてないほど喫緊の課題になったのである。2020年が増幅した、分離主義へと向かう動向を食い止めなければならない。中身のない陳腐なお題目は、切迫した行動に変わっていた。

メルケルが説得の難しい政治家だったならば、それまでメルケルと同じく共同債に反対していた欧州北部の同胞国は、ドイツに輪をかけて説得が難しかった。[33] フランスとドイツの提案は、即座にオランダの反対に直面した。オランダは自称「倹約家の4カ国《フルーガル・フォー》」と呼ぶグループの急先鋒に立っていた[34]〔訳註　あとの3カ国はオーストリア、デンマーク、スウェーデン〕。最終的な対決は、EUの典型的な瀬戸際政策によって決着がついた。パンデミックが夏に多少は鎮静化したおかげで、欧州理事会はブリュッセルで緊急の首脳会議を開いた。7月17日に始まった会議は、実に5日間も続いた。欧州委員会の官僚は巨額の借金を正当化すべく、過去の事例を収めたファイルにしらみつぶしに目を通した。[35] シェルパと呼ばれる準備担当官が、何度も草稿を書き直した。スペインとイタリアの交渉担当者は、加盟国の恩着せがましい態度や、猜疑心に満ちた視線に耐えなければならなかった。オランダ政府やオーストリア政府について言える最善のことは、最後にはどちらの国も白旗を上げたことだった。

２０２０年7月21日午前5時半。ようやく漕ぎ着けた合意は妥協の産物だった。[36] 復興基金はまず欧州議会によって、その後、各加盟国によって承認されなければならない。これは大がかりなプロセスになった。だが、核となる部分では合意が成立していた。復興パッケージ全体は、EUの２０２１〜27年の予算枠から1兆７４０億ユーロを拠出し、さらに７５００億ユーロの復興基金「次世代EU」で補完する。７５００億ユーロのうちの３９００億ユーロを返済不要の補助金として分配し、残りの３６００億ユーロについては融資とする。基金の原資は共同債の発行で賄う。これほどの規模の額を割り当てると、汚職につながるか、コロナ対策以外の目的に不正流用される恐れがある。この点については法的な条件を設けるが、詳細は今後の交渉で詰めることになる。

緊縮財政タカ派を満足させるために、抑制と均衡《チェック・アンド・バランス》が働いた。各加盟国が割当額を受け取るためには、まず各国が「復興・レジリエンス計画」を欧州委員会に提出し、その計画案をさらに欧州理事会に提出して承認を得なければならなかった。[37]「復興・レジリエンス計画」では、グリーン・ディールの優先が求められた。ＥＵには今回の危機をうまく利用して、エネルギー転換プログラムを加速させたい狙いがあったのだ。２０２１〜27年のＥＵ中期予算と復興基金「次世代ＥＵ」の合計の30％にあたる５５０億ユーロが、気候政策に充てられることになった。[38]

ＥＵにとって再出発の時だった。[39] ユーロ危機が最悪の事態に陥った２０１２年以降、ＥＵの統合深化は進んでおらず、ＥＵは自信を失っていた。メルケル首相は、マクロン大統領が推進する統合深化イニシアティブへの支持を拒んできた。ところがいま、ＥＵはとつぜん歩を進めたのである。ユーロ危機の遺産である評判の悪い制度、特に「欧州安定メカニズム（ＥＳＭ）」は隅に追いやられた〔訳註　ＥＳＭは、財政困難に陥ったＥＵ加盟国を支援する恒久的な機構〕。英国が域外となったいま、おもに西欧の強力なユーロ加盟国が存在感を増していた。そしてその加盟国がＥＵ共同債の可能性を確実なものとし、それを基盤に、重要な反循環的財政能力を欧州委員会に与えたのである。

ＥＵ懐疑論者は言うだろう。ただ緊急事態に対応する暫定的な措置にすぎない、と。今回のコロナ対応策のうち、どれかが恒久的な制度として残るかどうかは不明だが、とにもかくにも先例はつくられた。今回だけはＥＵも、紛れもない政治的成功を収めたのである。そして、２０２０年春に欧州を覆っていたネガティブな風潮を追い払った。金融市場を見れば明らかだった。

２０２０年夏、ＥＵはいつのまにか投資家のお気に入りになっていた。もちろん、政治的リスクはある。特にイタリアだ。だが、資産運用会社アクサ・インベストメント・マネジャーズで最高投資責任者（ＣＩＯ）を務めるアレッサンドロ・テントーリは述べている。「ＥＵがX年後に真の意味で財政・金融・政治同盟となることを、投資家は期待している」[40]。

欧州の人たちは声に出して言いたがらないかもしれない。だが、ロンドンのあるファンドマネジャーも述べたように、「圧力がかかった時」、欧州はすでに臨時の財政同盟に相当するものを有している。ＥＵが今回、発行する債券は世界最高レベルの格付けを得るだろう[41]。フランスの金融機関クレディ・アグリコルも熱い口調で指摘する。欧州が潜在的に構築しようとしているのは「優良なユーロ建て債券の巨大プールであり……外国人投資家は、米財務省証券やドルとは別に、ポートフォリオを多様化できるはずだ」。それが、グローバル資金の巨大なプールを管理する人たちの生の声である。良質な公的債務は、危険でも悔やまれることでもなく、民間資金にとって欠かせない燃料なのだ。

市場のお墨付きは重要だった。というのも、２０２０年の欧州の復興計画は、実質的に――まだその時点では――計画にすぎなかったからだ。ＥＵによる資金の分配は、早くても２０２１年まで待たなければならない[42]。それまでのあいだ、危機対応はおもに加盟国政府の責任で行う。各国の財政は赤字で、国債発行額は数千億ユーロに達していた。債券市場を維持し、国債の価格を高く保ち、金利を低くしておくためには、ＥＣＢの資産買収に頼るほかなかった。とりわけ、イタリア国債の利回りの上昇を防ぐことがＥＣＢの責務だった。イタリアの対独スプレッドの拡大をＥＣＢが抑制し続けない限り、２０２０年の債務の激増からイタリアが回復できる現実的な見込みはなかった[43]。

従って、２０２０年7月の財政合意を確実にするためには、ドイツ連邦憲法裁判所の司法判断を葬り、ＥＣＢの下に結束を固める必要があった。ＥＣＢはドイツ連邦議会、あるいは各加盟国のいかなる政治的機関に対しても責任を持つことを断固、拒否した。我々が責任を問われるのは、欧州司法裁判所（ＥＣＪ）と欧州議会だけだ、という態度を崩さなかった。

しかしながら、もしユーロシステム〔訳註　ＥＣＢ及びユーロ圏の中央銀行。欧州中央銀行制度〕の優良メンバーであるドイツ連邦銀行が、金利の決定に関する文書をＥＣＢに要求し、それをドイツ議会と共有するというのであれば、その点について異論はない[44]。それでドイツ連邦憲法裁判所が満足するのなら、そうすればいい。ＥＣＢとのあいだで事を構えたくなかったドイツ司法界は、ＥＵの財政合意をすんなり認めた[45]。ＥＵの異議に対する答えというほどではなかった。路上脇で燃え盛る大型ゴミ収集箱に、濡れ毛布を掛けて小火《ぼや》を消しとめたようなものだった。

いっぽう、ＥＣＢはドイツ連邦憲法裁判所の判断に手足を縛られるどころか、新たな方法を続けて編み出した。ツールは政府債務の購入だけにとどまらなかった。欧州経済の場合、信用取引のほとんどは銀行から生じている。２００８年の金融危機以降、欧州の銀行は必死になってバランスシートの改善を図ろうとしたが、ユーロ経済は融資が崩壊して、成長の足を引っ張られた。信用収縮にとどめを刺す長い戦いにおいて、ＥＣＢはいわゆる二重金利システムを導入した[46]。これによって――意識的かどうかはともかく――１９９０年代の中国人民銀行の例に倣うことになった。預金金利と貸付金利を別々に設定し、その差を大きくすることで、銀行が企業に積極的に融資するように促したのである。

ＥＣＢはまず、銀行がＥＣＢに余剰資金を預け入れた金額に対して金利を支払った。そしてまた、ＥＣＢは金利を支払って銀行に長期資金を貸し出した（マイナス金利のかたちだ）。その「貸出条件付き長期資金供給オペ（ＴＬＴＲＯ《テルトロ》）」を通して、資金が欧州の企業に行き渡るようにしたのである。この仕組みに眉をひそめる者は多かった。なぜなら、ＥＣＢの口座を介して、実質的に欧州の銀行システムに補助金を出すようなものだったからだ。[47]だが２００８年の世界金融危機の時と違って、２０２０年のＴＬＴＲＯではうまい具合に、信用の流れが継続した。規律を押しつけるのではなく、政府か民間相手かに限らず、借り手にとって好ましい融資条件を提供するのが、この時のＥＣＢの政策だった。[48]

　ＥＣＢが革新的だったのは政策手段だけではなかった。欧州委員会と同じく、グリーンの時流に乗ったのだ。２０１９年、欧州議会で開かれたＥＣＢ次期総裁の指名承認公聴会でクリスティーヌ・ラガルドは、ＥＣＢが気候変動に果たす責任について議論する決意を示した。[49]そして欧州委員会が「次世代ＥＵ」の支出計画について概要を作成し始めると、市民団体との討議に入った。それらの団体が求めたのは、環境に配慮した企業の債券を、中央銀行が優先的に購入することだった。[50]それは一般政府財政政策を支援するとか、「グリーン債」という新たな分類を承認するというだけの問題ではなかった。

　ＥＣＢの首脳部は、たとえば欧州の石油会社の債券を買い入れるにあたって、ＥＣＢが「中立性」を維持する（すなわち、発行残高に応じて購入する）理由はないと公言した。なんといっても、環境破壊を引き起こすリスクのある企業の社債の価値を、金融市場が正しく評価していないことは明らかなのだ。[51]この件が決着するのにはまだ時間がかかるが、ＥＣＢがそのような考えを公表したこと自体が、大きな変化を物語っていた。ＥＣＢは、古いくびきから逃れようとしていたのだ。

気候政策のパートナー探し

多くの人が恐れたのは、コロナ危機のせいで欧州が気候変動の問題を後まわしにしてしまうことだった。[52] だが、それについては杞憂に終わった。今回のパンデミックの疫因学だけでは不充分だというように、2020年は次々と自然災害が発生して、人びとに気候変動の問題を突きつけたからだ。「人新世」の災害は順序よく訪れたわけではなかった。[53] 2020年に一気にやってきたのである。

インド洋北部のベンガル湾で、大型サイクロン「アムファン」が発生した。巨大台風がフィリピンを襲った。インドネシアの首都ジャカルタが豪雨に見舞われ、大規模な洪水で街が冠水した。カリブ海では相次ぐハリケーンの到来に、それまで命名に使ってきたアルファベットの文字を使い切ったほどである。そのため11月に中米カリブ地域を襲ったハリケーンには、「アルファ」から始まるギリシャ文字の7番目の「イータ」が使われた。南極大陸の巨大氷河が分離した。シベリアで永久凍土層が解け始める。東アフリカの空をバッタの大群が覆った。恐ろしい山火事が、数千万エーカーもの未開拓地や森林を次々と焼き尽くした。[54] カリフォルニア州ではうだるような暑さでエアコンがフル回転し、停電が起きた。同じくカリフォルニア州で、いつもの夏であれば、消火活動の頼みの綱である州刑務所の受刑者がロックダウンで隔離されてしまい、激しく燃え上がる森林の消火活動に参加できなかった。[55]

欧州はこのような被害をほとんど受けなかったが、世論調査からは、人びとが新型コロナウイルスを、深刻に受け止めるべきブラックスワンと捉えていることがわかった。[56] 2020年は行動の年と言われていた。11月には、スコットランドのグラスゴーでCOP26が開催されるはずだった。[57]

かった。当初は紆余曲折もあったが、2020年には排出権の価格が1トンあたり30ユーロに達し、さらなる高騰が見込まれた。[63] そうなれば、欧州でも特に二酸化炭素の排出量が多い発電所は、立ち行かなくなってしまう。また、なんとか生き残った欧州の製造業にも、コスト面で圧力がかかってしまう。その損失を埋め合わせるために、気候変動対策が不充分な国で製造された輸入品に、炭素国境税を課すことが必須になったのだ。

欧州は中国にとって重要な輸出市場であり、また中国は石炭火力発電に大きく依存しているため、欧州の動きは中国政府にとって警戒すべき成り行きだった。欧州に倣って、中国は独自の炭素価格システムを立ち上げようとしていた。[64] 欧州が望んだのは、脱炭素化に向けて中国が欧州と足並みを揃えることだった。そうすれば、世界で1番目と3番目に二酸化炭素排出量の多い国と地域が主導する気候変動クラブが誕生する。[65] さて、中国は欧州の誘いに乗るだろうか。

第10章 勢いを増す中国

中国の大勝利

習近平が登場する歴史的な「国連気候サミット」を、欧州はぜひとも華々しく演出したかったに違いない――2015年9月に、ホワイトハウスでオバマ大統領と習近平が米中共同声明を発表した時のように。[1]ところが2020年には、コロナ危機のせいで外交スタイルは変更を迫られた。2020年9月には、国連総会のような極めて重要な会合も史上初のオンライン開催となった。世界のリーダーが、ビデオ形式で一般討論演説を行った。9月22日はアメリカと中国の番だった。トランプ大統領は、ナショナリストかつナルシシスト代表としていつもの役割を果たし、〝中国ウイルス〟との戦いで、みずからの政権があげた成果を思う存分自慢した。[2]

それから1時間もしないうちに、今度は習近平がビデオ演説をする番だった。トランプとは対照的に、習近平は2020年の国連総会の歴史的意義をよく理解していた。第2次世界大戦終結75周年という記念の年に、かつて中国が「ファシズムと戦った世界大戦の勝利に貢献した」ことを思い出させた。トランプの狂信的な愛国主義の攻撃をものともせず、習近平は今回の感染症に対して、人類が一丸となって戦う必要性を強く訴えた。世界をブロックに分けて、「経済のグローバル化という事実を前に、ダチョウのように頭を砂に埋めて見て見ぬ振りをしたり、長い槍を振りまわしてドン・キホーテのように戦ったりするのは、歴史の潮流に反することだ。世界が孤立状態に戻ることはない。誰にも国どうしの関係を断ち切ることはできない」と述べ、さらに高い目標を掲げて次のように続けた。「今回の感染症が我々に教えたのは、人類がグリーン革命に着手して、早急にグリーンな発展方法と生活様式をつくり出さなければならないことだ」。

パリ協定は「グリーンで低二酸化炭素型発展へと世界が転換する道筋」をつけた。そして、習近平は爆弾を投下した。「中国はこれまで以上に強力な政策と措置を講じることで、自主的な貢献を推し進める。我々は2030年までに二酸化炭素排出量を減少に転じさせ、2060年までにカーボンニュートラルを目指す」と表明したのである。(3)

中国は、化石燃料に依存する世界最大の経済国だ。その中国が、40年以内に二酸化炭素時代を終わらせると宣言したのだ。舞台裏でそのお膳立てをしたのは、エリートが集う清華大学の気候科学者チームであり、それを率いたのは気候変動問題担当特使の解振華《かいしんか》だった。(4)その夏、中国政府は確かに欧州との協議のなかで、大きな目標を考えていることをほのめかしていた。だが、9月22日の習近平の演説はみなを驚かせた。まさか、と思うような内容だった。欧州でもアメリカのバイデン候補の選挙戦においても、気候政策の擁護者が前提としていたのは、大胆な措置を講じるよう中国と交渉する必要があるということだった。ところがいま、中国政府は先手を打ち、西洋の二酸化炭素排出国が提案できないような目標を掲げたのである。

中国は一方的に扉を開け、脱炭素化に真剣に取り組むよう世界に迫った。反応は懐疑的だった。[5]盛大に飾りつけた演壇から語りかける、習近平のビデオ演説を見た西洋の関係者が、その言葉を一蹴するのは簡単だった。もちろん宣伝行為であり、パンデミックの初動対応に失敗した中国に対する、国際社会の批判を交わす狙いがあるに違いない。[6]だがいくら否定しようとしても、結局のところ、習近平の演説の重要性を否定することはできなかった。30年も続いた気候変動の交渉において、世界最大の排出国は初めて、真に急進的な措置を講じると確約したのだ。[7]10月に韓国が、続いて11月には日本も、2050年までにカーボンニュートラルを目指すと発表した。[8]

それは2020年の特徴的なパターンのひとつだった。まずは中国が行動を起こして、重要課題を設定する。アジアと欧州のほとんどの国は懐疑的に反応するか、反感を剝き出しにする。中国政府がますます自信満々に振る舞うと、人びとは不安を掻き立てられた。いかなるかたちにせよ、中国政府の容赦ない報復措置は警戒心を呼び起こした。

2020年、トランプ政権は対中国の急先鋒に立ち、冷戦の再来を思わせた。だが、アメリカだけではなかった。複数の調査によれば、中国に対する世界の世論はアメリカ以上に厳しかった。オーストラリアでは、中国にネガティブな感情を持つ回答者の割合は、2019年の57%から2020年には81%に急増した。これはアメリカの73%を超える数字である。英国では同じく55%から75%へ、ドイツでは56%から71%へと上昇した。[9]

だが、世間がどれほど疑念を抱こうと、アメリカがどれほど攻撃的になろうと、中国には疑念

図9　2020年から見た将来予測

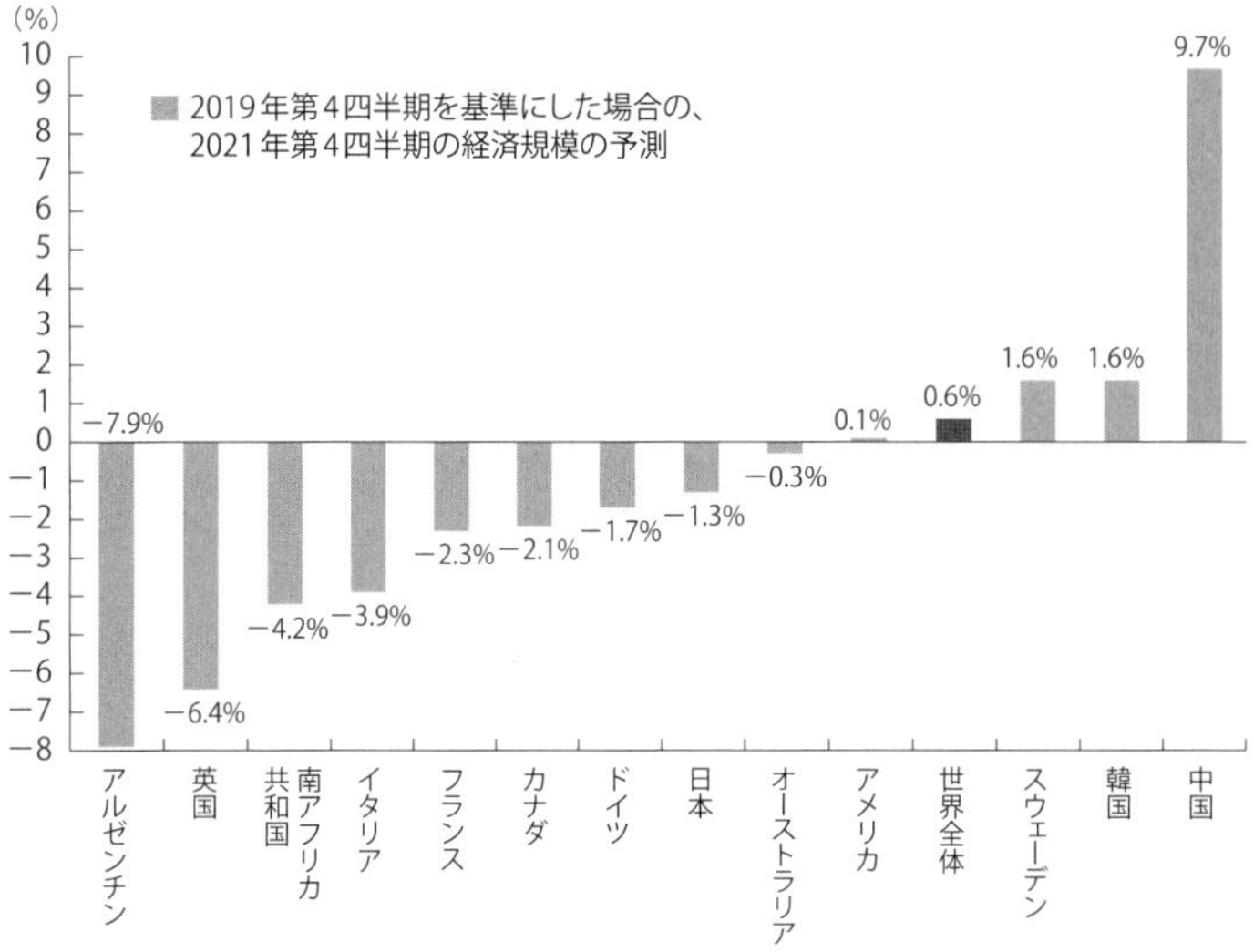

ほとんどの経済国の苦戦が予想されるいっぽう、中国がひとり勝ち。
出典：OECD（2020年12月）

や攻撃を相殺する強い力があった。中国は今回の感染症にほかの国ほど苦しめられることもなく、混乱にも陥らなかったのだ。[10] コロナ危機が共産党支配の正当性を揺るがしたという、どんな分析も的外れだった。なんと言っても、中国経済はすばやく回復したのだから。２０２０年末にＯＥＣＤが公表した経済見通しが、多くを物語っていた。２０２１年末になる頃には、経済回復を果たした中国と、それ以外の経済国とのあいだで経済成長率の差が大きく開くだろうと、ＯＥＣＤでは予測していた。中国の経済成長率は、西洋の強力な利害関係者を磁石のように惹きつけた。中国製の財とアプリが、世界中の日常生活をかたちづくった。

世界のあちこちで中国のマネーと技術が、エネルギー、コミュニケーション、輸送のインフラをつくり変えていた。中国とそれ以外の世界は反発し合い、攻撃し合った。

「マスク外交」

2020年初め、中国とそれ以外の世界との違いを象徴していたのがマスクだった。しばらくのあいだ、このありふれた日用品は、世界中で最も入手困難な商品となった。医療用N95マスクのどこがそれほど特別なのか、その理由を理解しようと、世界中の人が繊維工学や熱可塑性プラスチックについて即席で学んだ。[11]

コロナ危機の前、中国は世界のマスク生産量の約半数を占めていた。2020年1月に武漢で新型コロナウイルス感染症が集団発生したのに伴い、中国の初動対応は国内でマスクを増産し、世界中の供給量をすべて買い占めることになった。1月30日のたった1日で、中国の購買代理業者が輸入した枚数は2000万枚を数えた。莫大な枚数には違いないが、14億の人口を抱える国にとってはまったく足りなかった。

そのあいだも、中国は国内の増産体制を強化し、1日当たり1000万枚だった総生産量を、2月末には1億1500万枚にまで増やしている。それでもまだ、市民にたっぷり行き渡るためには到底不充分だった。[12] そしてパンデミックが起きると、それほどの生産量でも世界のマスク需要を満たすにはほど遠かった。N95マスクは深刻な供給不足のままだった。生産量が劇的に増加したにもかかわらず、輸出向けの生産者価格は3倍に跳ね上がった。[13]

中国が個人防護具の不足を解消できたのは、感染拡大の抑制に成功したためだった。それは大勝利だったが、マスクの輸出を成功させることはずっと難しかった。当初、中国の「マスク外交」は、特に欧州において激しい逆風に曝された。もちろん例外もあった。中国の医療物資が空港に到着すると、セルビア共和国のブチッチ大統領は中国の国旗、五星紅旗《ごせいこうき》にキスした。ハンガリー政府は謝意を表した。パンデミックの前からすでに親ロシア、親中国だったチェコ共和国のミロシュ・ゼマン大統領も感謝の意を述べた。[14] ところが彼らは少数派だった。中国の製造業者が増産に励むいっぽう、欧州では中国産マスクの質の悪さを指摘する声が相次いだのだ。[15] 欠陥品のせいで、中国の稚拙なプロパガンダ・メッセージに対する欧州の嫌悪は高まった。[16] 温かい連帯を育むどころか、ソフトパワーを行使しようとした中国の試みは、かえって自給自足という考えを呼び覚ました。必要不可欠な医薬品や基本的な医療物資を、長期にわたって輸入で賄うことが理にかなっているわけではない。こうして、生産拠点の国内回帰《リショアリング》を目指す動きが加速した。日本では「新型コロナウイルス感染症緊急経済対策」に、中国から国内回帰する企業に対する、22億ドルの財政支援が組み込まれた。[17]

パンデミックを機に自給自足を考慮することは、優れた選択肢に思えたかもしれない。だが、自由貿易の擁護者も指摘したように、個人防護具の供給に関する議論のほとんどは、誤った前提に基づいている。中国は世界の生産量を独占していたわけではない。[18] 今回の感染症を理由とする、包括的な国内回帰の考えも本質を捉えてはいない。[19] 現代の製造業において中国が魅力的なのは、コストの問題だけではない。供給と物流の高度なネットワークも魅力のひとつなのだ。その優位点は、中国製のマスクや検査キットが多少不良品だからといって、一夜で消失するものではない。[20]

また、中国に対する西洋のアレルギー反応を、世界全体の見方として捉えるべきでもなかった。

3月、ロシアは中国から届いた2300万枚のマスクを喜んで受け取った。[21] パキスタンは、投資と同じように中国の医療支援も熱烈に歓迎した。[22] エチオピアは、中国製個人防護具の中継地点となり、そこからアフリカ諸国へ輸送する役目を進んで引き受けた。[23] パンデミックが猛威を振るうラテンアメリカは、できる限りの支援を必要としていた。3〜6月のあいだ、1億2800万ドル相当の医療物資が、中国のさまざまな機関からラテンアメリカへ送られた。充分ではなかったにせよ、アメリカが提供する以上の規模であり、中国の支援物資には、トランプお気に入りのヒドロキシクロロキン〔訳註　抗マラリア薬。トランプ大統領が服用していると明かしていたが、今回の感染症の予防には効き目がないとされた〕も含まれてはいなかった。

中国からの支援のほとんどは、悲惨を極めるベネズエラのマドゥロ政権のもとに渡ったが、ブラジルとチリも少なからぬ医療物資を受け取った。ブラジルでは、ボルソナロ大統領の連邦政府を迂回して、各州政府に直接行き渡るようにした。いずれにしろ、支援金や医療物資以上に重要だったのは、大量の医療機器、人工呼吸器、検査キットを輸送できる中国の機動力だった。そして、今回のラテンアメリカとのパートナーシップは、ほかの意味でも中国に利益をもたらした。ラテンアメリカ諸国は、中国のワクチン開発プログラムのパートナーになったからである。[24]

ウイルスの国際政治学は、「どこに住んでいるかによって〝中国ショック〟は意味が異なる」ことを痛感させた。欧州とアメリカにとって、中国は歓迎しない競合である。だがそれ以外の国にとって、中国の成長は威圧感を覚えると同時に、素晴らしい好機でもあった。2019年、ブラジルの対中国輸出は対アメリカの2倍に及んだ。[25] 太平洋に面したペルーとチリは、中国にとってさらに重要だった。

香港の掌握

早急にコントロールを取り戻した中国とは対照的に、世界は混乱に陥っていた。その著しい違いを、中国政府は意気揚々と国内向けのプロパガンダに利用した。習近平と共産党首脳部は追い詰められるどころか、権力基盤をいっそう確かなものとした。[26] 5月21日に「両会」が開かれた時、習近平は我が世の春を謳歌していた。中国の内政にとって、とりわけ慎重を要する問題に手を打つべき時が来た。香港である。

1997年に英国から中国に返還されて以降、「一国二制度」を掲げた「香港基本法」は、香港のそれまでの生活様式の維持を謳っていた。その制度は、1997年から50年間、つまり2047年まで保証されるはずだった。この公約のもと、香港には英国の支配下にあった時と同じく、伝統的な意味での民主主義はなかった。立法会（議会）の議席の半数は、業界別の職能枠であり、ほとんどの選挙枠において業界団体か関係者しか投票できなかった。それでも、香港は意見の相違も言論の自由も受け入れ、警察も司法も大部分が独立性を保って活動していた。メディアや観光について言えば、香港は、中国と西洋との比較的自由なインターフェースとして機能していた。それ以上に重要だったのが、グローバル金融においての役割である。

香港はニューヨークとロンドンに次いで、世界で3番目に重要な金融センターだ。2019年には、世界最大規模のIPOの実施をめぐって、ナスダックやニューヨーク証券取引所と争った。[27] 香港証券取引所はドル取引で世界第3位を誇り、163行の銀行と2135カ所のアセットマネジャーを抱えている。[28] しかしながら、香港はかなり歪なかたちで成長してきた。1970～80年代には、金融センターであり製造拠点でもあった。ところが中国本土の改革開放政策に伴い、香港の玄関先である珠江《しゅこう》デルタが経済特区となったことから、香港の軽工業は激しい競争圧力に曝された。中国本土や海外の買い手が殺到して不動産価格が高騰し、物価の上昇を招き、貧困ライン以下で暮らす市民が全人口の20％に達した。[29]

反中感情の高まりとともに、政治と社会に対する不満が膨れ上がり、大々的な抗議活動に発展した。２０１４年には「雨傘運動」が、２０１９年には2度目の民主化デモが起きた。[30] 中国政府は、香港で天安門事件の再現だけは避けたかった。とはいえ、２０２０年9月には立法会の選挙を控えており、反対勢力の躍進を許すつもりはなかった。コロナ危機がなければ、２０２０年初めに中国政府は新たな法律の導入を公表していたはずだった。そして5月後半に「両会」が開催されると、中国政府にとっては香港についてそろそろ行動を起こすタイミングだった。6月30日、全人代は反政府的な活動を取り締まる「香港国家安全維持法」を可決する。7月には、香港政府が4人の現職議員を含む12人の民主派候補の立候補資格を剥奪した。さらに中国政府のお墨付きを得て、選挙の1年延期を発表した。[31] パンデミックは、デモを取り締まる理由に使われた。

それは、「一国二制度」に対する一方的であからさまな否定だった。２０２０年夏、トランプ政権はこの動きを、喧嘩を売る、願ってもない機会と捉えた。7月14日、米連邦議会が「香港の自治の侵害」に関わった中国や香港の当局者、及び彼らと取引関係にある外国金融機関に制裁を科す「香港自治法」を可決したのである。

トランプ大統領は、これ以降、香港は中国本土と同じ扱いを受けることになると述べた。[32] ＥＵは「深刻な懸念」を表明する、生ぬるい声明を出すにとどまった。ドイツは香港との犯罪人引き渡し条約を停止すると発表したが、欧州全体で共通の措置を打ち出すことはできなかった。[33] 英国はせいぜい、移住を希望する香港市民が、英国の市民権や永住権を申請できる道を開いたにすぎなかった。

香港の街は静かだった。中国政府の圧倒的な支配力を見せつけられ、多くの民主派議員は諦めの境地だった。民主化の望みが幻に終わった以上、立法会の議員を務めることは、事実上の傀儡政権を認めることになってしまう。(34) ２０２０年末、亡命しなかった運動家は裁判にかけられていた。翌年1月、民主派の活動家と支援者がおおぜい逮捕された。中国本土ではこの動きを熱烈に支持する声が大きかったが、いっぽうの香港人のあいだでも、民主派の活動家がいなくなってほっとした者も多かった。地元の利害関係者は脅されただけではない。そうするより仕方なかったのである。

２０１9年の民主化デモに続いて、コロナ危機によって香港経済は大きな打撃を受け、支援を必要としていた。香港のGDPは、２０２０年9月まで5四半期連続でマイナス成長を記録した。支配者層は中国が約束する安定を望んだ。6月30日に「香港国家安全維持法」が公布されると、香港ハンセン株価指数は上昇し、香港の株式市場ではいつもより活発な取引が見られた。(35) 中国本土を本拠とする中国企業は、巨額のＩＰＯを控えていた。(36) 政情不安のせいで香港の株価が下落しても、本土の投資家にとっては押し目買いの機会となった。(37)

香港社会に深く根を下ろした西洋の銀行と法律事務所は、この動きを受け入れるほかなかった。スワイヤー・グループ、ジャーディン・マセソンなどのコングロマリット、あるいはスタンダードチャータード銀行、ＨＳＢＣなどの金融機関はどこも、「香港国家安全維持法」の支持を公式に表明した。(38) それは英国政府と、さらに重要なことに、現地の多くの香港人スタッフの反対を押し切った表明だった。理由は単純だった。中国政府に逆らえなかったからだ。市場は中国本土にあった。しかも、いまや西洋の企業や金融機関を、中国政府と本土の中国人スタッフがますます掌握するようになり、香港の「分離主義」の匂いのするものを、彼らがなにひとつ黙認しなかったからである。

２０２０年11月7日、香港行政長官の林鄭月娥《りんていげつが》（キャリー・ラム）は、立法会で施政方針演説をする代わりに北京へ向かい、中国共産党中央政治局常務委員・国務院副総理の韓正《かんせい》と会談し、経済支援を要請した。感染症の拡大を抑え込むために検査機器が必要だと訴え、金融と観光のハブという香港の位置づけが将来も維持されるよう確約を求めた。(39)

中国政府が描く香港の将来像は、はるかに先を行っていた。広東省、香港、マカオを統合して、「グレーター・ベイエリア（粤港澳大湾区《えつこうおう》）」と呼ばれる一大経済圏を形成するというのだ。その構想に着手した２０１７年当時、このエリアの人口は７１００万人を数え、ＧＤＰは1兆６０００億ドルだった。(40)韓国の経済規模に匹敵する、世界で12番目に大きな経済圏である。エリア全体の輸出は中国の総輸出の37％を占め、グレーター・ベイエリアには素晴らしい将来展望が開けていた。香港の自治の記憶は、アジアのシリコンバレーが稼ぎ出すマネーに掻き消されてしまうだろう。

中国進出の当たり年

グレーター・ベイエリア構想は、２０１３年以降、習近平と中国共産党首脳部が進めてきた、新たな国家資本主義ビジョンの象徴だった。(41)プロジェクトの原動力は政治的なものだった。つまり、世界で最もダイナミックな経済に対する、中国共産党の支配を磐石にする狙いである。中国全土のテック系企業や民間の洒落た分譲マンションに、共産党率いる委員会が設置された。

香港の中国化は、経済に対する中国共産党支配を確かなものにするプロセスの要だった。本拠が香港か中国本土かに限らず、中国人の大物実業家を辱め、政府の支配下にあると世間に知らしめることも重要だった。アリババグループのジャック・マーのような世界的な有名人でさえ、そのような扱いを免れなかった。アリババ傘下の金融企業アントグループが２０２０年11月に予定していた史上最大規模のＩＰＯは、政府の命令によって無期限の延期となり、マー自身も公の場から姿を消した。今後、「中央政府の指導なしに資本拡張」が行われることはないだろう。

中国は大暴れする経済成長を手懐《てなず》けるために、直接的な政治支配に限らない幅広い手段に訴えた。そのカギとなったのが、金融規制と金融政策によって、過剰な与信の伸びを抑制する方法である。これで、２０１５年に危うく金融危機になりかけた時の二の舞は防げるはずだ。中国共産党は恐るべき支配力を発揮したが、経済は成長し、社会は繁栄した。そしてその巨大な繁栄は、中国社会だけでなく世界全体の均衡をも変えてしまった。２０１９年、中国の経済成長率は世界全体の27％を占めた。[42] その過程でアメリカを抜き、世界最大の消費者市場になった。[43] ２０２０年、おもな経済国のなかでプラス成長を維持できたのは中国だけである。これには、抗し難い魅力があった。

１９９０年代以降、アメリカの金融界は率先して中国市場への参入を図ってきた。２０２０年に中国が香港への弾圧を強めたからといって、それが中国を敬遠する理由にはならなかった。それどころか、ウォールストリートのいちばんの望みは、香港という狭い上陸拠点を突破して、中国本土の巨大な市場にアクセスすることだった。

その点について誰よりも明白な考えを持っていたのが、レイ・ダリオだ。1160億ドルを運用する世界最大規模のヘッジファンド運用会社、ブリッジウォーターの伝説的創業者である。「あなたの祖父の時代の共産主義ではありません」。2020年1月、ダリオはダボスから、フォックスビジネスのニュース番組に出演して述べた。「アメリカ人以上に資本主義の好きな中国人もいます」。2020年初め、ダリオはアメリカ社会の風潮を懸念していた。大統領民主党予備選挙に立候補したバーニー・サンダースとエリザベス・ウォーレンが、「反資本主義」感情を掻き立てていたからである。[44] ダリオを不安にさせたのは、社会主義的な傾向だけではなかった。FRBである。

アメリカの資金運用者のあいだでも、ダリオは歴史好きとして知られる。過去500年の金融帝国の盛衰を学んだダリオは、いままさに根本的な転換が起きていると確信していた。ダリオは警鐘を鳴らした。アメリカは「国債を増発してたくさん紙幣を刷ってきました。そのことは、歴史において準備通貨を脅かしてきました」。「ファンダメンタルズがドルを弱体化させています」。その結論は明らかだ。すなわち、未来は中国にある。ダリオは少し身構えた調子で述べた。「人は私が偏った見方をするとか、世の中がよくわかっていないとか、時には愛国心がないなどと非難します。ですが、私は客観的なだけです[45]」。

もし創業者のレイ・ダリオの言葉だけでは充分でないというなら、同社の投資リサーチの若き責任者カレン・カーニョル＝タンブールの言葉を紹介しよう。2020年末、彼女は『バロンズ』のインタビューのなかで、ダリオの考えをさらに詳しく説明した。『バロンズ』は、中産階級の個人投資家や金融アドバイザーに、投資情報を提供する金融専門週刊誌である。中国は「第2次世界大戦以降、アメリカが対峙してきた最大の競合国であり、競争力のあるエコシステムです」。

ところが、カーニョル＝タンブールの仕事は、自国に忠誠を誓うためにアメリカのマネーを集めることではない。その反対である。「旧ソ連が相手だった冷戦時代と違って」、米中の膠着状態のなかで「投資家はどちらの側にも賭けることが可能です」。もちろん、愛国者のような立場をとることもできただろう。「なにが起ころうと、アメリカが頂点に立つことは間違いない。アメリカの技術が上まわる。成長はそこで起きる」というわけだ。だが、アメリカ人であろうがなかろうが、合理的な投資家はこう思うかもしれない。「なぜわざわざリスクを冒す？　それより分散型にしたほうがいい」[46]。ブリッジウォーターが下した結論については、改めて言うまでもない。

ブリッジウォーターはアメリカの資本主義の擁護者だ。だから、ダリオたちの発言は奇妙に聞こえるかもしれない。だが、ブリッジウォーターがほかと違っているのは率直さだ。彼らは率直にみずからの考えを述べていたのだ。2020年は、ウォールストリートにとって中国進出の当たり年だった[47]。JPモルガンは、中国で先物取引を牛耳ろうと野心を燃やしていた。ゴールドマン・サックスとモルガン・スタンレーは、現地証券合弁会社の経営権を取得した。シティグループは、長く待ち焦がれていたカストディ業務の認可を取得した。そして8月、究極の手柄をあげたのがブラックロックだった。海外の資産運用会社として初めて、中国で外資100％の投資信託部門を設立できる認可を得たのである。これによってブラックロックは、中国の家計が保有する17兆ドルの金融資産を運用する権利を争えるようになったのだ[48]。

基本的には中国の富の成長が魅力だったにしろ、ダリオが指摘したようにプッシュ要因もあった。2020年春、西洋の中央銀行による大規模な介入が、市場の安定にとって不可欠だったことは間違いない。だが、その副作用として利回りが低下した。たとえ米中のあいだで冷戦が進行中だったとしても、資本にとって最も利益のある安全資産は中国の国債である。西洋の国債と比べて数パーセントポイントも高い利回りを提供する中国は、新しく「世界のハードカレンシーの首都」になったのだ。[49]

２０２０年の夏も終わる頃には、中国国債の保有者のうち、海外投資家が占める割合は約10％にまで増加していた。[50]しかも、その魅力は人民元の強さによって倍増した。「知的財産権」や「西洋の価値観」に対する懸念は、投資の判断に関係がなかった。懸念されたのは、中国政府が共産主義の牙を剝くかどうかではなく、彼らがＦＲＢに倣ってＱＥを採用するかどうかだった。[51]

その考えは荒唐無稽なものではなかった。５月22日に「両会」が開催されるタイミングで、中国財政部は「２０２０年に、中央政府と州政府が８・５兆元（１兆２０００億ドル）の新規国債を発行する」と発表した。これは、２０１９年の発行額の約２倍にあたる。西洋と同じように、中国においても問題は、いかにしてＧＤＰの８％に相当する国債を発行しながら、金利を上昇させず、それゆえ民間借り入れを圧迫せずに済むか、だった。４月後半、財政部直属のシンクタンクでエコノミストを務める劉《りゅう》尚《しょう》希《き》は、中国も日本、欧州、アメリカに倣うべきだと提言した。中国人民銀行も、新発債を買い入れることで財政支出の資金を調達すべきだ、と助言したのである。つまりは、直接のマネタイゼーションというわけである。中国は１９９０年代に深刻なインフレに陥っていた。その記憶もまだ新しいことを考えれば、実に大胆な提案だった。[52]

利回りの高さを貪欲に求める投資家にとって、劉の考えがほとんど支持されなかったことは大きな安堵だった。中国人民銀行金融政策委員会の元メンバーは、偏屈なドイツ連邦銀行のように、ＱＥは人民元の信頼を損なうと警告した。消費者物価でなくても、資産市場のインフレを引き起こすと警鐘を鳴らす者もいた。財政部元部長の楼継偉《ろうけいい》は、新発債の直接購入は中国人民銀行の法に反すると指摘した。中国のような一党独裁国家で〝合法性の問題〟を持ち出すのは奇異に思えるが、まさしくその点が重要だった。「財政赤字のマネタイゼーションは、国家財政を守る『最後の砦』を壊してしまう」と楼は訴えた。

この時、勝利を収めたのは中国の金融保守派だった。5月22日、李克強首相は全人代で演説を行い、新規国債発行が急増しているが、中国は金利を低く抑える方法を見つけるだろうと述べた。だが、中国人民銀行の債券購入については言及を避け、民間銀行が必要とする準備金を減らすことで流動性を供給すると約束した。(53) そのあいだ、中国の国債は、西洋の国債よりも魅力的なスプレッドを提供することになる。(54) この時、語られなかったのは、中国の金融政策がおもに、為替レート・ターゲットによって決まることだった。人民元は対ドルで上昇していたが、ペッグ制を採用している幅広い通貨バスケットに対して、人民元は安定していた。中国の輸出は急速に回復しており、うまく均衡をとるのは簡単だった。

中国に駐在する欧州の外交官が苛立ちを滲ませて指摘したように、香港の銀行や金融を懸念するのはほとんどが英国とアメリカであって、欧州は中国との関係が生み出す利益のほうに関心が高かった。(55) 2016年以降、中国はドイツ最大の貿易相手国だった。ドイツの自動車産業にとっては、中国がパンデミックの影響から急速に回復したことが頼みの綱だった。2020年、ダイムラーとBMWの最終収益を救ったのは中国である。ダイムラーのCEOは、中国での売り上げが前年比24％の急増だったとして、「目覚ましい」V字回復を歓迎した。(56)

中国相手の利益が重要だったのは、欧州の自動車産業が、電気自動車移行に伴う莫大な費用を捻出しなければならなかったからだ。2020年、ジュネーブとデトロイトのモーターショーは中止になり、大規模な国際モーターショーを開催したのは北京だけだった。[57] 世界の自動車メーカーが北京に勢揃いして、電気自動車の新モデルを披露した。次代のオートモビリティの方向性を決めるのは、中国の若者や新しいモノ好きの消費者と、バッテリーや電動化プラットフォームの製造業者がつくるエコシステムだった。

それ以上に中国頼みだったのが、コモディティ生産国である。中国は鉄鉱石や石炭の最大の輸入国であり、原油市場拡大の最大の源泉だった。しかも、単に最大の購入国だっただけではない。ますますマーケットメーカーの役目を担ったのである。

2020年の激動のドラマのひとつは、ローラーコースターを思わせる原油価格の変動だった。4月、アメリカの原油先物価格がマイナス圏に落ち込んだ。その煽りを受けて巨額の損失を被ったのは、極めて投機的なデリバティブ商品「原油宝」に貯蓄を注ぎ込んでいた中国の個人投資家だった。[58] もし自国の原油市場に投資していれば、彼らももっと大きな利益をあげられたに違いない。2018年、中国は上海の取引所に人民元建ての原油先物を上場した。充分な貯蔵容量を確保し、コロナ危機にもかかわらず、ドル建ての先物より約定価格ははるかに底堅かった。価格が1バレル30ドルを下まわったことはなかったのだ。[59] 中国の堅調な価格を最大限に利用しようと、タンカーは大挙して中国の港に押し寄せ、供給過剰を解消して価格の安定を図ろうとした。中国の成長見通しを考えれば、いずれ購入者が見つかることは間違いなかった。燃料としてではないなら、成長著しいプラスチック産業の原料という使い途がある。

2020年夏、国際エネルギー機関（IEA）は、石油精製能力において中国がまもなくアメリカを追い抜くだろうと発表した。[60] 石油時代の幕開けである1850年代から、石油精製能力においてトップの座を守ってきたアメリカは、中国の最新の石油化学コンビナートにその座を奪われようとしていた。世界の化学工業の成長の半分を占める中国は、ドイツのBASFのような総合化学メーカーにとって、たまらなく魅力的な存在だった。2003~19年、BASFが中国の未開発地帯に投資した額は278億ドルにのぼった。BASFの全投資規模の60%にあたる数字だ。2019年12月、激化する貿易戦争を前にBASFは「過去最大となる投資を行い、広東省に石油化学コンビナートを建設して、総額100億ドルを投じる予定だ」と発表した。[61]

アジア太平洋地域の勢力争い

当初、中国の目覚ましい経済発展は、市場経済と自由貿易の勝利と称えられたかもしれない。2020年になる頃には、量的成長は質的変化へと移っていた。中国を「世界的な支配力を持つ経済国」とみなす世論調査が増えた。[62] 習近平率いる中国はまた、独断的で自信満々の超大国として振る舞い始めた。それはアジアに不吉な影をもたらした。日本、韓国、台湾、ベトナムの歴史は、中国の戦略的な影響力を抜きにしては語れない。

アメリカの銀行、欧州の実業家、アラブの産油国はもはや、中国という巨大な成長機構の重力を逃れられなかったが、そのいっぽうで、中国が南シナ海で繰り広げる強引な海洋進出や、貿易相手国に対する弱い者いじめは懸念材料だった。中国の新たな地位を覆すことはできない。覆せば、経済的、社会的、そしておそらく政治的な大惨事を招くだろう。問題は、その新しい勢力均衡をどう封じ込めて制度化し、枠組み化するかという点だった。

その選択肢のひとつが、「環太平洋パートナーシップ協定（TPP）」だった。広範な地域に及ぶ貿易・投資協定であり、この中国外しの協定をオバマ政権は〝事実上の中国封じ込め同盟〟として推進してきた。[63] 日本、カナダ、メキシコに加えてラテンアメリカの数カ国が参加を表明した。とはいえ、このような条約は複雑な交渉を伴う。TPPは米連邦議会で激しい議論を巻き起こした。

2016年の大統領選のさなか、民主党の予備選に立候補していたヒラリー・クリントンは、かつて国務長官時代には支持していたTPPに反対の立場を表明した。[64] トランプ政権が発足すると、TPPはスタート地点にも立てなかった。2017年1月、トランプはホワイトハウスで本格的に執務を始めた初日に、TPPから永久に離脱するという大統領令に署名したからだ。TPP合意に向けて多大な時間を費やしてきた日本とオーストラリアは、アメリカ大統領の思いつきで、この協定をお蔵入りにすることはできなかった。そこで「環太平洋パートナーシップに関する包括的及び先進的な協定（CPTPP）」という名前に変えて、最終的な署名に漕ぎつけた。カナダからチリ、オーストラリアやシンガポールまでを含む11カ国の巨大なグループだったが、アメリカが不参加のために核となる経済ハブがなかった。アジア太平洋地域の通商政策に空いたその空白を、中国は喜んで埋めようとした。

中国政府はまず2013年に、アジアインフラ投資銀行（AIIB）を提唱した。アジア経済を結ぶ輸送ネットワークの改善を謳い、インフラ整備の資金を融資する国際金融機関である。アメリカの反対をよそに、オーストラリアや韓国、さらには英国までが創設メンバーに名を連ねた。

アジアではほとんどの主要貿易国が、すでに2カ国間の自由貿易協定を結び、関税を引き下げている。だが、たとえ優れたインフラがあったとしても、国どうしの規制が矛盾し、非関税障壁によって阻害されていれば、財は流れない。ジャストインタイムのサプライチェーンを実現するためには、スピードと信頼性の高い物流コネクションがカギとなる。

２０１２年、東南アジア諸国連合（ＡＳＥＡＮ）は、半製品や中間財のより効果的な流通を目的とする貿易圏について交渉を始めた。(65) サプライチェーンで果たす重要な役割を考えれば、交渉の中心を担ったのは中国だった。交渉プロセスはしばしば中断したが、２０１９年、中国政府は北京で経済貿易相会合を開いて流れを加速させ、２０２０年夏の時点で、あとは署名を待つだけとなった。そして２０２０年11月15日日曜日、ついに「地域的な包括的経済連携（ＲＣＥＰ）協定」の署名式に漕ぎ着けたのである。史上最大規模の貿易協定だった。中国を中心としたＲＣＥＰ署名国のＧＤＰの合計は、「中国封じ込め」を狙ったＣＰＴＰＰや「アメリカ・カナダ・メキシコ協定」（旧ＮＡＦＴＡの再交渉で生まれた）、ＥＵを凌ぐ規模を誇った。

経済的な観点で最も重要だったのは、中国、日本、韓国のあいだで新たなつながりが築かれたことである。ＲＣＥＰ参加国全体のうち、その３カ国のＧＤＰが全体の80％を占めた。政治的な意味合いで最も注目に値するのは、オーストラリアの参加である。同じように署名したニュージーランドが中国政府と良好な関係を維持していたのに対して、オーストラリアと中国との関係は急速に冷え込んでいった。(66) オーストラリアが中国の政治干渉を問題にし、華為技術（ファーウェイ）製品を通信ネットワークから排除し、新型コロナウイルスの発生源の調査を要求すると、中国政府は不快感を露にした。オーストラリア産の石炭を積んだ貨物船が、事実上の禁輸措置によって中国の港の外で何カ月も待たされるという事態が起きた。

だが、オーストラリアにRCEPから離脱する余裕はなかった。2019年、オーストラリアの輸出の3分の1は対中国であり、そのおかげで大きな貿易黒字だったからだ。鉄鉱石と石炭を中国に輸出し続けることには、大きな既得権益があった。中国との統合に圧倒的な魅力を見出したオーストラリアのヴィクトリア州政府は、連邦政府の反対を押し切って、中国の「一帯一路」構想に参加する覚書を締結していた。[67]

オーストラリアはすでに、すべてのRCEP参加国とのあいだで2カ国間の自由貿易協定を結んでいた。[68] そのため、RCEPに参加してオーストラリア政府が手に入れたのは、貿易圏全体に対する影響力だった。中国はRCEPの範囲を財だけにとどめたかったが、日本政府とオーストラリア政府の強い意向によって、保健衛生、教育、水、エネルギー、通信、金融、電子商取引に対する海外投資にも拡大された。先進経済国にとって、新たな成長機会が見込める部門である。[69]

アジアの大きな経済国のなかでRCEPへの不参加を決めたのは、インドだけだった。2014〜18年、インドは中国を抜いて世界最速の経済成長を遂げた。アジアのナンバー1となったインドの新たな役割について、明るい話題が多かった。[70] その楽天的な波に乗って、インドはASEAN諸国とともにRCEPの交渉に参加していたが、2019年に離脱を表明した。

1990年以降、インドが経済の自由化政策に転換すると、安い輸入品がおもに中国から流入し、消費者に大きな利益をもたらした。だが、インドの政界に自由貿易の支持者はほとんどいなかった。インドの経済政策の公約は、独立路線に戻ってしまった。[71] 発展途上にあるインド国内の製造部門が、中国との競争を恐れるだけの理由はあった。2017年以降、インドの経済成長率が減速していたのだ。[72] 大規模な人口とその増加の勢いを考えれば、国内産業の空洞化を加速させるわけにはいかない。〝解放〟戦略の擁護者は主張した。インドはインフラ投資と規制改革に集中すべきだ。そうすれば、国際競争を乗り切り、大規模な低賃金労働力は繁栄できるはずだ。

輸入の急増によって当初、厳しい影響を被ったにもかかわらず、グローバル市場で中国の人件費が高騰すると、今度はインドに歴史的な好機がめぐってきた。モディ政権はRCEPを離脱して、「自立するインド《アトマニルバー》」をスローガンに新たな時代を宣言した。(73) RCEP離脱の決定に国内の産業界と農業界のロビー団体が拍手を送ったのは、驚くことでもない。彼らにとって国内産業の保護という公約は有り難かったが、域内でインドの孤立感が高まったのは明らかだった。

2020年は、アジアのリーダーというインドの自負に強烈な打撃をもたらした。インドはコロナ対応に失敗した。何千万人もの市民が極貧状態に陥った。世界で最もひどい経済縮小に見舞われた。6月にヒマラヤの国境地帯でインドと中国の両国軍が衝突した際には、1975年以来最悪となる小競り合いに発展し、インド側が手痛い被害を被った。インド軍兵士約20人が犠牲となったうえ、双方が領有権を争うラダック地方を新たに600平方マイル（1554平方キロメートル）、中国側に実効支配されてしまったのだ。(74)

この事件を受けて、愛国心に燃えるインドの抗議者が、中国のスマートフォンやティックトックのようなアプリのボイコット運動を始めた。だが、インドに冷戦を戦う余裕はなかった。インドの経済成長は目覚ましかったが、中国の国防費はインドの4倍であり、経済規模は6倍も大きかったのだ。中国の経済と金融の影響力は著しく、インドにとって中国はまるで隣国のように思えた。インドを取り囲むスリランカ、パキスタン、バングラデシュがどこも「一帯一路」の参加国だったからだ。

「一帯一路」構想には多くの問題点が指摘されていたが、それでもその壮大な規模と比べると、インドが提案できるものはひどく見劣りした。２０２０年秋になる頃には、インド政府は戦略的包囲網の不吉な影に脅かされていた。[75]「クワッド」――アメリカ、日本、オーストラリア、インド４カ国の外交・安全保障協力体制――をアメリカ政府が推し進めていることは、多少の慰めになったものの、その４カ国のなかでインドはナンバー１どころではなかった。[76]

アメリカと中国の攻防

中国の経済成長の陰で生きていたのは、アジアだけではない。権力バランスの変化は、地球の裏側でも感じられた。購買力平価で見れば、中国経済はすでに２０１３年の時点でアメリカを追い抜いていた。グローバル市場の購買力を反映した現行ドル換算では、アメリカ経済はいまでも中国経済をかなりの程度上まわっている。中国がナンバー１になるのは、２０３０年代中頃と見られていた。ところが、それは２０２０年になる前の予測である。コロナ危機が米中に及ぼした影響の差によって、専門家はこの予測を見直さざるを得なくなった。中国がアメリカのＧＤＰを追い抜くのは、先の予測よりも5年早く、おそらく２０２８～29年になるだろう。[77]２０３０年になる頃には、中国が東アジアの覇権国であることは間違いない。その経済規模は、日本とアメリカを足した規模を凌ぐ。

長期的に見た場合には、〝適応〟というさらに困難な問題があった。クリントン政権で最後の財務長官を務めたローレンス・サマーズは、２０１８年に次のように述べていた。「２０５０年、アメリカは実効力あるグローバル経済システムを思い描けるだろうか。その時代、アメリカの経済規模は、世界最大の経済国にのしあがった中国の半分しかないのだ。そしてその現実を、アメリカの大統領は受け入れられるだろうか——そのような世界がどのようなものかについて、中国とのあいだで交渉は可能だろうか。経済規模で圧倒的な大差をつけられた世界は、アメリカにとって受け入れ難いかもしれない。だからといって、その現実を阻止する方法はあるのか。衝突を招かずに中国を押さえつけることは可能なのか[78]。サマーズが示唆したように、貿易戦争が地政学的な衝突へと変わるのは簡単だった。そして、その結果は極めて重要になりかねない。

2020年はトランプ政権の融和的な雰囲気で始まり、米中が「第1段階の経済・貿易協定」に署名した。この合意により、中国はアメリカから財・サービスを、その後の2年間で2000億ドル以上多く輸入することになる。CPTPPやRCEPのような高度に調整された協定ではなく、「第1段階」は割り当てベースの大雑把な取り決めにすぎない。なにより自分を世界一の交渉者として世間にアピールしたい、トランプの野心の産物だった。

コロナ危機によって「第1段階」の合意内容の実行が危うくなる前でさえ、中国を長期にわたる戦略的脅威とみなす関係者は、「第1段階」の効果を疑問視していた。アメリカの大豆をもっと買えと中国に迫ったところで、本質的な問題が解決するわけではない。「第1段階」の合意を勝ち取ったという高揚感はパンデミックによって薄れ、ウイルスをめぐるトランプ政権の中国叩きは激しさを増した。中国政府にとって不吉だったのは、この時、主導権を握っていたのが、アメリカの安全保障政策の支配層だったことだ。

2020年5月、トランプ政権は「中国に対する戦略的アプローチ」と題する報告書を公表した[79]。この報告書では、2017年12月の「国家安全保障戦略」に記載されたドクトリンを下敷きにしていた。2017年の報告書は、インド太平洋地域を初めて大国間競争の重要地域と捉えていたが、2020年の報告書はさらに踏み込んでいた。政府はもちろん、経済、市民社会のすべての領域を、中国の脅威に対応するために築き、組織するというのだ。問題はもはや、貿易協定で中国側の譲歩を引き出すことではない。中国共産党が支配する中国の「隆盛」そのものが問題なのだ。

このような全面的な再評価は、太平洋両岸の大企業に即座に影響を与えた。アップルやボーイングなどのアメリカ企業は、中国で大きな利益をあげている。いっぽう、中国側でアメリカ当局の集中攻撃の的にされたのはファーウェイだった。

2020年、ファーウェイは世界のスマートフォン市場で20％のシェアを誇り、アップルとサムスンを上まわった。ファーウェイはまた、5Gネットワーク技術でも世界のトップを走っていた。民間企業だが、創業者は愛国心溢れる人物である。ファーウェイが中国共産党の意向に沿っていないと考える者は、西洋にはいない。データと個人間通信を支配することは、重大な結果を及ぼす。そのため、ファーウェイが西洋社会の通信ネットワークで存在感を増すと、情報の戦略的支配と個人のプライバシーについて大きな懸念を引き起こした。

2012年の時点ですでに、オバマ政権はファーウェイとZTE（中興通訊）の調査を進めていた。そしてアメリカ当局は、政府機関によるファーウェイとZTEの製品とサービスの直接調達を禁じた。ZTEはアメリカ当局の狙い撃ち制裁の対象になった。2018年、トランプ政権はZTEとのあいだで合意に達したが、ファーウェイへの圧力はさらに強めた。アメリカ当局はカナダ当局に強く働きかけ、ファーウェイ創業者の娘で最高財務責任者（CFO）の孟晩舟《もうばんしゅう》を逮捕した。

トランプ政権は、アメリカ国内の通信ネットワークからファーウェイ製品を排除する大統領令に署名したが、一時的に施行を延期した。２０２０年４月、ファーウェイ機器の購入禁止措置が発効する。５月、アメリカ商務省は要求を引き上げ、ファーウェイに出荷する半導体チップを、アメリカ製の製造装置を使って生産する者は、事前に許可を取得しなければならないと発表する。これにより、半導体製造大手のサムスンやＴＳＭＣ（台湾積体電路製造）は、アメリカ製の最先端の半導体製造装置か、中国の巨大市場か、どちらかを選ばなければならなくなった。(80)

９月に入ると、アメリカ商務省はさらに規制対象を広げた。中国のマイクロチップ製造大手ＳＭＩＣ（中芯国際集成電路製造）に出荷する際にも、商務省の許可が必要だとしたのである。そのいっぽう、欧州諸国の政府と企業に対し、チップ製造に必要な装置をＳＭＩＣに供給しないよう圧力をかけた。(81)「容認できないリスク」があるからだ、というのがその理由だった。アメリカ側の主張は、製造装置が中国の軍事活動に利用される可能性を指摘していた。

アメリカは中国産業界の急所を突いた。(82)チップが使われるのは電子機器だけではない。車から航空宇宙、家電、最新の送電設備まで、ありとあらゆる分野のさまざまな部品に使われる。今回の攻撃は、アメリカ側にも少なからぬ犠牲をもたらした。アメリカの半導体業界の総収入は、４分の１が中国との取引によるものだったからだ。(83)だが、通商はもはや最優先ではなかった。アメリカの企業は中国市場を失わなければならないだろう。技術の重要分野において中国の躍進を阻むことが、最大の目的だったからだ。

アメリカはただ、中国の王者ファーウェイを攻撃していたのではない。中国の産業経済を支える柱を攻撃していたのだ。中国政府は、グローバリゼーションに対するアプローチの再考を迫られた。そして2020年5月の「両会」において、「双循環」という新たな経済発展モデルを発表した。[84] これは、ふたつの循環がバランスよく経済成長を牽引するモデルを指す。ひとつ目の循環は、国際貿易経済の循環、すなわち「国際循環」である。ふたつ目の循環の原動力となるのが、国内経済の発展、すなわち「国内循環」だ。このふたつの循環のバランスを修正して、国際貿易経済とは別に内需の拡大を図るのが目的だった。グローバリゼーションを放棄するという意味ではない。外需と輸入投入財に過度に依存すると、アメリカの制裁措置の影響を受けやすいため、その依存状態を脱してバランスの調整を目指すのだ。

2015年、中国政府は「中国製造2025」と呼ぶ産業政策を打ち出した。価値連鎖の向上を加速させて、製造業をさらに高度化するためである。アメリカの攻撃は「中国製造2025」に弾みをつけた。2020年5月の「両会」に合わせて、中国政府は今後5年間で1兆4000億ドルを投資するという、巨額の新技術政策を発表した。[85] データセンター、超高圧送電線、AI、5Gネットワーク基地局のような戦略的分野に焦点を絞っていた。だが、もし最先端マイクロチップの供給をアメリカに阻止されてしまうのなら、どれほど壮大な政策を打ち出したところで、なんの意味もない。アメリカは2020年末、中国企業を含む77社を新たに輸出禁止リストに追加し、これらの企業に対する米国製品の輸出を事実上禁止した。リストには、ファーウェイとSMICに加えて、ドローン製造の世界最大手DJIも含まれていた。[86]

トランプ政権に貿易戦争を宣戦布告され、中国政府はさぞ動揺したに違いない。だが、影響はそれだけにとどまらなかった。世界の経済成長を牽引する中国を、アメリカの国家安全保障を脅かす脅威と名指しすることは、アメリカにとって、冷戦後の世界の基本的な前提のひとつを覆すことだった。グローバリゼーションが〝フラットな世界〟を生むという仮定に反して、アメリカ政府が企業の国籍――中国かどうかに限らず――を基本に、アメリカの技術へのアクセスを積極的に許可するかどうかを、判断していたのだ。

しかも、アメリカ政府は一方的に、一切の警告なしに制裁措置を科しておいて、友好国のサプライヤーが、アメリカと歩調を合わせることを当然のように期待した。実際、同様の行動をとった国もある。オーストラリアはアメリカに先駆けて、ファーウェイの製品使用を禁じた。英国は、自国の通信ネットワークで使用されるファーウェイ製品の安全性を長く監視してきた[87]。リスクを示す確実な証拠は見つかっていないが、英国はアメリカと歩調を合わせ、2021年9月以降、国内の通信ネットワーク供給事業者によるファーウェイ機器の導入を禁じた[88]。

いっぽう、その動きを嫌がり、同調しなかった国もある。特にドイツはファーウェイ技術の全面禁止を見送った[89]。ドイツテレコムは、中国国内でのシェア拡大に躍起になっている。ドイツの自動車メーカーは中国の通信技術とあまりにも密接に結びついており、いまさら決別することは不可能だった[90]。アメリカがとつぜん冷戦モードに転換したことは、過去30年間、グローバル企業が中国国内で事業を展開してきたという事実とはまったく矛盾する。現状を脅かしていたのは、果たして中国なのか、それともアメリカなのか。

新たな反中路線の推進にあたって、アメリカ政府はみずからを「原則に根ざした現実主義者《プリンシプルド・リアリスト》」と定義しようとした[91]。そして、歴代政権が、中国の脅威の大きさを正しく理解して来なかったとして批判した。だが、彼らのいう「アメリカの現実主義」とは、いったいどんなものだったのか。中国の台頭が、過去250年に及ぶ米中の力関係を覆す、世界的な一大事だったことは間違いない。中国共産党がイデオロギーにおいて敵対者であり、恐るべき野望を抱いていることも否定しようがない。だが、中国の〝封じ込め〟は21世紀の現実的なビジョンだったのか。それとも、冷戦時代の旧ソ連相手の歪んだ残響なのか。トランプ政権が2020年の歴史的困難に対処するためにとった攻撃的な方法は、アジアとの関係が原因だったのか。それとも実際は、アメリカ国内で高まる緊張のせいだったのか。

反中キャンペーンが頂点に達したのは、アメリカの市民生活が激しい嵐に見舞われた2020年夏のことだった。全米各地で繰り広げられた抗議デモや散発する暴動、多くの都市の夜間外出禁止令を背景に、トランプ政権の側近が激しく非難したのは、中国の共産主義体制だけではなかった。アメリカ企業の出張者を含む、中国へのアメリカ人旅行者をも強い口調で非難したのである。アメリカ政府が新しい現実主義として喧伝したものは、実のところ、アメリカ国内で高まる危機の現れにほかならなかった。そして、その危機は政治勢力と経済勢力の連携を混乱に陥れ、アメリカ合衆国憲法そのものにまで疑問を投げかけたのだった。

第11章 アメリカ国内の危機

分裂するアメリカ

２０２０年３月、パンデミックのドラマの始まりとともに、アメリカの社会、政界、政府は即座に協調行動を開始した。だが、そのような結束も長くは続かなかった。４月後半、アメリカの東西海岸で医療現場の逼迫がいったん緩和すると、パンデミック対応の足並みが乱れた。アメリカ人は互いを非難し合った。中国を罵った。そしてアメリカ史の醜い遺産が再び露になるにつれ、奴隷制度と南北戦争の時代へと逆戻りし、２０２０年のさまざまな危機に関する議論が再燃した。３月には迅速に対応した連邦議会は、手詰まりに陥った。そして、その行き詰まりを解消するどころか、秋の大統領選挙に向けて政治が腐敗していく壮大なプロセスが繰り広げられた。本当に民主主義なのかと疑うような状態のなか、一方の政党が真実を認めようとせず、パンデミックという現実についてさえ合意できないのならば、「誰が統治するのか」という問題が、共同で票を集計する大統領選という行為によって解決するとは思えなかった。

2020年11月のアメリカ大統領選は、さまざまな勢力を巻き込んだ実力行使の場と化してしまった。アメリカ中の権力という権力が、大統領選の舞台に呼び集められた――裁判所、軍、メディア、実業界も。公衆衛生の危機に対応するためでもなければ、忍び寄る社会危機に備えるためでもない。ドナルド・トランプに――トランプでないなら、少なくとも共和党に――大統領選での敗北を認めさせるためにである。そのあいだも、中国との緊張は高まり、欧州との関係はこれまでにないほど弱体化し、力強いアメリカ経済でさえ、国家体制をひとつにまとめる力を失ってしまった。

トランプの共和党とそのリベラルな敵

発端は経済再開をめぐる議論だった。経済再開は世界中で議論の的だった。英国、ドイツ、イタリアでは、ロックダウンに反対する怒りの抗議デモが起きた。[1] ところが、アメリカではその問題はもっと広い文化戦争を内包していた。しかもその戦争を煽ったのは、アメリカ政治のトップに立つ人間だったのである。ウイルス対策チームを率いる公衆衛生の専門家は、ロックダウンの継続を強く訴えた。ところが、トランプはその意見を無視して、ホワイトハウスから経済活動の再開を呼びかけた。

民主党の州知事がロックダウンを行っているとトランプが非難すると、白人至上主義者がその声に応えた。すでに2017年、そのような人種差別的団体は、南部バージニア州シャーロッツビルで開かれていた、極右団体に抗議する集会に車で突っ込み、死傷者を出す事件を起こしていた。そして２０２０年、極右武装勢力の「リバティ・ミリシア」がミシガン州議会議事堂に向かって行進し始めた時、新たに不穏な扉が開いた。抗議デモの表向きの主張は経済だったにせよ、大企業が選んだのは舞台裏でのロビー活動だった。抗議デモ参加者が守れと主張する「アメリカ経済」は、タトゥーショップ、理容店、日焼けサロン、バー、スポーツジムだった。[2] 舞台裏では、アメリカ政治を操るコーク兄弟の黒い資金《ダーク・マネー》が飛び交った。[3] それは怒りに駆られたチンピラの資本主義者と、企業リベラリズムと戦う右派の新興実業家とが一体となった、奇妙な階級闘争だった。

そして、アメリカ社会の傷口がさらに大きく開いた。２０２０年5月25日、ミネソタ州ミネアポリスの警官が、アフリカ系アメリカ人のジョージ・フロイドに手錠をかけて地面に押しつけ、膝で首を圧迫して死に至らしめるという事件が起きたのだ。[4] 特に珍しい事件ではない。アメリカではそれまでにも、アフリカ系の男性がたくさん、警官の手によって命を奪われてきたのである。だが今回の事件は「拡大作用」をもたらし、全米中で激しい抗議の嵐を巻き起こした。それでなくても、アフリカ系アメリカ人の市民はパンデミックの影響を不当に受けていたのだ。この事件は彼らの不公平感を、さらに強く掻き立てた。

ブラック・ライブズ・マターのデモ活動は、急進勢力と革新勢力を結集させた。左派だけではない。7月初めには、１５００万人とも２６００万人ともいわれる市民が、ブラック・ライブズ・マターの抗議活動になんらかのかたちで参加していたのだ。[5] リベラルな警察署長はデモ行進に参加した。民主党指導部はアフリカの民族衣装ケンテを身に纏った。ＪＰモルガン・チェースのジェイミー・ダイモンが〝片膝をついて〟反人種差別の意思を示した。[6] さらにＪＰモルガン・チェースは、マイノリティの家族や企業に対する融資枠として、今後5年間で300億ドルを用意すると発表した。シティグループは「人種間の富の格差」を解消するために、10億ドルを拠出すると公約した。[7] 差別を受け、抑圧の対象になってきた人びとに対する支援が、アメリカ企業のあいだで一種のブームとなったのだ。[8]

トランプにとってその状況は、まるで雄牛に向かって赤い旗を振るようなものだった。企業のリベラル層が社会正義に目覚め、人種差別の問題に取り組もうとすればするほど、トランプは喧嘩腰の態度で文化戦争に臨み、アメリカは国家転覆の脅威に曝されていると息巻いた。そして抗議活動を抑え込むために、州兵や連邦軍の動員を要求した。ホワイトハウスにほど近い教会の前で、聖書を手にした自分自身の写真を撮影させるために、ホワイトハウス周辺の抗議デモを強制排除させた。撮影に臨むトランプの脇を、戦闘服に身を包んだ地位の高い将軍が固めた。アフガニスタンのカブールか、イラクのバグダッドを思わせる光景だった。抗議デモを鎮圧するために、ワシントンDCで第82空挺師団を展開させようとしたトランプを、エスパー国防長官が阻止したことから、ふたりの確執が伝えられた。[9]

だがたとえ戒厳令が敷かれなくても、2020年6月、アメリカは規律と自制の新たな体制下にあった。略奪を阻止するために、ニューヨーク、シカゴ、ロサンゼルス、サンフランシスコをはじめ少なくとも全米23都市で、ロックダウンに加えて夜間外出禁止令も出されていたのだ。[10] 都市生活者は夏の夜の暑さを戸外でしのぐこともできず、警察の拡声器の指示に従って自宅に帰るより仕方がなかった。

誰の責任か。リベラルのあいだでは、トランプを非難する声が最高潮に達した。トランプはフアシストか、少なくとも独裁主義者ではないか。7月4日、独立記念日の式典がマウント・ラシュモアで開かれた時、式典に出席したトランプのグロテスクな態度は、第2次世界大戦時のイタリアの独裁者ムッソリーニを彷彿とさせた。だが、当のトランプは世間の批判などまったく意に介していないようだった。[11] トランプ政権は、国内と国外の敵を攻撃し、その境目も徐々に曖昧になっていった。国内の敵は、極左のアンティファ、社会主義、高まりを見せる反人種差別主義だった。企業のリベラルな経営陣どもは、トランプの国内の敵を容認し、彼らの運動をけしかけていた。クリントン政権時代から共産中国の発展を促してきたのも、まさしくその企業リベラルどもであり、共産中国はいま、アメリカに新型コロナウイルスを撒き散らしていた。

政府の高官は、ウイルスの拡散は中国の陰謀だという見解を支持していた。トランプとその側近にとって、コロナは「武漢ウイルス」にほかならない。侮蔑の念を込めたその呼称にアメリカ側があまりにこだわったため、G7外相会議は結局、共同声明の発表を見送らなければならなかった。[12] そのような事情を考えれば、WHOなどの国際機関が中国のフロント組織だ、とトランプ政権が強弁するのも無理はなかった。[13]

そのあいだも、国務長官のマイク・ポンペオ、国家安全保障問題担当大統領補佐官のロバート・オブライエン、司法長官のウィリアム・バーたちタカ派は、新たな冷戦に伴うイデオロギー上の戦略方針を描いた。ヘッジファンド大手のブリッジウォーターの関係者が指摘したように、カードはいつもと違う方法で配られた。[14] トランプ政権は、国内外の脅威を一緒くたにしたのである。企業リベラリズムは共謀して中国に宥和戦略をとり、アメリカを内部から弱体化させようとしている、とタカ派は非難した。

司法長官のウィリアム・バーは、１９６０年代のベトナム反戦運動の時代に遡る筋金入りの極右である。バーはこの時、「アメリカ実業界には重大な責任がある」と痛烈に糾弾した。[15] 中国と取引するうえで、アメリカ企業の経営者の多くは「自社の長期的な成長能力」にすら関心がない。彼らにとって重要なのは「短期の儲け」だけだ。「手っ取り早く利益を上げられれば、ストックオプションを手にして、早期にリタイアしてゴルフリゾートで暮らせる」からだ。バー司法長官にとって、いまはヘッジの時ではなく第２次世界大戦の時だった。「今日の相手はドイツではありません」。バーは言った。なぜなら「過去のアメリカ企業は……アメリカとともにあったからです。そして特権も利益も安定も法の支配も、企業か個人かに限らず利益を上げる能力も、アメリカというこの国の強さから生まれる」からだ。[16]

リベラルなカリフォルニア州の2大産業、テクノロジーとハリウッドは、バー司法長官にとってとりわけ頭痛のタネだった。テック系企業は、中国という監視国家に加担している。そしてまた「ハリウッドの俳優、プロデューサー、監督は、自分たちが自由と人間の精神を讃えていると誇りに思っています」。バーは演説でそう冷笑ぎみに語っている。「そして毎年、アカデミー賞授賞式が開かれると、この国にはハリウッドが描き出す社会正義の理想が欠けている、とアメリカ人はお説教されます。ですが、いまのハリウッドは中国共産党の怒りを買わないように、いつも自主検閲をしています。世界で最も人権侵害の甚だしい中国共産党のためにです」。[17] バー司法長官は、自分が考える理想のアメリカ像と実際のアメリカ資本主義との差を実にうまく捉えていた。バーはさらに、中国で事業を展開し、中国に有利な発言をするアメリカ企業は「外国代理人登録法」の登録対象になる可能性にまで言及した。[18]

イデオロギーに関しては珍しく許容範囲の広いバー司法長官も、中国を非難することにかけては、トランプの側近たちと変わりなかった。その根底には、トランプ大統領がさまざまな敵対勢力の犠牲になっているという考えがあった。たとえば、中国から持ち込まれたウイルス。〝フェイクニュース〟の執拗な攻撃。ウォールストリートのリベラルども。バーニー・サンダースの社会主義。民主党の移民系女性議員。目覚めた《ウォークな》反人種差別主義。そしてリベラルな州知事たち。彼らはロックダウンを継続することで、トランプの忠実な支持者である中小企業の経営者たちを苦しめている。さらには、マスクの着用を求める公衆衛生の独裁的な専門家まで。

その対極にあるのが、アメリカという国を愛し、男らしく、健康的なブルーカラーの労働者階級だ。バー司法長官の論理に従うならば、世界を駆けめぐる企業エリートに裏切られた労働者たちである。だがそれはつまり、「共和党は富裕層寄りだ」というこれまでの常識の驚くような逆転現象が起き、「共和党はいまや労働者階級の味方だ」という意味だった。２０１６年の大統領選以来、トランプ自身、繰り返しそう訴えてきた。トランプは、がっしりした体型の労働者階級のアメリカ人と並んで写真に収まることをなにより好んだ。作業服にヘルメット姿なら、なおさらよかった。２０２０年の連邦議会選挙では、テッド・クルーズやジョシュ・ホーリーなどの共和党の若手有力議員も、同じ戦略を踏襲した[19]。彼らは右派の大衆迎合主義に訴え、ブラック・ライブズ・マターの反人種主義政治を〝犬笛戦術〟で攻撃し、さらに中国共産党を罵倒混じりに批判した。

世論調査からも明らかなように、彼らの訴えも根拠がないわけではなかった[20]。共和党支持層の多くが、白人労働者階級だったからだ。もし階級の代わりに教育を基準に用いたならば、トランプに投票するかどうかを占う判断材料は、「人種」のほかには「大学を卒業していない」ことだった。

その結果、共和党は文化的アイデンティティを中心にまとまり、それが政策に影響を与えるとともに、大きな矛盾も孕むことになった。

トランプの共和党は、財政保守派を自認しながら、財政収支よりも減税を重視した。自立を謳いながら、FRBを使って株式市場に影響力を及ぼした。労働者階級が支持する共和党の政策は、大企業に有利な規制緩和を約束していた。[21] 小さな政府のはずが、大規模な連邦軍、大量の投獄、肥大して柔軟性を失った警察部隊を重視した。共和党の支持基盤はトランプを熱烈に支持していたが、連邦議会の共和党指導部は、トランプ再選を確実にする措置には躊躇していた。すなわち、第2の巨額の財政刺激策である。

膠着する連邦議会

2020年夏、欧州とアジアの国は、ウイルスを封じ込めるという緊急の課題と、通常の生活の再開を望む声とのバランスをとらなければならなかった。欧州を第2波、第3波が襲ったことからも明らかなように、それは非常に難しかった。アメリカの大部分の州でも状況は同じだったが、特に被害の大きかった民主党支持者の多い東海岸の州では、バランスをとるために四苦八苦していた。3月から4月にかけてアメリカの感染の震源地だったニューヨーク市は、ソーシャル・ディスタンス戦略を続けたことから、感染拡大を制御できる程度にまで回復していた。だがその代償として、市民は普通の生活を諦めなければならず、社交生活もなかった。

しかしながら、共和党支持者の多いあちこちの州とホワイトハウスは、ウイルスの脅威をまったく否定した。過熱する大統領選のいっぽうで、トランプはコロナ関連の話題を極力避けようとした。そして、感染者数が多いのは検査件数が多いせいであり、検査ペースを落とすように指示したと語った。トランプの側近である国家経済会議委員長のラリー・クドローは、パンデミックを過去形で語った。「あれはひどい出来事でした。人びとの健康と経済に、悲劇的な影響を与えました。あちこちで試練に見舞われ、悲痛な光景が繰り広げられました」[22]。

そのあいだも、トランプは再選へと続く道を探し出した。2020年初め、トランプのいちばんのご自慢はアメリカ経済だった。重要なのは、雇用統計とS&P500だった。2020年夏になる頃には、経済に持ち直しの兆しが表れた。労働市場も改善の方向にむかっている。株式市場も回復しつつあった。7月には低所得層にとってさえ、彼らを取り巻く状況が明るくなっていった。

ある記者会見でトランプは、開いた口が塞がらなくなるような発言をした。白人警官に首を押さえつけられて命を落としたジョージ・フロイドの気持ちを代弁して、「フロイドは雇用統計の改善にきっと喜んでいるはずだ」などと受けとれる発言をしたのである。[23]つまるところ、歴史的に見て、失業率の低さによって最も恩恵を被ったのは、アフリカ系アメリカ人の男性だったからだ。

悲観論者もいれば、不吉な先行きを予言する者もいた。トランプの取り巻きは、またもや手当たり次第にFRBとパウエル議長をこき下ろした。「記者会見を開く時、パウエル氏はもう少し明るくできるはずだ」。そう述べたのは、どんな時にもトランプに忠実なラリー・クドローである。「なんというか、時々、笑顔を浮かべるとか、もう少し楽観的な見通しを示すとか。私が彼と話してみるよ。それで、近いうちにメディア対応の練習でもするとか」。

大統領補佐官のピーター・ナヴァロは、見下した態度を隠そうともしなかった。「ジェイ・パウエルが前へ進む最善の戦略はただ……金利が向かう先を私たちに教えて、その口は閉じておくことだ[24]」。だが、まさにその「前進」こそが問題だった。３～４月の景気後退からの回復はどのくらい続くのか。どのくらい力強い回復なのか。

その答えを明白に示していたのは、２０２０年夏に最も厳しいコロナ危機に見舞われた州だった。問題は、パウエル議長の陰気な態度でもなければ、民主党の州知事が課した過酷なロックダウンでもなかった。親トランプの（共和党支持者の多い）赤い州は早々にロックダウンを解除したが、経済活動が再び落ち込んだ。問題はロックダウンではなくウイルスだったからだ[25]。

ウイルスを封じ込めて、経済の自信が回復するまでは、仕事生活、買い物、社交生活、通学、保育施設は元には戻らないだろう。これまでの経済の回復は、春に実施した景気刺激策の規模に負うところが大きかった。だが、それもまもなく期限切れになる。２０２０年７月末には、失業給付の特例が終わりを迎えるのだ。数百万世帯の収入がとつぜん絶たれる前に、連邦議会は給付の延長に合意しなければならない。

企業や組織のあいだでは、景気低迷に対する懸念が広がっていた。５月、全米商工会議所をはじめとする経済ロビー団体は、州政府と地方自治体に補助金を交付するよう連邦議会に強く要請した[26]。民主党が多数党を占める下院は、３兆ドルの景気刺激策を賛成多数で可決した[27]。いっぽうの共和党が多数党を占める上院は、さらに野心的なプログラムを提案した。失業者に対する追加の給付金であり、連邦議会で承認が得られるかどうかに関係なく、失業率が６％を超えると自動的に発動される「自動安定化装置」だった[28]。単なるアドバルーン発言にすぎなかったが、それはまた、アメリカ社会と経済とをつなぐ要部分の大きな弱点を浮かび上がらせた。すなわち、つぎはぎだらけで排他的な福祉制度である。

景気刺激策の成立を目指すためには共和党の票がぜひとも必要だったが、共和党内でも意見が分かれた。共和党上院議員のうち、少なくとも20人の強硬派がこれ以上の財政出動には強く反対を唱え、[29]ホワイトハウスから聞こえてくる楽天的な発言を支持した。「CARES法」を即座に延長することはできない。失業給付額を削減すれば、まともに働こうという意欲も戻ってくるだろう。それは雇用者側に有利な政策のように聞こえた。ところが、2020年夏にアメリカの企業や組織が実際に望んでいたのは、給付額の削減どころか、さらなる景気刺激策だった。

共和党上院院内総務のミッチ・マコーネル自身は、州政府と地方自治体に補助金を交付することには反対だった。そして補助金交付を、公共部門の労働組合に対する「(民主党支持者の多い)青い州のばら撒き」と呼んだ。[30]マコーネルお得意のプロジェクトは「法的責任保護」だった。これは、従業員を早期に職場に戻すいっぽう、ウイルス感染に関連するあらゆる訴訟から雇用主を保護するという法案である。だが、マコーネルの法案は企業の無責任な行動にお墨付きを与えるものだとして、民主党が主導する下院を通過しなかった。[31]トランプ大統領は、みずからのお気に入りプロジェクトである給与税減税を、今回の経済対策にも盛り込むように騒ぎ立てたが、与党内からも理解は得られなかった。[32]

連邦議会が膠着し、景気刺激策の成立が危ぶまれることを恐れたホワイトハウスは、失業給付に対する週600ドルの特例加算を最低4カ月間、延長するように働きかけた。だが、すでに遅かった。ますますレイムダックと化した大統領の提案を呑む雰囲気は、共和党幹部にはなかったのだ。[33]こうして8月に入ると、3000万人の失業者に対する追加支給が消滅してしまった。トランプ政権に残されたのは、家賃を支払えない市民の立ち退き猶予期間を延長するために、疾病予防管理センターの感染対策権限を利用することだった。まさに異例の措置であり、実効性には疑問もあったが、住居の強制退去を命じられた大量の市民がホームレスになってしまえば、ウイルスを拡散させ、感染を拡大させてしまうことは間違いなかった。[34]

この時点で、マコーネルと上院共和党から主導権を引き継いだのが、ムニューシン財務長官だった。ムニューシンは連日のように、多数党下院議長のペロシと下院民主党と交渉を重ねた。5000億ドルの上限にこだわったマコーネルに対して、ムニューシンがペロシに持ちかけたホワイトハウス案は、1兆8000億~2兆ドルだった。トランプ自身は自分の名前のついた巨額の包括的刺激策には乗り気だったが、大統領選を間近に控えたいま、大型の景気刺激策はどちらの党にとっても危険だった。

民主党にとっては、土壇場でトランプに勝利を献上することだけは阻止したい。共和党のマコーネルの懸念は、巨額の景気刺激策では財政保守派の票を集められないことだった。そしてマコーネルがもうひとつ恐れたのが、ペロシの真の狙いが共和党内の分裂にあったことだ。連邦最高裁判所判事として、新しく保守派のエイミー・コニー・バレットを上院で承認するために、マコーネルが共和党議員の票を取りまとめるタイミングで、民主党のペロシは共和党内の分裂を狙ってくるはずだ。

マコーネルはこう伝えた。もし多数党下院議長のペロシとホワイトハウスが、マコーネル案に同意するならば、バレットの最終承認を大統領選のあとまで引き伸ばしても構わない。そうすれば民主党の勝利になり、民主党は共和党を〝大型景気刺激策の成立に反対した壊し屋〟に仕立て上げられる。となると、マコーネルにとって都合がいいのは、景気刺激策について合意に達しないことだった。民主党内の左派のなかには、手に入るもので満足すべきだと主張する者もいた[35]。だが、5月に下院で3兆ドルの景気刺激策を通過させていたペロシは、ホワイトハウス案では満足しなかった。そして、反トランプ感情の高まりに乗じて、民主党案が上下院の両方で過半数を取れるのではないかという賭けに出た。

パンデミックの第2波が本格的に押し寄せ、経済回復が遅れているのにもかかわらず、政治的打算の罠に落ちたことから、大型の財政出動が実現する希望は消え失せた。切羽詰まった事態を前に、アメリカの政治システムは、もはや過半数を集めて協調行動をとる能力さえ失っていた。こうして、経済政策はFRBの手に委ねられた。

緊急事態に陥った3月のあと、FRBによる債券購入のペースは落ちていた。FRBはそれまで個別企業の社債や、州や地方政府の公債を大量に買い入れたことがなかった。だが、必要に応じて支援するというFRBの積極的な姿勢は、ウォールストリートにセーフティネットを提供した。市場がパニックに陥った2020年3月に、社債の購入を約束して一線を越えたFRBは、2020年8月27日に次の一線を越えた[36]。2019年、FRBは金融政策のフレームワークの再点検に着手していた——政策目標に掲げている2%のインフレターゲットに、何期間も続けて届かなかったことに対して、どんな手を打つべきか、と。そして1年間の検討を経て、2020年8月にFRBが出した答えは、とても答えとは言い難かった。ほかの先進市場国と同じようにアメリカも、低インフレの問題を抱えている。FRBに打てた手は、結局、政策目標をより柔軟に解釈することだった。

FOMCは次のような声明を出した。今後は「インフレ率を2%以下に抑える」のではなく、

「期間平均で2％のインフレ率を目指す」ことになる。もし、ここ数年のようにインフレ率が2％を下まわる期間が続いたら、しばらくのあいだ、2％を穏やかに上まわることを目指す。もし2％を上まわる時には、FRBは予防的に抑制することはせず、経済が〝ホットに〟なるのに任せる。2020年の経済状況を考えた時、インフレ率が2％を上まわることはあり得なかったが、金融政策の新たな指針は将来展望を変えた。金利は小刻みに上昇し、ゴールドと銀の購入が激増した。(37) 保守派のアメリカ人は調整を求めたが、政治状況は彼らの不安を煽るばかりだった。

トランプ対バイデン

パンデミックとブラック・ライブズ・マターの抗議活動を背景に、2020年の大統領選挙運動は盛り上がりに欠けた。トランプは大規模な選挙集会を開いて、ウイルスなど意に介さないことを知らしめた。そして新型コロナウイルスに感染した時には、早急に回復して武勇伝に加えた。対する民主党は、ジョー・バイデンという安全な候補者を選んで、安全な選挙キャンペーンを展開し、バイデンは自宅地下のスタジオからインターネット中継を通じて選挙活動を行った。政策を競う戦いとして見た場合、今回の選挙戦は異様なほど一方的であり、トランプに政策などなかった。民主党内の左派と右派を合体させ、サンダース陣営との連携を図ろうとしてバイデンがまとめたマニフェストは、民主党候補として史上最も急進的だった。(38) 民主党下院が提案した3兆ドル規模の景気刺激策と、サンダースが掲げたグリーン・ニューディールが盛り込まれていたのだ。

バイデンのマニフェストは、財政プログラムの規模と同様に、気候問題を重視した点でも際立っていた。かつて気候問題は急進的な議題だったが、2020年夏に市場が夢中だったのはテスラだった。それまで化石燃料業界に君臨していたエクソンは、8月にダウジョーンズ工業平均株価の構成銘柄から外れてしまった。[39] S&P500のうち、エネルギー関連銘柄が占める割合も、2008年の16%から、2020年にはわずか2・5%へと激減した。ウォールストリートは、グリーン資本主義に傾きつつあった。

もし民主党がホワイトハウスだけでなく、上下院まで支配するようになれば、大量の国債を発行することになるだろうが、FRBをバックストップ役に、莫大な国債を抱える状況についてもうまく対処することになるだろう。もっと多くの景気刺激策が必要だった。それに結局、それ以外の選択肢があっただろうか。親トランプのフォックスニュースのキャスターに、「再選が決まったら、2期目にはどんなことがしたいのか」と訊かれたトランプは、返答に詰まり、なにも答えられなかった。共和党の全国大会ではマニフェストすらなかった。彼らにとって重要なのは政策ではなかった。重要なのはトランプであり、トランプが象徴するアメリカの理想の姿だった。

そのようなことでは、過半数の票は勝ち取れない。2020年春から、世論調査は確かな差でバイデン勝利と占っており、世界中が固唾を飲んで見守るなか、バイデンは大差で勝利をものにした。選挙人の獲得数が一時的に僅差だったのは、カギを握る激戦区の多くで、トランプが世論調査の予想を超える健闘ぶりを見せたからだ。さらに言えば、大統領選でバイデンが圧倒的勝利を収めたからといって、連邦議会議員選でも民主党の圧倒的勝利とはいかなかった。どちらが上院の過半数を占めるかは、持ち越しとなった。2021年1月5日、ジョージア州で行われる上院2議席の決選投票の結果次第だった。

結局、2020年の大統領選によってますます明らかになったのは、アメリカの経済的、社会的、地域的、文化的な分裂だった。[40] 2000年の大統領選では、共和党のジョージ・W・ブッシュが2417郡を勝ち取り、GDPの45％がブッシュに投票した。対する民主党のアル・ゴアはおもに都市部の666郡を勝ち取り、GDPの55％がゴアに投票した。[41] 2020年の大統領選では格差はさらに広がった。バイデンが獲得したのは520郡で、郡の数で見れば圧倒的にトランプより少なかったが、人口の60％を占め、GDPの71％を占めた。トランプに投票したのはGDPの残り29％だった。[42] 実際、トランプに投票した2564郡では、ブルーカラーが多かった。反対にバイデンに投票した郡は、圧倒的にホワイトカラーが多かった。[43] 4年制大学の卒業生の割合が多いアメリカの上位100郡のうち、バイデンが84郡で、トランプが16郡で勝利した。2000年の大統領選では共和党のブッシュが49郡を勝ち取っていた。また1984年に遡れば、教育程度の高い郡の80％が共和党に投票していた。

アメリカ政治をめぐる衝突は、二極化を反映していた。ひとつは、激動の1960年代以降にアメリカがくぐり抜けてきたさまざまな変化を受け止め、その変化に乗じてカネを稼いできた者たち。もうひとつは、1950年代あるいは、少なくとも彼らにとっての過ぎ去りし日々への郷愁を捨てられず、その時代に戻りたいと願う者たち。トランプは後者の強い欲求を満たし、大統領選で敗北したにしろ、それはアメリカの赤い州がトランプを見捨てたせいではなかった。それどころか、トランプは前回以上の得票数を稼いだのである。実際、トランプは――バイデンを除いて――史上最も多くの得票数を獲得した大統領候補だった。そして、トランプはあの調子で、勝ったのはバイデンではなく自分だと考えていた。さらに、ジョージア州で重要な上院2議席を争っていたために、共和党はトランプを切り捨てれば、トランプ支持層の票を失ってしまうことを恐れた。世界各国の政府がバイデンの勝利を祝うあいだも、トランプ自身も、上下院の共和党指導部も、あちこちの州で選出された共和党議員も、トランプの敗北を認めようとはしなかった。

トランプが選挙結果を受け入れる可能性は、どんな選挙でもわずかだった。なんといっても、ヒラリー・クリントンと争って勝利した2016年の結果にさえ、異議を唱えたくらいなのだ。そして今回、もしトランプが勝っていたら、バイデンとの得票差が大きくないといって抗議していたに違いない。だが、2020年の大統領選に伴う不確実性は別の類いのものだった。トランプが自分の敗北を認めないことは、単に法的な作戦ではなかった。トランプはオルタネイト・リアリティ、すなわち〝代替現実〟しか眼中になかったのだ。[44]

それなら、自分の思い通りの選挙結果を相手に受け入れさせる方法は？　裁判に訴えるという明らかな手段があった。共和党はあちこちの州で訴訟を起こした。トランプは、自分が選挙結果の無効を求めているという事実を隠そうともしなかった。ところが、待っていたのは不本意な結末だった。トランプ陣営が起こした訴訟にまともに対応した法廷は、アメリカ中にひとつとしてなかったのだ。ウィスコンシン州だけが、トランプの望みに近い段階まで進んだ。[45]

連邦軍を派遣するという可能性はあったのか。トランプの取り巻きのあいだで、その可能性が話し合われたことはわかっている。かつてトランプの国家安全保障問題担当大統領補佐官を務めていたマイケル・フリンは、ロシアによるアメリカ大統領選介入疑惑をめぐって偽証罪に問われていたが、つい数日前の11月25日に、トランプに恩赦を与えられたばかりだった。そのフリンは、トランプに「ルビコン川を渡って」連邦軍を出動させ、戒厳令を敷くように要請した。[46]だが指揮系統の上層部は、自分たちが宣誓したのはあくまでアメリカ合衆国憲法に対してであって、連邦軍の最高司令官である大統領に対してではないと、公の場で述べた。連邦軍は選挙には関与しない、というわけである。

アメリカ企業についていえば、2020年は共和党の政治文化に対する居心地の悪さを、改めて確認した1年だった。その違和感が最初に明らかになったのは、2008年に共和党大統領候補のジョン・マケインが、副大統領候補にサラ・ペイリンを指名した時だった。アメリカ企業の経営陣は、トランプに対して常に相反する感情を抱いてきた。2017年のトランプ減税も、規制緩和もありがたかった。一匹狼の億万長者のなかにはトランプを支持し続ける者もいたが、トランプの〝反動的文化の政治学〟に共感する実業界の大物はほとんどいなかった。

中小企業の経営者であれば、トランプに対する好感を口にしたかもしれない。彼らのほとんどが熱烈な親トランプだったからだ。とはいえ、2020年夏にアメリカの大企業の経営者が、パンデミックの深刻さを認めず、人種間の平等の重要性を否定することは、まず考えられなかった。アメリカ企業の望みは、集団免疫を得るための活動でもなければ内戦でもなかった。彼らが望んでいたのは、社会の平和であり、パンデミックの封じ込めである。中国に対する強引な攻撃は火に油を注いだ。党派心はアメリカ経済を引き裂いた。

もし民主党が大きく左に傾き、サンダースを正式な候補者に選んでいたら、事態は一変していただろう。大企業か中小企業かに限らず、実業界が共和党支持の下に結集していたに違いない。あるいは複数の億万長者がほのめかしたように、第3の党が結成され、反トランプ票が割れていた可能性が高い(47)。大企業はまさしく民主党にそう脅し文句を並べた。裕福なロビー団体のお墨付きを得たうえに、愛想のいいパーソナリティのおかげで、バイデンは確実な候補者だった(48)。

バイデンは自分が古いタイプの民主党議員であり、1980年代の生き残りであることを隠さなかった。2019年6月、バイデンはニューヨークのカーライルホテルで裕福な支援者のグループを前に、課税と再配分についてアメリカのアッパークラスにはそろそろ譲歩をお願いしたい、と語った。バイデンには裕福な人たちを「悪者扱いする」意図はなかった。だが「みなさんもおわかりでしょう。本心ではどうすべきか、わかっていらっしゃるはずです」。バイデンは続けた。「私たちは細かい点では意見の異なることもあるでしょう。ですが、実のところ、すべては安全地帯にあり、誰も罰を受ける必要はありません。誰の生活水準も変わりません。根本的にはなにも変わらないのです……。今日のアメリカのような大きな所得格差は、政治的不和と革命の土台を醸成し、発酵させてしまいます。そして、デマゴーグ（扇動政治家）につけ入る隙を与えてしまうのです[49]」。トランプが登場し、デマゴーグの悪夢が実現した。もしトランプ政権の司法長官が、「アメリカ企業が中国に民主主義を売り渡している」と非難するのならば、今度は大企業が、「トランプと共和党はアメリカの民主主義のルールに従うべきだ」と要求する番だった。

今回の大統領選では、新型コロナウイルス対策のせいで郵便投票を余儀なくされた。トランプ陣営が郵便投票の正当性を法的問題にすることは、すでに大統領選が始まる前の段階で明らかだった。2020年10月半ば、著名な経営者50人が声明を出し、すべての票を数えるように要求するとともに、投票結果がすぐには出ない可能性もあるため、メディアは時期尚早に勝利者を発表すべきではないと釘を刺した[50]。トランプは郵便投票反対のキャンペーンを激化させ、さらに反発を招いた。10月27日、もし投票日後も投票用紙が数えられるならば「極めて不適切だ」とトランプが発言した。それから数時間のうちに、商工会議所やビジネスラウンドテーブル（財界ロビー団体）などの8つの企業組織が、共同声明を発表するという異例の行動に出て、トランプに反論した。「平和で公正な選挙」を要求するとともに、得票数のカウントには「数日から、長ければ数週間」かかるかもしれず、それは法律的にまったくなんの問題もないと主張したのである。

JPモルガン・チェースの会長兼CEOのジェイミー・ダイモンは同行の幹部にメールを送り、民主的プロセスの尊重を「最優先」するように訴えた。「アメリカ経済の健全性は、民主主義の強さの上に成り立っている」というダイモンの警告に、260人の幹部クラスが署名した。経理管理ソフトウェア大手エクスペンシファイのCEOデーヴィッド・バレットも、メールを送った。バレットの場合、1000万人のユーザーに反トランプのメールを送信し、あと4年もトランプ政権が続けばアメリカの民主主義は破壊されると訴えた。「株主の利益を考え、破壊を阻止するために、自分にできる措置を講じなければならなかった」のだ[51]。民主主義の崩壊は、バレットの会社の存続を揺るがす問題でもある。なんといっても「内戦になってしまえば、あまり明細書が提出されないからだ[52]」。

敗北を認めようとしないトランプに、著名な経営陣は攻勢を強めた。投票日の3日後にあたる11月6日、イェール大学経営大学院のジェフリー・ソネンフェルド教授が、CEOを集めて定例の朝食会を催した。その時に中心を占めたのは、イェール大学の歴史家ティモシー・スナイダーが、「トランプとその政権が目論んでいる〝クーデター〟は失敗に終わる」と予言した話題だった。スナイダーは「トランプの脅威を大袈裟に警戒する人物」として知られている。「トランプの脅威は誇張されすぎている、と考える人がいる」ことはソネンフェルドも認めたが、企業の経営幹部が深く憂慮していたことは間違いない。企業の経営陣が望んだのは「分裂した国家ではない。コミュニティの破壊は望んでいない。敵意に満ちた職場であってほしくはないんだ」[53]。

11月も末になると、経営者たちの深い憂慮はますます現実的なものとなっていった。トランプがバイデン次期大統領への政権移行に協力しようとしなかったのだ。この状態が長引けば、政治の空白ができてしまう。またしても、ブラックロックのCEOラリー・フィンクやゴールドマン・サックスのCEOデーヴィッド・ソロモンをはじめ、160人もの経営者が、トランプは政権移行に協力すべきだと強く非難した。「次期政権が連邦予算を使うことや重要情報にアクセスすることを妨げる行為は、国民と経済の健全性とアメリカの安全保障を危機に陥れ……1日1日と、通常の政権移行プロセスは遅れ、我々の民主主義の姿は国民の目にますます衰えて見え、国際舞台での我が国の権威に傷がつく」[54]。

感謝祭の週（11月第4週）に入ると、ようやく通常の政権移行プロセスらしきものが始まった。ところが、共和党指導部は頑としてバイデンの勝利を認めようとはしなかった。アメリカ実業界の錚々たる経営者の訴えも、トランプ、トランプの投票者、共和党内のトランプ主義者と、企業経営者との分裂の深さを浮き彫りにしただけだった。

苦境に立たされたアメリカ市民

そのあいだも、パンデミックは猛威を振るった。2020年12月前半、1日の犠牲者数が過去最多を更新する。1日の感染者数で、ロサンゼルスがニューヨークを抜いた。アメリカ社会の二極化はさらに進んだ。株の保有者は2020年を気分よく終えた。特にテスラの株主にとっては最高の年だった。テスラの時価総額が急上昇して、世界の自動車メーカー上位9社の時価総額を超えたのだ。[55] そのいっぽうで、アメリカ市民は崩壊の進む福祉国家にますます依存するようになり、危機的な様相を呈していた。

２０２０年11月初め、面倒を見なければならない子どもが家にいるアメリカ人失業者の４分の１が、その前の週に食べ物が充分になかったという。アフリカ系アメリカ人の５分の１が空腹を訴えていた。[56] 休校のせいで無償の給食が食べられなくなり、その影響をまともに被ったのが貧困家庭の子どもたちだった。11月半ばの週末に、ダラス郊外にあるノーステキサスフードバンクが２万５０００人に配布した食料は、３００トンにのぼった。[57] 食料を受け取ろうとする車とトラックの列は延々と続き、フードバンクのネットワークは限界に達していた。トランプの娘イヴァンカが鳴り物入りで始めた、「ファーマーズ・トゥ・ファミリーズ・フードボックス・プログラム」も資金が尽きた。

２０２０年、アメリカ国内の飢餓救済プログラムでさえ、中国との貿易戦争と無関係ではなかった。「食品購入配給プログラム」には、71億ドルが割り当てられていた。これは、中国との貿易戦争に巻き込まれて海外売上高が激減した、アメリカの農家から食品を買い上げるプログラムだったが、２０２０年12月31日に終了し、継続されることはなかった。２０２０年末、飢餓と戦う活動の専門家が警鐘を鳴らしたように、食べ物を求める市民の絶望的な声は高まるばかりなのに、アメリカ中のフードバンクは、それまで農務省から受け取っていた食料が、半分に減らされることになってしまった。[58]

保育施設が閉鎖されて子どもを預けられなくなり、仕事を辞めざるを得なくなった親は、経済的な苦境に立たされたにもかかわらず、失業給付を受けられなかった。フードスタンプの申請は、誰にでも認められたわけではなかった。フードバンクの列は果てしなく続いた。[59] 冬が近づき、政権移行プロセスは遅々として進まず、自由の地、勇者の国であるアメリカでは食料品の万引きが横行していた。

第Ⅳ部

政治の役割

第12章

ワクチンの開発競争

すべてはワクチン開発にかかっている

２０２０年秋になると、恐れていた第２波が欧州とアメリカを襲った。中国をはじめとする東アジアの国々は、ソーシャル・ディスタンス戦略や集中的な公衆衛生対策によって、大規模な集団発生も抑制できることを証明していた。だが、桁違いの感染者数を出した欧州、ラテンアメリカ、アメリカ、西アジアでは感染拡大を抑え込めなかった。２０２０年春の時点で、感染をコントロールできていると思われていたスウェーデン、東欧諸国、ドイツでさえ、冬になる頃には苦境に陥っていた。サハラ以南のアフリカ、それも特に南アフリカ共和国とナイジェリアで感染が急ピッチで拡大していた。

シャットダウンを繰り返せば、流行曲線を平坦化でき、医療体制の崩壊を防げた。11月になる頃には、英国、ドイツ、フランス、イタリア、ベルギー、チェコ共和国は、なんらかのかたちのロックダウンを実施していた。部分的な都市閉鎖を導入し、いろいろなソーシャル・ディスタンスも試したが、当局の混乱によって、ロックダウンを実施する職員や関係者でさえ戸惑う始末だった。2020年春の時と同じように、ロックダウンによって感染速度は落ち着いた。経済的損失も春よりは抑えられた。だが、この頃にはすでに明らかだったように、パンデミックを抜け出す方法はワクチンしか残されていなかった。

ワクチン開発というたったひとつの科学的ブレークスルーが、これほど待ち望まれたことはない。近代経済は、もちろん近代技術なしには成り立たない。とはいえ、特定の技術が経済データに及ぼす影響を特定することは、意外にも難しい。[1] 蒸気機関や鉄道が発明されなくても、産業革命は起きたのか。このテーマについて、これまで膨大な量の文献が論じてきた。あるいは、これほどこででも使われているのにもかかわらず、IT技術が生産性に及ぼす影響を、経済学者は長いあいだ測定できなかった。[2] なぜ測定できないのか理解し難いかもしれないが、もし簡単に測定できたならば、なおさら落ち着かない気持ちになるだろう。2020年後半に入る頃には、以前の生活に戻るためには集団免疫を獲得するしかなかった。しかも安全に獲得するためには、包括的に獲得する方法しかなかった。すべてがワクチン開発にかかっていた。

金融市場は、希望を映し出すバロメーターだった。大手製薬企業からワクチン関連のニュースが流れるたびに、相場は数兆ドル規模で上下した。公的資金による開発競争が本格化したのが、2020年5月。スイスのUBS銀行によれば、5～9月に株式市場で起きたリバウンドの4分の1が、ワクチン開発のニュースによるものだという。[3] 11月に、ドイツのビオンテック社とアメリカのファイザー社がワクチンを共同開発し、臨床試験に成功すると、原油価格や航空各社の株が上昇し、フードデリバリー関係やテック業界の株は下落した。米財務省証券やテクノロジー関連株が先導役となって、安全資産は全般的に売られた。[4]

臨床試験に成功したというニュースは、大きな安堵をもたらした。失敗続きのパンデミック対策の背後で、優秀な人たちが組織的にワクチン開発に取り組んでいたことには誰もがほっとした。そのいっぽう、紛れもない事実もあった。土壇場に追い詰められ、窮地に陥った独裁者が望みを託すのは、たいてい奇跡を起こす手段だということだ。そして2020年、公衆衛生政策の失敗を受けて、その手段に賭けていたのは私たち自身だった。国家が支援する技術開発プログラムに賭けることには、居心地の悪さがつきまとう。過去の歴史を思い出すからだけではない。経済政策の教義《ドグマ》に逆らっているからだ。

「勝ち馬を当て」ようとする産業政策は、1980年代以降、欧米の市場改革の擁護者から異端扱いされてきた。どの研究開発を優先するかは市場に任せるべきだ、というわけである。もちろん実際には、多くの学問分野や経済分野で政府の研究支援は続いた。航空宇宙産業やマイクロエレクトロニクス業界の企業は利益を上げたが、国として一貫した政策があるわけではなかった。「中国製造2025」のような長期戦略を中国が打ち出すと、EUとアメリカでも産業政策に対する関心が復活した。[5] だが、コロナ危機はそのような関心とは別だった。ワクチンは必要だったが、経済の長期的成長が目的ではなく、パンデミックがもたらす不透明性で悲惨な状況に打ち勝つためだった。数兆ドル規模の経済活動と数百万人の雇用が、ワクチン開発にかかっていた。問題は、誰が、どのような条件で開発するのかだった。

ワクチン開発のプレーヤーたち

私たちが望んでいたのが、奇跡ではないにせよ、生物医学的な快挙だったことは間違いない。コロナウイルス（SARSやMERSなど）のワクチンは、いまだなかった。どんな種類であれ、2020年のような切羽詰まったタイムテーブルで開発され、治験を経て製品化に漕ぎ着け、活用できるようになったワクチンは前例がなかった。とはいえ、今回のワクチン開発になんの根拠もなかったわけではない。期待するだけの理由はあったのだ。

21世紀に入ると、医薬品や創薬に変革をもたらすブレークスルーが続いた。コロナ危機がなければ、2020年の見出しを大きく飾ったのは、ほかのブレークスルーだったかもしれない。2020年3月、ロンドン在住の男性が、史上ふたり目となるHIV感染の完治者となった。8月25日には、アフリカ大陸で野生株のポリオの根絶宣言が出された。かつては年間7万5000人もの子どもの命を奪っていたポリオウイルスも、この4年間、新規の症例が確認されていなかったからである。11月には英国のAI企業がコンピュータを使って、アミノ酸配列からタンパク質の3次元構造を予測することに成功し、医薬品開発を大きく加速させる可能性を広げた(6)

これらは、公衆衛生分野に対する数十年の投資の成果であるいっぽう、分子生物学と情報技術の収斂が生んだ成果でもあった。この組み合わせが生んだ輝かしい最初の成果は、ヒト一人分の全遺伝情報（ヒトゲノム）の解読を完了したことだった。人間の遺伝子コードを解読するヒトゲノム計画が始まったのは1990年。解読完了の宣言が2003年。投じた資金は総額27億ドルに及ぶ。当時、約5億～10億ドルだった解析コストは、2014年になる頃には1000ドルにまで下がった。2020年には、中国とアメリカのそれぞれ1社が、ひとりわずか100ドルで解析可能だと主張した。[7]

分子生物学とビッグデータの融合は、明らかに大きな可能性を秘めていた。金融市場も熱烈に歓迎した。バイオテック革命は巨大ビジネスだった。2011年頃には、官民合わせて世界の医療研究開発費が2650億ドルに達した。[8] だからといって必ずしも、世界的に蔓延している疾病の医薬品を実際に患者の元に届けて、治療を施せたわけではなかった。特許権、コスト、臨床試験に伴うリスク、医療市場の変動性が障害になった。[9] 最も顕著な例は、HIV感染症/AIDSだろう。特にサハラ以南のアフリカで対応が遅れ、多くの犠牲者を出してしまったのだ。科学は発達し、医薬品企業は治療薬を生産できるのにもかかわらず、本当に治療を必要とする人たちには行き渡らないという、根本的な問題が露になったのである。

アフリカのエイズ危機に対する取り組みの遅れは怒りを引き起こし、医学研究ばかりか、政治、経済、組織レベルでも変化を生み出した。[10] 市民社会グループ、NGO、有力な資金提供者、慈善団体、国連組織、アメリカを含む裕福な国の政府が一丸となって、新薬パイプライン〔訳註 新薬候補。基礎研究から申請までのいずれかのフェーズにある化合物を指す〕を広げ、加速させた。目的は国益から世界的な正義、経済発展、商業的利益、感染症の根絶までの多岐にわたった。ついには、資産運用業界までもが臨床試験の結果をすべて公開せよ、と要求するようになった。[11] 長期的な利益を左右する、製薬業界の評判がかかっているだけではなかった。パンデミックが資本の蓄積に世界的な脅威をもたらすことが、明らかになったからである。[12] 官民一体となったワクチン開発モデルを築こうという力が働いた。

その牽引役となったのが、Gaviアライアンス(ワクチンと予防接種のための世界同盟)である。Ｇａｖｉは２０００年1月、ビル＆メリンダ・ゲイツ財団が拠出した7億５０００万ドルの資金をもとに設立された。１９９０年代、ワクチン接種率は下降曲線を描いていた。その傾向に歯止めをかけ、世界74カ国の最貧国で、接種率を急速に回復させることが目的だった。[13] ほかの製薬事業分野と比べて、遅れが目立っていたワクチン事業は急成長を遂げた。２００５年に世界で１００億ドルだったワクチンの年間売り上げが、２０１３年には２５０億ドルに増大したのである。[14] メルク社が製造するエボラワクチンは、科学分野の輝かしい偉業だった。帯状疱疹の予防ワクチンであるシングリックスは、莫大な利益を生んだ。大手製薬会社の多くは、開発コストの高い、恐ろしい感染症のワクチン事業から手を引きたがったいっぽう、この分野に残った企業は、インドなどの開発途上国を本拠とする、規模の小さなバイオテック企業や低コストのワクチンメーカーに追いつかれた。２０１０年代には、世界の子どもたちの3分の2が、インドの製薬大手セラム・インスティテュート・オブ・インディアが製造したワクチンを接種していた。

セラムは１９７０年代初めに、高額で手の届かない輸入品の代わりに、ウマ血清を使って破傷風ワクチンの国内生産に乗り出した。[15] １９８０年代に、インドの「国民皆予防接種プログラム」の中心的存在として地位を確立した。２７００万人にのぼるインドの年間出生数すべてに、予防接種を施すことが目的だった。[16] １９９０年代に、開発途上国の製薬会社として初めてＷＨＯから事前認証（ＰＱ）を取得すると、セラムは世界的なワクチン・サプライヤーになり、２０１０年代になる頃には年間13億回分のワクチンを提供する、世界最大のワクチン製造規模を誇るまでに成長した。

ＨＩＶ感染症／ＡＩＤＳに対する取り組みが前例となり、新たな感染症が登場するたびに、公衆衛生と生物医学とが組み合わさった積極的な行動主義を生んだ。とりわけ強い影響力を発揮したのが、世界的な連携によってワクチンの開発を促進するために、2017年1月にダボス会議で発足した「感染症流行対策イノベーション連合（CEPI）」である。活動の中心は、致死率の高いMERSのワクチンを開発し、〝迅速対応プラットフォーム〟を立ち上げることだった。そうすれば、新たな病原体──「疾病X」と名づけられた──が出現した際にも即座の対応が図れる。(17)

CEPIのような官民連携のパートナーシップに、医薬品の価格や知的所有権、契約の透明性をめぐる戦いを止める力はなかったが、巨額の拠出金を集めることはできた。実際、19種類のワクチン開発に向けて7億6000万ドルもの資金を調達した。(18) ビル&メリンダ・ゲイツ財団、ウェルカム・トラスト、GSK（グラクソ・スミスクライン）財団、CEPIなどの資金提供者が支援し、2012年に採択された「世界ワクチン行動計画」は、2020年までに、ワクチンで予防できる病気から数百万人の命を救うことを目指していた。マラリヤやHIV感染症／AIDSなどにおいて、ワクチン開発のゴールが見えていた。その矢先の2020年1月、本当に「疾病X」が出現してしまったのである。

ワクチン開発競争の裏側

新型コロナウイルスのワクチン開発は、人類が共同で成し遂げた素晴らしい功績として歴史に名を刻むだろう。2020年1月5日、40時間にわたる不眠不休の作業の末、上海にある復旦《ふくたん》大学付属上海公衆衛生臨床センターの張永振《ちょうえいしん》教授率いるチームが、新型コロナウイルスの全遺伝子配列を読み取った。この時点で中国当局はまだ、都合の悪いニュースを押し隠そうとしていた。

1月11日土曜日、突破口を開くために、張教授のオーストラリア人協力者が、新型コロナウイルスの遺伝子配列をアップロードする。[19] 張教授は規律順守の怠慢で当局に制裁措置を受けるが、情報はすでに外に出てしまった。モデルナ社がmRNAワクチンの開発に着手したのが1月13日。数日後、ドイツでビオンテック（独）とファイザー（米）がワクチンの共同開発に取りかかり、オックスフォード大学でもすでに開発が始まっていた。[20]

今回の感染症がパンデミックに発展するずっと前に、専門家たちはコロナウイルスのワクチンの開発を計画していた。だが処方箋があるからといって、有効性と安全性について厳格な基準やガイドラインに則った治験が行われ、大量生産できるわけではない。今回のワクチン開発の大きな特徴は、「開発」「治験」「大量生産」という3つのプロセスが初めて同時進行で行われたことにある。パンデミックがいまだ猛威を振るっているタイミングで、世界の全人口に届く規模で生産が進められたのだ。

これほど速くワクチンの開発に成功した理由のひとつは、基礎研究と動物実験の大部分が、SARS対策のためにすでに2003年に終わっていたからである。[21] 当時、ワクチンが開発される前に、SARSの危機は去ってしまった。そして今回、国際的なワクチン競争が巨大な開発の勢いを生み出したのだった。

モデルナ製ワクチンの臨床試験が始まったのが、2020年3月16日。ファイザー／ビオンテック製が5月2日。両者ともに、最初の結果が出たのは7月半ばだった。7月末までに、モデルナもファイザーも第3相試験に入っていた〔訳註　治験は通常3つのフェーズ（相）を踏んで進められる。第1相は「臨床薬理試験」、第2相は「探索的試験」、第3相は「検証的試験」と呼ばれる〕。10月の最終週、7万

4000人が治験に参加していた。ファイザー／ビオンテックによる第3相試験の最初の結果が出たのが11月9日。モデルナはその翌週。アストラゼネカは11月23日だった。

ファイザー／ビオンテックとモデルナのワクチンに大きな注目が集まったのには、ふたつの理由がある。今回、西側で初めて承認されたワクチンだったからであり、mRNAという技術が極めて革新的だったからだ。2020年11月、両者の臨床試験の発表は将来の展望を変えたが、治験に成功した企業はその2社だけではなかった。アストラゼネカのワクチンは廉価で安定性が高く、より多くの人に行き届くことが期待された。2021年1月には、世界中で90を超えるワクチンが臨床試験段階にあった。[22] 数百万人の専門家が、研究拠点やコンピュータを新型コロナウイルス問題のために使っていた。2020年、世界で発表された研究論文の4％が新型コロナウイルスに関するものだった。[23]

こうした動きを人道的精神の勝利として称賛するのはもっともだが、そのいっぽうでワクチン開発には競争、対抗心、独占的知的所有権をめぐる争いがつきものだ。ワクチン開発はあくまで競争であり、その背後には学問的あるいは人道的な野心だけでなく、権力や利益の追求もある。ワクチンの必要性や緊急性を考えると恥ずべき事態に思えるかもしれないが、それが事実なのだ。公衆衛生や近代の医薬品業界は、科学や医薬品が生み出す利益と、国家や企業の利益とが常に交差する場所でもある。[24]

近代のウイルス学やワクチン開発の始まり以降、米軍は黄熱病から肝炎までの幅広い疾病撲滅のために大きな役割を果たしてきた。1945年、世界で初めてインフルエンザワクチンを接種したのは米軍兵士である。[25] 2020年、国家主導のワクチン開発計画に最大の努力を投じたのはアメリカだった。今回、第2次世界大戦時の原子爆弾製造計画の暗号名「マンハッタン計画」を念頭に置き、SF映画『スター・トレック』から誇らしげに拝借した「ワープ・スピード作戦」にアメリカ当局が乗り出したのが、2020年5月15日。バイオテック企業、大手製薬会社、そして国防省と保健福祉省というふたつの連邦政府機関との協働作戦だった。2020年末までに、アメリカ政府は6つの大手製薬グループによるワクチン開発・製造事業に、124億ドルを拠出していた。そのうちの3つがアメリカ企業（ジョンソン・エンド・ジョンソン、モデルナ、ノババックス）、ふたつが欧州の企業（サノフィ／GSK、アストラゼネカ＝オックスフォード大）、残りのひとつが大西洋を挟んだ企業（ファイザー／ビオンテック）だった。

ワープ・スピード作戦では、当初、ワクチン完成の目標を2020年10月と見積もっていた。作戦の指揮を執るのはふたり。科学面では、かつてグラクソ・スミスクラインで研究開発部門の責任者を務め、その後モデルナに移って取締役を務めていた科学者。そしてもうひとりは、兵站の専門家。米陸軍物資司令部の司令官であり、政治の重要性も理解している陸軍大将である。ワシントンにおいて、ワープ・スピード作戦は軍事色が強かった。チームの必読書は『自由が生まれる場所（Freedom's Forge）』。これは、「アメリカ企業が第2次世界大戦に勝利をもたらした」経緯を、高らかに称えた1冊である。同じ本が、グリーン・ニューディール政策の擁護者のあいだでも人気が高いのも無理はなかった[26]。ワープ・スピード作戦に携わった軍関係者は軍の制服姿で出社し、毎日、会議を開いて〝戦闘のリズム〟を決めた[27]。

雰囲気は軍隊を彷彿とさせたものの、作戦遂行のために誰も徴兵されたわけではなかった。作戦に参加するかどうかは、それぞれの企業の判断に任された。ワクチン生産大手のメルクは参加を決めた。ジョンソン・エンド・ジョンソンは、すでに3月末の時点でトランプ政権と4億5000万ドルのワクチン契約を交わしていた[28]。mRNAを使う最有力企業のなかで、最も公的支援を必要としていたのはモデルナだった。研究開発力では抜きんでた存在だったが、従業員わずか800人ほどのまだ新しい会社であり、第3相臨床試験を実施した経験もなかったからである。モデルナはアメリカ政府から25億ドルの支援を受けた。それと同じくらい重要だったのが、運営面での支援だった。ワープ・スピード作戦でモデルナ班を統括したのは、「少佐」という階級名で呼ばれた国防総省の人間だったという。その人物の仕事には、青色灯をつけた警察のエスコート車両を手配して、新型コロナウイルスのために設けられた州間高速道路の交通規制を無効にしたり、ワクチン製造に欠かせない装置や機材の空輸を支援したりすることも含まれた[29]。

歴史が古く、世界最大規模の製薬会社であるファイザーは、攻撃的な競争力や実行力で恐れられる存在だ。同社には、モデルナのような支援はほとんど必要なかった。ドイツのビオンテックとの提携によって、必要な科学的ノウハウはすべて手に入れていたからだ。もちろんワクチン開発に成功した時の報酬は喜んで受け取るとし、すでにアメリカ政府とのあいだで、1億回分のワクチン提供に対して19億5000万ドルの前払いを受けるという契約書にサインしていた。だが、歯に衣着せぬ発言で知られるファイザーのCEOアルバート・ブーラは、開発プロセスにおいて、ファイザントランプ大統領の気まぐれなワクチン政治からは距離を置いた。開発プロセスにおいて、ファイザーが直接的支援を受け取ったのは、アメリカ政府からではなくドイツ政府からだった[30]。ドイツ政府はファイザーの研究開発パートナーであるビオンテックに、4億4300万ドルを投入していたのだ。追加の1億1800万ドルを拠出したのは、欧州投資銀行（EIB）だった[31]。

アメリカの政治情勢についてファイザーが憂慮するのも、無理はなかった。トランプ大統領は2020年夏のあいだずっと、すぐにでもワクチンが用意できると豪語していたが、製薬会社の最大の懸念は、ワクチン承認プロセスの正当性だった。科学的に言えば、手元のワクチンは安全で効果的である。本当の戦いは、その安全性と有効性を「合理的疑いの余地のない」ものとして確立させることだった。現代の医療や医薬品開発をめぐる環境では、これは常に厄介な問題だった。だが、2020年のアメリカでは特に苦しい戦いだった。

ブラック・ライブズ・マターの抗議デモが発生した2020年夏、新型コロナウイルスの感染が疑われるアフリカ系とラテン系市民の犠牲者の割合は、白人と比べてはるかに大きかった。治験参加者の人種構成を多様化させることが、重要な課題になった。8月末、ワープ・スピード作戦の担当者は、モデルナの治験参加者が白人に偏りすぎていることに気づいた。モデルナは治験の最終段階になって資金を掻き集め、治験に参加する白人以外のボランティアを見つけなければならなくなった。そのような動きを受けて、すでに数百万ドルをかけて治験を行ってきたファイザーが、ワクチン競争で優位に立った。[32]

いっぽう、ファイザーを悩ませていたのが、アメリカ食品医薬品局によるワクチン承認プロセスそのものの正当性だった。トランプが食品医薬品局を批判し始めると、ファイザーのブーラCEOは一線を画すことに決めた。まずはジョンソン・エンド・ジョンソンのCEOに連絡を取り、その後、ほかの企業のCEOにも声をかけた。2020年9月8日付の公開書簡で、医薬品業界の大手9社が「科学の名のもとに団結する」意思を明らかにし、我々は食品医薬品局のガイドラインを、医薬品規制の絶対的基準として厳守すると宣言した。[33] 大統領選の前にワクチン完成を発表したいという、トランプの勝手なスケジュールには従わない。その意思を、改めて大企業が明らかにしたのである。その宣言はすぐに具体的なかたちとなった。大統領選を控えて、ファイザーが発表に待ったをかけたのである。

医薬品の臨床試験では、有意性の基準をどこに置くかが重要な変数になる。ワクチンのおもな開発者のなかで、最も積極的な治験プロトコル（実施計画）を課したのはファイザーだった。4万2000人の治験参加者のうち、32人が新型コロナウイルス感染症を発症すると、すぐに中間結果を検証した。[34] 32症例という基準はモデルナが設定した基準よりも、はるかに低かった。食品医薬品局はかねてから、これほど少ない症例データをもとに「緊急使用認可」を出すことはないと述べてきた。ファイザーは、トランプ政権と食品医薬品局のあいだに挟まれて、身動きがとれなくなる事態だけは避けたかった。そこで10月29日、当初の基準を取り下げ、62症例を集めることに決め、新たなプロトコルを承認するよう食品医薬品局に求めた。これによって、大統領選の投票日である2020年11月3日の前に、ワクチンの「緊急使用認可」が下りる望みは消えた。それどころか、ファイザーは新たな治験を11月3日まで開始しなかった。もし開始していれば、治験結果を株式市場に開示しなければならないことを恐れたのだ。そして、ファイザー製ワクチンの95％という有効性がようやく公表されたのは、11月9日のことだった。

適正な手続きは守られ、科学の信頼性も実証された反面、広い意味での政治的な理由によって、正式な手続きに異常なまでにこだわらなければならなかった。もちろんトランプは、ファイザーの動きを個人的な嫌がらせと受け取り、大統領選の敗北の責任を彼らになすりつけた。トランプがリスク要因だったことは間違いない。しかも、アメリカの実業界には、トランプが表舞台を去ることを惜しむ者はほとんどいなかった。だがこの時、製薬会社の正当性と公共科学に対する信頼性は著しい危機に曝されていたのだった。[35]

供給の問題

２０２０年末、英国とアメリカで約２０００万回に及ぶ最初のワクチン接種が始まった。次の課題は、最も効率的に接種するにはどうすればいいかだった。欧州とアメリカでは、誰が最初にワクチン接種を受けるべきかについて、すぐに議論が起きた。２０２１年春、欧州では「国どうしのあいだで」、「それぞれの国内で」、そして「ワクチン供給に遅れが出たアストラゼネカとＥＵとのあいだで」、激しい論争が巻き起こった。

しかしながら、それは恵まれた国の問題である。欧州の市民は、遅かれ早かれ２０２１年にはワクチンを接種することになる。もっと基本的な問題は、危機に陥っている低～中所得国の数十億人の国民がいつ接種できるのかだった。ことわざにも言うように「みなが安全になるまでは、誰も安全ではない」のだ。感染症を克服するという観点で見れば、感染拡大している地域に集中的にワクチンを供給する必要があった。英国に住む感染リスクの低い住民が、南アフリカ共和国やインドの感染症対策の最前線で働く医療従事者よりも先に接種を受けるのは、明らかに不公平である。政治的な目配りという問題もある。ウェルカム・トラストのディレクターを務めるジェレミー・ファーラーは述べている。「最初の半年で西欧やアメリカの市民だけがワクチンを接種され、それ以外の地域では２０２１年末まで接種が進まないとしたら、国際情勢に大きな緊張関係が生じるだろう[36]」。

2020年11月に、サウジアラビアを議長国としてG20首脳会議がオンライン開催された時にも、ワクチンの配分が議題にのぼった。フランスのマクロン大統領は、「私たちはなんとしてでも、裕福な国だけがウイルスから身を守り、普通の生活を再開するような、ふたつの速度で進む世界というシナリオを避けなければならない」と宣言した。[37] だがG20参加国について言えば、これは偽善者の訴えでしかない。実のところ、世界のワクチン供給を独占していたのは、G20という排他的クラブの参加国だったからだ。特に裕福な参加国は、自国民に必要な量の何倍ものワクチンを注文していた。

新型コロナウイルス感染症のワクチン問題をめぐるグローバル・ガバナンスとして、2020年5月に国際協働の枠組みである「ACTアクセラレータ」が発足した。また、ワクチンの製造、共同購入、供給支援を行う国際的なメカニズム「COVAX」も発足している。[38] どちらも、2000年以降に機運の高まった国際的なワクチンプログラムが直接生んだ成果である。COVAXの共同代表をGavi、WHO、CEPIが務め、UNICEFが物資の輸送と供給を支援した。2020年末になる頃には、世界人口の大部分を占める189カ国がCOVAXに参加していた。貧困国は必要に迫られて参加せざるを得なかった。支援する側のドイツ、ノルウェー、日本などの裕福な国は、責任感とワクチン選択の幅を広げるために参加した。いかなる理由からか、トランプ大統領はCOVAXを、WHOが主導するかたちの中国のフロント組織だと非難した。[39] 実のところ、中国は当初COVAXから距離を置いており、参加したのはようやく秋になってからである。主要国で非参加だったのは、アメリカとロシアだけだった。

米ロの不在は惜しまれたが、両国が参加してもしなくてもCOVAXの規模が小さいことに変わりはなかった。COVAXの目標は、2021年末までに20億回分の接種を確保することだったが、それでも参加国人口のわずか20％しかカバーできなかった。2021年初めまでに確保できたのは10億7000万回分にすぎず、COVAXの財政状態が危ぶまれた。全部で100にのぼる高所得国や財団が、20億ドルの拠出を約束した。だがそのほとんどが現金ではなかったことから、2021年末までにさらに50億ドルが必要になった。ワクチン1回分の予算がわずか5ドルしかなく、失敗は許されなかった。2020年11月に開かれたG20首脳会議で、EUはACTアクセラレータとCOVAXに対する資金援助を募った。[40] ドイツのメルケル首相は、5億ユーロ（5億9265万ドル）を約束し、ほかの国にも拠出を呼びかけた。

ドイツのこの動きは、いろいろな議論を呼んだ。5億ユーロは多額ともケチくさい額とも言える。もしその気さえあれば、ドイツはCOVAXが必要とする50億ドルを拠出できたばかりか、世界中でワクチン接種が可能になる額――2020年5月の時点で250億ドル――を、マイナス金利を利用して国債の発行で賄うこともできたはずだ。だがドイツはまずは5億ユーロを約束して、ほかの国が残りの額を負担するのを待った。[41]

もちろん、同じことはG20のほかの参加国にも言えた。アルゼンチンや南アフリカなどの例外を除けば、G20のどの国でも、パンデミックを終わらせて世界経済を再開するために必要な拠出を、たとえ利己心からだけでも正当化できたはずだ。実際、大手製薬会社にとってさえ、ワクチンは死活問題ではなかった。コロナ危機の前、ファイザーの年間売上高は500億ドルを超えていた。2021年にワクチンの報酬額としてビオンテックと分けることになる146億ドルは、多額の追加だったにしろ、ファイザーの将来を左右するほどの重要性はなかった。[42] 将来的に重要だったのは、mRNA技術のほうだったからだ。

ワクチンプログラムで驚くのは、廉価でありながら絶大な効果が見込めることだ。IMFの試算によれば、迅速で対象を絞った接種が世界中で実施されれば、2025年までに世界のGDPが9兆ドルも上昇するという(43)。それにもかかわらず、単独で支援しようという大胆な行動に出る指導者はいなかった。各国はあっちに100万ドル、こっちに100万ドルを拠出していたため、結局、WHOのほうで金融工学を駆使して予算をレバレッジする方法を捻り出さなければならなかった。

ACTアクセラレータの担当を務め、WHOの上級顧問でもあるブルース・アイルワードによれば、WHOでは譲許的融資や大災害債券(キャットボンド)を利用した資金調達の方法を議論していたという。脆弱なバランスシートの調整によって生じるリスクを管理するために、シティグループを顧問役に雇って助言を求めた。「現時点において、パンデミックから少しでも早く抜け出すための障害は資金調達だ。拠出は〝街いちばんのお買い得〟なのに、いまの財政環境では本当に難しい(44)」。

だが、それがいったいどんな〝財政環境〟なのかは疑わしい。なぜなら、ほとんどの国はワクチンプログラム全体が取るに足りないものに思えるほど、巨額の財政出動を行っていたからだ。しかもアイルワードが指摘したように、「貿易や旅行がひとたび再開すれば、拠出額は36時間で元が取れてしまう」のだ。ところが、破壊的なパンデミックの真っただなかにあり、グローバル経済が数兆ドルの損失を被っているというのに、世界の公衆衛生のために拠出するとなると、国際社会の指導者たちは沈黙してしまったのである。

資金以上に切実なのが、ワクチン生産に関する物理的な障壁だった。数十億回分のｍＲＮＡワクチンを生産するために、不安定なサプライチェーンに重い負担がかかった。たとえば、ｍＲＮＡの送達手段として使われる「脂質ナノ粒子」のサプライチェーンも、そのひとつだった。また、数十億個もの小瓶にワクチンを詰める作業も頭が痛かった。[45] トランプ政権は冷戦時代の国防生産法を活用しようとしたが、実現には至らなかった。欧州ではアストラゼネカの生産体制が整わず、納期に大きな遅れが生じた。

ほかの企業を巻き込んでワクチン増産に努めるという考えは、合理的に思えた。[46] ところが、そのためにはワクチン開発会社とのあいだで、契約を交わす必要がある。政府資金が投入されたにもかかわらず、先行する3つのワクチン――ファイザー、モデルナ、アストラゼネカ――の知的所有権を所有していたのは、民間企業のワクチンメーカーだった。知的所有権の権利擁護団体「ナレッジ・エコロジー・インターナショナル」代表のジェームズ・ラブは、「ワクチンの開発当初にノウハウの権利移転を義務化しておかなかったのは、グローバル政策の大失敗だった」と指摘している。[47] ２０２０年夏に特許権プールを求める声が出た時、同意する製薬会社はほとんどなかった。政府資金に依存していたモデルナが特許権の共有を申し出たものの、独占的な製造情報と一緒でなければあまり意味はなかった。南アフリカ共和国とインドがＷＴＯに対し、新型コロナウイルスのワクチンと治療に関わる、あらゆる知的所有権の保護を一時停止するように求めた。だが、アメリカ、英国、カナダ、ＥＵなどが反対にまわった。[48] これらの国や地域は協力は約束したものの、あくまで製薬業界が設定する条件に従って、という但し書きだった。

ｍＲＮＡを使ったワクチンについて言えば、そもそも生産方法を共有したり、生産を拡大したりするのが難しい技術を使っていた。mRNAワクチンは革新的であり高価だった。そう簡単に増産できるはずもなかった。世界中の人びとに早急に、漏れなくワクチンを届けるためのより確実な方法は、もっと単純で伝統的な方法で開発することだった。そして、その方法を選択したのがオックスフォード大学だった。先行する3つのワクチンのなかで、最も地味な存在である。だが、廉価で安定性が高く、長期保管も容易だった。

2020年4月、オックスフォード大学ジェンナー研究所は、ワクチンをオープンライセンスにすると発表した。ところが、たとえ人命を救う医薬品であっても、知的所有権の特許に強くこだわるビル&メリンダ・ゲイツ財団の圧力を受け、その方針を撤回しなければならなかった。オックスフォード大学ジェンナー研究所はアストラゼネカと独占契約を結び、営利目的のスピンオフ企業ヴァクシテックを立ち上げ、オックスフォード大学とその錚々たる科学者が過半数の株を所有した。パンデミックが続く限り、ワクチンを原価で提供する予定だった。[49] ワクチンの増産を図るため、アストラゼネカ＝オックスフォード大は、世界の生産拠点10カ所とライセンス契約を結んだ。最大の拠点は、先にも述べたセラム・インスティチュート・オブ・インディアである。セラムは少なくとも年10億回分の生産能力を誇り、さらに増産体制を充実させるべく早急に準備を進めていた。2021年初め、アストラゼネカは32億1000万回分の生産を確保し、半数以上を低～中所得国向けに供給すると発表した。これは、ファイザー／ビオンテックとモデルナの合計を超える回数である。それでもまだ世界人口に行き渡るには充分ではなく、もちろんワクチンの有効性や安全性にも左右された。

ワクチンをめぐる地政学

ファイザー／ビオンテックやモデルナの奇跡的なmRNAの物語は――21世紀版『自由が生まれる場所』のように――西洋中心のナラティブだった。2021年春の時点ではまだ、その成功物語がいつ、どのようにして世界のほかの国や地域でも〝自分たちのナラティブ〟になるのかは、わからなかった。2021年3月、アメリカは世界のワクチンの約4分の1を生産していたが、輸出に合意したのはわずか数百万回分だけであり、しかも輸出先は隣国のカナダとメキシコに限られた。EUはそこまで「国家主義的《ナショナリスティック》」ではなかった。2021年春の時点まで、欧州のワクチン製造会社は総生産の40％を輸出し、おもに裕福な国に渡った。

COVAXを通じた新型コロナウイルスワクチンの供給第1号は、2021年2月24日朝、アラブ首長国連邦のエミレーツ航空787便で、ガーナの首都アクラに到着した。インドのプネーにある、セラムの巨大な生産拠点で生産されたワクチンである。その拠点はアストラゼネカのパートナーとして、COVAXの総供給量の86％を生産する契約を交わしていた。

ところが1カ月後、アストラゼネカのワクチンに対する懸念（血栓症の発症）が高まっただけでなく、インドで感染者が急増したために、インドはすべてのワクチン輸出を一時停止にすると宣言した。莫大な人口を抱えるインドで、莫大な量のワクチンが必要になったのである。2021年前半に3億5000万回分のワクチン供給を目標にしていたCOVAXは、2021年3〜4月、セラムが生産する9000万回分についてしばらく待たされることになった。インドでの生産分が滞るとともに、裕福な国がワクチンを国内に抱え込んだため、ワクチン選択の幅を広げなければならなくなった。つまり、中国製やロシア製のワクチンというわけである。

２０２０年、新型コロナウイルスワクチンを世界で初めて公式に接種したのは、ｍＲＮＡの治験を行ったカリフォルニア州ではなく、中国だった。２０２０年２月29日、軍事科学院軍事医学研究院のウイルス学者、陳薇《チェンウェイ》少将は、ワクチン接種を受けるために解放軍の制服姿で五星紅旗の前に立っていた。陳は２０１４年にエボラ出血熱ワクチンを開発した功績により、〝人民英雄〟と称えられる科学者である。その偉業は、２０１７年公開の愛国的アクション映画『戦狼──ウルフ・オブ・ウォー』でも描かれているほどだ。

　そして２０２０年２月、中国とカナダの合弁会社カンシノ・バイオロジクスと軍事科学院によるワクチン共同開発プロジェクトの一環として、陳は武漢にいた。[50] 陳とその同僚たちはみずから接種を志願した。中国共産党への忠誠心を示すためだけではない。もちろん、忠誠心を示すためにも喜んでワクチンを打ったに違いない。だがこの時、彼らが接種に臨んだのは、ワクチンのリスクレベルが低かったからだ。中国が開発したのは、単純だが安全で安定したタイプのワクチンだった。２０２０年末には、軍人を皮切りに、すでに中国国内で４５０万人が接種を終えていた。この数は当時、中国以外の国で接種を受けた者の総数に匹敵する。公表された情報によれば、いまのところ有害な副作用は報告されていない。２０２１年３月末には、すでに２億２５００万人の中国人が接種を終えていた。中国はワクチンの生産量において世界一を誇り、生産量の約半分を輸出していた。

　ロシアもまた、信頼性の高い技術を使った。最新式のｍＲＮＡ技術を使ってゼロから始めるよりも、エボラ出血熱に有効だったワクチンのタイプを改良したのである。つまり、アストラゼネカ＝オックスフォード大と同じ方法を使ったが、ロシアの国立ガマレヤ研究所が開発した「スプートニクV」は、初回接種用と再接種用で異なるアデノウイルスベクターを利用していた（ベクターは「運び屋」の意味）。西洋で開発されたほかのワクチンと比べても、スプートニクVが91・4％というはるかに高い有効性を誇るのも、おそらくそのためだろう。2020年8月、第2相臨床試験の段階で、ロシアはスプートニクVを、新型コロナウイルスワクチンとして世界で初めて承認した。[51]

その名の通り、スプートニクVはロシアの科学技術力を誇示していた〔訳註　スプートニクは、1957年に旧ソ連が国家の威信をかけて打ち上げた世界初の人工衛星。当時、ソ連の科学技術力が西側諸国に衝撃（スプートニク・ショック）を与えた〕。問題は、感染症の深刻さについて、基本的な情報を統制するような国が開発したワクチンを果たして信用できるのか、という点にあった。政敵の下着に平気で神経毒を付着させるような政権のワクチンを、本当に接種したいだろうか。それが実際、2020年8月に、ロシア連邦保安庁が反体制派指導者のアレクセイ・ナワリヌイに対して行ったことなのだ。

アメリカと同じように、ロシアでもスプートニクVの治験プログラムが、3段階の正式な臨床試験の基準に則って実施されるよう、名高い研究所が声を上げた。市民に少しでも早くワクチンを接種するために、研究所の勇敢な職員を実験台にするといった〝英雄的行為〟は、もはや時代遅れでしかない。[52]スプートニクVは、ロシアの国民からも支持を得られなかった。『モスクワ・タイムズ』紙が行った匿名のオンライン調査で、スプートニクVを接種したいかという質問に、60％の回答者がノーと答えたのである。[53]

2020年、私たちのからだはワクチンをめぐる地政学の舞台になった。ロシア製ワクチンの接種を望むのはどんな人たちだろうか。その答えは、その人が世界のどこに住んで、どれほどお金を払うことができ、ほかにどんな選択肢があるか、という問いの答えによって違った[54]。国立ガマレヤ研究所はスプートニクV1回分を10ドルで提供し、2021年春になる頃には、世界10カ所の生産拠点と生産契約を結んでいた。EU加盟国のハンガリーをはじめ、21カ国がスプートニクVの緊急使用を許可した[55]。

ロシアのワクチン開発者は、自国で第3相臨床試験を行うことになんの問題もなかった。感染が蔓延し、接種開始が遅々として進まなかったからだ。いっぽう、中国では新型コロナウイルスの感染を完全に制御してしまったため、中国製ワクチンの臨床試験を海外で行わざるを得なかった。それはまた、中国のワクチン開発企業「シノファーム」と「シノバック」にとって、ワクチンを海外に売り込む好機でもあった。2020年、両社は世界5大陸の14カ国で臨床試験を行った。

2020年11月3日、ファイザー／ビオンテックの臨床試験の結果が発表される1週間前、アラブ首長国連邦のムハンマド・ビン・ラーシド・アール・マクトゥーム首長は、シノファーム傘下の「中国生物技術（CNBG）」のワクチンを接種している姿を撮影させた。アラブ首長国連邦はCNBGによる臨床試験の拠点のひとつである。国際色豊かな労働力を擁するアラブ首長国連邦では、125カ国という幅広い国籍の参加者に一斉に治験が行えた[56]。治験はワクチン購入につながった。

2021年1月、世界銀行の元テクノクラートで、ペルーの暫定大統領だったフランシスコ・サガスティは、シノファーム製ワクチンを、初回分として100万回分注文したと発表した。価格も手頃なうえ、第3相臨床試験に協力したペルーの国立衛生研究所が、シノファーム製ワクチンの有効性にお墨付きを与えたからだ[57]。2021年初め、ペルー政権はアストラゼネカ製ワクチンを1400万回分、シノファーム製を3800万回分注文した[58]。2021年3月、シノファームは年2億回分のワクチン生産能力を持つ生産拠点をアラブ首長国連邦に構えた。これで、近隣アラブ諸国への提供も充分可能になるだろう。

対するCNBGの中国国内のライバルで、ナスダックにも上場しているシノバックが目を向けたのは、アラブ諸国ではなくブラジルだった。ボルソナロ大統領に敵意剥き出しのサンパウロ州政府は、シノバックのワクチン4600万回分を9000万ドルで購入した。これは、アメリカ政府がファイザー／ビオンテックやモデルナのmRNAワクチンに支払った額の10分の1にすぎない。

さらにシノバックは、サンパウロ州にある名高いブタンタン研究所に技術移転する意向を明らかにした[59]。シノバックは同時に、トルコやインドネシアでも大規模な臨床試験を行っていた。この3カ国を合わせると、シノバックは1億2000万回超のワクチン契約を得たことになる。トルコ政府の公衆衛生部門の官僚は、我が国には「第3相臨床試験に適したインフラがあり」、アメリカや欧州のほとんどの国と違って、中国のワクチンメーカーを歓迎していると述べた[60]。

中国は臨床試験を進めるいっぽう、世界のほぼ隅々まで網羅する配送システムを築き上げていた。2020年12月初め、中国製ワクチンのおもな輸送会社になったのは、電子商取引大手アリババ・グループの物流サービス会社「ツァイニャオ（菜鳥網絡）」である。世界最大のオンライン市場の注文に対応するため、ツァイニャオではすでにジャストインタイムの巨大な物流システムを構築していた。そして、コロナ危機の初期に中国製個人防護具の輸送に重要な役割を果たしたエチオピア航空が、今回も、中国からワクチンを空輸する航空会社として契約を結んだ。エチオピア航空は、待機状態にあるエアバスとボーイングの旅客機30機を、コールドチェーン輸送用に改造した。

首都アジス・アベバにおいて、厳重な温度管理を行う保管施設の整備が終わると、今度はWHOの承認を得たワクチンの生産拠点をエジプトに築く交渉が始まった。検討されていたのは、中国のシノバック製ワクチンとロシアのスプートニクVだった。アフリカでワクチンの現地生産が始まるまでは、深圳の国際空港からワクチンが空輸されることになる。アリババは、深圳の国際空港に中国初の国際的な医療用コールドチェーン施設を建設していた[61]。2020年3月、エチオピア航空が初めてのワクチン空輸を行った。COVAXによる220万回分のワクチンだった。

再度のシャットダウンへ

2021年初めには、世界のあちこちで進行中だった第3相臨床試験から次々と朗報が届いた。たったひとつ、あるいは1種類ではなく、たくさんの種類のワクチンが迅速に開発できることが明らかになった。開発競争では、アメリカや欧州の裕福なメーカーが年単位ではなく、週や月単位で有利に歩を進めた。その必要に迫られたからである。

2021年初め、ラテンアメリカ諸国に加えて、第2波、第3波に襲われたアメリカや欧州も最悪の事態に陥っていた。ワクチン開発の最初のニュースが届いてから数週間もしないうちに、感染力が何倍も強い変異株が英国と南アフリカ共和国で発見されたのである。致死性が高くないことはひと安心だったが、公衆衛生の観点から言えば、重要なのは「基本再生産数」であり感染者数だった。警戒すべきは、致死率の高さより再生産数の高さのほうだ。なぜなら致死率は直線を描くが、感染件数は指数関数的な急カーブを描くからである。

ワクチンメーカーは変異株にもワクチンが効くことを楽観視していたが、新たな臨床試験が必要になった。治験が終了するまでのあいだ、2021年初めの懸念は、1年前の懸念となんら変わりなかった。すなわち、医療体制の崩壊をなんとか防がなければならない。またしても、流行曲線の平坦化が優先事項になった。カリフォルニア、フランス、英国、ドイツのどこに住んでいようと、唯一の解決策は再度のシャットダウンだった。

第13章

債務救済

危機に陥った最貧国

感染拡大の勢いが止まらず、COVAX分がいつ届くのかも当てにできず、2021年1月、南アフリカ共和国はアストラゼネカとのあいだで、ワクチンの購入契約を直接結んだアフリカ初の国になった。5800万の人口に対し、150万回分しか確保できなかったが、少なくともこれで医療従事者は救えるはずだ。[1] アフリカ連合〔訳註　アフリカ大陸の55の国や地域が加盟する地域連合。本部はエチオピアの首都アジズ・アベバ〕は、ファイザー、ジョンソン・エンド・ジョンソン、そしてセラム・インスティテュート・オブ・インディアが生産するアストラゼネカ製のワクチン、計2億7000万回分を確保すべく奔走していた。それだけの数では、アフリカ大陸に住む13億人にはまったく行き渡らないが、それが手持ちの資金で購入できる精いっぱいの回数だった。

世界銀行とアフリカ連合とのあいだで、ワクチン購入資金となる50億ドルの融資について激しい交渉が繰り広げられた。[2] 融資は、最貧国のワクチン購入を支援するために世界銀行が設定した、120億ドルの資金枠から拠出されることが決まった。

新たな融資は助けになったにせよ、既存の債務に新たな債務が積み重なることから、手に負えない状況を招く恐れがあった。コロナ危機は、最貧国の財政に深刻な影響を及ぼしていた。最低所得国では輸出額だけでなく、海外の出稼ぎ労働者からの送金も激減し、投資も見送られ、2020年だけで1500億ドルの債務を抱えることになりそうだった。[3] 比較のために記すと、2019年、世界の政府開発援助（ODA）の総額は1529億ドルだった。[4] 経済の最も脆弱な国が必要としていたのは、公衆衛生面での支援と財政救済とを合わせた包括的な支援策だった。

2020年11月、南アフリカ共和国の大統領であり、その年、アフリカ連合の議長を務めていたシリル・ラマポーザは、コロナ危機で大打撃を受けたアフリカ諸国の財政状況を救うために、あちこちに支援を求めた。[5] アフリカの明るい未来を約束していた経済成長をコロナ危機が妨げてしまったために、支援はなおさら重要だった。ラマポーザは力説した――アフリカの債務危機を防ぐために行動を起こさなければ、「短期的な債務の力学」が、「グリーンで、デジタルで、グローバルにつながった」アフリカの「未来への行進」を頓挫させてしまう。[6] 2020年、アフリカ大陸の経済は史上初めて加速するどころか縮小していたのである。

アフリカ諸国だけではない。2020年11月、G20首脳会議においてアントニオ・グテーレス国連事務総長は、貧困国や高債務国は「財政破綻、貧困の加速、飢餓、甚大な苦しみの危機に瀕している」と訴えた。[7] トランプ大統領が任命した世界銀行のデーヴィッド・マルパス総裁は、感傷的な言葉を使わず、物事を大袈裟に騒ぎ立てない人物として知られている。だが、そのマルパスがグテーレス以上に強い警鐘を鳴らした。コロナ危機の深刻な打撃を被る国に「恒久的な債務救済を提供しなければ、貧困が増加し、1980年代のデフォルトの混乱が繰り返されることになってしまう」(8)。

ところが、どれほど切迫感があり甚大な被害が出ようと、また先進国があれほど巨額の緊急対策を講じていたにもかかわらず、最貧国の問題に対する世界の反応は鈍かった。断片的な支援策はあった。G20の「債務支払い猶予イニシアティブ(DSSI)」はその最たるものだろう。IMFと世界銀行も融資を行ったが、2008年の世界金融危機の時のようなG20主導による大々的な取り組みはなかった。IMFの融資枠を拡大するという提案や、大規模な債務救済を実施するという提案は、実を結ばなかった。世界経済において資源と権力がどのように配分されているかを、如実に物語る出来事でもあった。

アメリカの反対

アメリカ政治を牛耳っていたのがトランプ政権と共和党保守派だったことも、運が悪かった。2020年夏になる頃には、トランプ政権はWTOやWHOと交戦状態にあった。それに比べれば、IMFとの関係はずっとマシだった。アメリカの財務省が、トランプ政権とIMFとのあいだに立っていたことも幸いした。ムニューシン財務長官はトランプの側近のなかでも、最も「トランプっぽくない人物」だったからだ。しかしながら、IMFとの関係を維持することと、大胆な危機対応策に賛成することとは別問題だった。

2020年4月、G20において欧州とアフリカ諸国がIMFに大規模な措置を求めるという重要な動きがあった。[9] この時、欧州とアフリカ諸国は、「IMFの特別引出権（SDR）を新規に配分することで、加盟国に流動性を供給する」という措置を提案し、幅広い専門家からも支持を集めた。[10] 2009年にロンドンで開かれた首脳会議で、G20はIMFの融資可能資金をそれまでの3倍の7500億ドルに拡充し、2500億ドルのSDRを新規配分することで合意した。[11] あれから11年が経ったが、IMFは当時設定した融資可能資金額をいまだに基準にしていた。

ところが、SDRを新規配分するという話はトランプ政権にとって禁句だった。IMFの幹部や資金援助者が支持した欧州とアフリカ諸国の提案に、アメリカのムニューシン財務長官が反対した。アメリカはIMF理事会において、まさにこのような時を狙って、待ってましたとばかりに事実上の拒否権を行使するのだ。[12]

ムニューシンが異を唱えたのには、実際的な理由があった。そして、すでに充分すぎる量のSDRが発行されていると主張した。2009年に新規配分されたSDRのうち、まだ2000億ドル相当が引き出されていない。もし欧州の人間がなにか建設的な措置をとりたければ、本当に流動性を必要とする国が、既存の配分を使えるようにすればいいではないか。[13] ムニューシンの主張には一理あったものの、コロナ危機に対応するための新規配分に反対する理由としては、不充分だった。ムニューシンが異を唱えた本当の理由が、共和党内強硬派の圧力にあることは、ワシントンDCでは知らない者のいない公然の秘密だったからである。

2020年、共和党のテッド・クルーズ上院議員は、トランプの最も声高な支援者として不評を買っていた。中国及びロシア強硬派でもある。クルーズが頭角を現したのは2013年、テキサス州の1年生議員だった時のことだ。当時、IMFではクォータ（出資割当額）の見直しを進めており、批准されれば、IMFのなかで中国など新興市場国の発言力が高まることが予想された。クォータの見直しは、IMFの融資枠拡充策の肝として、2009年4月にロンドンで開催されたG20で合意に至っていた。

ところが、2013年、その批准に必要な連邦議会の承認をオバマ政権が得ようとした時、クルーズが全力で妨害したのである。[14] 当時、IMF専務理事だったクリスティーヌ・ラガルドが、クルーズの合意を得るためならベリーダンスを披露しても構わない、と漏らしたほどである。[15] それから7年後の2020年、クルーズはいまだ中国とロシア批判の急先鋒に立っていた。4月、コロナ危機の真っただなかにあって、クルーズの厄介な情熱の炎を再びIMF攻撃に向けさせたい者は、ムニューシン率いる財務省のなかに誰ひとりいなかった。

2020年11月の米大統領選が終わったあと、アフリカ連合議長のラマポーザたちはSDRの新規配分を改めて要請した。[16] すべてはバイデン政権と、2021年1月に行われる上院のジョージア州決選投票の結果に委ねられた。年末までの予想では、共和党が上院の多数党になる確率が高いと思われていた。もしそうなってしまえば、バイデン政権に残された手立ては、連邦議会を回避することしかない。新規配分が現在のSDR配分を上まわらなければ、アメリカは上院の承認を得る必要がない。

2020年5月1日の時点では、SDRの新規配分は約6500億ドル相当と弾き出された。[17] SDRの再配分と新規配分とを合わせると、厳しい財政状態に陥った低所得国にとっては大きな救いになるだろう。とはいえ、低所得国の経済成長を加速させ、国連の「持続可能な開発目標

（ＳＤＧｓ）」に対応するために必要な数兆ドルには、遠く及ばなかった。

中国による巨額の融資

アメリカの保守派が国際機関の政策に強烈なノーを突きつけたことは、ＩＭＦのような権威ある組織の正当性を否定する、極めて腹立たしい行為だった。だが、開発途上国に対する資金援助の行き詰まりを、アメリカの行為だけに矮小化して論じるのは賢明ではない。２０２０年、国際社会が実際に合意に達した債務救済措置を見れば、より広範な力学が働いていたことがわかる。「債務支払い猶予イニシアティブ（ＤＳＳＩ）」である。

ＤＳＳＩは２０２０年4月に、一時的かつ限定的な緊急措置として始まった。[18] 経済規模の小さなアフリカとアジアの最貧国のみを対象とし、下位中所得国は対象から外された。「正味現在価値（ＮＰＶ）」をゼロとすることを原則とした。すなわち、短期的に支払いは猶予されるが、貸し手が損失を被らないようにしたのだ。

２０２０年の支払いを猶予する代わりに、債務国は２０２２～24年に債務を返済しなければならない。そのため、ＤＳＳＩの申請国が、2～3年後に債務支払い困難に陥るリスクを慎重に見極める必要があった。さらに、ＤＳＳＩは2国間公的債務の返済にのみ適用された。G20参加国が直接的に管理できる債務に限る、というわけである。ところがいまの時代、開発途上国の債務は新たな局面を迎え、2国間公的債務は債務問題のほんの一部でしかなかった。

２０２０年の債務状況は、それまでの債務救済の流れを反映していた。前回、債務救済が行われたのは、１９９６年の「重債務貧困国イニシアティブ（ＨＩＰＣ）」と「ジュビリー２０００」

図10　各公的債権者に対する対外公的債務額

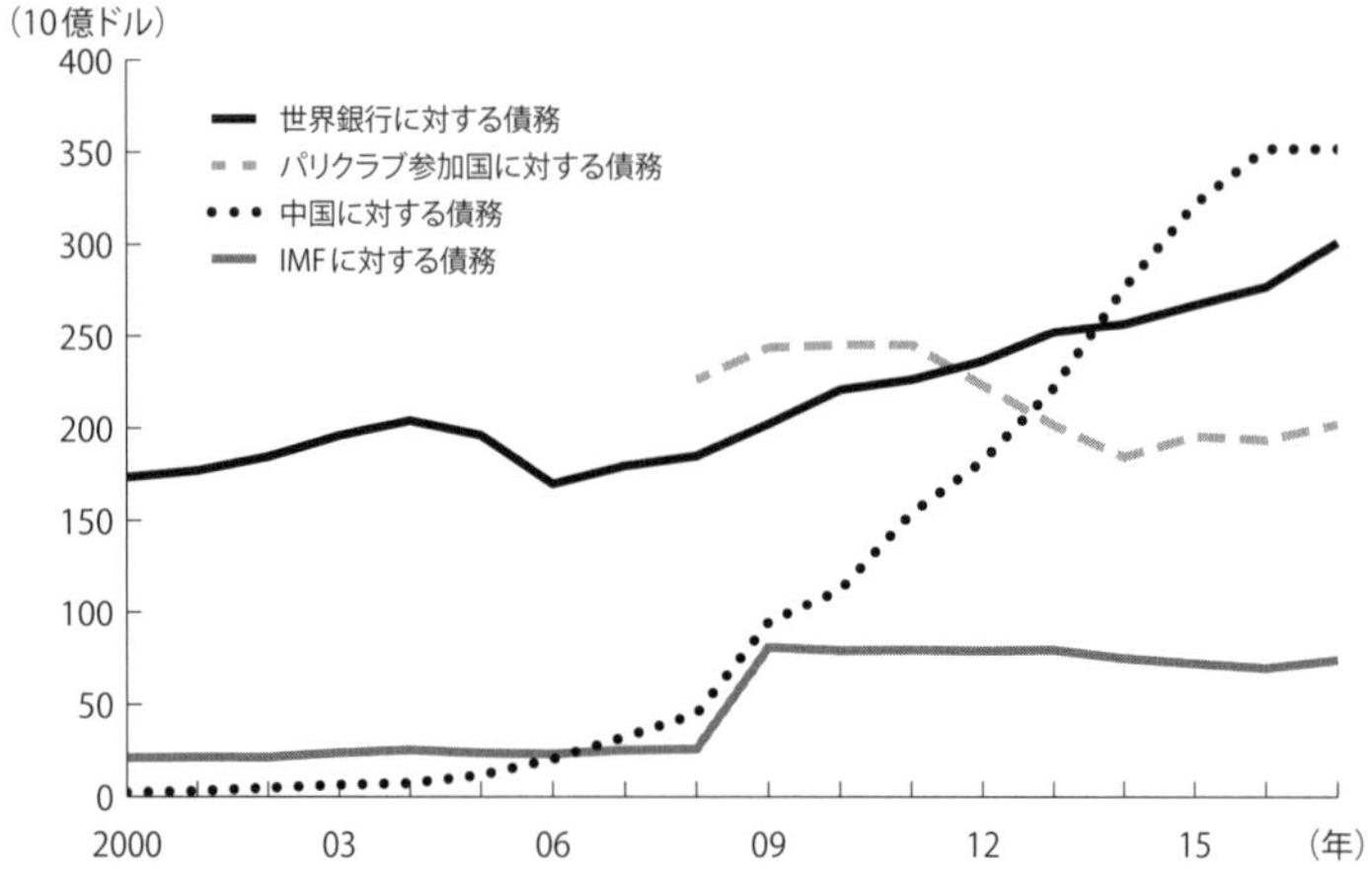

中国は開発途上国のなかで最大の公的債権者である。
出典：Based on horn, Reinhart, and Trebesch (2019年)

である。特に後者は、ロック歌手のボノやボブ・ゲルドフなどの著名人が先頭に立った「西暦2000年に、貧困国の重債務を帳消しにしよう」という運動だった。

債務救済の気運が頂点に達したのは、2005年にスコットランドのグレンイーグルズで開催されたG8サミットである。[19] この時、最低所得国35カ国の政府債務の対GDP比を、大幅に削減することで合意したのだ。[20] その後、「パリクラブ」〔訳註　返済困難に陥った債務国に対して、2国間公的債務の債務救済措置を取り決める非公式な債権国会合。現在22カ国が参加〕に属する富裕国の政府による融資は減少していった。[21] 貸付けではなく、補助金のかたちで財政支援する傾向が高まったからだ。そのため、アメリカは単独で350億ドル規模を拠出する最大の支援国だが、2国間の譲許的融資額は非常に少なかった。２０２０年、最貧国に対してアメリカ以上に融資を行っていたのは、みずからも中所得国であるインドとブラジルだった。

開発金融市場において、新たに２国間債務の大規模な貸し手となったのは、パリクラブに参加していない中国だった。「一帯一路」構想という旗の下、中国が行った融資の規模と性質については議論を引き起こしたが、巨額であることには違いなかった。極めて詳細な分析によれば、２００８〜19年に中国の「国家開発銀行」と「中国輸出入銀行」が融資した額は、４６２０億ドルにのぼったという。[22] これは、同期間に世界銀行が融資した４６７０億ドルに匹敵する額である。しかも、中国の銀行ははるかに莫大な〝増額〟能力を誇った。２０１６年、中国の政策系銀行による融資額は、世界銀行による融資額を上まわっただけではない。「世界銀行」「アジア開発銀行」「米州開発銀行」「欧州投資銀行」「欧州復興開発銀行」「アフリカ開発銀行」の計６行による融資総額をも超えていたのだ。[23]

サハラ以南のＤＳＳＩ適格国による、２０２１年の債務返済額は３０５億ドルであり、そのうちの40％以上が、いずれも中国の公的債権者か開発系銀行による融資だった。[24] ＤＳＳＩに返済猶予を申請した債務国46カ国について見れば、中国に対する債務額が57億６０００万ドルだったのに対して、パリクラブ参加国に対する債務額は19億９０００万ドルだった。最大はフランスの５億５９００万ドルで、これに続くのが日本の４億８１００万ドル。アメリカは１億５５００万ドルにとどまり、中国の37分の１にすぎなかった。[25]

２０１３年以降、中国は対外開発融資を「一帯一路」構想の下に位置づけてきた。この名称で、融資のビジョンと目的を伝えようとしたことは間違いない。そのいっぽう、国際社会から「債務帝国主義」ではないかという疑念と非難の声が上がった[26]。中国が債務国に対して国家主権免責の放棄を迫り、重要な国家資産を担保として差し出すよう法外な要求をしたと囁かれた[27]。たとえばスリランカのハンバントタ港は、中国の「債務の罠」にはまった好例とされた[28]。スリランカが中国から多額の融資を受けたものの、債務返済困難に陥ったため、海上輸送の要衝である戦略的に重要なハンバントタ港を中国が担保として没収した、という噂が飛び交ったのだ。

スリランカの例が中国側の周到な罠だったのか、具体的な契約内容はどうだったのかについて、激しい議論を呼んだ[29]。2020年、中国の一部の債務国が深刻な債務危機状態に陥っていたことは事実である。コロナ危機に見舞われる前でさえ、ベネズエラ、パキスタン、あるいはアンゴラのほかにも9つのアフリカ諸国に、中国への債務返済が滞るリスクがあった。だが、中国政府がコロナ危機に乗じた様子はない。デーヴィッド・マルパス世界銀行総裁は、国家開発銀行がDSSIのリストに入っていないとして中国を激しく非難した[30]。これに対して中国は、国家開発銀行は民間銀行であり、DSSIの条件には当てはまらないと反論した〔訳註　国家開発銀行は中国政府の100%出資である〕。中国は、公的融資と認めた分についてはその債務国に対して大幅な譲歩に応じた。

国家開発銀行を除外したのが、中国による反則すれすれの巧妙なプレーだったことは否めない。だが、それは中国側の大きな戦略というよりも、DSSIの条件から民間債権者を除外したためにできた抜け穴といったほうが近い。2020年、DSSI適格国による債務返済額350億ドルのうち、135億ドルが民間債権者に対する債務だった[31]。債権者の半数がさまざまな種類の銀行で、残りが債券保有者だった。つまり2005年以降、低所得国に対する融資は、公的な譲許的融資に代わって民間融資が増加していたのである。

2020年4月に、DSSIの実施を最初に要請した時、EUとアフリカ諸国は民間の債権者も含めたあらゆる債権者を対象にするように求めた。G20は合意した。そして、国際金融システム安定の維持を目的とする「国際金融協会（IIF）」はG20の合意に従って、加盟する民間金融機関に任意の参加を呼びかけたが、夏になっても参加を表明した金融機関はひとつもなかった。IIFは加盟金融機関を弁護するかのように、「これまで譲歩を求めてきた債務国はない」とつけ加えた。そのひと言が、ある事情を物語っていた。つまり、債務国はDSSIに返済猶予を申請することで、自国の信用格付けが下がることを懸念していたのだ。債務救済を強く望んでいても、格付けが下がり、将来的に資本市場にアクセスできなくなってしまえば、元も子もなくなってしまう。(32)


大きな警告となったのは、格付け機関のムーディーズが重債務国のカメルーンの格下げを検討した時だった。カメルーンがDSSIの適格国と判断され、2億7600万ドルの債務返済を猶予されたのは、2020年5月19日のことである。その8日後、ムーディーズがカメルーンの格下げを検討していると発表した。ムーディーズによれば、「G20は民間債務者にも債務返済猶予を要請しているため、カメルーンがDSSIによる返済猶予を適用されると、デフォルトリスクが高まる」というのがその理由だった。G20が民間債務者に返済猶予を要請しただけで、カメルーンは格下げ対象になったのである。

8月になっても民間債権者の参加についてなんの進展もなかったばかりか、民間債権者に返済猶予を要請するかどうかを判断するのは債務国政府であり、カメルーン政府にその意思がないことが明らかになると、ムーディーズはようやくカメルーンの格下げを見送った[33]。

このように格付け機関は、大きな民間債務を抱える債務者に強い影響力を振るった。驚くことにその影響力は、世界銀行のような多国間融資を行う機関にまで及んだ。

DSSIの適格国になるためには、まずIMFのプログラムに申請し、IMFの監督を受けなければならない。だが、EUとアフリカ諸国が当初、要請したにもかかわらず、IMFや世界銀行などの多国間債権者に対する120億ドル規模の債務返済額については、DSSIの対象から外された。この異例の条件について説明を求められた世界銀行のマルパス総裁は、理由は格付け機関にあると述べた。

世界銀行グループの「国際復興開発銀行（IBRD）」は低〜中所得国への融資を行い、1959年以降、トリプルAの格付けを維持してきた。G20がDSSIについて合意した2020年4月15日、IBRDは金融市場で80億ドルの5年物債券を発行した。利回りは0・704％だった。国際金融機関による、史上最大かつ最も低金利の資金調達である[34]。世界銀行をDSSIの対象から除外したのは、たとえどれほどわずかであろうと、返済の譲歩に応じてバランスシートに損失が出てしまえば、IBRDがトリプルAの格付けを失いかねず、そうなってしまえば、最貧国に低コストの融資が行えなくなってしまう恐れがあるからだ[35]。世界銀行のコロナ危機対策は、債務返済の一時停止や延期ではなく、2021年夏までに新たに1600億ドルを融資することだった。

だがそれは、世界銀行としてありえない責務の放棄だった。世界銀行のバランスシートは、DSSIを使った債務返済のリスケジュールを簡単に吸収できた。なんといっても、正味現在価値はゼロなのだ。いかなる損失も、出資国が埋め合わせてくれたに違いない。あるいはＩＭＦが保有するゴールドのごく一部を手放すか、ＳＤＲを発行することで資金を調達することもできたはずだ。[36]

ところが２０２０年、これらの方法が真剣に議論されることはなかった。トランプ政権によってＳＤＲの新規配分が葬られてしまったあと、世界銀行では莫大な金融支援に必要な政治的意志を取りつけることもできず、資源の調達も疎かになっていた。パキスタンやアンゴラは返済猶予の恩恵を受けたが、ＤＳＳＩは思ったほどの効果をもたらしていなかった。[37] ２０２０年末頃には、世界銀行はＤＳＳＩが適格国に50億ドルもの救済を提供したと考えていた。[38] だがその額では、低所得国の債務問題の包括的な解決策としては、単なるまやかしでしかなかった。

債務の再編

「国連貿易開発会議（ＵＮＣＴＡＤ）」は、国連のなかでも特に急進的な補助機関である。２０００年夏、ＵＮＣＴＡＤは債務救済に対する「国際社会の失策続きの取り組み」を強く批判した。集団的な無策は「破滅的な分断」をもたらし、国際的な公的債務の問題を解決する「手続きの煩雑さを白日の下に曝した」という非難を浴びせたのだ。[39] 秩序を取り戻し、迅速で公正な調整を実現するために、ＵＮＣＴＡＤが提案したのは「(公的機関と民間の) 債権者の利益からも、債務者の利益からも独立した、グローバルな公的債務機関」の設置だった。債務再編を公正で透明なかたちで監督する機関、というわけである。

この提案は、債務者の擁護団体から熱烈な支持を受けた。とはいえ、既得権を持つ債権者を相手にするためには、どんな機関の連合であれば、ＵＮＣＴＡＤが提案するような超国家的機関を生み出せただろうか。IMF、世界銀行、G20、G30〔訳註　グローバル金融や経済問題について提言を行う民間非営利組織。各国の中央銀行や金融当局の現職、元職の幹部、学識経験者などが名を連ねる〕は、現在の措置についてさえ力不足だった。

もっとも、これらの機関は、グローバルな公的債務機関をつくることには関心がなかった。その代わりに、道義的な説得や熱心な訴えによって、民間債権者も含めたあらゆる関係者に、交渉のテーブルについてもらおうとしたのである。債務再編を通じて債務国が実質的な債務救済を得るためには、民間部門の参加が欠かせない。誰が参加し、誰が参加しないのかという議論にもケリがつく。返済の譲歩を要請される側の手続きも正当化できる。

G30の報告書は次のように述べている。「一部の債権者が、別の債権者に対する返済を実質的に肩代わりするという債務危機の解決方法は、政治的な支持を得られず、失敗に終わる可能性が高い……。債権者全員の参加を確実にできなければ……債務危機の際に、世界的な協調姿勢に対する政治的な支持が得られなくなってしまい、将来の公的な共同融資に対する意欲を削いでしまう」[40]。もし返済の譲歩に応じると申し出たのが、納税で賄われる債権者だけであれば、それは実質的に、民間債権者に公的資金が支払われていることを意味した。

この改革案の訴えるところは明白だった。1990年代後半以降、各国政府のデフォルトに対するシステマチックな制度を築いて、公正で透明性の高いデフォルト手続きを実現しようという取り組みが続けられてきた[41]。民間債権者に債務削減の負担を強制的に求めることには、大きな困難が伴う。いっぽうの債務国は、一時的に債券市場にアクセスできなくなる恐れがある。

だが、G30の専門家も主張したように、いつかは「経済の現実」を受け入れなければならない。

債務負担が軽い国は、もっと綺麗なバランスシートで再出発できるだろう。投資や融資についても有利な立場で出直せる。債券市場から締め出されるという恐怖は、大袈裟に騒がれすぎだ。アルゼンチンが絶好の例ではないか。デフォルトを繰り返してきたにもかかわらず、アルゼンチンはいつも債権者を見つけてきた。

債権者を強制的に交渉テーブルにつかせるために、債務者に必要な手段として、IMFと世界銀行は2020年秋、集団行動条項〔訳註　特別多数を有する債権者が、残りの債権者全員に債務再編に合意させることができる条項〕の全面的な導入を提唱した。[42] 債務再編の際にはこの条項によって、「少数の債権者が反対して債務再編が困難に陥るホールドアウト（債務再編拒否）」を防ぐことができる。万が一、信用市場のストレスが広範囲な公的債務危機に発展した時のために、IMFはさらに急進的な策を考え出した。すなわち、債権の減額を渋る民間債権者に対して、IMFは現金か信用増強を提案する。そのいっぽう、困窮する低所得国側に立ち、ホールドアウト債権者に対して法的介入を行うぞと脅しをかける。[43]

2015年、ベルギーはいわゆる反ハゲタカファンドの立法化に先鞭をつけた。ほとんどの債券契約が作成されるイングランドやニューヨークにおいても、ベルギーに倣って、集団行動条項がすべての債券に盛り込まれるようになれば、債権者と債務者の力の均衡を、債務者側に劇的に有利に傾けることができる。[44] そのような力の均衡の逆転はG20の許容範囲を超えていただろうが、2020年11月、G20は「DSSI後の債務措置に係る共通枠組」に合意した。[45] 具体性には欠けたものの、主要条件として「民間債権者による債務措置が、公的な2国間債権者による債務措置と少なくとも同程度となること」と、明記されていた。問題は実際、どう実行するか。国際的な債券市場において、アメリカの銀行や投資ファンド、法廷が果たす役割の大きさを考えると、アメリカのリーダーシップが求められたが、ある報告が遠慮がちに指摘したように、2020年11月半ば、最貧国に対する債務救済問題はトランプの〝眼中〟にはなかった。[46]

アメリカ大統領選が終わった2020年11月30日、アフリカ連合のラマポーザ議長は問題解決の進展を望み、SDRの新規配分、DSSIの延長、民間債権者の参加、格付け機関の影響力の抑制策を改めて訴えた。[47] ムニューシンのあとを引き継ぐことになる、ジャネット・イエレン財務長官の新たなチームなら、もっと熱心に耳を傾けてくれるに違いない。ラマポーザはそう期待しただろう。

だが、説得が必要な相手はほかにもいた。債務再編に最も声高に反対していたのは、意外にも、国連事務次長であり、国連アフリカ経済委員会（UNECA）事務局長のヴェラ・ソングェだった。『フィナンシャル・タイムズ』紙によれば、ソングェは「開発途上国が最も避けたいのは、債務救済に民間部門を強制的に参加させることだ」と考えていたという。ソングェにとって、「公的な譲許的融資を民間市場へのアクセスと混同する債務の共通枠組みは、アフリカの経済回復を台なしにしてしまう」からだった。[48]

先進国にとっては、納税者の利益と債券保有者の利益の均衡をとることが優先事項かもしれない。だが、債務危機に陥った開発途上国が、すべての債権者に対する強制的な清算日をなぜ同時に迎えなければならないのか。問題は、2020年に開発途上国の政府が新たに受け取った融資の額が、債権者に返済した額よりも1670億ドルも少なかったことだ。[49] 債務の減額は役に立つかもしれない。だがアフリカ経済が回復し、開発が加速するために本当に必要なのは、より多くの投資であり、そのためにはより多くの融資によって資金を調達する必要があった。

問われているのは、金融と開発について異なるふたつの考え方だった。包括的な債務再編の擁護者は、まずはどの債務が持続可能かを明らかにし、ゼロからのスタートを訴えた。最悪の事例についてＵＮＥＣＡは、債務再編の必要性も民間債権者の参加の必要性も否定しなかった。ソングェが批判したにもかかわらず、ＵＮＥＣＡの公式文書はＧ20の「共通枠組」を織り込んでいた。ふたつのビジョンの違いは、ＵＮＥＣＡが融資の削減ではなく拡大を目標にしていた点にある。[50]ＵＮＥＣＡのモデルは、「公的機関」と「民間市場」とが緊密に連携した、いわゆる「ブレンドファイナンス」だった。確かにこの仕組みでは、民間債権者と格付け会社に大きな影響力を与えてしまう。だがＵＮＥＣＡも指摘したように、不安を煽る騒音も聞こえたにせよ、実際にＤＳＳＩ申請国の格付けを下げた格付け機関はなかった。圧倒的に必要だったのは、あらゆるチャネルを通じて信用を増やしておくことだった。ＩＭＦによるＳＤＲの新規配分。多国間開発銀行による融資の拡大。流動性ファシリティの創設――アフリカ諸国の国債をレポ取引でき、富裕国の場合と同じように、国債を担保としてさらに融資を受ける仕組みなど。

そのような提案の作成にあたって、ＵＮＥＣＡはグローバル資産運用会社のＰＩＭＣＯから専門的なアドバイスを受けた。ＵＮＥＣＡとＰＩＭＣＯが求めていたのは、先進国で一般的な民間債権向けの公的支援モデルを、アフリカに導入することだった。[51]公的支援の一部はアフリカの金融当局が担うが、最終的には、先進国の中央銀行のバランスシートで支える必要があるだろう。もしくは、ＩＭＦのＳＤＲの新規配分を使って支援する。不安定な構造には違いない。だが、世界を見まわしてみれば、特別おかしな話ではないことがわかるだろう。政府債務残高が対ＧＤＰ比

155%のイタリアが、ECBの後ろ盾のおかげで、5年物国債を0・2%の金利で発行できるのであれば、イタリアよりもはるかに政府債務残高の対GDP比が低いアフリカの債務国であれば、法外な金利でなくても国債を発行できるだろう。結局、モノを言うのは政治的な支援と金融工学なのだ。

厳格で包括的な債務再編を主張する者は、「経済の実態」や「債務の持続可能性」という言葉を使う。だが、先進経済国の体験が示すように、自国の通貨で借り入れを行う場合、「経済の実態」も「債務の持続可能性」も処理可能な変数であり、最終的には中央銀行が面倒を見る。

ソングェのように新たなアフリカの姿を提唱する者にとって、なによりも重要なのは、アフリカ大陸が秘める莫大な可能性を見極め、その前に立ちはだかる巨大な障害を乗り越えることだ。UNECAのビジョンの中心を成す「経済の実態」とは、劇的な人口増加とインフラ構築の緊急性である。UNECAの予想によれば、2040年になる頃には、アフリカは世界最大の労働力を抱える。世界の若い労働力の40%が、アフリカ大陸に集中することになるのだ。[52] 国連によれば「持続可能な開発目標（SDGs）」を達成するために、アフリカ大陸には年間1兆3000億ドルもの投資が必要になるという。[53] そういうわけで、世界銀行の2015年のモットーは、「数十億ドルから数兆ドルへ」だった――数十億ドルの資金を駆使して、数兆ドルを呼び込もうという計画である。[54] そのためには、どんな手段を使おうが誰の提供であろうが、信用枠を広げておく必要があった。

西側によるインフラ投資

アフリカ大陸で高まった投資の緊急性に乗じて、貸し手としての存在感を増したのは中国だった。巨額の資金調達の空白を埋めたのは中国だった。その跳躍台になったのが、2013年に打ち出した「一帯一路」構想である。2017年5月、習近平は世界30カ国の元首や政府首脳と、130カ国の代表を集めて北京フォーラムを開催し、一帯一路FTA（自由貿易協定）ネットワークを構築するという「世紀のプロジェクト」を披露した。中国が描くビジョンは実に壮大だったが、数兆ドル規模の投資は誇張ではなかった。それどころか、現実的な投資規模だった。

中国マネーの流入は、アフリカ大陸に驚くほど近代的なインフラをもたらした。まずは電力、運輸、コモディティ輸出を中心に経済を発展させ、やがて製造業のサプライチェーンやハイテク分野へと波及する効果も約束していた。2020年、開発途上国の多くが恐れていたのは、中国から借りすぎかどうかではなかった。その反対に、中国がいまや融資を制限していたことだった。[55] 2016年に融資を激増させたあと、中国はブレーキを踏んだ。「一帯一路」の融資を装った資本逃避を懸念していたのだ。中国政府は投資プロジェクトの質の向上を図ろうとし、地政学的な悪影響をなんとか抑えようとした。アフリカやラテンアメリカに対する融資規模は縮小した。[56] パキスタンに対する投資速度も鈍化した。[57] 2020年末になる頃には、一帯一路の参加国に対する融資は54％も減少して、470億ドルに落ち込んでいた。[58]

もし中国が本当にブレーキを踏んでいたのなら、その空白を埋められる国はあったのか。西側は、開発途上国の巨大な投資ニーズに戦略的に対応できたのか。2020年になる前の2〜3年には、そのような問い自体がそもそも考えられないことだった。

２０１７年1月、その年のG20議長国だったドイツは「アフリカとマーシャルプラン」と題する提案を明らかにした。民間投資の開発に焦点を置いたドイツ版マーシャルプランであり、注目すべきは「アフリカのための（for Africa）」ではなく、「アフリカとともに（with Africa）」という点にあった[59]。カナダは翌２０１８年に「カナダ開発融資機関（ＦｉｎＤｅｖ）」を立ち上げた。この種の機関の常套句に倣って、ＦｉｎＤｅｖは「民間分野の包括的な成長と開発市場の持続可能性を支援する金融機関」と位置づけられていた[60]。当初、開発金融への投資をすべて中止するつもりだったトランプ政権は大きな方向転換を図り、２０１８年、超党派の「ビルド法」〔訳註　中国の一帯一路への対抗策とされ、海外インフラ投資を支援し、活性化する開発法〕の可決に影響力を行使し、「アメリカ国際開発金融公社（ＤＦＣ）」を新たに設置した[61]。ＤＦＣは既存の「アメリカ海外民間投資公社（ＯＰＩＣ）」を統合し、開発融資枠を２９０億ドルから６００億ドルへと倍増させ、条件も拡大して、リスクある投資にも支援を行った[62]。

２０１８年夏、アメリカ、日本、オーストラリアは「インド太平洋地域」のインフラ投資を共同で支援するパートナーシップを発表した[63]。２０１９年、この計画を後押しするためにオーストラリア政府は、20億豪ドル（約13億ドル）の資金で「太平洋諸島地域のためのオーストラリア・インフラ融資ファシリティ（ＡＩＦＦＰ）」を創設した[64]。アメリカ、日本、オーストラリアはまた、インフラプロジェクトの認証プロセスを開発する「ブルー・ドット・ネットワーク」にも署名している。開発途上国で緊急に必要とされる国際的インフラ投資額は94兆ドルと推定されており、「ブルー・ドット・ネットワーク」の狙いは、そのインフラ投資を——先進国の高級不動産プロジェクトに見られるような——「標準契約に裏打ちされた資産クラス」に転換させることにあった[65]。

戦略的な目的は明らかだった。ドイツのゲルト・ミュラー経済協力・開発相は、「アフリカを中国人、ロシア人、トルコ人に任せておくわけにはいかない」と述べている。[66] だが、どの開発支援も公的資金の拠出額は控えめだった。ドイツ版マーシャルプランの資金は、全部合わせてもようやく65億ユーロに届くか届かないか。資金拡充のためにはレバレッジを効かせ、金融工学の魔術に頼るしかなく、数十億ドルを――数兆ドルは無理にせよ――少なくとも数千億ドルにしようとした。UNECA流に言えば、どれも官民パートナーシップだった。カントリーリスク、プロジェクトリスク、為替リスクなど、さまざまなリスクを公的機関が引き受けることによって、富裕国から貧困国への民間資本の流れを拡充させようとしたのである。

とはいえ、中国に対抗する西側の野心が目新しく、市場が生み出す無限の豊かさがどれほど魅力的に見えたにせよ、低所得国に流れる資金はやはり不充分だった。「ブレンドファイナンス」の民間資金の圧倒的大部分は、低所得国ではなく中所得国に流れた。[67] 開発銀行によって「リスク回避」の支援を得た場合でも、資本はやはり持続的な成長によって利益が確実に見込める国に向かった。つまり、少なくとも中所得国というわけである。DSSI適格国が国際的な政策課題で低い優先順位に甘んじなければならなかった理由も、まさしくそこにある。

低所得国には6億7000万人が暮らしているが、GDPで見た場合には世界全体の1％にも満たない。低所得国の苦境は、言ってみれば人道問題だ。だが、先進国の経済や政治の中枢にシステミック・リスクをもたらすことはない。もちろん、低所得国が窮状に陥り、先進国に大量の移民が流れ込む事態となれば話は別だ。ドイツのミュラー経済協力・開発相は単刀直入に述べた。「アフリカの悲運は問題だが、欧州にとっては好機だ。共に解決しなければ、いつかの時点で欧州にまわってくる」[68]。だが、それはいつかの時点での不安だ。目の前の話をすれば、ザンビアやガーナの財政悪化は、それぞれの債権者のポートフォリオのごく一部を脅かすだけにすぎない。

エクアドル、アルゼンチン、レバノンはすでにデフォルト状態にある。これらの国が世界経済に占める比重はあまりにも小さく、この問題は特異な事例として片づけられてしまった。制度を強制的に一変させるためには、2020年のコロナ危機よりもはるかに大きな債務危機が必要なのだ——経済規模のもっと大きな国にも、強い打撃を及ぼすような債務危機が。おそらく、1997〜2001年に新興市場国を襲った一連の危機に相当するほどの危機が必要なのだろう。

新興市場国の明暗

2020年、新興市場国の債券市場はストレスに曝されていたが、完全な債務危機には陥っていなかった。驚くような抵抗力だったが、果たしてそれは見せかけにすぎなかったのか。2020年が新興市場国に与えたのは、誤った自信だったのか。

1990年代末のブラジルは、アジアのどの新興市場国よりも、世界経済に及ぼす影響力の点でシステム上重要だった。だが、2021年末に政府債務残高が対GDP比90%という、新興市場国として極めて高い水準に達すると、ブラジルの重要性は終わりを告げた[69]。短期国債に対する需要はいまだ高かったものの、長期国債の利回りは恐ろしいほど上昇を続けていた。2021年1〜4月、ブラジルの経済省は、1120億ドル分の国債をロールオーバーしなければならなかった[70]。巨額だったが、大部分がブラジル通貨のレアル建てであり、貿易収支は黒字だった。変動相場制のうえに、ブラジル中央銀行が積極的かつ効果的に動いたこともあって、すぐに危機に発展する兆しはなかった。しかしながら、不安は高まっていた。ボルソナロ政権は日和見主義で、内閣は混乱しているにもかかわらず、次の大統領選は2022年まで待たなければならない。市場はパニックに陥ってはいなかったが、レアルは下落していた。2021年4月に入る頃には、コロナ危機の第1波に見舞われた時のレベルにまで下落していた。

国連のグテーレス事務総長は3月末、ブラジル国債の償還期日がますます短くなっていることに警告を発した。しかも、再び爆発的な感染拡大が起きていた。感染力の強い変異株が猛威を振るっていたのだ。ワクチンはなかなか届かない。2021年4月、犠牲者の数は1日4000人を超え、すでに40万人が亡くなっていた。グテーレスが主張したように、コロナ危機では健康、貧困、財政のあらゆるものが結びついていた。[71]

ふたつ目の新興市場国として、今度は南アフリカ共和国に目を向けると、財政危機には陥っていなかったにしろ、経済基盤はブラジルよりもはるかに脆弱だった。成長率も低かった。コロナ危機が発生する前でさえ、失業率は30%に近かった。南アフリカ共和国の輸出ポテンシャルに、ラテンアメリカ諸国ほどの活力はなかった。南アフリカ準備銀行も認めたように、同国の銀行や年金基金が保有する巨額の国債によって、政府と民間のバランスシートに危険なつながりが生じていた。[72] 国債格下げの影響は、銀行と年金基金のバランスシートに跳ね返ってくる。逆もまた真なりだ。南アフリカ共和国政府は、破綻した国営電力会社ESKOMの債券を保証していた。[73] その政府保証分の支払いを要求されてしまえば、公的債務は2兆6200億ランドから一気に3兆ランド近くに上昇してしまう。

だが、南アフリカ共和国も新興市場国の新たなツールキットを熟知していた。公的債務は膨らんでいたが、懸念するレベルではない。2020年初めに下落した為替も回復し、年末の時点で外貨準備高はその年の初めよりも増加していた。景気が低迷していたことを考えれば、南アフリカ準備銀行はうまく舵取りしていた。絶対的な必要性に迫られるまでは、利上げすることもないだろう。

2020年、市場力と抵抗力を最も試された新興市場国はトルコだった。11月、強大な権力を振るうエルドアン大統領は市場の圧力に屈した。トルコの経済政策を担ってきた義理の息子であるベラト・アルバイラクの国庫・財務相辞任を承認し、金利政策の180度転換を図ったのだ。[74]降伏と言っていいだろう。だが、トルコを窮地に追い込んだ原因はなんだったのだろうか。エルドアンは長年、国際金融市場を嘲笑い、脅かしてきた。中央銀行の総裁をふたり、嫌がらせの末に更迭した。あまりにも攻撃的な外交政策を展開し、隣国すべてを敵にまわした。重要な貿易相手のEUも例外ではなかった。[75]

そのうえ、財務相には不適任な義理の息子の指揮の下、トルコは新興市場国の新しいツールキットの基本ルールにも従わなかった。2019年、トルコ・リラに下落圧力がかかった際、リラの下落を遅らせるのではなく、政策金利を据え置いたまま下落を止めようとして、1400億ドル以上もの準備金を無駄に費やしてしまったのである。インフレは上昇し、リラは落ち放題に落ち、失業率が増加すると、2020年9月、アゼルバイジャンとアルメニアが係争地をめぐって起こした紛争に、友好国アゼルバイジャン側で介入した。ある外国の銀行による信頼できる見立てによれば、この時点で、トルコの外貨準備高は底をついていたという。バランスシートにいくばくかでも残っていた資産を短期借入れが上まわり、外貨準備高はマイナス領域に深く沈んでいたのだ。[76]

さらに、エルドアン大統領はわざわざ外部支援を拒むかのように、ロシア製の地対空ミサイルシステムを購入してアメリカの制裁を招いた。ＩＭＦによる支援は考慮することさえ、きっぱりと拒絶した。もし受け入れれば、２００１年の深刻な金融危機の時代に逆戻りしてしまう。エルドアンが国政政治家の道を歩み始めたのは、あの危機の時代だった。(77) だからこそ、ＩＭＦの支援条件を受け入れることなど論外だったのだ。外部の支援を受けるならば、唯一の選択肢はカタールだった。カタール政府はトルコに対して、スワップ枠を１５０億ドルにまで拡大したが、カタール自身がテロ組織への支援や資金提供を理由に、サウジアラビアやアラブ首長国連邦から国交断絶されていた。(78) バイデン大統領の誕生も助けにならなかった。エルドアンにとって、ワシントンＤＣでの最後の友人はトランプだったからだ。11月7〜8日の週末、与党内から突き上げられて、エルドアンはリラの下落を止めるために緊急ブレーキをかけ、中央銀行と国庫・財務省に保守派の人材を配置した。

経済規模の大きな新興市場国が発揮した自主性に、絶対的な効果があるわけではなかった。窮地に追い込まれる現実的なリスクがあった。エルドアンの強気な瀬戸際政策のために、トルコ経済はこれから何年にもわたって代償を支払うことになるだろう。(79) 外国人投資家に対する態度を変えるのは、トルコ政府にとって屈辱に違いない。だが、エルドアンは犠牲者ではなくギャンブラーだった。市場の忍耐を限界まで試し、最後の瞬間に金融政策を転換させた。投資家は驚くほど寛容だった。パニック後のリバウンドが好機となって、利益が出たのだ。欧州の縁に位置し、人件費の安いトルコは巨大な潜在力を秘めている。利上げとともに資本は戻り、リラは強さを回復した。(80) 平穏が戻ったかに見えた。

だが、気まぐれなエルドアン大統領はその埒外だった。2021年3月21日土曜日、エルドアンは一切の前触れなく、中央銀行総裁を更迭し、その後、副総裁も更迭したのである。トルコ政府はまるで、進んで危機を引き起こしたがっているかのようだった。その表舞台の裏で、トルコ中央銀行は、国内の資金と外資の流出に歯止めをかけるべく資本規制に訴え、投資家がリラのポジションを決済できる量に制限をかけた。[81]

豊富なドルによる保証

世界経済の序列には多くの階層があり、どのレベルにおいても試練のドラマがあった。南アフリカ共和国は国債保有者を安心させるため、そして対GDP比100%に近い政府債務の増加を抑制するため、厳しい財政再建の道を歩み始めていた。[82] ブラジルはコロナ危機の第1波で低所得層の家計を大いに助けた現金給付措置を、2021年も延長するかどうかの選択に直面した。南アフリカ共和国やブラジルの状況は、デフォルトに陥ったザンビアやエクアドルに残された選択肢と比べれば、随分とマシだった。ブラジルやトルコなどの新興市場国と、DSSIを申請した低所得国とのあいだには、大きな隔たりが存在する。そのギャップを飛び越えることが、タンザニアやエチオピアの野心的なエリート層の目標だった。[83] コロナ危機が大きな損害をもたらしたにもかかわらず、彼らエリート層の夢が砕け散ることはなく、2020年の終わりに、国際金融市場は新興市場国や開発途上国のエリート層に、素晴らしいはしごを提供しているように見えた。

新興市場国から外資が大量流出する騒ぎで始まった2020年は、外資の記録的な流入で終わった。ペルーが100年債を売り出した数週間後の11月末、今度はコートジボワールが10億ユーロの12年物ユーロ債を発行した。5％という〝記録的に低い〟利回りにもかかわらず、申し込みが募集枠の5倍にのぼった。2021年、格付け機関のフィッチはアフリカ諸国について次のように予測した。ナミビア、ナイジェリア、南アフリカ共和国が国債をロールオーバーし、コートジボワール、ガーナ、ケニアが国債を新規発行する。国連の「人間開発指数（ＨＤＩ）」で189カ国中163位のベナン共和国が、市場に戻ってくる予定だ、と。(84) これらの国は緊急に資金を必要としており、そのためには努力を惜しまない。世界経済のなかでも最も困窮した国にまで資金が流れ込むのは、ドルという流動性が極めて豊富だからにほかならない。コロナ危機にあっても、グローバルな信用システムに途方もない弾力性を与えたのは、ＦＲＢの方針だった。豊富なドルは、市場型のグローバルな信用システムを保証した。一斉に清算日を迎えなければならないような危機を先送りにした。アメリカが金融引き締め策をとらない限り、低所得の債務国が本当の逼迫状態に陥ることはない。それを決めるのは、コートジボワールやケニアではなく、アメリカであり、ウォールストリートとワシントンＤＣとの関係だった。

第14章

蛇口が開いたままの先進経済国

アメリカの政権交代をめぐる騒ぎ

アルゼンチン、トルコ、あるいはブラジルが将来、危機に陥ることは比較的想像しやすい。これまでにも、深刻な金融危機や政権交代を経験してきた国だからだ。〝新興〟市場国と呼ばれるのも、それが理由だ。先進経済国の制度はもっと確立し、より安定して信頼性も高い。それだけになおさら異様だったのは、2020年末にクーデターの噂が流れたのがラテンアメリカやアフリカ、中東やアジアの国ではなく、アメリカだったことだ。

大衆迎合主義者はドラマを好む。劇的な成り行きや結末を愛するあまり、指導者も追随者も、真実と真実でないものとの区別がつかなくなってしまう。(1) レトリックと、実際に政治に変化を起こすものとの境界が曖昧になる。大衆迎合主義者の怒りは、意見を異にする相手の怒りを誘発し、みずからも現実から遊離してしまう。彼らの怒りに対処する最善の方法は、無視することかもしれない。そしてそれこそが、次期アメリカ大統領となるバイデンの政権移行チームが選択した方法だった。大統領選の敗北を認めようとしないトランプと取り巻きたちの、常軌を逸した言動を無視したのである。その結果、2020年末の2カ月間、アメリカの政治システムは急性の認知的不協和に陥った。バイデンと彼のチームは政権移行プロセスに取り掛かり、コロナ危機対策、気候政策、景気刺激策の準備を進めた。そのあいだも、共和党の少なからぬ数の幹部が、敗れたトランプに迎合し続け、その代替現実《オルト・リアリティ》にしがみついた。

醜悪な成り行きが頂点に達したのは、2021年1月6日のことだった。トランプとその取り巻き、数人の共和党議員に扇動された暴徒が、連邦議会議事堂を襲撃するという事件が起きたのである。それに続いて、憤怒の抗議があちこちで発生し、クーデターやファシズムの噂が飛び交った。[2] どれも誇張だった。少なくともファシズムを態度としてではなく、明確なかたちの社会勢力として見た場合には大袈裟に騒ぎすぎだった。連邦軍は、トランプ支持者と一切の関わりを持つことを拒絶した。トランプ運動を発生させるような、真の社会経済的な対立もなかった。

その説明に納得がいくのは、大統領選を制したのが左派のバーニー・サンダースであり、トランプが異議を唱えていた相手がバイデンではなくサンダースだったと想像する時だ。もしそのシナリオが実現していたら、2021年1月6日、国内にどれほどの緊張が生じていただろうか。その時こそ、権力階級に属する人たちにとって、合衆国憲法に忠誠を誓う真の試金石になっていただろう。トランプとバイデンのあいだには、そのような選択さえなかった。1月6日に至るまでの数週間、政権交代をめぐる騒ぎにおいて、アメリカの政界はすでに現実の脅威を回避するための基本的な妥協に達していた。アメリカの脆弱な福祉システムの崩壊が迫っていたのである。

迫る社会的危機と景気刺激策をめぐる交渉

シャットダウンの当初の影響は、大盤振る舞いの「CARES法」で食い止められた。だが、2020年12月初めには時間切れが迫り、資金も底をつきかけていた。失業保険の対象者に週600ドルを加算支給するという特例措置は、2020年7月末で期限切れになっていた。自営業者らを対象とする特例給付や、州・地方政府への財政支援も数週間以内に失効する。シンクタンクの「センチュリー財団」の見積もりによれば、連邦議会が手をこまねいていると、クリスマスの翌日に、1350万人の失業者がすべての福祉手当を失ってしまうことになる。(3)

さらに悪いことに、アメリカ疾病予防管理センターによる立ち退き猶予措置も年内で失効する予定だ。パンデミックが再び勢いを増すなか、立ち退きを迫られる市民は数百万人にのぼった。(4)たとえ強制立ち退きを免れたとしても、ムーディーズ・アナリティックスの試算によれば、2021年1月には、1000万人の賃貸人が570億ドル以上の家賃を滞納することになるという。(5)

一刻を争う状況をよそに、大統領選の投票日から数週間というもの、景気刺激策の交渉は停止状態に陥った。州・地方政府向けの補助金と、コロナウイルス感染に関係するあらゆる訴訟から雇用主を保護する「法的責任保護」をめぐって、民主党と共和党とのあいだで合意に至らなかったのだ。膠着状態を打開すべく、中道派の超党派グループが約9000億ドルの妥協案をまとめたが、両政党のあいだで議論を引き起こす問題については棚上げされていた。下院ではるかに巨額の景気刺激策を可決していた民主党議員にとっては、とても受け入れられる内容ではなかったが、少なくとも差し迫った危機は回避できるだろう。政権移行チームは妥協案を支持する方針を固めた。自由落下状態の経済のなかで就任することは、バイデンにとって悪夢だったのだ。(6)

この時点で決定権を握っていたのは、上院共和党のミッチ・マコーネル院内総務と上院共和党議員だった。11月末までマコーネルはトランプ大統領に忠実だった。だが2020年12月14日、選挙人投票でバイデンの勝利が確定すると、マコーネルはその後の出来事を決定的に変えてしまう方向転換を図った。バイデンの勝利を認め、自己の地位を利用して政権移行チームに影響力を及ぼそうとしたのである。もちろん協力が目的ではない。バイデン政権の足を引っ張るためである。

ジョージア州の2議席をめぐる上院議員の決選投票で共和党が議席を獲得すれば、院内総務というみずからの地位は安泰となり、そのうえバイデン政権がどんな法案を提案しようとも、上院を牛耳る共和党が否決に持ち込める。その可能性を少しでも確実にするためには、共和党が景気刺激策成立の邪魔をしているように見えてはならない。そこで、マコーネルは9000億ドル案の賛成にまわった。

だからといって、それで法案の合意に達したわけではない。妥協の兆しが見えたとたん、ほかの勢力が声を上げた。左派のバーニー・サンダースと右派の共和党下院議員ジョシュ・ホーリーが手を組み、個人向けの現金給付額を600ドルから大きく引き上げるように要求したのである。すると今度は、保守派の共和党上院議員パット・トゥーミーがもっと基本的な点を問題にした。FRBである。

２０２０年夏の終わり頃からトゥーミーは、過剰に拡大するＦＲＢの能動的金融《アクティビズム》政策を制限する活動を行ってきた。(7) 景気刺激策をめぐる政党間の戦いが激化するなか、トゥーミーの活動はさらに先鋭化した。

共和党が引き続き上院を支配する時のことを考えて、民主党のなかには、「ＣＡＲＥＳ法」に基づいてＦＲＢに割り当てられた資金のうちの未使用分を使って、バイデンチームがさらに大胆な融資プログラムを実施してはどうかという提案があった。(8) ところが大統領選から数週間後、ムニューシン財務長官がその選択肢を葬った。(9)「ＣＡＲＥＳ法」に基づいて割り当てられた資金の未使用分を財務省に「返還する」よう、ＦＲＢに命じたのである。政府のひとつの口座から別の口座に資金を移動させるだけの会計上の行為だったが、ムニューシンの命令は政治的に強い威力を発揮した。つまり、経済政策の支配権を握っているのは、いまも上院で過半数を占める共和党だと知らしめたのだ。連邦議会が膠着状態に陥っていたこともあり、ムニューシンの干渉は非常に深刻な問題として受け止められ、ＦＲＢのパウエル議長があからさまに異を唱えるという、異例の事態を引き起こした。ムニューシンは前言を翻さなかった。

ドラマがこれで終わりを告げたわけでもなかった。２０２０年12月、景気刺激策をめぐる交渉が微妙な平衡状態になると、トゥーミー議員がその機に乗じたのだ。法案が最終的な修正段階に入ったタイミングを狙って、「すでに割り当てられた資金を使ってＦＲＢが追加の融資プログラムを実施することも、将来的に同様の融資プログラムを実施することも制限する」ように要求したのである。(10) ＦＲＢの自主性を攻撃され、元ＦＲＢ議長のベン・バーナンキが、景気刺激策の法案可決を強く支持するという声明を出したほどだった。(11)

政党間の対立が過熱し、トランプ政権で最後に機能していた数少ない機関のＦＲＢもこれで万事休すか、と天を仰ぐ展開になったが、チャック・シューマー上院院内総務が長い説得にあたった末、トゥーミーはようやく引き下がった。２０２０年３月の「ＣＡＲＥＳ法」ほどの規模はなく、骨抜きだったにしろ、新しい景気刺激策（新型コロナウイルス追加経済支援策）が議会を通過した。

今回の景気刺激策は「ＣＡＲＥＳ法」に次ぐ、史上２番目に大きな経済対策だった。近代アメリカの立法行為の基準から見ても、巨大な規模だった。２０２１会計年度歳出法案と一体だったため、文書は５６００ページにものぼった。政府出版局の印刷機はフル回転し、トランプの署名を得るために文書はフロリダまで空輸された。別荘マーラーゴのバンケットホールのひとつが、署名のために使われることになった。時間切れが迫っていた。もしトランプが12月26日までに署名しなければ、福祉手当プログラムは終了し、窮状を訴える市民は総額数十億ドル規模の給付金を失ってしまう。もし１月３日までに署名しなければ、第１１６回連邦議会は閉会し、苦心の末にまとめた妥協案は泡と消えてしまう[12]。

交渉プロセスのすべての段階において大統領には最新情報を伝えてある、とムニューシン財務長官は主張していたが、トランプはこの時、異なる決断を下した。２０２０年12月23日、景気刺激策について「実に不名誉な内容だ」と批判し、現金給付額を２０００ドルに引き上げるように要求したのである。自分の手柄にしたかったのに違いない。

これが、トランプが権力を示した最後の機会となった。トランプがゴルフに興じるあいだ、数百万人のアメリカ市民が命綱とする給付金の支給が危機に陥り、政府機関には一部閉鎖の恐れが出た。国防費は宙ぶらりんの状態に置かれた。脆弱な妥協案は崩壊し始めていた。ナンシー・ペロシ下院議長も、かつて下院民主党が主張した、より大胆な景気刺激策を持ち出して給付額の引き上げを訴えた。

いっぽう、クリントン政権で財務長官を務めた中道派の大御所ローレンス・サマーズは、2000ドルの現金支給は経済を過熱させると注意を促した。[13] トランプ、サンダース、ホーリーが合意できるような法案は、よからぬ政策に違いない。2020年12月27日、トランプ大統領は「現金給付額の引き上げ」を要求するという条件付きで、最後の手柄となる法案に署名した。

暫定的な景気刺激策だった。福祉手当は2021年3月に再び期限切れを迎える。2020年12月27日時点で、ジョージア州の上院2議席が未定のため、民主党議員は引き続き、共和党が牛耳る敵対的な上院との厳しい交渉に臨まなければならない恐れがある。だが、目の前の社会的危機は避けられ、FRBの金融政策も制限を免れた。下院共和党議員はバイデンの勝利を否定し続けたが、上院の共和党指導部は政権移行の現実を認めた。上院で引き続き過半数を維持する戦いには、アメリカ国民の苦しい経済状態に理解を示すことも含まれた。それ以外の点ではなにも合意することのできない政治体制であっても、結局のところ、国民に現金が必要なことについては異論がなかった。[14]

世界最大の財政刺激策

2020年12月に成立した景気刺激策が改めて明らかにしたのは、アメリカのコロナ危機対策において、予算をめぐる政治学が果たした役割の重要性だった。その原動力となったのは、アメリカの国内政治だった。数百万人を恐ろしい貧困のリスクに曝した福祉システムの不備を補うた

図11　世界の需要エンジンであるアメリカ——部門別貯蓄・投資バランス

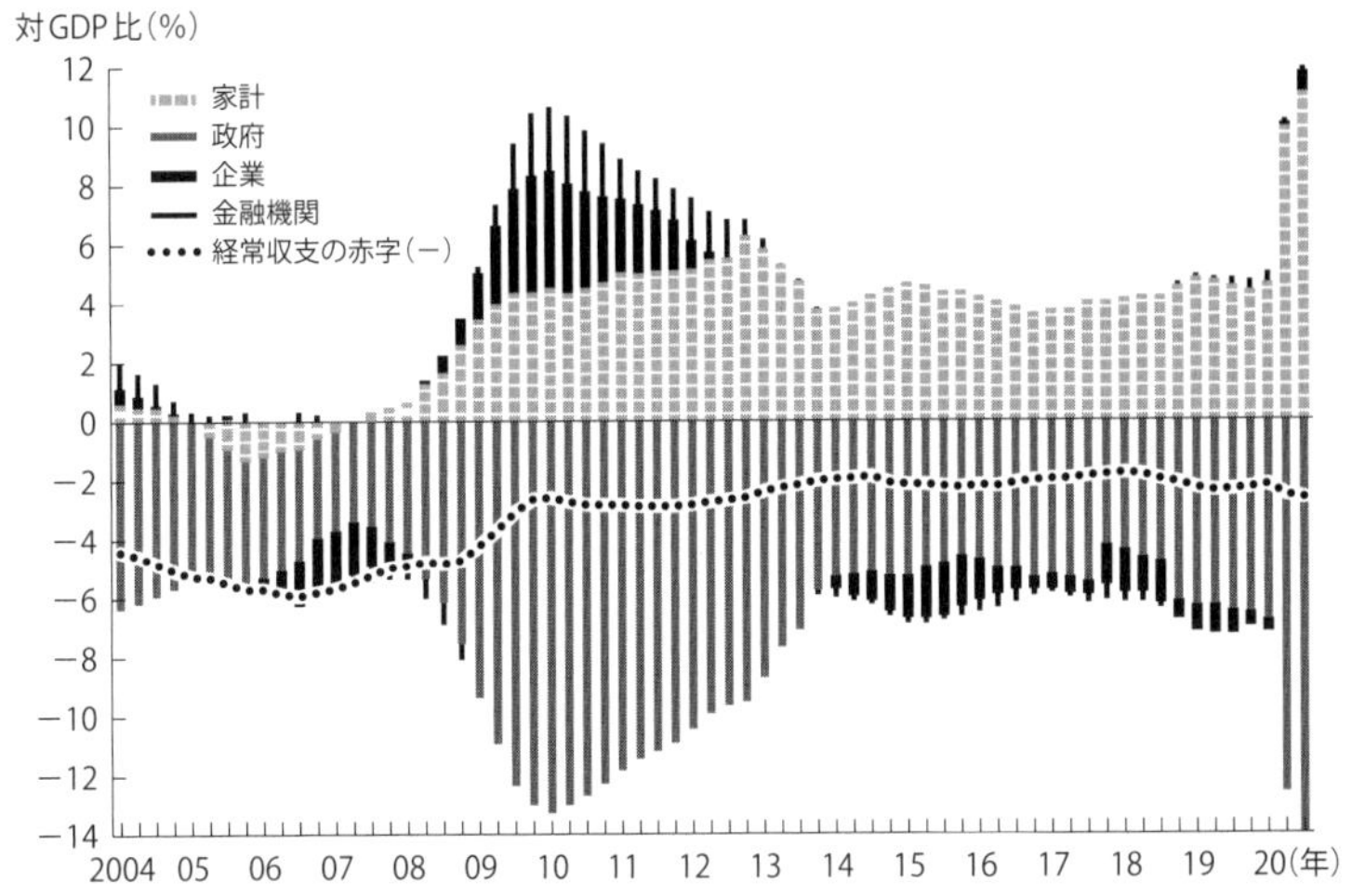

注：（4qma＝4四半期移動平均）2020年第3四半期まで。
出典：IIF

めに、景気刺激策が必要になったのだ。その成立をめぐっては、敵対し合う政党が激しく衝突する場となったが、その結果、アメリカは２０２０年を通して、さらに翌年にかけて、世界最大の財政刺激策を実施することになった。巨額の景気刺激策には、アメリカの枠を超えた重要性があった。

　景気刺激策が恩恵を与えたのは、アメリカに対してだけではなかった。アメリカの巨額の財政赤字が、世界経済に莫大な需要をもたらしたからだ。全体的な効果は、２００８～09年の効果を大きく凌いだ。当時も財政赤字が爆発的に増加したが、金融危機の打撃を受けて家計も企業も出費を切り詰めた。個人の貯蓄率が急増し、財政赤字を少なからず補填した。アメリカの経常赤字は半減し、世界市場から購買力を吸い上げた。2020年にも同じように家計貯蓄が急増したが、3月の経済安定化政策のおかげで、企業部門のバランスシートは安定し、連邦政府の財政赤字は景気に大きな刺激を与えた。世界中で貿易が不振に陥っている時に、アメリカの経常収支はわずかに拡大したのだ。

トランプがあれほど大袈裟に米中貿易戦争だと騒ぎ立てたにもかかわらず、2020年、中国からの純輸入額は増加した。中国の製造業者は、対米輸出の需要に追いつかないほどだった。[15] 工場は賃金を上げて労働者を取り合った。上海の港ではアメリカ向け航路のコンテナ運賃が急騰した。[16]

2020年末、アメリカの経済政策にまつわる不安定要素は、政治基盤が脆弱なことだった。アメリカの国民生活の多くの面についても、同じことが言えた。2020年春に「CARES法」が迅速に可決されたあと、2020年12月に景気刺激策の第2弾がようやくまとまり、あとはトランプの署名待ちという段階に漕ぎ着けるまでに、何カ月にもわたって激しい交渉が繰り広げられた。民主党にしてみれば、第2弾の成立を急いだ理由は、バイデンが大統領に就任するとすぐに、共和党が態度を一変させることが明らかだったからだ。トランプ時代、共和党は大型歳出法案にも喜んで票を入れた。だが、バイデン政権になれば一転して財政規律を理由に、予算収支の維持を要求してくるだろう。オバマ政権の時のように、共和党がバイデン政権に妨害工作を仕掛けてくることはまず間違いない。もし共和党が上院の過半数を維持してしまえば、財政政策は麻痺し、経済政策の責務はすべてFRBに降りかかってしまう恐れがある。

FRBの政策手段は強力だったが、切れ味は鈍かった。QEは資産市場を通じて、最大の効果を発揮する。QEによる大規模な介入は株価を押し上げ、大量の株式を所有する、ごくひと握りの人たちに恩恵をもたらす。再分配を促す補助的な財政政策がなければ、2021年の金融政策は間違いなく、不平等の拡大につながってしまう。2021年が明けると、株価は上昇し、本格的なバブルが始まったかに見えた。専門家が警告したのは、社会格差の広がりが嫌悪感を掻き立て、それが大衆迎合主義者の反エリート感情を煽るという悪循環の発生についてだった。[17]

FRBに必要以上に依存する状況は、世界全体に影響を及ぼしかねない。アメリカの財政政策は輸入需要を掻き立て、ドイツや中国などに恩恵をもたらす傾向があるが、スロットルが開いたままのFRBは異なる影響を及ぼした。ドル安を招き、世界中の金融政策を緩和させることで、金利を押し下げたのだ。QE時代以降の計量経済学によれば、このことが世界経済に極めて高い波及効果をもたらした。[18] 信用を緩和し、ドル建てで取引される多くのコモディティの現地通貨の価格を引き下げたからである。[19]

だがその効果は、世界中で同じようにプラスだったわけではない。ドル建てで行われるブラジルのコモディティ輸出が、通貨切り下げの恩恵を得やすいのに対して、アジアと欧州の製品輸出業者にはマイナスの効果をもたらした。ドルに対する自国通貨の上昇を抑えたい時には対抗策を講じる必要があり、実際、2020年には一部の新興市場国も試している。たとえばドル買い介入に踏み切って、外貨準備高を増やすのだ。[20] だが、ドル買いはアメリカの敵意を引き出すリスクがある。2020年末、スイスとベトナムという奇妙な組み合わせのふたつの国が、アメリカから「為替相場の不正操作国」に指定されてしまったのだ。[21]

アメリカ連邦議会上院の勢力均衡がどう転ぶかによって、アメリカと世界の経済にはまったく異なるシナリオが待っていた。2021年1月6日、連邦議会はようやくジョージア州の決選投票の結果を発表した。全米が注目するこの上院議員選は、史上最も高額な選挙に数えられた。両陣営が投入した選挙資金が、総額9億3700万ドルにのぼったのだ。[22] 最終的に選挙結果を左右したのは、常軌を逸したトランプの行動、ステイシー・エイブラムスによる地道な選挙活動、州都アトランタ郊外で掻き集めた数十万票だった〔訳註　ステイシー・エイブラムスは政治家、弁護士。今回の大統領選において、ジョージア州内で80万人以上の有権者登録に尽力したことから、バイデン勝利の影の立役者と呼ばれた〕。この決選投票の勝利によって民主党は上院の過半数を獲得し、トランプ大統領の恥ずべき行動をめぐって共和党は分裂し、勢力均衡と経済政策の行方がようやく決定した。

2021年1月6日の襲撃事件はそのような背景で起き、相容れない不快な現象が同時に発生した。連邦議会議事堂内でトランプ支持の暴徒がはしゃぐ様子をテレビが生中継しているのにもかかわらず、S&P500が上昇したのである。『フィナンシャル・タイムズ』紙のグローバル・ビジネス・コラムニスト、ラナ・フォルーハーは次のように報じた。「通常、クーデターや不安定な政治情勢が原因で金融市場が上昇するのは、左派が追放され、企業が野心《アニマル・スピリッツ》的な意欲を取り戻した時である[23]」。ところが1月6日、市場を上昇させたのは別のものだった。民主党のペロシ下院議長や連邦議員が武装警備員に護衛されて避難しようとも、明確な事実があったからだ。すなわち、財政の蛇口が開いたままになることだった。

ブレグジットとコロナ危機

2020年11月から2021年1月にかけて、アメリカは国家の深刻な政治危機をくぐり抜けた。西洋の国として唯一、同じような経験をしたのは英国だった。「EU離脱の是非を問う国民投票」もトランプ政権の誕生も、2016年の出来事だ。あれから数年が経ち、英国はEUを正式に離脱し、トランプ政権は終わりを迎え、英米はともに痛みを味わった。

ブレグジットに伴う心理劇を締めくくるかのように、EUとの交渉は破局寸前にまで追い込まれた。ようやく合意に至ったのは、2020年のクリスマスイブのことである。[24] 交渉の末に実現したのは「強硬な《ハード》」ブレグジットだった。ほとんどの人が思い描いていたか、離脱票を投じた時点での予想よりもはるかに強硬な離脱だった。英国は当初、EU加盟国を経済路線で分断させ、独仏の自動車輸出業者を競わせれば、交渉を有利に運べると踏んでいたが、その目論見は外れた。1980年代、EUの誕生にどの加盟国よりも貢献したのは、当時の英国首相マーガレット・サッチャーだった。EUにとって最優先の関心事とは、EUの基本的な原動力である単一市場を維持することだった。そして結局、交渉合意を必要としたのは——パンデミックが再び拡大するなか、なにがなんでも合意を強く望んだのは——EUではなく英国のほうだった。

2020年、英国経済を襲った打撃は驚くほど大きかった。英国の統計学者がその潔癖さゆえ、公共部門をとりわけ険しく評価したことで、景気後退の影響をかなり誇張していた面はあっただろう。[25] それでもやはり家計消費は大幅に下落し、2021年の経済予測も厳しいものになった。イングランド銀行の発表によれば、2020年の景気後退は過去300年で最悪の経済縮小だったという。[26]

ブレグジットが遅延と書類仕事の泥沼を招いたことはすぐに明らかになった。2021年初め、EUとの、特にドイツとの貿易は大きく落ち込んだ。EU離脱が投資に及ぼす長期的影響はいまだ予測不可能だったが、悪化が見込まれた。それにもかかわらず、離脱による打撃を新型コロナウイルスによる打撃が上まわった。ロンドンで変種株が蔓延し、英国の大部分がシャットダウンした。地域によっては3度目の試練となった。英国においても、目の前の社会的、経済的破滅を防ぐための基本政策はさらなる財政出動だった。

英国の保守党はブレグジットの実現を最優先するなかで、アメリカの共和党と同じように、親ビジネス路線の伝統を捨てていた。ブレグジットの協議で、ロンドンの金融街を二の次にしたのだ。実際に交渉の中心を占めたのは、漁業権のような象徴的な問題だった。どうやら英国政府にとっては、仲間内のネットワークの利害関係者しか眼中にないようだった。[27] しかしながらアメリカの共和党と違って、英国の保守党は財政規律を重んじてきた実績を自負している。緊縮財政こそ、2010〜16年まで続いたキャメロン政権の大きな特徴だった。

ところが「EU離脱の是非を問う国民投票」が予期せぬ結果に終わったために、保守党は政策を大きく転換することになった。キャメロンのあとを継いだテリーザ・メイ首相が、新たな国民福祉主義を提唱したのである。[28] 2019年に行われた英国総選挙で、労働者階級が多く暮らすイングランド北部の選挙区を制したのが、労働党ではなく保守党だったことについて、さまざまな分析がなされた。2020年3月、新型コロナ対策として政府が急遽、導入した企業支援策には、財政規律を重んじる英国らしさが消え、〝欧州っぽさ〟が感じられた[29]〔訳註　たとえば英国でも、一時帰休を余儀なくされた従業員に対して給与の8割を給付した〕。当初は10月末までの一時的な措置だったが、失効が近づくと、政府は2021年までの延期を決定した。

実のところ、2020年の混乱のさなか、英国政府に明確な方針があるようには見えなかった。パニックに陥ったジョンソン政権はその場しのぎに映り、一国の政府というよりは選挙戦チームと呼ぶほうがふさわしかった。だが、財政収支について言えば曖昧なところはなかった。2020〜21会計年度において、2020年3月の時点で550億ポンドと見積もっていた財政赤字は、最終的に総額3550億ポンドにまで膨らんだ。平時としては過去に類を見ない規模である。2021年になると、国会議事堂界隈では、国家財政に対する「秩序を取り戻し」て、規律を重んじる保守党本来の財政原則に立ち戻るべきだという声が多く聞かれた[30]。限られた予算を効率的に活用するために、公共部門の賃金引き上げは凍結され——これには看護師の給料も含まれた——ほかの国に対する資金援助予算も削減された。2010年の緊縮財政へのUターンを思わせる措置だったが、当時は公共支出の削減に伴って法人税の引き下げも同時に行われた。

ところが、2021年3月に議会で発表された予算案は、法人税の引き上げを謳っていた。新たな景気刺激策はなかったにせよ、コロナ危機対策の重要な柱は、少なくとも2021年9月まで継続された。ワクチン接種が本格的に始まって、2021年夏の経済再開が視野に入ってきた頃、英国の財務省は、コロナ危機関連の財政支出がGDPの16%に及ぶと弾き出した[31]。法人税の引き上げによって最初に、そして最大の打撃を受けるのは企業だろう。さらに2020年の緊縮財政のシナリオには欠けていた、重要な要素がもうひとつあった。債券市場のパニックである。

2010年のギリシャ債務危機の際には、〝債券自警団〟が出動したとしても不思議ではなかった。そして2020年、桁外れの財政赤字と、ブレグジットをめぐる予断を許さない状況が、債券市場に利回り高騰という警告を発する事態を招いたとしてもおかしくはなかったが、実際に債券自警団が現れることはなかった。英国政府の巨額の国債発行を、イングランド銀行による気前のいい金融政策が側面で支援した。イングランド銀行は、債権買い取りと国の財政政策にはなんの関係もない、と強弁した。一国の中央銀行として、デフレに陥らないよう注視しているだけであり、債券購入は金利の上昇を抑えるためだ、と強く主張したのである。市場関係者は気にも留めなかった。英国の中央銀行は国債の発行を支えていた。英国国債市場のキープレーヤーのなかで、イングランド銀行の政策が間違っているなどと非難する者は誰もいなかった。[32] ２０２１年１月、世界は流動性に溢れ、英国の財務省はマイナスの利回りで国債を発行していた。

コロナ危機は、２０１６年の「ＥＵ離脱の是非を問う国民投票」の際にすでに明らかだったことを裏づけた。離脱派の勇ましいスローガン「コントロールを取り戻そう《テイクバック・コントロール》」が皮肉なのは、資本市場や金融市場の巨大な流動性があったからこそ、英国のような先進経済国が近代史上最も、外部からの金融の制約を受けずに済んだように見えることだ。難しいのは、離脱派のスローガンのように、外部の足枷を振りほどくことではなかった。目の前の豊富な選択肢を、できるだけうまく活用することだった。

欧州の控えめな財政出動

ＥＵとの交渉に臨んで、英国の離脱派は多くの読み違いをした。とりわけ根本的な誤解だったのは、ＥＵやドイツ政府にとって最も重要な問題は英国だ、と離脱派が信じて疑わなかったことである。最も重要なのは英国ではなかった。２０１６年、ＥＵがウクライナ危機、ギリシャ債務危機、シリア難民危機という「複合危機」を克服しつつあった時にも、２０２０年12月に離脱交渉が正念場を迎えた時にも、最も重要なのは英国ではなかった。２０２０年も暮れを迎えた頃、ＥＵにとって最大の関心事はパンデミックであり、復興基金にまつわる未解決の問題であり、中国やアメリカとの不透明な関係だった。

２０２０年7月に復興基金「次世代ＥＵ」の合意を勝ち取るために、ＥＵは莫大な政治的投資を行ってきた。たとえいまはまだ書面にすぎなくても、その妥協策は政治のナラティブを変え、市場を沈静化させた。まずは欧州議会による批准を目指す必要があったが、加盟国からさまざまな意見が噴出した。数百億ユーロ規模の資金がポーランド政府やハンガリー政府に渡ることについて、中道右派から左派までの欧州議会の政治勢力が懸念の声を上げたのだ。どちらの国でも司法の独立性が低下し、表現の自由が脅かされていた。マイノリティの権利は攻撃され、女性の性と生殖に関する権利が侵害されていた。しかも「欧州グリーン・ディール」に対して否定的な態度を崩さなかった。さらにハンガリーのオルバーン首相には、政治を私物化しているという悪評が立ち始めていた。「次世代ＥＵ」で分配された資金の不正流用を防ぐ措置として、今回の復興パッケージに「法の支配」の遵守という条項を盛り込むよう、欧州議会が強く主張した。[33] 案の定、ポーランドとハンガリーのナショナリストの首脳が反発した。[34] そして、〝抵抗〟を錦の御旗に掲げてこう訴えた。我々を非難する敵は、伝統的な西欧の価値観を傷つけている。合法的に選出された我が国の政府に対して、ＥＵを使って法的な攻撃を仕掛けている。我が国がＥＵに加盟したのは、よその国に支配されたという苦い歴史から逃れるためだった。そしていま、我々は再び抵抗の旗を掲げようとしている、と。

数カ月の交渉が水の泡になりそうだった。熱烈に歓迎された復興基金「次世代ＥＵ」の実現が危ぶまれた。２０２０年12月初め、ＥＵはアメリカと肩を並べていた。感染者数だけの話ではない。ナショナリストによる大衆迎合主義が、大西洋の両側で、コロナ危機対応の経済政策を麻痺させていたのである。ＥＵにとって幸いだったのは、〝欧州のトランプ〟が弱い立場にあったことだ。ポーランドやハンガリーには、ＥＵの資金が必要だった。どちらの国も欧州理事会で孤立し、交渉の切り札も限られていた。

２０２０年最後となる12月10日の重要なＥＵ首脳会議を前に、ドイツのメルケル首相が、ポーランドやハンガリーにはとても断ることができない提案を持ちかけた[35]。欧州議会の法の支配の条項が効力を発するのは、あくまで「彼らを非難する敵」が、彼らに対する異議を欧州司法裁判所に申し立てたあとだ、と伝えたのである。ふたりの面子を立てるうまいやり方だった[36]。オルバーン首相にとって特に重要だったのは、その条項が発効するのが、２０２２年に予定されているハンガリーの次の総選挙が終わったあとになることだった。それまでのあいだ、欧州の資金は受け取れるのだ[37]。

高い野心を持たなければ、この日の首脳会議は夕方の早い時間に終わっていただろう。だが、議長国のドイツは別の議題を用意していた。９月の国連総会で中国が「カーボンニュートラルを目指す」という、大胆な気候変動対策を発表したことを受け、ＥＵには２０３０年までに二酸化炭素排出量の削減をさらに加速させる必要があったのだ。これが、またもや東欧との衝突を生んだ。ポーランドほど石炭に依存している国はない。彼らにとって石炭は単なる燃料ではない。あの国のナショナリストにとって、石炭とはもはや愛国心を表す盲目的な崇拝物《フェティッシュ》なのだ[38]。ポーランドのマテウシュ・モラヴィエツキ首相は、またしても保身のために攻撃体勢に入った。もし自分が「法の支配」と「石炭」の両方でＥＵに譲歩してポーランドに戻れば、連立を組んでいる強硬右派の政党にいまの政権が打倒されてしまうと訴えたのだ。

翌午前2時30分、EUのある外交官がニュースサイト「ポリティコ」に、絵文字ひとつだけのテキスト・メッセージを送った。爆発する頭部の絵文字だった[39]。メルケル首相は首脳会議の出席者に、EUがパリ協定を上まわる合意に達しなければ「最悪の事態」を招くと迫った[40]。2020年12月11日早朝、ポーランドはついに望みのものを手に入れた。炭鉱の閉鎖に必要な追加資金である。詳細は今後の交渉で詰めるとして、2020年12月のEU首脳会議は、復興基金、法の支配、気候変動対策という3つの分野で合意に達した。

これにはEUの官僚自身が驚いた。「10年前とは大違いだ」。欧州委員会のある官僚は述べている。「私たちがいい政策立案者になったからではなく、世界が大きく変わったからだ[41]」。科学、若い抗議デモ参加者、経済の変化、そして新型コロナウイルスが「オヴァートンの窓」を移動させたのである〔訳註　オヴァートンの窓とは、「多くの人に受け入れられる思想は、一定の範囲（窓）に限定されている」ことを指し、極端な政策が広く論じられた時にはその窓が移動するとされる。主唱者のジョセフ・オヴァートンはアメリカの政治学者〕。スペインの気候温暖化の交渉責任者、テレサ・リベラは振り返る。「方向転換の時に現れた新型コロナウイルスによって、世界は経済の〝矛盾〟に直面せざるを得なくなった」。ある政府の高官も、EUではお馴染みの片言英語でこう語る。「正直なところ、パンデミックがなければ問題を解決できなかったと思う[42]」。

政治的に言えばEUの予算合意は素晴らしい前進だったにせよ、マクロ経済の介入策として見ればそうでもなかった。EUの財政努力は、アメリカ政府が打ち出した景気刺激策よりもはるかに規模が小さかったからだ。それは、次のような統計からも明らかである。

OECDが2020年の成長率を分析したところ、ユーロ圏の数字は厳しい現実を突きつけた。

2020年、ユーロ圏のGDPは前年比7・6％減だった。これは2008～09年の世界金融危機後、あるいはユーロ圏危機の最悪の年よりもはるかに悪い数字である。2020年のGDPが、前年比3・5％減だったアメリカと比べても悪い。また総固定資本形成で見た場合、アメリカがわずか1・7％減だったのに対して、ユーロ圏は10％以上も減少していた。欧州委員会と欧州投資銀行によれば、2020年と21年の民間投資の不足分は8310億ユーロにのぼるという。復興基金「次世代EU」の総額7500億ユーロをしのぐ数字である。(43) さらに憂慮されたのは、今回、最も深刻な打撃を受けたのが、2010年以降、慢性的な投資の低さに苦しんできた南欧諸国だったことだ。

欧州では2021年も、コロナ危機との戦いで重要な役割を果たすのは各国の政府予算だろう。(44) 時短勤務でうまく乗り越えたものの、失業問題は今後も大きく立ちはだかり、経済成長が見込めない。現在の財政状況では、欧州経済は気の滅入るような展望しか描けなかった。OECDの推定では、ユーロ圏の2021年末のGDPは、2019年末のGDPと比べてまだ3％も低いだろうという。対照的に、アメリカは完全な復活が見込まれる。中国に至っては、2019年末と比べて10％の成長が予測された。(45) ユーロ圏全体が2019年の水準に回復するためには、2022年まで待つ必要があるだろう。鳴り物入りの復興基金「次世代EU」でさえ、IMFの試算によれば、GDPを最大でも1・5％押し上げるだけにすぎず、実際にはその半分の数字にとどまりそうだった。(46) また国によって、景気回復にばらつきが予想される点も懸念される。欧州の盟主ドイツの場合、2022年には2019年末と比べてGDPが1・5％増加する見込みであるのに対して、スペインの場合は2022年の時点でさえ、コロナ危機前の2019年よりもGDPが3

図12　世界金融危機前後のアメリカとユーロ圏の成長トレンド（2008年のGDPを100とする）

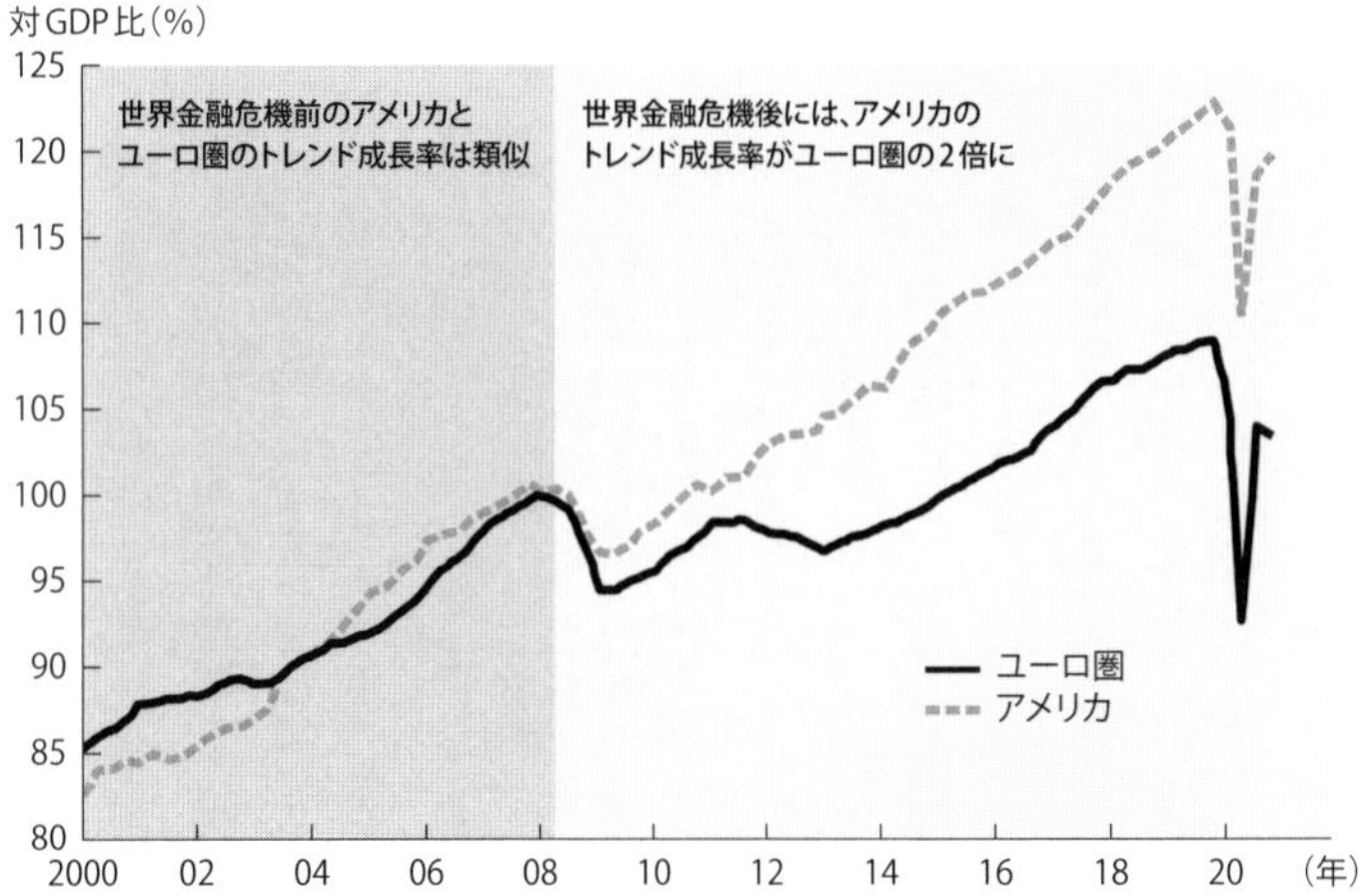

出典：IIF

%も低いものと推定された。

時計の針を２０００年まで戻すと、明らかな違いが浮かびあがる。２００８年まで、アメリカとユーロ圏は並んで成長していた。ところがその後、軌道が分岐する。２００８年の世界金融危機以降、欧州が二番底によって生じた損失を埋められなかったのだ。２０２０年、深刻な景気後退に陥った欧州は控えめな財政出動によって、分岐の拡大に拍車をかけてしまった。２０２１年の始まりとともに、アメリカが新たな財政出動を行ったのに対して、欧州が採用したのはさらに厳しいロックダウンだった。次の景気後退が迫っていた。

欧州の債券市場は、自己満足に浸っているかのように平穏だった。２０２０年秋のあいだ、ＥＣＢは各国政府の財政支出に目を光らせていた。12月10日に開かれたEU首脳会議がポーランドやハンガリーとの最終交渉に臨んだ日、ECBは「パンデミック緊急購入プログラム」の拠出額を37％増額し、総額1兆8500億ユーロに拡充すると発表した。一部のエコノミストの予測によれば、2021年にEU加盟国が発行する国債の総額が1兆2500億ユーロ（1兆5000億ドル）まで膨らんだとしても、充分な購入力を備えることになった。

　2021年末になる頃には、ECBはドイツとイタリアの債務の40％以上に当たる債券を抱えているだろう。それによって、ベンチマークであるドイツの10年物国債の利回りをマイナスにしておき、欧州のほかの国がこれまで以上に資金調達しやすい状況をつくり出せる。EUはおそらく史上最大額になる、2250億ユーロのグリーン債を発行する計画だったが、市場が債券で溢れかえるリスクはなかった。欧州財政においてオランダには「倹約家」という、あまりありがたくない評判があるが、そのオランダの国庫庁長官を務めるエルヴィラ・ユーリングスも次のように述べている。「トリプルAを求める声は大きく、需要が供給をはるかに上まわっています[47]」。

資金の使い方という問題とワクチン接種の遅れ

　2021年初め、アメリカ、英国、EU加盟国の政府はどこも大きな債務を抱えていた。経済は低迷していた。政治は緊張状態にあり、アメリカと英国には時として耐えられないほどの緊迫感が漂っていた。民主主義政治や政府間の外交は粗野な姿を見せていた。そのような状況であれば、為替市場や債券市場が動揺してもおかしくなかったが、市場は微動だにしなかった。金融市場の動きを見ても、警戒すべきことが起きている兆しはなかった。言い方を変えれば、2020年12月から翌1月にかけて、政治の戦いを悪化させるような金融市場の混乱はほとんど見られなかったのだ。

だからと言って、民主主義政治が資金の力と無縁だったわけではない。重要なのは、アメリカ、英国、ＥＵにおいて左派という選択肢がなかったことだ。それは右派大衆迎合主義者と中道派とのあいだの戦いであり、右派大衆迎合主義者のほうが強硬だった。アメリカでは、「企業エリートの陰謀によって大統領選の勝利が盗まれた」などと騒ぎ立てる、共和党上院議員のジョシュ・ホーリーには当惑を禁じ得なかった。いっぽうの英国でも、これまで実業界に向かって「引っ込んでろ《ファ＊ク・オフ》」(48)などと罵った首相は――保守党はもちろん、どの政党のどの首相であろうと――いなかった。だが、右派大衆迎合主義がどれほど不快であっても、アメリカに社会民主主義を持ち込もうとする好戦的なバーニー・サンダースや、左派の条件を振りかざしてブレグジット後の英国を牛耳ろうという、過激な労働党政権でいいわけではなかった。

しかしながら、左派の敗退を考慮しても、政局はやはり危険な状態にあり、経済状況も財政状況も悪く、それでいて金融市場は穏やかなままだった。ＦＲＢは巨額の流動性を注入した。世界各国の中央銀行には、債券市場の不安定化には断固対処するという積極的な意志があった。このふたつの組み合わせが、債券市場の圧力によって生じる制限を取り払った。２０２１年が明け、パンデミックの始まりから1年が経とうとしていた。問題は資金そのものではなかった。その使い方だった。

復興基金「次世代ＥＵ」から最大の資金を受け取る国はイタリアだった。無理もなかった。パンデミックによってひどい損害を被ったからであり、政府債務が莫大に膨らみ、深刻に懸念されたからである。イタリア経済は10年以上も前から悪化の一途をたどり、２０２０年、景気はさらに後退した。2008年初めと比べて、2020年末にはGDPが10％も縮小していた[49]。この長引く〝倦怠感〟に対処するため、EUは「次世代EU」から2000億ユーロをイタリアに配分することになった。今後5年間のイタリアのGDPの10％にあたる額である。2000億ユーロのうち、800億ユーロを返済義務がない補助金とした[50]。投資の回復を図る歴史的な機会になる可能性があった。この資金を受け取るため、イタリア政府は「国家回復計画」を作成して提出し、欧州委員会だけでなく、欧州北部の懐疑的な加盟国をも納得させなければならなかった[51]。イタリアの政治階級はこの厄介な課題に悪戦苦闘することになった。

2020年12月、ドイツや欧州委員会がハンガリーやポーランドとの交渉に苦戦するいっぽう、翌年1月にはジュゼッペ・コンテ首相率いるイタリアの連立政権が崩壊した。マッテオ・レンツィ元首相率いる党派が、「政府が予算を教育と健康医療部門に公平に割り当てていない」と非難し、連立政権を離脱してしまったのだ[52]。経済団体の「イタリア産業総連盟」は「改革」を要求し、まずは年金システムから着手するように迫った。コンテ首相は指導者が誰なのかを明確にさせようとし、支持率の高さを当てにして辞任という賭けに出たが、新政権を発足させることはできなかった[53]。新たに選挙を行うことは悪夢だった。パンデミックのためだけではない。右派勢力を支持する声が高まっていたからだ。しかも、元首相のシルヴィオ・ベルルスコーニや、反移民を掲げる極右政党「同盟」のマッテオ・サルヴィーニ党首を推す声でさえない。支持を拡大していたのは、ファシスト党の流れを汲む「イタリアの同胞」による右派大衆迎合主義だったのだ。

2021年2月3日、セルジョ・マッタレッラ大統領は安心して政権を任せられる人物を見つけた。欧州債務危機に際して「できることはなんでもする」と発言した、元ECB総裁のマリオ・

ドラギである。イタリア経済財務省総務局長、ゴールドマン・サックス副会長、イタリア銀行総裁という輝かしい経歴の持ち主でもある。この抜擢は、中央銀行の銀行家は現代のテクノクラートの象徴だというお墨付きを与えた反面、実際に機能するかどうかを見極める実地試験でもあった。イタリアの政界も経済界も、かつての債券市場のようにはドラギの言葉に反応しないだろう。欧州北部の国が懐疑的な目を向けるなか、ドラギの首相就任はイタリアにとってだけでなく、「次世代ＥＵ」プロジェクト全体の成否を占う試金石でもあった。もしイタリアがこの試験に失敗してしまえば、ＥＵの財政統合の深化に向けた議論は打撃を受けるだろう。下手をすれば、もはや取り返しがつかないほどの打撃になるかもしれない[54]。２０２１年、イタリアは欧州が直面する最も差し迫った問題ではなくなっていた。

この時期、富裕国の政府が頭を悩ませていたのは、数千億ドルの資金の使い途でも、今後10年間の国家回復計画でもなかった。感染リスクの高い人たちに、いかにして一刻も早くワクチンを接種できるか、だった。ワクチン１回分は、レストラン１回分の食事代ほどの金額である。ワクチンは完成したものの、ウイルスは変異し、数十億人がいかに早く免疫を得られるかが重要になった。富裕国は供給されるワクチンの大部分を独占していた。２０２１年初め、問題はそのワクチンが実際に手に入るのかどうかだった。

英国とアメリカでワクチン接種が始まったのは、２０２０年12月のこと。接種数を徐々に増やし、翌年１月末になる頃には接種ペースは加速していた。対照的に、欧州大陸にはワクチンが届かなかった。ＥＵは野心的だったが、加盟国どうしでワクチンを取り合えば最悪の事態を招きかねない。「次世代ＥＵ」の合意を目指した時のように、この時もＥＵは団結を重視した。接種率が資金力では決まらない、世界で唯一の地域だった。ブルガリアもドイツも、割り当てられた分を受け取った。素晴らしいことだったが、注文分は確保できず、ワクチンの配送も滞った。ワクチンの承認にも時間がかかった。コストを考慮してEUが優先的に購入したアストラゼネカのワクチンには、臨床試験と生産の両方の段階で問題が生じた。欧州委員会もEU加盟国政府も、無理に急かすことはしなかった。欧州委員会のウルズラ・フォン・デア・ライエン委員長と委員会のメンバーは、世間に出まわる噂を訂正しようとした。欧州委員会の指摘する通り、英国やアメリカと違って、EUはそれまでワクチンを大量に輸出していたのだ。

就任直後にイタリアのドラギ首相がとった措置は、イタリア国内で生産されたワクチンのオーストラリア向け輸出を差し止めることだった。オーストラリアでは、感染の拡大が抑えられていたからだ。スタートこそ出遅れたものの、欧州のワクチン接種プログラムは徐々に加速した。2021年夏には、感染リスクの高い人たちの接種が完了する。とはいえ、欧州大陸のおもな都市は再びシャットダウンに入り、家庭はまたもや休校や外出制限に耐えなければならなかった。抗議デモにはほとんど効果がなかった。2020年春に破滅的なパンデミックが始まってから1年が経ち、欧州の行政機構は再び新型コロナウイルスが課す試験に落第していた。その混乱ぶりに照らせば、ジョン・メイナード・ケインズの「我々が実際に行えることは、なんでも我々には買うことができます」という解放の喜びの声は、ますます苦味を帯び始めていた。

結論

バイデンの政策とＦＲＢの綱渡り

民主主義国家において、権力の移譲は慎重を要するプロセスだ。多くの国では、移譲は淡々と行われる。議場で握手を交わし、ひとしきり拍手が続く。引っ越し用トラックが、権力の場を去る政治家の身のまわりの品々を運び出す。アメリカの政権交代は苦痛を伴うほど長引くプロセスであり、民主主義の戴冠式とも言える荘厳な儀式で頂点に達する。どの政権交代も壮観なショーに違いないが、２０２１年1月20日、ジョセフ・バイデンの第46代アメリカ合衆国大統領の就任式ほど、強く待ち望まれた政権交代の儀式はなかった。

大統領就任演説で、バイデンは大統領就任を、長きにわたって続いた戦いの結果に喩えた。いっぽうには「誰もが平等につくられたというアメリカの理想」があり、もういっぽうには「人種差別、移民排斥主義、恐怖、悪者扱いが、この国を長く引き裂いてきたという過酷で醜い現実」があり、自分の大統領就任はその長き戦いの結果だ、と喩えたのである。[1] 大統領選で自分が勝利を摑んだのは、「歴史と信念と理性が道を示す」証拠だと述べた。バイデンはまた、エイブラハム・リンカーン大統領が1863年元旦に署名した「奴隷解放宣言」にも言及した。1919年に成立した女性参政権のために戦った勇敢な女性活動家や、公民権運動の指導者マーティン・ルーサー・キング・ジュニアの記憶を呼び覚ますくだりもあった。そして出所には言及しなかったものの、次期大統領選の民主党候補となるバラク・オバマに、かつてクリントン元大統領が呼びかけた演説の一節を言い換えてこう述べた。アメリカは「力によってだけではなく、模範を示すことによっても」世界のリーダーであるべきだ。[2]

だが、アメリカが示すべき模範とはどのようなものだったのか。[3] バイデン大統領の前には、ソーシャル・ディスタンスを置いて聞き入る聴衆の姿があった。アメリカ人によるアメリカ人への暴力行為を防ぐために、ワシントンDCの中心部は有刺鉄線付きのフェンスで封鎖され、2万5000人の州兵が配備されていた。バイデン大統領はどのアメリカの代表なのか。

1961年、第35代アメリカ合衆国大統領に就任したジョン・F・ケネディは、「松明《たいまつ》」は「新しい世代」に引き継がれたと述べた。1942年に生まれ、ティーンエイジャーの頃にその演説を聞いたバイデンが、初めて大統領選に立候補したのは1988年。2021年の大統領就任式に臨んだバイデンと副大統領のカマラ・ハリスとの年齢差は大きく、ふたりのコンビはかくしゃくとした高齢の親と成人した子どものように見えてしまった。民主党に投票した有権者にとっては心温まる光景だったが、オバマ大統領を除いて、トランプもクリントンもブッシュ父子もやはり元気な高齢者であり、松明は引き継がれるどころか、先祖返りしたかに見えた。

アメリカが直面している緊急の課題に、バイデン政権がどう対応するのか。その答えは、就任演説で補足的に述べられただけだったが、バイデンは政権発足直後に矢継ぎ早に大統領令を発し、パンデミック、気候温暖化対策、住宅問題、環境問題、移民問題の政策を明らかにした。[4] バイデンは遊説中に「収斂」あるいは「重複」する4つの危機――バイデンにとっての「複合危機」――にたびたび言及した。「パンデミック」「経済（不平等の拡大）」「人種的公正性」「危機的な気候問題」の4つである。[5] 就任演説では、新たに「世界のなかのアメリカの役割」をつけ加えた。アメリカ市民はいまも民主主義の精神に則って暮らしているが、その魔法は効力を失っている。バイデンや歴代大統領が築きあげた、アメリカが率いるグローバリゼーションのあるべき姿が深刻な危機に陥ってすでに久しい。

バイデンが副大統領を務めたオバマ政権の第1期2009〜12年には、世界の金融システムを揺るがす危機が発生し、大西洋の両側で民主主義政治の規範が砕け散った。時を同じくして、ロシアとのあいだで地政学的な緊張が高まった。大西洋を挟んで、金融システムと経済の立て直しを図ろうとした4年間のあと、2012〜14年にはドラギの「なんでもする」宣言とオバマ大統領の再選が続き、パリ協定合意に向けていったん平穏な時期が戻った。

だが、それも長くは続かなかった。2014〜16年に世界が大きく揺らいだのである。ウクライナ危機、コモディティ価格の崩壊、シリア内戦と難民危機、ギリシャ債務危機。中国は金融崩壊の一歩手前に陥り、バーニー・サンダースがヒラリー・クリントンの意外な強敵となって立ちはだかった。英国はEU離脱を決め、トランプが大統領選を制し、フランスで黄色いベスト運動が起きた。ワクチン接種が進んでトランプが敗北し、大きな安堵をもたらしたことから、2021年1月にはひとたび危機が峠を越えたかに思えた。だが、バイデンはそうは思わなかった。最悪の事態を引き継いだだけではない。まだその真っただなかにいる、という認識だったのである。

バイデン政権の当面の優先事項は、パンデミックを抑え込み、経済危機に対処することだった。バイデンはトランプから、制御不能の感染症と、本格化するワクチンプログラムを引き継いだ。バイデン政権のチームの名誉のために言うと、彼らは困難をものともせず最大限の努力をした。ソーシャル・ディスタンス戦略を強化し、ワクチン接種を全速力で推し進めた。さらには「国防生産法」を発動して、アメリカ市民に対するワクチン供給の加速を目指した。2021年4月いっぱい、すべての対象者が無料で接種し終わるまで、どこの国にもワクチンを輸出しなかった。ファイザーとモデルナはその方針を支持した。なぜなら、最新のmRNAワクチンによって、アメリカ以外の国で安全性の問題が生じた場合の法的責任を回避したかったからだ。

バイデン政権がワクチンでとった方針は、トランプが誇った「アメリカ・ファースト」だったが、今回の措置がナショナリストたちの暴力行為を引き起こすことはなかった。バイデンは、アメリカが世界の「ワクチンの武器庫」になると宣言した。とはいえ、アメリカ市民の接種が完全に終わったあとの話である。

経済について言えば、バイデン政権が2009年の失敗を繰り返すまいと固く決意していたことは明らかである。オバマ政権が世界金融危機に対処した際の事後分析を、詳細に読み込んでいたのだ。バイデン政権は大胆に出た。共和党の協力は当てにしなかった。1兆9000億ドルの景気刺激策「米国救済計画」を大統領就任直前に発表したのに続いて、2兆3000億ドルのインフラプログラム「米国雇用計画」と、１兆８０００億ドルの育児・教育支援などの「米国家族計画」を打ち出した。２０２０年に実施した３兆６０００億ドルの景気刺激策に続いて、平時の財政支出としては前例のない規模である〔訳註　２０２１年3月に「米国救済計画法」が成立した〕。

２０２０年3月の「ＣＡＲＥＳ法」と違って、１兆９０００億ドルの「米国救済計画法」では、中流階級、低所得層、中小企業に対象を絞り、大企業と富裕層には最低限の補助金のみとした。専門家の意見は分かれたが、「米国救済計画法」が供給する１兆９０００億ドルだけで過剰な「需給の緩み《スラック》」が発生し、大規模な供給余剰となった[6]。この景気刺激策は、意図的な経済の過熱を狙っていた。財政政策に対するこのような大胆なアプローチは、当然のように批判を招いた。共和党の抵抗に遭って上院の通過に手間取ったうえ、ローレンス・サマーズのような大御所や、オリヴィエ・ブランシャールをはじめとする国際的に評価の高い経済学者など、中道派からも批判を浴びたのである[7]。

彼らのような経済学者は、今回の景気刺激策は大盤振る舞いであり、景気刺激策の対象も間違っており、投資への取り組みも不充分だと指摘した。サマーズはひとしきり不満を口にした。こんな無責任な財政政策は、過去40年間で見たこともない。予算規模を抑えたい共和党の強硬姿勢と、包括的な景気刺激策を望む民主党左派との邪悪な駆け引きの産物だというわけである。重要なことに、ウォールストリートからは、まったくといっていいほど批判が聞こえてこなかった[8]。業界団体は次の１点についてだけ圧力をかけた。時給15ドルという法定最低賃金の要求を取り下げよ、と釘を刺したのである。だがその問題に決着がつくと、全米のＣＥＯはバイデン政権の政策に従った。ＦＲＢもまた同じだった。

にわかには信じ難いが、数十年に及ぶ労働市場の休止状態が続いたあと、ＦＲＢはようやく「１９８０年代の労働組合の歴史的敗北」と、「グローバリゼーション時代の夜明け」が持つ意味に気づいたようだった。つまり、賃金と物価の歯止めが効かない上昇スパイラルを恐れることなく、経済を過熱させられるのだ。経済の勢いが増すと、もちろん物価も上昇するが、もはや恐れるものはなにもなかった。２０２１年１月27日、インフレリスクについて訊かれたパウエル議長は、ＦＲＢの記者会見で驚くような期待を述べた。「正直に言いますと、やや高めのインフレを期待しています……。私のような人間が若い頃に経験したような厄介なインフレは、はるか昔のことのように感じられますし、国内とグローバルの現在の状況において、あのようなインフレはしばらく発生しにくいと思います(9)」。

もちろん今後数年で経済が急成長した時のために、ポートフォリオを調整しようとして、投資家は債券を売却したのかもしれない。２０２０年には、莫大な量の米財務省証券が発行された。とりわけ長期的に市場を利用する必要がある時には効果的な方法だが、２０２０年にはその方法はほとんど使われなかった。とはいえ、誰でもよく承知しているように、ＦＲＢは必要に応じて資産購入枠を拡大できた。綱引きもあったかもしれない。だが、ＦＲＢが２０２０年８月に政策目標を修正した結果、少なくとも当面は２％超のインフレを目指すことになった。ＦＲＢの新たな政策目標に、市場のほうが適応する時代だった。

綱引きの結果は、アメリカに大きな影響を及ぼすだけでは済まないだろう。世界経済のバランスは、アメリカの「労働市場」「債券市場」「財政政策」「ＦＲＢの介入」という、４つの要素が描く四角形によって左右された。もしアメリカ経済が過熱し、金利が急激に上昇すれば、新興市場国や開発途上国が長いこと恐れてきた金融引き締めにつながる。そしてその時には、グローバル金融化のリスクに対処する、新たなツールキットの機能を試す真の試練になるはずだ。

新興市場国で、2013年の「テーパー・タントラム」を忘れた者はいない。当時、FRB議長だったバーナンキがQEの終了を示唆したとたん、金融市場は激しく動揺した。バーナンキは発言を撤回したが、多くの新興市場国にとって、テーパー・タントラムは好景気の終わりを意味した。その頃、パウエルはまだFRB理事になって1年目で、ジャネット・イエレンが副議長を務めていた。いかに安全に利上げするかが、次期FRB議長に就任したイエレンと、そのあとを継いだパウエルの最も重要な課題になった。

2015年9月、中国が金融崩壊寸前に陥ったかに見えた時、当時、議長だったイエレンは利上げを見送った。この時の決断によって、イエレンはその後何年にもわたって、FRBと中国人民銀行とのあいだに「上海合意」なる密約があったのではないか、という噂につきまとわれることになる。[10] そして2015年12月、FRBがついに利上げに踏み切った時、景気は予想よりも早く減速していたため、イエレンはバーニー・サンダースから猛烈な批判を浴びた。あとを継いだパウエルは金利の「正常化」に努力したが、そのたびにトランプ政権とのあいだで全面戦争が勃発しかかった。2019年、FRBは政策金利を引き上げるどころか3度も切り下げた。2020年になると、正常化の話はしばらく立ち消えになってしまった。世界のドル体制の管理者として、FRBは綱渡りをしていた。終わりの見えない綱だった。

FRBがはまりこんでいた窮地は、2020年の終わりに、世界中の政府が直面していた状況を凝縮して表していた。2020年の出来事をグローバルな危機に変えた原因は、ひとつとしてその力を失ってはいなかった。むしろその逆だった。

2020年が突きつけた課題

環境史の研究者は、人間と地球環境との関係に急激な変化をもたらす「グレート・アクセラレーション（大加速化）」〔訳註　第2次世界大戦後に起きた、人間活動の爆発的な増大〕という現象に警鐘を鳴らす。[11] 研究者によれば「大加速化」は1945年に始まり、1970年代にさらに進んだという。2021年、私たちの生活はいわゆる正常に（元に）戻る兆しが見られたが、「大加速化」は2020年を位置づける正しい歴史的枠組みだった。2020年が異例で一時的な危機の年だったことは間違いない。だが、急激な変化の上昇カーブの途中に位置する中間地点だったことも確かである。[12]

環境史の視点を借りるのがいっそう適切に思えるのは、2020年の出来事が、生物学的な原因で起きた激震だったからだ。パンデミックの発生を示唆する前兆は、かなり前からあった。そうであるにもかかわらず、新型コロナウイルスは容赦ない事実を暴露した。「人新世」が巨大な力で突きつける試練に対して、ほとんどの社会がまったくの無力だったことである。欧州もアメリカもラテンアメリカも、感染の第2波を抑える取り組みに失敗した。2021年春、ブラジルやインドで感染の拡大が猛威を振るった。莫大な感染者数が危険な変異株を引き起こし、感染を抑え込んでいた国をリスクに曝すことになった。

社会的、文化的、政治的な対応能力には限界がある。そのために結局は、科学と技術を組み合わせた解決策に頼らざるをえない。解決策を生み出すためには、科学的及び技術的資源が自由に使え、それらを動員する意志と現実的な能力とが求められる。この点について、2020年の体験で顕著なのは、ワクチン開発に成功したことだけではない。コロナ危機の規模と、解決策に使われた手段の規模とのあいだに、大きな差があったことだ。数十兆ドルという莫大な損害額に対して、ワクチン開発に要した費用は数百億ドル。ワクチンの効果的な配分と公正な配布に使われた費用はさらに少なかった。

2020年が突きつけた将来の課題は明らかに思える。選択肢は次のふたつのうちのどちらかだ。R&D(研究開発)と未来の技術に数十億ドルを投資して、数兆ドルの効果を生み出す方法を見つけ出す。あるいは、もっと持続可能で抵抗力のある社会と経済を築く必要性について真剣に考え、予期せぬ危機に対処するために必要な対応力を普段から備える。そうでなければ、私たちは自然環境からの思わぬ反撃に圧倒され、呑み込まれてしまうだろう。どちらの選択肢も非現実的だと一蹴してしまいがちだ。だが、2020年にあれだけ痛い目に遭っておきながら、まだ証拠が足りないとでも言うのだろうか。私たちは、現実をもっとしっかりと認識しなければならない。巨大リスクの発生を数十年も前から警告してきた人たちは、現実を理解する必要性を明確に指摘してきた。私たちが生きているのは、ウルリヒ・ベックが1980年代に「第2の近代」と名づけた時代なのだ。すなわち、私たち自身の活動によって激しく動揺し、変容する社会である[13]〔訳註　ベックについては「はじめに」を参照。ベックの考えにおいて、「第1の近代」は「単純な近代化」であり「工業社会」だが、「第2の近代」とは「リスク社会」を指す〕。

今後、環境的な課題に対処するためには、近代化が始まって以降の数世紀が生み出した科学と技術の革新的な可能性を活用し、その可能性を実際に解き放ち、グローバルなレベルで実現しなければならない。そうでなければ、2020年のパンデミックを、最初の悲劇と位置づけなければならなくなる。今後も、世界はますます対処の難しい、破滅的な出来事に襲われるのだ。いずれにせよ、良くも悪くも〝とんでもないこと〟が起きる、という事実からは逃れられない。平穏な状態が続くという選択肢は、もはや残されていないのだ。

中央銀行は現代統治の一分野であり、私たちが直面する課題の規模を当局が把握する際に、その重要性を発揮する。2020年の政策対応は、2008年の政策対応も霞むほどの規模だった。だが、その規模は警告とも読みとれた。巨額の介入を余儀なくした原因は、借金経済の上に成り立つ不平等で脆弱な経済成長にある。

中央銀行を危機と戦う現代の代表的な存在にしたのは、次の3つの空白が生じたからだ。すなわち、労働組合はかつての力を失い、インフレ圧力はなくなり、さらに広く見れば、反体制派からの抵抗もなくなった。介入金額が莫大に膨らみかねないのは、たとえ大きな物理的影響が生じるとしても、そしてまた、たとえ債券市場そのものがトレーダーやコンピュータ、法的文書などのかたちを持つ現実の存在であっても、中央銀行の資産購入には〝デジタルの魔法の杖〟を振るのと同じ効果があったからだ。

2020年、金融の魔法は極めて劇的な効果を表した。なぜならコロナ危機は、最も重要な安全資産である米財務省証券を危機に曝したからである。2008年のリーマン・ブラザーズの破綻によって引き起こされた規模を凌ぐ、雪崩が起きる恐れがあった。市場型金融の世界では、巨額の後ろ盾がない限り、本当に安全な資産はないのだ。

2020年に政府が行った莫大な介入は、戦時財政のモデルに喩えられた。中央銀行による債券購入は、財政政策と機能的な双子を成すからだ。だが、いくら好ましい考えに思えても、戦後のケインズ主義の時代に戻ることはできない。もちろん21世紀の中央銀行がそう望んでいるわけでもない。21世紀の中央銀行は革命的とはほど遠く、19世紀後半のビスマルク時代の保守派を彷彿とさせる。つまり、「すべてが同じであるために、すべては変わらなければならない」という考えである。[4]

2020年、少なくとも金融システムに関する限り、勝利したのはやはり管理統制主義だった。だが、権力を握るテクノクラートたちによる管理というよりも、危険な現状を維持するための慌てふためいた取り組みに近かった。「大きすぎて潰せない」が、このところの金融システムの原則なのだ。その結果、金融システムが支えたのは「負債による投機と成長の拡大と連続」だった。そんなことがいつまで続けられるのだろうか。マクロ経済の根本的な限界を指摘できる者はいない。そ

むしろ問いは、次のような点にある。テクノクラートによる統治は維持できるのか。社会と政治はその統治にうまく対処できるのか。その統治を民主主義化することは可能か。もし不可能ならば、少なくとも立法化はできるのか。いまの成長モデルが生み出す不平等を吸収するか、相殺する方法は見つけ出せるのだろうか。これらの問いの重要性が初めて認識されたのが、2008年の世界金融危機のあとだった。2020年も終わったが、その答えはいまも見つかっていない。

ドルは事実上の世界通貨として世界の隅々にまで行き渡っており、信用はグローバルに拡大される。2020年、世界経済に注入されたドルによって、一部の新興市場国は驚くべき自主性を発揮し、2008年に明らかだった傾向を証明した。すなわち、新興市場国はドル建てのグローバルな金融システムのなかで、重要なノードの役目を果たすということだ。

今日、グローバル経済は多くのノードで安定し、西洋からますます離れていく。そのため、視点の違いという問題が持ち上がる。西洋にしてみれば、グローバリゼーションの進展にとって根本的な障害に思えるもの——難しさを増す貿易交渉もそのひとつだ——が、その域内の問題にすぎないこともある。特に重要な成長ノードでは、貿易と投資は速やかに発展している。2020年の前には明確ではなかったリバランス（力の再均衡）も、コロナ危機対応においては東洋の優位が明らかになった。アジアがコロナ危機から早急に回復したおかげで、2020年、世界貿易の縮小はWTOによる破滅的な予測を下まわり、この年全体でわずか5・3％の縮小にとどまった。

だが多極化した新しい世界経済には、少なくとも旧世界の根本的な特徴があった。ドル基盤のシステムだったことだ。アメリカが金融政策を強く引き締めるか、本格的なテーパー・タントラムが起きてしまえば、世界経済の抵抗力や回復力は厳しい試練に曝されることになる。同じことは、世界経済のおもな地域において、地政学的な緊張が激化した時にも起きるだろう。

グローバリゼーションの新たな時代は、遠心分離機のように多極化を生み出している。その地域の大きな勢力が急増し、同盟を結び、衝突し、繁栄するか消えてゆく。2008年に起きた衝突の大きな原因は、復活を遂げたロシアとNATOとの緊張の高まりだった。2020年は中東だった。サウジアラビアとイランとの対立に、アラブ首長国連邦がサウジ側につき、カタールとトルコがイラン側についたのだ。これらの戦争や代理戦争は、アメリカと欧州の中東政策の残骸が悪循環に陥った結果であり、リビア、シリア、イラク、イエメンに住む数千万もの人びとに苦難を強いることになった。この地域は、貴重な化石燃料資源の上に広がっているのだ。しかしながら、2020年には、このような地域紛争が世界に及ぼす影響は食い止められていた。ロシアの新興財閥《オリガルヒ》は、原油価格の暴落の圧力に曝されていた。欧州とアメリカはコロナ危機対応で手一杯だった。中国は（まだ）全力で関与してはいなかった。トルコのエルドアン大統領は市場を弄んでいた。

グローバル経済の複合的で不均衡な成長プロセスは、大きな変化を生み出した。なかでも群を抜いて重要な変化は、中国の台頭である。その桁違いの成長はまさに前代未聞だ。ほかの新興市場国と同じように中国の経済も、アメリカが設定したグローバルな金融の領域内で発展を遂げたが、自前の危機対応能力という点においては、中国はほかの国を圧倒した。規制当局による介入の厳しさは、欧州やアメリカの比ではなかった。そのあまりの規模を考えると、アメリカの優位性に疑問符が付くほどである。1990年代のアメリカの政策立案者は、すでにその点に気づいていた。クリントン大統領は退任後、物知り顔でこう述べている。今後、アメリカの政策の重要な課題は、「アメリカがもはや世界で唯一の超大国でない時代に、私たちが住みたいと思うような世界をつくること」だ[15]。

アメリカが単極の超大国だった時代は、すぐに去っていった。アメリカが超大国として圧倒的な存在感を放っていた時でさえ、世界を自分の好みに合わせてつくり変えられるという考えは傲慢だった。2020年、アメリカを取り巻く世界は、ワシントンDCの戦略家が思い描く世界像からかけ離れていた。トランプ大統領にとって最後となる年、中国の台頭に対する懸念から、アメリカは経済戦争を宣言した。バイデン政権には当初、トランプが始めた経済戦争の継承を示す証拠がたくさんあった。2021年3月25日、就任後初の記者会見に臨んだバイデンは、厳しい口調で述べている。「中国は全体的な目標を掲げています。その目標について私が批判することはありませんが、彼らは世界をリードする、世界で最も豊かで最も強い国になるという目標を掲げています。ですが、私が目を光らせている限り、そのようなことは絶対に起こりません。なぜなら、いままで通りアメリカが成長し、発展するからです」[16]。

この時、バイデン大統領は、複合的な経済成長が生み出す結果をきっぱりと拒絶しただけではなかった。その考えを裏付ける国内政策も打ち出したのである。バイデンの計画は、1950年代後半に旧ソ連が人類初の人工衛星スプートニクを打ち上げ、宇宙開発競争が激化した時代を彷彿とさせた。橋梁や道路からグリーンエネルギー、高齢者ケアまでの幅広い分野に予算をつけ、「過ぎ去りし日の壮大なプロジェクト」を思い出させた。これらのインフラ投資プログラムを盛り込んで、2021年3月31日にバイデンは「米国雇用計画」を発表した〔訳註 米国雇用計画は、2021年11月15日、「インフラ投資法」として成立した〕。「アメリカを団結させ、動員させ、私たちの時代が抱える大きな課題である気候問題を解決し、独裁的な中国の野心に対抗する」ためである[17]。

この〝バック・トゥ・ザ・フューチャー〟に、ほかの国も追随するのだろうか。トランプ政権が中国との緊張を激化させると、EUはアメリカとは違う道へと踏み出した。2019年3月、EUは対中戦略文書を発表し、そのなかで中国を初めて「体制上のライバル」と位置づけるとともに、従来的な意味での「経済的競合」であり、「交渉パートナー」であり「協力パートナー」であると位置づけたのだ[18]。賢明にも、中国の世界的な地位に疑問を突きつけるような真似はしなかった。もちろん、アジアの台頭を前に、西洋の優位性を維持しようとする文言もない。

2020年12月30日、EUはその多面的戦略をもとに、「EU・中国包括的投資協定(CAI)」が大筋で合意に至ったと発表した。EUと中国というふたつの経済圏の規模にふさわしいレベルに、対外直接投資を引き上げることが目的である。[19] そのわずか1カ月前に、中国は「地域的な包括的経済連携（ＲＣＥＰ）協定」の署名に漕ぎ着けたばかりだった。ＣＡＩは中国政府にとって快挙だった。いっぽうのアメリカ政府にとっては屈辱だった。ＥＵと中国がＣＡＩに大筋合意したという知らせがアメリカ政府に届いたのは、英国がＥＵ離脱を最終的に決定した日だった〔訳註　２０２０年12月30日、ＥＵとのあいだで合意した自由貿易協定を発効させる法案を、英国下院が承認し、これにより完全離脱が決定した〕――英国は新しく、アメリカの厳しい対中政策の熱心な味方になっていた。[20]

アメリカでは、反全体主義の擁護者が邪悪な妄想に浸っていた。どっちつかずの立場に陥った欧州が、善悪の区別もつかずに、アメリカと中国というふたつの経済圏のあいだをさまよっている姿である。[21] あるいは、ＣＡＩを中国に対する宥和政策の最後のあがきと位置づけ、ドイツのメルケル首相とともに政治の舞台からすぐに消え去る、と一蹴する者もいた。[22]

バイデンの政権移行チームは、ＣＡＩに対する反感を隠そうともしなかった。実際、ＣＡＩは欧州の世論にも受け入れられなかった。それでもドイツ政府、フランス政府、ＥＵ本部にとっては、双方に有利な条件の暫定協定を結ぶことが優先事項だった。[23] 中国との経済統合はもはやあと戻りできない段階にあり、その傾向は今後さらに強まるだろう。中国の新しい技術なしには、グリーンエネルギーへの移行はままならない。デカップリングどころか、２０２０年は西洋の成長が落ち込んだ反面、中国が成長を維持したことから、中国が初めて競合国を追い抜いて、世界で最も好ましい対外直接投資国になった年だった。[24]

とはいえ、ＥＵの多面的戦略は諸刃の剣である。ＣＡＩの合意に達することは不可欠かもしれない。それと同時に、ほかの懸案事項との均衡をとることも同じくらい重要である。中国は確かに交渉可能なパートナーに違いない。だが、その政治体制は異質で、欧米の政治体制とは相容れない。最も差し迫った問いは、バイデン政権がＥＵの均衡政策を受け入れられるかどうかではなく、中国政府が果たして、ＥＵの均衡政策を受け入れられるかどうか、だった。

ＣＡＩの正式な署名には、欧州議会の批准が必要である。習近平と中国政府が香港に対する締めつけを強めたことに、激しい非難の声が上がったのも無理はなかった。また、中国が新疆《しんきょう》ウイグル自治区で行っている人権侵害に対して、新疆の中級の官僚数名を対象に、欧州の政府はアメリカ政府と足並みを揃えて制裁を科した。「そのような制裁にはなんの戦略的な重要性もなく、取るに足りないことだ」として、中国政府は無視することもできただろう。ところが中国政府は強く反発し、報復制裁を発動した。そのなかには欧州議会議員も含まれた。ドイツのシンクタンク「メルカトル中国研究所（ＭＥＲＩＣＳ）」と、デンマークのＮＧＯにも制裁措置を科した。その結果、ＥＵと中国との関係は冷え切り、欧州議会はＣＡＩ批准に必要な審議の凍結を決議し、欧州をアメリカ側へと押し戻した。

そのいっぽう、西洋のアナリストにとっては、中国政府が報復措置をエスカレートさせた理由が不可解に映った。中国共産党の指導部は、無謀で世間知らずなのか。それとも、中国政府の反応はなにかもっと不吉なことを暗示しているのか。アメリカと欧州の衰退が最終段階に入ったという確信が、中国政府にあったのではないか。西洋がコロナ危機対応に大失敗したことを受け、中国がこの機に乗じて欧州に対し、冷酷なほど実効力の高い中国の政治体制を受け入れ、共産党に敬意を払うように迫ったのか。(25)

２０２１年夏、中国共産党は創設１００周年を祝った。盛大で華々しい祝典だった。２０２０

年11月24日、中国のメディアは、国内で最後まで残っていた「貧困県」が、貧困地域リストからついに削除されたと発表した。[26] 12月4日には習近平も勝利宣言を行い、中国共産党が「農村部の」貧困を「完全に」撲滅するという目標を達成したと述べた。[27] 8年をかけ、290万人の党員を動員し、1兆5000億元をつぎ込んで、農村部に住む9900万人の最貧人口を基本的な貧困ラインの上へと引き上げたのだ。[28]

西洋には、中国が独自に設定する貧困ラインの基準が低すぎると批判する声もある。[29] 地方の貧困層に最低限の基準を提供することに焦点を置いたため、都市部に住む大量の出稼ぎ労働者を、近代社会のセーフティネットに組み込むという厄介な問題は二の次になってしまった。[30] だが、中国政府には出稼ぎ労働者の話で、誇らしげなメッセージの価値を損なう気はなかった。世界銀行によると、2020年には世界中で約1億人が極度の貧困に陥ったといい、中国のように貧困撲滅を誇れる国はほかになかったのだ。

2021年1月、中国共産党政治局常務委員会の本会議で習近平が述べたように、「時と機運」は中国の味方だった。[31] かつて西洋の近代化理論が執拗に押しつけた「リベラルな規範に収斂する」という考えは、明らかに時代錯誤だった。「中所得国の罠」という説がある。これは、近代化理論のネガティブな側面を説明する仮説であり、開発途上国が経済発展して中所得国になると、そのあとは成長率が鈍化して、先進経済国に飛躍する時には大きな困難に直面するという現象を指す。その主唱者は、自説に固執したかもしれない。[32]

だが、中国人自身が指摘するように、もし社会科学ではデータがモノを言うならば、中国の近代化はその巨大な規模ゆえ、経済成長のどの前例よりも多くのデータポイントを生み出してきた。

中国は空前の社会実験であり、それは中国政府が「21世紀のマルクス主義」と呼ぶものの物質主義者の基盤である[33]〔訳註　習近平は中国共産党創立１００周年祝賀大会の重要演説のなかで、マルクス主義の現代化と中国化を推進すると論じ、「現代中国のマルクス主義」を「21世紀のマルクス主義」と呼んだ〕。要するに、近代化理論が間違っているのではない。その理論が中国の変化を組み込んで初めて、真価を発揮するのだ。中国の経済成長を管理することに、リスクがないわけではない。２０２０年が証明したのは、中国の目覚ましい成長が生み出した影響であり、中国の権力機構の欠陥であり、その抵抗力、潜在力、野心だった[34]。中国政府もまた、終わりの見えない綱の上を歩いているのだ[35]。

いずれにせよ、２０２０年が深刻な国家危機をもたらしたのは、中国においてではなく、アメリカにおいてだった。実際、リベラルな近代化という単純なビジョンが決定的に破綻したのは、アメリカのほうだと言いたくなる。均質でない世界において「政治」と「経済と社会の発展」とのあいだに生じた不協和音が、最も極端で重大な影響を及ぼしたのはアメリカにおいてだった[36]。

21世紀のアメリカは、共和党と民主党という、ふたつの政党のあいだで政治権力を共有している。共和党は何十年も前から、先進社会にふさわしい国家機構を築く取り組みを阻止しようとしてきた。既存の機構を、躍起になって破壊しようとしてきた。さらに、２００８年に明らかになり、２０２０年に再確認されたことがあった。それは、共和党がもはや国家の危機に際して、長期的どころか短期的な統治ビジョンさえ持たない政党だということである。共和党は、特定の利益を厚顔無恥に追求する政治組織であり、熟考した国家政策ではなく、感情を表明する党であることをみずから暴露したのだ。

アメリカにはもちろん、近代化を推し進めようとする大きな勢力がある。よくも悪くも、彼らは間違いなく、民主党と連携を強めている。過去の大統領選を見ても、明らかな動向がある。民主党は多数決主義だが、18世紀に定められた合衆国憲法と、ゲリマンダリング〔訳註　特定の政党に有利になるような選挙区割り〕や、共和党による投票妨害のせいで、民主党と近代化勢力の連合が政権を掌握する力が、もどかしいほど脆弱なのだ。

大統領就任100日目を前にバイデンが発表した「米国雇用計画」、すなわち「インフラ投資法」と「米国家族計画」のふたつのプログラムには、その難局を克服する狙いがあった。社会全体の適度な再均衡を目指し、近代化勢力との連合を全米規模で強化し、「人種間の平等」「グリーン・モダニゼーション」「統治体制をめぐる中国との戦い」という緊急の課題に取り組もうとしたのだ。それは、左派のバーニー・サンダースが唱えるグリーン・ニューディールや社会民主主義の未来像ではなかった。「米国救済計画法」から法定最低賃金を削除したことからも、それは明らかだ。バイデンの「インフラ投資法」と「米国家族計画」にとって、サンダースのレトリックは急進的すぎたのだ。

見出しを飾った数字は巨額だったが、ほんの数カ月で数兆ドルを分配した2020年の「CARES法」や「米国救済計画法」と違って、「インフラ投資法」と「米国家族計画」は、8～10年というスパンに及ぶ長期のプログラムである。連邦議会との交渉が始まる前は、そのふたつのプログラムが毎年、GDPのおよそ2％を占めることを願っていた。だが育児からエネルギー転換までの優先事項を網羅するわりには、2％という数字は少なすぎて、アメリカ社会に変化をもたらすか、アメリカを気候安定化路線に乗せることはできない。特にエネルギー転換について言えば、「控えめな公的刺激策と規制緩和によって、民間投資が誘発されるはずだ」という楽観論を前提としていた。長期政策について言えば、「バイデノミクス」は官民の「ブレンドファイナンス」の継続であり、２０２０年の典型的なコロナ危機対応であるフランケンシュタイン的政策だった。

バイデンのふたつのプログラムはなぜ、規模が抑えられたのか。決定的要因は、民主党内の中道派と左派の支持を取りつけるためだった。党内の中道派の支持を取りつけるために、バイデンは「インフラ投資法」と「米国家族計画」に「増税計画」を結びつけた。党内の左派の支持を取りつけるために、増税の焦点を、法人税と富裕層のキャピタルゲイン課税に絞った。この方針は「財政の安定化を図り」「社会的正義を果たす」という、ふたつの課題を解決するものだったが、結局はそのせいで規模が抑えられてしまったのだ。

この時の優先順位は、民主党の勢いを持続させることにあった。バイデン政権にとっての悪夢は、１９９４年にクリントン政権が、２０１０年にオバマ政権が体験した中間選挙での敗北の二の舞だった。共和党は過半数を割っても、合衆国憲法が定める「抑制と均衡《チェック・アンド・バランス》」を最大限発揮しようとするに違いない。次第に明らかになりつつあるように、民主党の政治生命は、多数派の論理に決して流されないことにかかっている。アメリカの有権者の過半数に訴える政治ビジョンを打ち出せないのならば、民主党の最善策は、19世紀によく見られたように、急ごしらえの政治的合意のような手段をより確実にすることなのだ。

だが、現在のアメリカの政治構造が及ぼす影響はほかにもある。アメリカの政治体制は分断の上に成り立っており、圧力がかかった時には分断されたまま機能する。それが２０２０年に起きたことだった。アメリカは、バラバラの状態で機能していた。トランプは政治サーカスに余念がなく、マコーネル院内総務は権力維持の戦いに忙しかった。このふたつをつなぎ合わせたのは財政出動の妥協案だった。そしてその妥協案を、FRBによる巨額の米財務省証券購入が支えた。2008年と同じく2020年も、財務省とFRBが議会民主党と協力してアメリカを動かした。議会共和党の大部分を飛び越えて――時にはホワイトハウスの頭越しで――動いたのだ。そのあいだも、トランプの側近は外交政策の攻撃的な声明を出し、連邦軍は最高司令官であるトランプと関わりを持つことを拒否した。[37]

バイデン政権にとって最優先の仕事は、結束を取り戻すことだった。困難な仕事だった。しかもガードレールがなく、党派政治の危険なバランスや共和党の不確かな将来を考えると、一か八かの賭けだった。トランプ政権時代には、多元主義と結束のなさはかえって救いだった。2020年の経験に照らせば、アメリカと世界が今後、次のどちらに脅かされることになるのかは明らかではなかった。すなわち「統一されたアメリカ政府」なのか、それとも「よりいっそうまとまりのないアメリカの政権」なのか。前者は、ナショナリストの右派に牛耳られる恐れがある。後者は、権力の重要な手段を引き続き、機能的なエリート層、グローバルな利益集団、近代化を推進する連合が握ることになる。ニューヨークやシリコンバレーなどの重要な中心地を本拠とする者たちである。

これを礼儀正しい言葉で言い換えるために、アメリカの気候政策の最近の行き詰まりに喩えれば、アメリカの進歩的な未来は「下位国家主体(サブナショナル・アクターズ)」のダイナミズムにかかってくる、ということになる。[38] バイデン政権発足後の溢れる熱気にもかかわらず、次のような問いが消えることはなかった。「大加速化」という課題に、アメリカは国民国家として一致団結し、長期的に対応できるのだろうか。

権力と知識

環境、経済、政治、地政学という、グローバルな4つの変化のベクトルはどれも、2020年がピークではなく、さらに悪化へと向かう流れの一点にすぎないことを示していた。4つのベクトルはひとつにまとまって、ダイナミックな平行四辺形をかたちづくる。今後、「大加速化」の勢いが衰えていくとはとても思えない。「大加速化」は続くのだ。

歴史を遡れば、そのような分析は常に革命の予感を伴ったかもしれない。今日、非現実的なものがあるとすれば、それは革命の予感である。急進的な改革は起こりそうにない。2020年は左派にとって勝利の時ではなかった。それゆえ、政治、経済、生態学の分野で加速するグローバルな緊張を相殺するために必要なのは、その危機に合わせた、前例のない規模の臨機応変な危機管理である。変革を起こそうという政治的野心や意識の高さには欠けるかもしれない。だからと言って、歴史的な認識や重要性に欠けるわけではない。上から数えて3番目か4番目の最善策であり、非常に重要である。

その臨機応変な危機対応が遺憾なく発揮されたのが、経済政策の新たなツールキットを使って、新興市場国がコロナ危機に対応した時だった。2020年、IMFは「統合的な政策枠組み（IPF）」を発表して、新興市場国の危機対応にお墨付きを与えた。IMFはもはや、資本移動の自由や変動相場制に教条的に固執しなかった。その代わりに、戦略的な政策概要を描いて実効性ある介入を認めた。難しいのは「それひとつでなんでも解決する」と「なんでもあり」の真ん中

の道を描き、その方法を正当化することだった。(39)

２０２０年に新興市場国が思い通りの戦略を実行できたのは、先進経済国が巨額の資金を放出したからだった。それもまた、過去の経験から学んだ結果である。２００８年に世界金融危機に見舞われたアメリカ当局が危機対応の先例としたのは、１９３０年代の世界恐慌の記憶だった。２０２１年のバイデン政権が先例としたのは、２００８年のオバマ政権時代の金融危機対応の記憶だった。さらに大きかったのは、ＥＵの経験から学んだことである。

２０１０年以降、欧州は危機対応で歴史的な失敗をしでかした。２０２０年に同じ失敗を犯してもおかしくはなかった。だが、同じ失敗ではなかった。破滅的な事態は繰り返すまい、という強い決意の下、欧州の政治階級は２０２０年の危機を新たな危機にした。少なくとも、欧州は新たな失敗方法を見つけたと言える。ワクチン政策を推し進め、ワクチン接種を「正統化の危機」に変えてしまったのだ〔訳註　ドイツの政治哲学者ユルゲン・ハーバーマスの言葉。「後期資本主義」の時代において、国家が経済システムの管理に失敗すると、行政が国家を管理していることの「正統性」が問われることになるという考え〕。

ＥＵは新たに財政能力を築いたものの、とても充分とは言えない規模だった。ドイツ連邦憲法裁判所は、復興基金「次世代ＥＵ」の共同融資の合法性に疑問を投げかけ、〝欧州連邦〟に必要な制度の法的基盤が、いまだ不安定であることを明らかにした。そのあいだも、アメリカはワクチンプログラムを本格化させ、「米国救済計画法」を成立させ、アメリカの経済成長を圧倒的な世界トップに導くと宣言した。いっぽうの欧州は、再出発の再出発を迫られるはめになった。

それは、果てしなく続くつらい仕事だ。しかも、ここ数十年の経験からも明らかなように、コロナ危機対応はまだ終わったわけではない。

危機との戦いはいつ終わるとも知れない消耗戦だ。目の前の状況にすぐさま対応しなければならない。複雑な利害の網に絡め取られ、その時々で解決策を編み出す必要がある。その反面、過去の経験が役に立つ。書籍であろうと、記事や「世間のナラティブ」であろうと、現代史とは集団的な学習プロセスの一部なのだ。歴史を書くとは、歴史をつくることの本質的な部分である。

そのようにして語られる歴史は、概観と洞察を提供しようとする。その意図は重要である。だが、その歴史が特定のテーマ――本書で言えば、世界中のエリート層が危機の拡大を抑えるために行った取り組み――と複雑に関わり合い、深い関係にあることを否定するのは愚かだろう。それは、パーソナルポリティクス〔訳註　政治を人間関係の変化と捉える政治観〕であり、伝記的な記録であり、組織や制度のなかで果たす役割であり、社会的アイデンティティの問題である。これらの要素が持つ力を、書き手は否定すべきではない。

今回のパンデミックでは、エリート層は物質面で大きく関与した。私たちはみな、本書で紹介した出来事や決定によって、パンデミックの危機を乗り越えた。私も私の肉親も、トランプの「ワープ・スピード作戦」の恩恵を早々に被ることができた。集団接種のどの段階においても、アメリカの当局者が多大な努力を惜しまなかったおかげである。古代ローマの詩人ホラティウスは言った。「お前のことと受け止めよ」。私たち運のよい者にとって、パンデミックの恐怖は2021年の早い時期に取り除かれたのだ。

だが書籍の執筆や理解は、そのような物質面を超えたところにあり、本書のような歴史的ナラティブは、深い知的水準において権力の行使と深い関係にある。なぜなら現代において、権力と知識とは一体だからだ。パンデミック。米財務省証券の圧倒的優位を脅かしたレポ市場の混乱。EUの危機。G20の「債務支払い猶予イニシアティブ(DSSI)」の限界。EUと中国の気候外交――2020年を襲ったこれらの衝撃は、「権力とマネーの機構」のなかからもたらされる専門的な知識や見解がなければ、理解できないだろう。

その内部知識を、額面通りに受け取ってはならない。それでは不充分なのだ。とはいえ、不可欠ではある。現代の権力に対する批判的な歴史は、「権力とマネーの機構」のなかで日々、生み出される分析、情報、知識の茂みのなかへと分け入らなければならない。その機構の主唱者が、みずからのシステムがつくり出している急進的な状況に対処するために生み出した、分析や情報や知識の茂みである。[40]

この専門知識のフロンティアは、圧倒的に複雑で不明瞭なだけでなく、常に進化している。進化に遅れないためには走り続けなければならない。好むと好まざるとにかかわらず、私たちは物語の途中にいるのだ。[41] そのような状況にどう関与するのかは、ある程度、私たち自身に選択できる。たくさんの枠組みがあり、その枠組みを使うことで、いままさにくぐり抜けている体験や、特定の権力分野との関係を位置づけられるかもしれない。日々の活動に視線を向けることもできるだろう。もっと客観的で高い監視塔を築くことも可能だ。地図製作者を装い、歴史の壮大な輪郭を描き出すこともできるだろう。あるいは、アルキメデスの梃子《てこ》の支点と、その支点を動かす歴史の行為者を思い描くことも可能だ。

だが、自己を位置づけるそのような知的作業を、型にはまったジェスチャーとみなしたほうがいい。なぜならその位置づけは、いまこの場の状況によって、「それ以前の」歴史によって、また未来に対する期待によって決まってしまうものだからだ。そのことは、本書にも当てはまる。そして、本書がたとえば「大加速化」あるいは「新自由主義《ネオリベラリズム》の時代」という考えを想起させる時には、本書のコンセプトとナラティブの枠組みにも当てはまる。そのような一つひとつの動きが、ある程度は、前提となる歴史や政治を示唆している——私たちも、どこかの地点からは始めなければならないからだ。だがその反面、批判や議論に対してもオープンでなければならない。もし2020年から私たちがなにかを学んだとするならば、それは世界に対する考えを、必要に応じて改めなければならないことである。

グリーン・ニューディールは素晴らしい。だがグリーン・ニューディールは、「人新世」の最大の脅威を「気候」と捉えていた。その考えもまた、パンデミックによって簡単に覆されてしまった。考えを修正したからと言って、知性に欠けるとか党の政綱が間違っていたという意味ではない。修正はただ、いまの時代にふさわしいオープンさの表れにすぎない。

さて、これが本書のプロジェクトである。これまでの私の著書と同じように、権力や知識と格闘することである。難解な専門知識を掘り起こして適切に位置づけ、読み解き、考えを明らかにする。権力が絶え間なく紡ぎ出すナラティブを再整理し、権力と知識が生み出すイノベーションを見つけ出し、批判的な視点を加える。

本書も、ほかの著書と同じく「壮大なナラティブ」のかたちをとる。従って、私たちがいま体験している衝撃と変革の重大さと複雑さとを、充分に伝えていることを願う。とはいえ、どの歴史像も、どのピースの並べ方も暫定的であり、試行錯誤の状態にあり、実験的である。

もし私たちが「歴史の終わり」を迎えていないのならば、歴史を描くとはそういうことなのだ。

最終的なかたちではなく、上書きされることを前提に書いている。

歴史は終わらない

私が大学を卒業したのは1989年である。「鉄のカーテン」が揺れ動くのを感じた。フランシス・フクヤマが「歴史の終わりか」と題する論文を発表し、6月には天安門事件が起きた。私にとっての最初の歴史研究は、ワイマール共和国と第三帝国の暴力的な混乱の時代を生きた、ドイツの経済学者や統計学者に関するものだった。私はその調査を、当時、消滅したばかりの旧東ドイツのアーカイブで行った。かつて旧ソ連の赤軍に半分占領されていたポツダム市の、荒れ果てた兵舎のなかにあるアーカイブだった。何世代にもわたって、駆け出しの歴史家たちがしてきたように、私も鉛筆、ペン、ファイリングカードとともに、そのアーカイブで資料に向き合った。

30年後、私はロックダウンや夜間外出禁止令のマンハッタンで部屋に閉じ込もりながら、いつもそばに置いてあるラップトップで自由に世界を歩きまわった。その時だった。習近平の側近、陳一新による「6つの作用」を発見したのは。本書の「はじめに」で、陳一新の「6つの作用」を紹介した。その6つが本質的に重大だったからだけではない。もっと大きな点を指摘するためだった。危機の収斂に関する陳の分析が極めて優れていたばかりか、EUの「複合危機」のモデルや、アメリカの独りよがりな国家のナラティブよりも、はるかに多くのことを浮かび上がらせ、熟考の機会を与えてくれると思ったからだ。中国の政治体制の知識人は、共産党の政治プロジェクトに忠実だ。彼らは独自の歴史解釈に取り組んでいる。その歴史に、私たちはみな否が応でも参加している。そしてその点からも――今回の危機によって痛感したように――私たちはまだ始まったばかりの段階にいるのだ。

　２０２０年、私たちの最初の反応が「信じられない」だったならば、未来に向けた私たちの合言葉はこうだろう。「まだまだ、こんなものじゃない」。

謝辞

本書は当初、執筆の予定がなかった。「2020年の本」を書くという考えを支持してくれた、ワイリー・エージェンシーのサラ・チャルファントとジェームズ・プレン、本書の完成に手を貸してくれた英米の編集者、ウェンディ・ウルフとサイモン・ウィンダーには最大級の感謝を捧げたい。慌ただしく密度の濃い共同作業だった。完成に漕ぎ着けたことを、テレジア・シセルと制作チームの全員に感謝する。ベック社のデトレフ・フェルケンにも特別な感謝の念を表したい。私にとって、本書は彼の出版社から刊行される最初の本になった。

締め切りまでに原稿を仕上げられたのは、グレアム・ウィーバーのかけがえのない支えのおかげである。ケイト・マーシュの手助けがなければ、デジタル生活をうまく管理できなかっただろう。ふたりには深く感謝している。

2020年は、激しい論争と議論の年だった。ツイッターでやりとりしたおおぜいの人たちの名前は、とてもここには書き切れないが、彼らとの真剣な意見の交換は、本書のあちこちで見つけ出すことができる。特に印象深いのは、ツイッター名@70sBachchanのアルバート・ピントである。『フォーリン・ポリシー』誌の担当編集者キャメロン・アバディは、理想的な共同作業者であり相談相手だった。ジョナサン・テッパーマン、私を見つけてくれてありがとう。『ガーディアン』

紙のジョナサン・シャイニン、ヨハン・コシー、デーヴィッド・ウルフ、『ロンドン・レビュー・オブ・ブックス』誌のポール・マイヤコフ、そしてデジタルメディア『ソーシャル・ヨーロッパ』のヘニング・マイヤーとロビン・ウィルソンにも礼を述べたい。

原稿を書き上げたあと、私はまたしても幸運だった。聡明な友人たちを頼りにできたからだ。長年にわたって、彼らにはもはやまともに覚えていないほど知的な借りを重ねてきた。マット・イニス、テッド・ファーティク、シュテファン・アイヒ、ニック・ムルダー、バーナビー・レイン、グレイ・アンダーソン。彼らに最初の読者になってもらえたことは、実に光栄である。彼らの指摘や助言は、本書の至るところで活かされている。特に大きな借りがあるのはダニエラ・ガボールである。本書の重要な章において、不可欠で専門的、非常に鋭いアドバイスを即座に与えてくれた。もし本書が、危機にあるマイクロファイナンスの共同プロジェクトを後押しできたとしたら、その大部分はダニエラの功績である。

ハインリヒ・ベル財団でヨルグ・ハースが運営する、変革対応プロジェクトのワークショップやセミナーで、私は1年を通して学んだ。リー・ダウニーとシュテファン・アイヒが主宰する、中央銀行のオンライン・サロンはとても楽しかった。イングランド銀行の元副総裁ポール・タッカーとのトークは特別な楽しみだった。WiSER（南アフリカ共和国のウィットウォーターズランド大学ウィッツ社会経済リサーチ・インスティテュート）の3つのオンラインセミナーのために、キース・ブレッケンリッジは素晴らしい参加者を集めてくれた。マルク・ブロック・センターで素晴らしいセミナーを開いた、ヤコブ・ボーゲルに感謝したい。彼はベルリンに住む、私の古い友人である。マーティン・コニングズは、シドニー大学のホイールライト・レクチャーで素晴らしいパネルディスカッションを開いてくれた。国連アフリカ経済委員会のヴェラ・ソングェとバーソロミュー・アーマーが即席で開いた円卓会議から、私は大きな収穫を得ることができた。債券市場についてジョシュ・ヤンガーから、FRBについてレヴ・メナンドからおおいに学んだ。メーガン・グリーンは二重金利について教えてくれた。ロビン・ブルックスとIIFのチームは、データと分析の欠かせない情報源になってくれた。本書掲載のグラフがその証拠である。

1年を通じて次の方たちと素晴らしい会話を交わせたことに、順不同で感謝したい。エリック・レビッツ、ジリアン・テット、デーヴィッド・ピリング、ギデオン・ラクマン、マイケル・ペティス、ロバート・ハリス、ジョージ・ディエズ、カリン・ペターソン、ジョー・ワイゼンタール、トレイシー・アロウェイ、ネイサン・タンカス、ベンジャミン・ブラウン、マーク・ソーベル、ローハン・グレイ、アレックス・ドハーティー、マーク・シエリッツ、メナカ・ドシ、ブラッド・セツァー、エズラ・クライン、エリザベス・フォン・タデン、ベン・ジュダー、マット・クライン、ジョーダン・シュナイダー、ヘレン・トンプソン、デーヴィッド・ランチマン、ヒューゴ・スコット＝ゴール、リサ・スプラネマン、エリック・グレイドン、デーヴィッド・ウォラス＝ウェルズ、アーロン・バンスタニ、リー・ヴィンセル、カイザー・クオ、ノア・スミス、イアン・ブレマー、ウルフガング・シュミット、オール・フンケ、モリッツ・シュラリック、デーヴィッド・ベックワース、クリスチャン・オデンダール、イーワルド・エンゲレン、ジョン・オーサーズ、ルイ・ガリカーノ。

2020年の前半、私はたまたま休職中だった。この点について、コロンビア大学に謝意を表したい。そのあいだ、学部長の職務を果たしてくれたアダム・コストの尽力に、心から感謝の意を伝えたい。アダムは優れた学者であるだけではない。ずば抜けた指導力を発揮する学部のリーダーでもある。陽気で、意志が強く、頭脳明晰であり、彼が焦点を絞るのは、大学の学部が基本とすべき事柄、すなわち思想と書籍である。私たちにはアダム・コストのような人物が必要だ。彼のような適材が適時に得られることは、幸運である。

２０２０年は深い影響をもたらした。その影響は、世界中のすべての人びとの日常生活に及んだ。人生の計画を変えなければならなかった人もいれば、家庭生活の細かな調整を迫られた人もいる。この20年の私の著書はどれも、娘イーディの成長と密接に関わってきた。本書は娘の、私自身の、そして私たちが愛するすべての人たちの人生に及ぼした影響について記した初めての本である。その影響を最も強く感じたのは、ひとりの親として、イーディの生活の変化を通してだった。イーディが大学の寮から慌ただしく退避したことと、その後の奇妙で穏やかな数週間を、私が忘れることはないだろう。２０２０年は、世界中の若者にとって不本意な1年だった。ロックダウン下で過ごした1年を取り戻すことはできない。カレッジの2年目は返ってこないのだ。だが、イーディや娘の同級生がその状況を最大限に活用したことは素晴らしかった。

私自身について言えば、ふたりのセラピスト、ドナルド・モス医師とモンティ・ミルズ・ミーハン医師に深く感謝している。優れたセラピーを通じてライフ・コーチングまで得られるとはなかなか思わないものだが、ふたりの助けがなかったら、本書を完成できたかどうかはわからない。彼らの支えを得られたのは、非常に幸運だった。

２０２０年で最悪のことは、ひとりでいることだった。私はひとりにはならなかった。ズームを介し、たくさんの機会を通して友人や家族と会話を交わした。ウィン・トゥーズ一族をまとめてくれた、いとこのジェイミーを称えたい。ジェームズ・トンプソンとマックス・ジョーンズと再会できて嬉しかった。ポール・ソルマン、デーヴィッド・エジャートン、ハンス・クンダナニ、ダニロ・ショルツとのおしゃべりは忘れられない。

だが私たちが学んだのは、実際に顔を合わせることに勝るものはないという点だった。リバーサイド・パークの〝丘の上〟で毎日のように、犬を連れた者どうし、曇りの朝も晴れの朝も、人生にまつわるいろいろな問題や本書の進捗ぶりについて話すことができた。その〝ドッグ・ギャングたち〟の名前は、ジムとメリル、サイモンとメレディス、テリーとエイドリアン、アリサ、アリ、そしてとりわけミシェル・レーマンだ。ミシェルはパンデミックのなか助け合う、いわゆる「ポッド」仲間でもある。そして私たちを結びつけてくれた、楽しく気ままな犬たちの名前はヤンヤン、エフィ、ロケット、ベティ・ブー、イロ、ケイラ、アポロ、そして我が家のルビー、またの名を「ハート泥棒」。どこまでも愉快で愛すべき、我が家のコンパニオンである。

そして毎週、儀式のごとく催したのが、サイモンやジェーンとのソーシャル・ディスタンスを守ったディナーだった。アパートメント7階のエレベータの向かい側にあるホールで、適切な距離を置き、個人防護具をしっかりと身に着け、皿や取り分け用フォークなどを共有しないディナーである。日々の温かい友情のおかげで、時としてつらいニューヨーク生活を乗り切ることができた。ニューヨークに留まったままでよかった。とはいえ、息が詰まりそうなこともあり、そんな時にはニューヨークを離れざるを得なかった。ブレント・ドノヴァン、イザベル・バルズンとギャビン・パーフィット、ジャネットとエド・ウッド。彼ら友人宅で過ごした時間は、私たちに息抜きと楽しい交友を与えてくれた。

この年を最初から最後まで、ダナ・コンリーと過ごした——普段、こんなことはわざわざ口に出したりはしないのだが。ダナは本書の原稿を読んで、全ページの感想を詳しく教えてくれ、インスピレーションを与えてくれた。ダナは、シャットダウンによって最も直接的な影響を被った旅行業界で働いている。彼女のそばにいて、強く心を動かされたことがあった。それは、今回の危機に直面したダナが毎日、世界中の同僚たちとともに、自分たちの生活を後まわしにしてまで、失業や収入の減少、不安、精神的ショックをみなで乗り越えようとする姿を見た時だった。つらい状況に陥ったのは、私たちだけではなかった。ダナが働いている旅行業界の誰の身にも――ジュリアン、ソフィ、ライオネル、ドミニク、ティムとテック、ロバートとセフにも――起きていた。英国からフランス、イタリア、タンザニア、カンボジアまで、ホテルやレストランで、ワインセラーで、動物保護区や観光地で起きていたと想像すると、目眩がする思いだった。さらに心を動かされたのは、ダナがオンラインでコミュニティを復活させ、才能ある人たちを紹介し、新たな友人をつくり（ロスとクレイグに乾杯だ）、素晴らしい会話がグローバルに広がる様子を目にした時だった。ダナのエネルギー、熱意、優しさ、魅力があちこちに魔法をかけていた。２０２０年においてなによりも尊いのは、ともに楽しみ、親睦を深めることの素晴らしさが再評価された点だろう。今回は、ズーム画面を通してだった。バーチャルにせよ、紛れもなくリアルな世界でのことである。私の素晴らしい配偶者ダナによって甦った、そのようなコミュニティの精神に本書を捧げたい。

索引

【カ行】

【サ行】

【タ行】

【ナ行】

【ハ行】

【マ行】

【ヤ行】

【ラ行】

【ワ行】

原注

はじめに

(1) IMF, *World Economic Outlook Update*, June 2020; www.imf.org/en/Publications/WEO/Issues/2020/06/24/WEOUpdateJune2020.

(2) O. D. Westad, "The Sources of Chinese Conduct: Are Washington and Beijing Fighting a New Cold War?" *Foreign Affairs* 98, no.5 (2019): 86.

(3) IMF, *World Economic Outlook*, January 2020; www.imf.org/en/Publications/WEO/Issues/2020/01/20/weo-update-january2020.

(4) J. Londono, S. Ma, and B. A. Wilson, "Quantifying the Impact of Foreign Economic Uncertainty on the U.S. Economy," FED Notes, *Board of Governors of the Federal Reserve System*, October 8, 2019.

(5) P. Commins, "Uncertainty Remains as Long as Trump Tweets," *Financial Review*, October 14, 2019.

(6) "Veranstaltungsbericht 'Westlessness'—Die Münchner Sicherheitskonferenz 2020," https://securityconference.org/news/meldung/westlessness-die-muenchner-sicherheitskonferenz-2020.

(7) A. Fotiadis, "Greece's Refugee Plan Is Inhumane and Doomed to Fail. The EU Must Step In," *Guardian*, February 16, 2020.

(8) Strategy, Policy, & Review Department, World Bank, "The Evolution of Public Debt Vulnerabilities in Lower Income Economies," International Monetary Fund, February 10, 2020.

(9) A. Tooze, "The Fierce Urgency of COP26," *Social Europe*, January 20, 2020.

(10) B. Milanovic, *Capitalism, Alone: The Future of the System That Rules the World* (Harvard University Press, 2019).［ブランコ・ミラノヴィッチ著、西川美樹訳、梶谷懐解説『資本主義だけ残った――世界を制するシステムの未来』2021年6月／みすず書房］

(11) M. Kelly, "The 1992 Campaign: The Democrats—Clinton and Bush Compete to Be Champion of Change; Democrat Fights Perception of Bush Gain," *New York Times*, October 31, 1992.

(12) T. Blair, "Tony Blair's Conference Speech 2005," *Guardian*, September 27, 2005.

(13) A. Tooze, *Crashed: How a Decade of Financial Crises Changed the World* (Viking, 2018).［アダム・トゥーズ著、江口泰子、月沢李歌子訳『暴落――金融危機は世界をどう変えたのか（上・下）』2020年3月／みすず書房］

(14) たとえば、2020年2月のジャネット・イエレンの視点については次を参照。S. Lane, "Yellen Pins Rise of Populism, Trade Skepticism on Economic Inequality," *The Hill*, February 4, 2020.

(15) B. Latour, *Down to Earth: Politics in the New Climatic Regime* (Polity, 2018).［ブルーノ・ラトゥール著、川村久美子訳・解題『地球に降り立つ――新気候体制を生き抜くための政治』2019年12月／新評論］

(16) M. Wucker, *The Gray Rhino: How to Recognize and Act on Obvious Dangers We Ignore* (St. Martin's Press, 2016).

(17) "The Hunt for the Origins of SARS-COV-2 Will Look Beyond China," *Economist*, July 25, 2020.

(18) D. H. Autor, D. Dorn, and G. H. Hanson, "The China Shock: Learning from Labor-Market Adjustment to Large Changes in Trade," *Annual Review of Economics* 8, no. 1 (2016): 205–40.

(19) ILO, "COVID-19 and the World of Work," Fifth Edition, *International Labour Organization*,

June 30, 2020.

(20) V. Strauss, "1.5 Billion Children Around Globe Affected by School Closure. What Countries Are Doing to Keep Kids Learning During the Pandemic," *Washington Post*, March 27, 2020.

(21) "COVID-19 Could Lead to Permanent Loss in Learning and Trillions of Dollars in Lost Earnings," *World Bank*, June 18, 2020.

(22) H. Else, "How a Torrent of COVID Science Changed Research Publishing—in Seven Charts," *Nature*, December 16, 2020; www.nature.com/articles/d41586-020-03564-y.

(23) この点について優れた論考として、たとえば以下を参照。G. Packer, "We Are Living in a Failed State," *Atlantic*, June 2020.

(24) J. Konyndyk, "Exceptionalism Is Killing Americans: An Insular Political Culture Failed the Test of the Pandemic," *Foreign Affairs*, June 8, 2020.

(25) E. Morin, *Homeland Earth: A Manifesto for the New Millennium* (*Advances in Systems Theory, Complexity and the Human Sciences*), trans. A. B. Kern (Hampton Press, 1999).

(26) J.-C. Juncker, "Speech at the Annual General Meeting of the Hellenic Federation of Enterprises," June 21, 2016; ec.europa.eu/commission/presscorner/detail/en/SPEECH_16_2293.

(27) 危機の初期を見事に捉えた、典型的な分析は以下を参照。S. Hall, C. Critcher, T. Jefferson, J. Clarke, and B. Roberts, *Policing the Crisis: Mugging, the State and Law and Order* (Red Globe Press, 2013).

(28) W. Wo-Lap Lam, "Xi Jinping Warns Against the 'Black Swans' and 'Gray Rhinos' of a Possible Color Revolution," *Jamestown Foundation*, February 20, 2019.

(29) M. Hart and J. Link, "Chinese President Xi Jinping's Philosophy on Risk Management," *Center for American Progress*, February 20, 2020.

(30) J. Cai, "Beijing Pins Hopes on 'Guy with the Emperor's Sword' to Restore Order in Coronavirus-Hit Hubei," *South China Morning Post*, February 12, 2020.

(31) Hart and Link, "Chinese President Xi Jinping's Philosophy on Risk Management."

(32) 「ブラック・ライブズ・マター」運動の広がりを示す優れた地図は、以下を参照されたい。https://www.creosotemaps.com/blm2020.

(33) M. Wolf, "What the World Can Learn from the COVID-19 Pandemic," *Financial Times*, November 24, 2020.

(34) M. Stott and G. Long, "'This Is a Real World War': Ecuador's President on the Virus," *Financial Times*, June 15, 2020.

(35) "The Vocabularist: Where Did the Word 'Crisis' Come From?" *BBC*, September 15, 2020. R. Koselleck; trans. M. W. Richter, "Crisis," *Journal of the History of Ideas* 67, no. 2 (2006): 357–400; *JSTOR*,www.jstor.org/stable/30141882.

(36) G. George, "Covid-19 and the Tussle Between Coercion and Compliance," *Daily Maverick*, May 4, 2020.

(37) B. G. Rivas, "The OAS Must Condemn Repressive Measures Taken to Combat the Pandemic," *Amnesty*, September 7, 2020.

(38) U. Beck, *Risk Society: Towards a New Modernity* (SAGE Publications, 1992). [ウルリヒ・ベック著、東廉、伊藤美登里訳『危険社会——新しい近代への道』1998年10月/法政大学出版局]

(39) 無知新世については「無知学」を参照されたい。C. Bonneuil and J.-B. Fressoz, trans. D. Fernbach, *The Shock of the Anthropocene: The Earth, History and Us* (Verso, 2016).

(40) A. Tooze, "The Sociologist Who Could Save Us from Coronavirus," *Foreign Policy*, August 1,

2020.

(41) L. Lenel, "Geschichte ohne Libretto," *H-Soz-Kult*, May 12, 2020. L. Lenel, "Public and Scientific Uncertainty in the Time of COVID-19," *History of Knowledge*, May 13, 2020.

(42) A. Roberts, *The Logic of Discipline: Global Capitalism and the Architecture of Government* (Oxford University Press, 2011).

(43) Paradigmatically G. R. Krippner, *Capitalizing on Crisis: The Political Origins of the Rise of Finance* (Harvard University Press, 2011).

(44) A. Kapczynski and G. Gonsalves, "Alone Against the Virus," *Boston Review*, March 13, 2020.

(45) FT Series, The New Social Contract, www.ft.com/content/774f3aef-aded-47f9-8abb-a523191f1c19.

(46) A. Pettifor, *The Case for the Green New Deal* (Verso, 2020); K. Aronoff, A. Battistoni, D. A. Cohen, and T. Riofrancos, *A Planet to Win: Why We Need a Green New Deal* (Verso, 2019).

(47) 2020年、以下の論考によって一般的になった。S. Kelton, *The Deficit Myth: Modern Monetary Theory and the Birth of the People's Economy* (PublicAffairs, 2020).［ステファニー・ケルトン著、土方奈美訳『財政赤字の神話―― MMTと国民のための経済の誕生』2020年10月／早川書房］

(48) J. M. Keynes, 1942 BBC Address (*Collected Works XXVII*).

(49) BIS Annual Economic Report 30 June 2019; www.bis.org/publ/arpdf/ar2019e2.htm.

(50) S. Hannan, K. Honjo, and M. Raissi, "Mexico Needs a Fiscal Twist: Response to Covid-19 and Beyond," IMF Working Papers, October 13, 2020.

(51) A. Doherty, "Has the Coronavirus Crisis Killed Neoliberalism? Don't Bet on It," *Guardian*, May 16, 2020. C. Crouch, *The Strange Non-Death of Neoliberalism* (Polity, 2011). P. Mason, "Day One of UK's Suppression Strategy," *The Waves*, March 17, 2020.

(52) D. Harvey, *A Brief History of Neoliberalism* (Oxford University Press, 2007).［デヴィッド・ハーヴェイ著、渡辺治監訳、森田成也、木下ちがや、大屋定晴、中村好孝訳『新自由主義――その歴史的展開と現在』2007年2月／作品社］

(53) 以下の論考によって見事に明らかにされている。D. Gabor, "Three Myths About EU's Economic Response to the COVID-19 Pandemic," *Critical Macro Finance*, June 15, 2020.

(54) D. Gabor, "The Wall Street Consensus," *SocArXiv*, 2 July 2020.

(55) D. Gabor, "Revolution Without Revolutionaries: Interrogating the Return of Monetary Financing," *Transformative Responses to the Crisis*, 2020; https://transformative-responses.org/wp-content/uploads/2021/01/TR_Report_Gabor_FINAL.pdf.

(56) 以下の見事な論理を参考にした。D. Gabor, "Critical Macro-Finance: A Theoretical Lens," *Finance and Society* 6, no. 1 (2020): 45–55.

(57) この点を指摘してくれたBarnaby Raineに大いに感謝する。

(58) Rudi Dornbusch Essays 1998/2001, web.mit.edu/15.018/attach/Dornbusch,%20R.%20Essays%201998-2001.pdf.

(59) R. Picket, "U.S. Household Net Worth Surged in Closing Months of 2020," *Bloomberg*, March 11, 2021.

(60) J. Henley, "European Elections: Triumphant Greens Demand More Radical Climate Action," *Guardian*, May 21, 2019.

(61) Associated Press, "Japan Adopts Green Growth Plan to Go Carbon Free by 2050," *Politico*, December 25, 2020. バイデンのキャンペーンについては以下を参照されたい。joebiden.com/build-back-better/.ec.europa.eu/info/strategy/priorities-2019-2024/european-green-deal_en.

(62) Y. Yang and C. Shepherd, "WHO Investigators Probe Wuhan Virology Lab," *Financial Times*, February 3, 2021.

(63) G. G. Chang, "China Deliberately Spread the Coronavirus: What Are the Strategic Consequences?" *Hoover Institution*, December 9, 2020.

(64) By J. C. Hernández and J. Gorman, "On W.H.O. Trip, China Refused to Hand Over Important Data," *New York Times*, February 12, 2021.

(65) "Fact Sheet: Advancing the Rebalance to Asia and the Pacific," the White House, Office of the Press Secretary, November 16, 2015; obamawhitehouse.archives.gov/the-press-office/2015/11/16/fact-sheet-advancing-rebalance-asia-and-pacific. オバマの発言は以下を参照。"Remarks by President Obama to the Australian Parliament," the White House, Office of the Press Secretary, November 17, 2011.

(66) National Security Strategy of the United States of America, December 17, 2020; trumpwhitehouse.archives.gov/wp-content/uploads/2017/12/NSS-Final-12-18-2017-0905.pdf.

(67) "EU-China—A Strategic Outlook," European Commission, March 12, 2019, ec.europa.eu/info/sites/info/files/communication-eu-china-a-strategic-outlook.pdf.

(68) フランス外務省の文書は以下を参照。www.diplomatie.gouv.fr/en/country-files/asia-and-oceania/the-indo-pacific-region-a-priority-for-france/ ドイツ外務省の文書は以下を参照。www.auswaertiges-amt.de/blob/2380514/f9784f7e3b3fa1bd7c5446d274a4169e/200901-indo-pazifik-leitlinien—1—data.pdf. 比較は以下を参照。M. Duchâtel and G. Mohan, "Franco- German Divergences in the Indo-Pacific: The Risk of Strategic Dilution," *Institut Montaigne*, October 30, 2020.

(69) シティー（金融街）の中国へのピボットについては、以下を参照。J. Green, "The City's Pivot to China in a Post-Brexit World: A Uniquely Vulnerable Policy," London School of Economics, June 15, 2018. 2020年の中国に対する英国の防衛戦略のピボットについては、以下を参照。H. Warrell, "Britain's Armed Forces Pivot East to Face Growing China Threat," *Financial Times*, July 3, 2020.

(70) G. Yu, "Beijing Observation: Xi Jinping the Man," *China Change*, January 26, 2013; T. Greer, "Xi Jinping in Translation: China's Guiding Ideology," *Palladium*, May 31, 2019.

(71) USTR, "Investigation: Technology Transfer, Intellectual Property, and Innovation"; ustr.gov/issue-areas/enforcement/section-301-investigations/section-301-china/investigation.

(72) K. Mattson, *"What the Heck Are You Up To, Mr. President?": Jimmy Carter, America's "Malaise," and the Speech That Should Have Changed the Country* (Bloomsbury USA, 2010).

(73) D. Kurtzleben, "Rep. Alexandria Ocasio-Cortez Releases Green New Deal Outline," *All Things Considered*, NPR, February 7, 2019.

(74) R. O. Paxton, "I've Hesitated to Call Donald Trump a Fascist, Until Now," *Newsweek*, January 11, 2021.

(75) J. A. Russell, "America's Forever Wars Have Finally Come Home," *Responsible Statecraft*, June 4, 2020.

(76) J. Iadarola, "What if Bernie Has Already Won This Thing?" *The Hill*, February 23, 2020. S. Hamid, "The Coronavirus Killed the Revolution," *Atlantic*, March 25, 2020.

(77) G. Ip, "Businesses Fret Over Potential Bernie Sanders Presidency," *Wall Street Journal*, March 1, 2020. B. Schwartz, "Mike Bloomberg Prepares Media Onslaught Against Democratic Front-Runner Bernie Sanders," *CNBC*, February 24, 2020.

(78) A. Tooze, "'We Are Living Through the First Economic Crisis of the Anthropocene,'" *Guardian*, May 7, 2020.

(79) このテーマに関する最も優れた概要は以下を参照。C. Bonneuil and J.-B. Fressoz, trans. D. Fernbach, *The Shock of the Anthropocene: The Earth, History and Us* (Verso, 2016).

(80) B. Croce, *History: Its Theory and Practice* (Russell & Russell, 1960).

第1章：組織化された無責任

(1) Institute for Health Metrics and Evaluation, *Financing Global Health 2019: Tracking Health Spending in a Time of Crisis* (IHME, 2020); www.healthdata.org/sites/default/files/files/policy_report/FGH/2020/FGH_2019_Interior_Final_Online_2020.09.18.pdf.

(2) "Soziale Unterschiede in Deutschland: Mortalität und Lebenserwartung," Robert Koch Institute; www.rki.de/DE/Content/Service/Presse/Pressemitteilungen/2019/03_2019.html.

(3) A. Lövenich, "Lebenserwartung PKV-GKV versichert," August 6, 2018; www.hcconsultingag.de/lebenserwartung-pkv-gkv-versichert.

(4) A. Wilper et al., "Health Insurance and Mortality in US Adults," *American Journal of Public Health* 99, no. 12 (2009): 2289–95.

(5) J. L. Hadler, K. Yousey-Hindes, A. Pérez et al., "Influenza-Related Hospitalizations and Poverty Levels—United States, 2010–2012," *Morbidity and Mortality Weekly Report* 65, no. 5 (2016): 101–105.

(6) "Relative Share of Deaths in the United States, 1999 to 2016," Our World in Data; ourworldindata.org/grapher/relative-share-of-deaths-in-usa.

(7) R. W. Fogel, *The Escape from Hunger and Premature Death, 1700–2100: Europe, America, and the Third World* (Cambridge University Press, 2004).

(8) W. D. Nordhaus, "The Health of Nations: The Contribution of Improved Health to Living Standards," February 2020; cowles.yale.edu/sites/default/files/files/pub/d13/d1355.pdf.

(9) A. R. Omran, "The Epidemiologic Transition. A Theory of the Epidemiology of Population Change," *Milbank Memorial Fund Quarterly* 49 (1971): 509–38; www.ncbi.nlm.nih.gov/pmc/articles/PMC2690264/.

(10) M. A. Brazelton, *Mass Vaccination: Citizens' Bodies and State Power in Modern China* (Cornell University Press, 2019).

(11) M. Davis, *The Monster at Our Door: The Global Threat of Avian Flu* (Macmillan, 2006). [マイク・デイヴィス著、柴田裕之、斉藤隆央訳『感染爆発——鳥インフルエンザの脅威』2006年3月／紀伊國屋書店]

(12) J. Iliffe, The *African AIDS Epidemic: A History* (Ohio University Press, 2005).

(13) UNAIDS, "Global HIV & AIDS Statistics—2020 Fact Sheet," www.unaids.org/en/resources/fact-sheet.

(14) S. S. Morse, "Regulating Viral Traffic," *Issues in Science and Technology* 7, no. 1 (Fall 1990): 81–84.

(15) W. Anderson, "Natural Histories of Infectious Disease: Ecological Vision in Twentieth-Century Biomedical Science," *Osiris* 19 (2004): 39–61. N. B. King, "Security, Disease, Commerce: Ideologies of Postcolonial Global Health," *Social Studies of Science* 32, no. 5–6 (2002): 763–789. C. E. Rosenberg, "Pathologies of Progress: The Idea of Civilization as Risk," *Bulletin of the History of Medicine* 72, no. 4 (Winter 1998), 714–30.

(16) J. R. Rohr, C. B. Barrett, D. J. Civitello, et al., "Emerging Human Infectious Diseases and the

Links to Global Food Production," *Nature Sustainability* 2 (2019): 445–56.
(17) Davis, *The Monster at Our Door*.［マイク・デイヴィス著、柴田裕之、斉藤隆央訳『感染爆発――鳥インフルエンザの脅威』2006年3月／紀伊國屋書店］
(18) WHO, Programme Budget 2020–21; www.who.int/publications/i/item/programme-budget-2020-2021. S. K. Reddy, S. Mazhar, and R. Lencucha, "The Financial Sustainability of the World Health Organization and the Political Economy of Global Health Governance: A Review of Funding Proposals," *Globalization and Health* 14, no. 1 (2018): 1–11.
(19) M. Liverani and R. Coker, "Protecting Europe from Diseases: From the International Sanitary Conferences to the ECDC," *Journal of Health Politics, Policy and Law* 37, no. 6 (2012): 915–34.
(20) S. Gebrekidan, K. Bennhold, M. Apuzzo, and D. D. Kirkpatrick, "Ski, Party, Seed a Pandemic: The Travel Rules That Let Covid-19 Take Flight," *New York Times*, September 30, 2020.
(21) T. Neale, "World Health Organization Scientists Linked to Swine Flu Vaccine Makers," *ABC News*, June 4, 2020.
(22) J. Farrar, "All Is Not Well at the World Health Organization," *Wall Street Journal*, January 22, 2015.
(23) A. Benjamin, "Stern: Climate Change a 'Market Failure,'" *Guardian*, November 29, 2007.
(24) A. Toscano, "Beyond the Plague State," *Socialist Project*, May 14, 2020.
(25) A. Lakoff, *Unprepared: Global Health in a Time of Emergency* (University of California Press, 2017).
(26) "Pandemic Influences Preparedness in WHO Member States," *World Health Organization*, June 2019.
(27) U. Beck, *Gegengifte: Die Organisierte Unverantwortlichkeit* (Edition Suhrkamp, 1988).
(28) A. Desanctis, "How Much Is a Human Life Worth?" *National Review*, May 7, 2020.
(29) A. Mische, "Projects and Possibilities: Researching Futures in Action," *Sociological Forum* 24 (2009): 694–704.
(30) B. Adam and C. Groves, *Future Matters: Action, Knowledge, Ethics* (Brill, 2007).
(31) D. A. Harvey, "Fortune-Tellers in the French Courts: Antidivination Prosecutions in France in the Nineteenth and Twentieth Centuries," *French Historical Studies* 28, no. 1 (2005): 131–57. C. Corcos, "Seeing It Coming Since 1945: State Bans and Regulations of Crafty Sciences Speech and Activity," *Louisiana State University Law Center*, 2014; digitalcommons.law.lsu.edu/cgi/viewcontent.cgi?article=1407&context=faculty_scholarship.
(32) D. Adam, "Special Report: The Simulations Driving the World's Response to COVID-19," *Nature*, April 2, 2020; www.nature.com/articles/d41586-020-01003-6.
(33) D. Cutler and L. Summers, "The COVID-19 Pandemic and the $16 Trillion Virus," *JAMA* 324, no. 15 (2020): 1495–96.
(34) W. K. Viscusi and C. J. Masterman, "Income Elasticities and Global Values of a Statistical Life," *Journal of Benefit-Cost Analysis* 8, no. 2 (2017): 226–50; law.vanderbilt.edu/phd/faculty/w-kip-viscusi/355_Income_Elasticities_and_Global_VSL.pdf.
(35) L. A. Robinson, "COVID-19 and Uncertainties in the Value Per Statistical Life," *The Regulatory Review*, August 5, 2020; www.theregreview.org/2020/08/05/robinson-covid-19-uncertainties-value-statistical-life/.
(36) C. Landwehr, "Depoliticization and Politicization in the Allocation of Health Care: Decision-

Making Procedures in International Comparison"; ecpr.eu/Filestore/PaperProposal/0dac228d-63fb-45c6-8384-21d764abaf6a.pdf.

(37) A. Folley, "Texas Lt Gov: 'Grandparents "Don't Want the Whole Country Sacrificed" Amid Coronavirus Closures,'" *The Hill*, March 23, 2020.

(38) C. Landwehr, "Deciding How to Decide: The Case of Health Care Rationing," *Public Administration* 87, no. 3 (2009): 586–603.

(39) Calder, *The Myth of the Blitz* (Random House, 1992); D. Edgerton, "When It Comes to National Emergencies, Britain Has a Tradition of Cold Calculation," *Guardian*, March 17, 2020.

(40) S. Roberts, "Flattening the Coronavirus Curve," *New York Times*, March 27, 2020.

(41) S. Kaufman, *And a Time to Die: How American Hospitals Shape the End of Life* (University of Chicago Press, 2006).

(42) M. Foucault, trans. A. Sheridan, *Discipline and Punish: The Birth of the Prison* (Penguin, 1977).［ミシェル・フーコー著、田村俶訳『監獄の誕生――監視と処罰』1977年9月／新潮社］

(43) 経済史については、以下を参照。A. Desrosières, *The Politics of Large Numbers: A History of Statistical Reasoning* (Harvard University Press, 1998). J. A. Tooze, *Statistics and the German State, 1900–1945: The Making of Modern Economic Knowledge* (Cambridge University Press, 2001). T. Mitchell, *Rule of Experts: Egypt, Techno-Politics, Modernity* (University of California Press, 2002). M. Goswami, *Producing India: From Colonial Economy to National Space* (University of Chicago Press, 2004).

(44) M. Gorsky, M. Vilar-Rodríguez, and J. Pons-Pons, *The Political Economy of the Hospital in History* (University of Huddersfield Press, 2020).

(45) G. Winant, *The Next Shift: The Fall of Industry and the Rise of Health Care in Rust Belt America* (Harvard University Press, 2021).

(46) L. Spinney, *Pale Rider: The Spanish Flu of 1918 and How It Changed the World* (Public Affairs, 2017)［ジョン・バリー著、平澤正夫訳『グレート・インフルエンザ』2005年3月／共同通信社］; J. M. Barry, *The Great Influenza* (Penguin Books, 2005), 37.

(47) R. Peckham, "Viral Surveillance and the 1968 Hong Kong Flu Pandemic," *Journal of Global History* 15, no. 3 (2020): 444–58. J. Fox, "Solving the Mystery of the 1957 and 1968 Flu Pandemics," *Bloomberg*, March 11, 2021.

(48) D. J. Sencer and J. D. Millar, "Reflections on the 1976 Swine Flu Vaccine Program," *Emerging Infectious Diseases* 12, no. 1 (2006): 29–33. R. E. Neustadt and H. V. Fineberg, *The Swine Flu Affair: Decision-Making on a Slippery Disease* (National Academies Press, 1978).

(49) C. McInnes and A. Roemer-Mahler, "From Security to Risk: Reframing Global Health Threats," *International Affairs* 93 no. 6 (2017): 1313–37.

(50) C. McInnes, "Crisis! What Crisis? Global Health and the 2014–15 West African Ebola Outbreak," *Third World Quarterly* 37, no. 3 (2016): 380–400.

(51) K. Mason, *Infectious Change: Reinventing Chinese Public Health After an Epidemic* (Stanford University Press, 2016).

(52) F. Keck, *Avian Reservoirs: Virus Hunters and Birdwatchers in Chinese Sentinel Posts* (Duke University Press, 2020).

(53) S. H. Lim and K. Sziarto, "When the Illiberal and the Neoliberal Meet Around Infectious Diseases: An Examination of the MERS Response in South Korea," *Territory, Politics, Governance* 8, no. 1 (2020): 60–76.

(54) S. Lee, "Steering the Private Sector in COVID-19 Diagnostic Test Kit Development in South Korea," *Frontiers in Public Health* 8 (2020): 563525.
(55) J. H. Wang, T.-Y. Chen, and C.-J. Tsai, "In Search of an Innovative State: The Development of the Biopharmaceutical Industry in Taiwan, South Korea and China," *Development and Change* 43, no. 2 (2012): 481–503.
(56) J. C. Kile, R. Ren, L. Liu, et al., "Update: Increase in Human Infections with Novel Asian Lineage Avian Influenza A (H7N9) Viruses During the Fifth Epidemic—China, October 1, 2016–August 7, 2017," *Morbidity and Mortality Weekly Report* 66, no. 35 (2017): 928–32.
(57) M. M. Kavanagh, H. Thirumurthy, R. Katz, et al., "Ending Pandemics: U.S. Foreign Policy to Mitigate Today's Major Killers, Tomorrow's Outbreaks, and the Health Impacts of Climate Change," *Journal of International Affairs* 73, no. 1 (2019): 49–68.
(58) S. Harman and S. Davies, "President Donald Trump as Global Health's Displacement Activity," *Review of International Studies* 45, no. 3 (2018): 491–501.

第２章：武漢における感染爆発

(1) T. Mitchell, C. Shepherd, R. Harding, et al., "China's Xi Jinping Knew of Coronavirus Earlier Than First Thought," *Financial Times*, February 16, 2020.
(2) C. Buckley, D. D. Kirkpatrick, A. Qin, and J. C. Hernández, "25 Days That Changed the World: How Covid-19 Slipped China's Grasp," *New York Times*, December 30, 2020.
(3) "China Didn't Warn Public of Likely Pandemic for 6 Key Days," *CNBC*, April 15, 2020.
(4) G. Shih, "In Coronavirus Outbreak, China's Leaders Scramble to Avert a Chernobyl Moment," *Washington Pos*t, January 29, 2020. J. Anderlini, "Xi Jinping Faces China's Chernobyl Moment," *Financial Times*, February 10, 2020. "Coronavirus 'Cover-up' Is China's Chernobyl—White House Advisor," *Reuters*, May 24, 2020.
(5) J. Li, "Chinese People Are Using 'Chernobyl' to Channel Their Anger About the Coronavirus Outbreak," *Quartz*, January 27, 2020.
(6) J. Mai and M. Lau, "Chinese Scholar Blames Xi Jinping, Communist Party for Not Controlling Coronavirus Outbreak," *South China Morning Post*, February 6, 2020.
(7) L. Zhou and K. Elmer, "China Coronavirus: Thousands Left Wuhan for Hong Kong, Bangkok or Tokyo Before Lockdown," *South China Morning Post*, January 27, 2020.
(8) K. Nakazawa, "Party's Half-Baked Admission Misses Xi's Biggest Problem," *Nikkei Asia*, February 6, 2020.
(9) J. Mai, "Beijing Braced for 2020 of Managing Risks, with Xi Jinping's Feared 'Swans and Rhinos' Yet to Disperse," *South China Morning Post*, January 1, 2020.
(10) C. Buckley, "Xi Jinping Assuming New Status as China's 'Core' Leader," *New York Times*, February 4, 2016.
(11) P. M. Thornton, "Crisis and Governance: SARS and the Resilience of the Chinese Body Politic," *The China Journal* 61 (2009): 23–48.
(12) M. Levinson, "Scale of China's Wuhan Shutdown Is Believed to Be Without Precedent," *New York Times*, January 22, 2020.
(13) J. Page, W. Fan, and N. Khan, "How It All Started: China's Early Coronavirus Missteps," *Wall Street Journal*, March 6, 2020.
(14) J. Kynge, S. Yu, and T. Hancock, "Coronavirus: The Cost of China's Public Health Cover-up,"

Financial Times, February 6, 2020.
(15) M. Levinson, "Scale of China's Wuhan Shutdown Is Believed to Be Without Precedent," *New York Times*, January 22, 2020.
(16) R. McGregor, "China's Deep State: The Communist Party and the Coronavirus," *Lowy Institute*, July 23, 2020.
(17) T. Heberer, "The Chinese 'Developmental State 3.0' and the Resilience of Authoritarianism," *Journal of Chinese Governance* 1, no. 4 (2016): 611–32.
(18) "China Declares 'People's War' on COVID-19," *All Things Considered*, NPR, February 13, 2020.
(19) D. Weinland, "Chinese Developers Hit by Coronavirus Sales Ban," *Financial Times*, February 15, 2020.
(20) A. J. He, Y. Shi, and H. Liu, "Crisis Governance, Chinese Style: Distinctive Features of China's Response to the Covid-19 Pandemic," *Policy Design and Practice* 3, no. 3 (2020): 242–58.
(21) R. Zhong and P. Mozur, "To Tame Coronavirus, Mao-Style Social Control Blankets China," *New York Times*, February 15, 2020.
(22) R. McGregor, "China's Deep State: The Communist Party and the Coronavirus," *Lowy Institute*, July 23, 2020.
(23) D. Weinland, "Chinese Villages Build Barricades to Keep Coronavirus at Bay," *Financial Times*, February 7, 2020.
(24) T. Mitchell, D. Weinland, and B. Greeley, "China: An Economy in Coronavirus Quarantine," *Financial Times*, February 14, 2020.
(25) L. Yutong, B. Yujie, and Z. Xuan, "Railway Passenger Volumes Plummet More Than 70% Amid Coronavirus Outbreak," *Caixin*, February 1, 2020.
(26) W. Jing and D. Jia, "Coronavirus Costs China's Service Sector $144 Billion in a Week," *Caixin*, February 1, 2020.
(27) "Carmakers Brace for Crisis as Virus Wreaks Havoc in China," *Caixin*, February 1, 2020.
(28) H. Lockett, J. Rennison, and P. Georgiadis, "Coronavirus Fears Rattle Shares and Oil Market," *Financial Times*, January 27, 2020.
(29) K. Bradsher, "'Like Europe in Medieval Times': Virus Slows China's Economy," *New York Times*, February 10, 2020. L. Che, H. Du, and K. W. Chan, "Unequal Pain: A Sketch of the Impact of the Covid-19 Pandemic on Migrants' Employment in China," *Eurasian Geography and Economics* 61, no. 4–5 (2020): 448–63.
(30) "Xi Chairs Leadership Meeting on Epidemic Control," *Xinhua*, February 3, 2020.
(31) H. Lockett and S. Yu, "How the Invisible Hand of the State Works in Chinese Stocks," *Financial Times*, February 4, 2020.
(32) M. Mackenzie, "A Dicey Period for Risk Sentiment," *Financial Times*, February 3, 2020.
(33) H. Lockett, N. Liu, and S. Yu, "Chinese Stocks Suffer Worst Day Since 2015 on Coronavirus Fears," *Financial Times*, February 3, 2020.
(34) X. Hui, B. Zhiming, C. Lijin, and M. Walsh, "Intensive Care Doctor Tells of a Hospital Teetering on Collapse in Wuhan," *Caixin*, February 14, 2020.
(35) J. Kynge and N. Liu, "Coronavirus Whistleblower Doctor Dies in Wuhan Hospital," *Financial Times*, February 6, 2020.
(36) S. Yu, "Coronavirus Death Toll Tops Sars as Public Backlash Grows," *Financial Times*,

February 9, 2020.
(37) V. Yu and E. Graham-Harrison, "'This May Be the Last Piece I Write': Prominent Xi Critic Has Internet Cut After House Arrest," *Guardian*, February 16, 2020.
(38) M. Zanin et al., "The Public Health Response to the COVID-19 Outbreak in Mainland China: A Narrative Review," *Journal of Thoracic Disease* 12, no. 8 (2020): 4434–49.
(39) F. Tang, "Coronavirus Prompts Beijing Residential Lockdown as Millions Return to Work," *South China Morning Post*, February 10, 2020.
(40) R. McMorrow, C. Shepherd, and T. Mitchell, "China Struggles to Return to Work After Coronavirus Shutdown," *Financial Times*, February 10, 2020.
(41) Bradsher, "'Like Europe in Medieval Times': Virus Slows China's Economy."
(42) "Editorial: Coronavirus Epidemic Poses Test for Rule of Law," *Caixin*, February 18, 2020.
(43) "Editorial: Coronavirus Epidemic Poses Test for Rule of Law."
(44) Che, Du, and Chan, "Unequal Pain: A Sketch of the Impact of the Covid-19 Pandemic on Migrants' Employment in China."
(45) R. McMorrow and N. Liu, "Chinese Shun People from Centre of Coronavirus Outbreak," *Financial Times*, February 12, 2020.
(46) S. Fan and F. Yingzhe, "Fewer Than a Third of China's Nearly 300 Million Migrant Laborers Have Returned to Work," *Caixin*, February 18, 2020.
(47) M. Funke and A. Tsang, "The People's Bank of China's Response to the Coronavirus Pandemic: A Quantitative Assessment," *Economic Modeling* 93 (2020): 465–73.
(48) T. Mitchell, D. Weinland, and B. Greeley, "China: An Economy in Coronavirus Quarantine," *Financial Times*, February 14, 2020.
(49) F. Tang, "Coronavirus: China's Firms Face Grim Reality as Help from Beijing Could Take Too Long to Trickle Down," *South China Morning Post*, February 11, 2020.
(50) T. Mitchell, D. Weinland, and B. Greeley, "China: An Economy in Coronavirus Quarantine," *Financial Times*, February 14, 2020.
(51) R. McMurrow, K. Hille, and T. Mitchell, "Foxconn Recalls Workers in Phases Following Coronavirus Shutdown," *Financial Times*, February 11, 2020.
(52) J. Mai, "China Postpones Year's Biggest Political Gathering Amid Coronavirus Outbreak," *South China Morning Post*, February 17, 2020.
(53) R. McMurrow, K. Hille, and N. Liu, "Coronavirus Hits Return to Work at Apple's Biggest iPhone Plant," *Financial Times*, February 18, 2020.
(54) T. Ng, Z. Xin, and F. Tang, "Help China's Key Manufacturers Plug Back Into Global Supply Chain, Xi Jinping Says," *South China Morning Post*, February 21, 2020.
(55) D. Yi and H. Shujing, "Foxconn Allows Henan Workers to Return to Its Zhengzhou Complex," *Caixin*, February 21, 2020.
(56) Y. Ruiyang and L. Yutong, "China's Roads to Be Toll-Free Until Epidemic Ends," *Caixin*, February 17, 2020.
(57) "Coronavirus Wednesday Update: China Gradually Gets Back to Work in Face of Worker, Material Shortages," *Caixin*, February 19, 2020.
(58) W. Zheng, "Coronavirus Is China's Fastest-Spreading Health Crisis, Xi Jinping Says," *Politico*, February 23, 2020.
(59) "With Its Epidemic Slowing, China Tries to Get Back to Work," *Economist*, February 27, 2020.

(60) "Xinhua Headlines: Xi Stresses Unremitting Efforts in COVID-19 Control, Coordination on Economic, Social Development," *Xinhua*, February 24, 2020.
(61) "WHO Director-General Opening Remarks at the Media Briefing on COVID-19," *World Health Organization*, February 23, 2020.
(62) F. Tang, "Coronavirus: Xi Jinping Rings Alarm on China Economy as Country Shifts Priority to Maintaining Growth," *South China Morning Post*, February 24, 2020.
(63) R. McMorrow, N. Liu, and K. Hille, "China Eases Quarantine and Lays On Transport to Get People Back to Work," *Financial Times*, February 25, 2020.
(64) N. Sun, "Virus Hits China's Economic Heart—Its Small Businesses," *Nikkei Asia*, February 21, 2020.
(65) F. Tang, "Coronavirus: China Grants Banks Extra Funding to Spur Loans to Hard Hit Small Businesses," *South China Morning Post*, February 26, 2020.
(66) E. Barrett, "The Mystery of China's Unemployment Rate," *Fortune*, May 24, 2020.
(67) C. Deng and J. Cheng, "Some Economists Question Strength of China's Labor Market," *Wall Street Journal*, June 7, 2020.
(68) Che, Du, and Chan, "Unequal Pain: A Sketch of the Impact of the Covid-19 Pandemic on Migrants' Employment in China."
(69) F. Tang, "Coronavirus: Small Business Sentiment Sinks to an All-Time Low as Outbreak Knocks China's Economy, Survey Shows," *South China Morning Post*, February 27, 2020.
(70) C. Zhang, "Covid-19 in China: From 'Chernobyl Moment' to Impetus to Nationalism," *Made in China Journal*, May 4, 2020.
(71) のちに以下に要約された。"Fighting COVID-19: China in Action," June 7, 2020; www.xinhua net.com/english/2020-06/07/c_139120424.htm.

第３章：グローバル化した世界の悪夢

(1) A. Wilkinson, "The 2011 Film *Contagion* Is Even More Relevant in 2020, and Not Just Because of Coronavirus," *Vox*, February 4, 2020.
(2) D. M. Herszenhorn and S. Wheaton, "How Europe Failed the Coronavirus Test," *Politico*, April 7, 2020.
(3) D. MacKenzie, *COVID-19: The Pandemic That Never Should Have Happened and How to Stop the Next One* (Hachette, 2020).
(4) S. Sen, "How China Locked Down Internally for COVID-19, but Pushed Foreign Travel," *Financial Times*, April 30, 2020.
(5) S. Nebehay, "WHO Chief Says Widespread Travel Bans Not Needed to Beat China Virus," *Reuters*, February 3, 2020.
(6) C. Shepherd, "Coronavirus: Chinese Carmakers Struggle with Disruption," *Financial Times*, February 24, 2020.
(7) W. Boston, "The Company That Fought the Coronavirus and Won," *Wall Street Journal*, March 6, 2020.
(8) D. Sheppard, "Why Coronavirus Is Pushing Down the Oil Price," *Financial Times*, January 23, 2020.
(9) A. Woodhouse, P. Wells, M. Rocco, et al., "Coronavirus: WHO Warns of 'Concerning' Transmissions in Europe—As It Happened," *Financial Times*, February 10, 2020.

(10) B. Elder, "Markets Not Live, Monday 24th February 2020," *Financial Times*, February 24, 2020.

(11) S. LaFraniere, K. Thomas, N. Weiland, et al., "Politics, Science and the Remarkable Race for a Coronavirus Vaccine," *New York Times*, November 21, 2020.

(12) J. Cohen, "China's Vaccine Gambit," *Science* 370, no. 6522 (2020): 1263–67.

(13) "The New Virus Was Crowned in the Kremlin," *Kommersant*, January 30, 2020.

(14) Peter Navarro, "Memorandum to the Task Force," February 9, 2020; www.sciencemag.org/sites/default/files/manhattan%20project%20bright%20exhibit%2021.pdf.

(15) R. Morin, "Trump Aide Peter Navarro Warned 'As Many as 1.2 Million Souls' Could Be Lost to Coronavirus: Report," *USA Today*, April 7, 2020.

(16) S. Geimann, "Trump Aide Accuses China of Using Travelers to 'Seed' Virus," *Bloomberg*, May 17, 2020.

(17) M. Ward, "15 Times Trump Praised China as Coronavirus Was Spreading Across the Globe," *Politico*, April 15, 2020.

(18) G. Sherman, "Inside Donald Trump's and Jared Kushner's Two Months of Magical Thinking," *Vanity Fair*, April 28, 2020.

(19) R. Siegal, "Commerce Secretary Wilbur Ross Says China's Coronavirus 'Will Help' Bring Jobs Back to U.S.," *Washington Post*, January 30, 2020.

(20) M. Fletcher, "Britain and Covid-19: A Chronicle of Incompetence," *New Statesman*, July 1, 2020.

(21) S. Grey and A. MacAskill, "Special Report: Johnson Listened to His Scientists About Coronavirus—But They Were Slow to Sound the Alarm," *Reuters*, April 7, 2020.

(22) ジョンソン首相による演説。"PM Speech in Greenwich: 3 February 2020," February 3, 2020; www.gov.uk/government/speeches/pm-speech-in-greenwich-3-february-2020. F. O'Toole, "The Fatal Delusions of Boris Johnson," *New Statesman*, July 1, 2020.

(23) ジョンソン首相による演説。"PM Speech in Greenwich: 3 February 2020."

(24) M. Liverani and R. Coker, "Protecting Europe from Diseases: From the International Sanitary Conferences to the ECDC," *Journal of Health Politics, Policy and Law* 37, no. 6 (2012): 915–34.

(25) Herszenhorn and Wheaton, "How Europe Failed the Coronavirus Test."

(26) B. Riegert and J. C. Gonzalez, "Coronavirus Containment in Europe Working 'So Far,' Says Germany's Spahn," *DW*, February 13, 2020.

(27) M. Birnbaum, J. Hudson, and L. Morris, "At Munich Security Conference, an Atlantic Divide: U.S. Boasting and European Unease," *Washington Post*, February 15, 2020.

(28) K. Martin, "Markets Face Fresh Jolt of Coronavirus Nerves," *Financial Times*, February 24, 2020.

(29) S. Donnan, J. Randow, W. Horobin, et al., "Committee to Save World Is a No-Show, Pushing Economy to Brink," *Bloomberg*, March 13, 2020.

(30) "Coronavirus: Iran Cover-up of Deaths Revealed by Data Leak," *BBC*, August 3, 2020.

(31) J. Horowitz, "The Lost Days That Made Bergamo a Coronavirus Tragedy," *New York Times*, November 29, 2020.

(32) M. Johnson, "Italy Quarantines Northern Towns in Coronavirus Outbreak," *Financial Times*, February 23, 2020.

(33) Herszenhorn and Wheaton, "How Europe Failed the Coronavirus Test."
(34) Elder, "Markets Not Live, Monday 24th February 2020."
(35) Martin, "Markets Face Fresh Jolt of Coronavirus Nerves."
(36) C. Smith and C. Henderson, "US 10-Year Treasury Yield Nears Record Low," *Financial Times*, February 24, 2020.
(37) M. MacKenzie, "In No Mood for Catching a Falling Knife," *Financial Times*, February 25, 2020.
(38) R. Wigglesworth, K. Martin, and T. Stubbington, "How the Coronavirus Shattered Market Complacency," *Financial Times*, February 28, 2020.
(39) MacKenzie, "In No Mood for Catching a Falling Knife."
(40) S. Johnson, "Global Inventories at 7-Year Low Prior to Coronavirus Hit," *Financial Times*, February 24, 2020.
(41) L. Du, "Tourism Hotspot Locks Down as Japan's Hokkaido Fights Virus," *Bloomberg*, February 28, 2020.
(42) C. Terhune, D. Levine, H. Jin, J. L. Lee, "Special Report: How Korea Trounced U.S. in Race to Test People for Coronavirus," *Reuters*, March 18, 2020.
(43) J. Cohen, "The United States Badly Bungled Coronavirus Testing—But Things May Soon Improve," *Science*, February 28, 2020.
(44) E. Lipton, A. Goodnough, M. D. Shear, M. Twohey, A. Mandavilli, S. Fink, and M. Walker, "The C.D.C. Waited 'Its Entire Existence for This Moment.' What Went Wrong?" *New York Times*, June 3, 2020.
(45) G. Lee, "South Korea Approves First Four COVID-19 Test Kits Under Urgent-Use License," *BioWorld*, March 17, 2020. D. Lee and J. Lee, "Testing on the Move: South Korea's Rapid Response to the COVID-19 Pandemic," *Transportation Research Interdisciplinary Perspectives* 5 (2020): 100111.
(46) Herszenhorn and Wheaton, "How Europe Failed the Coronavirus Test."
(47) 2020年2月25日、CNBCのケリー・エバンスがラリー・クドローに行ったインタビューの書き起こしは、以下を参照されたい。www.cnbc.com/2020/02/25/first-on-cnbc-cnbc-transcript-national-economic-council-director-larry-kudlow-speaks-cnbcs-kelly-evans-on-cnbcs-the-exchange-today.html.
(48) E. Luce, "Inside Trump's Coronavirus Meltdown," *Financial Times*, May 14, 2020.
(49) S. Donnan, J. Randow, W. Horobin, and A. Speciale, "Committee to Save World Is a No-Show, Pushing Economy to the Brink," *Bloomberg*, March 13, 2020.
(50) Martin, "Markets Face Fresh Jolt of Coronavirus Nerves."
(51) C. Henderson, C. Smith, and P. Georgiadis, "Markets Tumble as Fed Rate Cut Fails to Ease Fears," *Financial Times*, March 3, 2020.
(52) "Transcript: Donald Trump Visits CDC, Calls Jay Inslee a 'Snake,'" *Rev*, March 6, 2020.
(53) D. Agren, "Mexican Governor Prompts Outrage with Claim Poor Are Immune to Coronavirus," *Guardian*, March 26, 2020.
(54) "Mexico: Mexicans Need Accurate COVID-19 Information," *Human Rights Watch*, March 26, 2020.
(55) F. Ng'wanakilala, "Tanzanian President Under Fire for Worship Meetings Aid Virus," *Bloomberg*, March 22, 2020.
(56) L. Lenel, "Public and Scientific Uncertainty in the Time of COVID-19," *History of Knowledge*,

May 13, 2020.
(57) Grey and MacAskill, "Special Report: Johnson Listened to His Scientists About Coronavirus—But They Were Slow to Sound the Alarm." M. Fletcher, "Britain and Covid-19: A Chronicle of Incompetence," *New Statesman*, July 1, 2020.
(58) J. Horowitz, "The Lost Days That Made Bergamo a Coronavirus Tragedy," *New York Times*, November 29, 2020.

第４章：ロックダウン

(1) P. Smith, "An Overview and Market Size of Tradable Commodities," *The Tradable*.
(2) IEA, Oil Market Report—February 2020, IEA, Paris; www.iea.org/reports/oil-market-report-february-2020.
(3) A. Ward, "The Saudi Arabia-Russia Oil War Sparked by Coronavirus, Explained," *Vox*, March 6, 2020. J. Yaffa, "How the Russian-Saudi Oil War Went Awry—For Putin Most of All," *New Yorker*, April 15, 2020.
(4) C. Ballentine and V. Hajric, "U.S. Stocks Plunge Most Since Financial Crisis: Markets Wrap," *Bloomberg*, March 9, 2020.
(5) R. Costa, J. Dawsey, J. Stein, and A. Parker, "Trump Urged Mnuchin to Pressure Fed's Powell on Economic Stimulus in Explosive Tirade About Coronavirus," *Washington Post*, March 11, 2020.
(6) "WHO Director-General's Opening Remarks at the Media Briefing on COVID-19," *World Health Organization*, March 11, 2020.
(7) J. Sexton and J. Sapien, "Two Coasts. One Virus. How New York Suffered Nearly 10 Times the Number of Deaths as California," *ProPublica*, May 16, 2020.
(8) B. Woodward, *Rage* (Simon & Schuster, 2020), 277.［ボブ・ウッドワード著、伏見威蕃訳『怒り』2020年12月／日本経済新聞出版］
(9) "France Pledges Support for State-Backed Firms, Sees Virus Fallout Costing Billions," *Reuters*, March 13, 2020.
(10) S. Donnan, J. Randow, W. Horobin, and A. Speciale, "Committee to Save World Is a No-Show, Pushing Economy to the Brink," *Bloomberg*, March 13, 2020.
(11) H. Stewart, K. Proctor, and H. Siddique, "Johnson: Many More People Will Lose Loved Ones to Coronavirus," *Guardian*, March 12, 2020.
(12) M. Fletcher, "Britain and Covid-19: A Chronicle of Incompetence," *New Statesman*, July 1, 2020.
(13) S. Jones, "How Coronavirus Took Just Weeks to Overwhelm Spain," *Guardian*, March 25, 2020. L. Mannering, "Spain's Right Wing Sees Coronavirus as Opportunity," *Foreign Policy*, May 29, 2020.
(14) Fletcher, "Britain and Covid-19: A Chronicle of Incompetence," *New Statesman*, July 1, 2020.
(15) F. O'Toole, "The Fatal Delusions of Boris Johnson," *New Statesman*, July 1, 2020.
(16) SPI-B Insights on Public Gatherings, March 12, 2020; assets.publishing.service.gov.uk/government/uploads/system/uploads/attachment_data/file/874289/13-spi-b-insights-on-public-gatherings-1.pdf. L. Freedman, "The Real Reason the UK Government Pursued 'Herd Immunity'—And Why It Was Abandoned," *New Statesman*, April 1, 2020.
(17) S. Grey and A. MacAskill, "Special Report: Johnson Listened to His Scientists About

Coronavirus—But They Were Slow to Sound the Alarm," *Reuters*, April 7, 2020.
(18) J. Macías, "School Meals: A Reflection of Growing Poverty in LA," *Cal Matters*, October 8, 2020.
(19) Sexton and Sapien, "Two Coasts. One Virus. How New York Suffered Nearly 10 Times the Number of Deaths as California."
(20) C. Pietralunga and A. Lemarié, "Coronavirus: l'exécutif réfléchit au confinement des Français," *Le Monde*, March 16, 2020.
(21) C. Pietralunga and A. Lemarié, "'Nous sommes en guerre': face au coronavirus, Emmanuel Macron sonne la 'mobilisation Générale,'" *Le Monde*, March 17, 2020. F. Rousseaux, "Coronavirus: 35 millions de Français devant l'allocution de Macron, un record d'audience absolu," *Le Parisien*, March 17, 2020.
(22) N. Aspinwall, "Coronavirus Lockdown Launches Manila Into Pandemonium," *Foreign Policy*, March 14, 2020.
(23) K. Varagur, "Indonesia's Government Was Slow to Lock Down, So Its People Took Charge," *National Geographic*, May 13, 2020.
(24) M. Afzal, "Pakistan Teeters on the Edge of Potential Disaster with the Coronavirus," *Brookings*, March 27, 2020.
(25) M. Mourad and A. Lewis, "Egypt Declares Two-Week Curfew to Counter Coronavirus," *Reuters*, March 24, 2020.
(26) D. Pilling, "No Lockdown, Few Ventilators, but Ethiopia Is Beating Covid-19," *Financial Times*, May 27, 2020.
(27) V. Mallet and R. Khalaf, "FT Interview: Emmanuel Macron Says It Is Time to Think the Unthinkable," *Financial Times*, April 16, 2020.
(28) V. Strauss, "1.5 Billion Children Around Globe Affected by School Closure. What Countries Are Doing to Keep Their Kids Learning During Pandemic," *Washington Post*, March 27, 2020.
(29) N. Ferguson, D. Laydon, et al., "Report 9: Impact of Non-Pharmaceutical Interventions (NPIs) to Reduce COVID-19 Mortality and Healthcare Demand," Imperial College Response Team, March 16, 2020.
(30) M. Claeson and S. Hanson, "COVID-19 and the Swedish Enigma," *Lancet* 397, no. 10271 (2021): 259–261. G. Vogel, "'It's Been So, So Surreal.' Critics of Sweden's Lax Pandemic Policies Face Fierce Backlash," *Science*, October 6, 2020.
(31) Grey and MacAskill, "Special Report: Johnson Listened to His Scientists About Coronavirus—But They Were Slow to Sound the Alarm."
(32) M. Fletcher, "Britain and Covid-19: A Chronicle of Incompetence," *New Statesman*, July 1, 2020.
(33) E. Luce, "Inside Trump's Coronavirus Meltdown," *Financial Times*, May 14, 2020.
(34) M. McGraw and C. Oprysko, "Inside the White House During '15 Days to Slow the Spread,'" *Politico*, March 29, 2020.
(35) J. White, "Temporary Work Stoppage at Fiat Chrysler's Warren Truck Plant as Wildcat Strikes Spread in Global Auto Industry," *World Socialist Web Site*, March 17, 2020.
(36) D. DiMaggio, "Organizing Around the World for PTO: Pandemic Time Off," *Labor Notes*, March 16, 2020.
(37) G. Coppola, D. Welch, K. Naughton, and D. Hull, "Detroit Carmakers Close Plants While Musk

Keeps Tesla Open," *Bloomberg*, March 18, 2020.

(38) A. Wilen and D. Hipwell, "European Retail Braces for Slump as Epicenter Shifts from China," *Bloomberg*, March 16, 2020.

(39) J. Emont, "Retailers Cancel Orders from Asian Factories, Threatening Millions of Jobs," *Wall Street Journal*, March 25, 2020.

(40) D. Biller and D. Rodrigues, "Rio's Christ Statue Closes and State of Emergency Decreed," *ABC News*, March 18, 2020.

(41) J. L. Anderson, "In Brazil, Jair Bolsonaro, Trump's Close Ally, Dangerously Downplays the Coronavirus Risk," *New Yorker*, April 1, 2020. P. Asmann, "What Does Coronavirus Mean for Criminal Governance in Latin America," *InSight Crime*, March 31, 2020.

(42) McGraw and Oprysko, "Inside the White House During '15 Days to Slow the Spread.'"

(43) V. Chandrashekhar, "1.3 Billion People. A 21-Day Lockdown. Can India Curb the Coronavirus?" *Science*, March 31, 2020.

(44) Chandrashekhar, "1.3 Billion People. A 21-Day Lockdown. Can India Curb the Coronavirus?"

(45) K. Komireddi, "Modi's India Isn't Prepared for the Coronavirus," *Foreign Policy*, April 10, 2020.

(46) P. Sinha, Twitter, March 20, 2020.

(47) R. Venkataramakrishnan, "Coronavirus: Did India Rush into a Lockdown? Or Is This a Difficult but Needed Move to Fight Covid?" *Scroll.in*, March 24, 2020.

(48) International Labour Organization, "ILO Monitor, COVID-19 and the World of Work. Third edition," April 29, 2020; www.ilo.org/wcmsp5/groups/public/—-dgreports/—-dcomm/documents/briefingnote/wcms_743146.pdf.

(49) 以下に、ジョルジョ・アガンベンの危機をめぐるエッセイが集められている。*Where Are We Now? The Epidemic as Politics*［ジョルジョ・アガンベン著、高桑和巳訳『私たちはどこにいるのか?——政治としてのエピデミック』2021年2月／青土社］, eris.press/Where-Are-We-Now.

(50) F. O'Toole, "The Fatal Delusions of Boris Johnson," *New Statesman*, July 1, 2020.

(51) M. Margolis, "China Laps U.S. in Latin America with Covid-19 Diplomacy," *Bloomberg*, June 24, 2020.

(52) L. Paraguassu and J. McGeever, "Brazil Government Ad Rejects Coronavirus Lockdown, Saying #BrazilCannotStop," *Reuters*, March 27, 2020.

(53) "Federal Judge Bans Bolsonaro's 'Brazil Cannot Stop' Campaign," *teleSUR*, March 28, 2020.

(54) D. Agren, "Mexican Governor Prompts Outrage with Claim Poor Are Immune to Coronavirus," *Guardian*, March 26, 2020.

(55) "'Escuchen al presidente, yo nunca los voy a engañar': López Obrador pidió confianza ante amenaza de coronavirus en México," *infobae*, March 20, 2020.

(56) Morning Conference with A. M. López Obrador, "Versión estenográfica de la conferencia de prensa matutina," March 11, 2020.

(57) T. Phillips, "Mexican President Ignores Coronavirus Restrictions to Greet El Chapo's Mother," *Guardian*, March 30, 2020.

(58) R. Costa and P. Rucker, "Inside Trump's Risky Push to Reopen the Country amid the Coronavirus Crisis," *Washington Post*, March 28, 2020.

(59) R. Costa, L. Vozzella, and J. Dawsey, "Inslee Clashes with Trump over His Leadership on Coronavirus Aid: 'We Need a Tom Brady,'" *Washington Post*, March 26, 2020.

(60) P. Rucker, J. Dawsey, Y. Abutaleb, R. Costa, and L. H. Sun, "34 Days of Pandemic: Inside Trump's Desperate Attempts to Reopen America," *Washington Post*, May 2, 2020.
(61) J. Lemire, J. Colvin, and Z. Miller, "What Changed Trump's Mind About Reopening on Easter?" *York Dispatch*, March 30, 2020.
(62) M. D. Shear, M. Crowley, and J. Glanz, "Coronavirus Death Toll May Reach 100,000 to 240,000 in U.S., Officials Say," *New York Times*, March 31, 2020.

第５章：自由落下する経済

(1) D. Chronopoulos, M. Lukas, and J. Wilson, "Real-Time Consumer Spending Responses to COVID-19 Crisis and Lockdown," *VoxEU*, May 6, 2020.
(2) V. Carvalho, J. R. García, et al., "Tracking the COVID-19 Crisis Through the Lens of 1.4 Billion Transactions," *VoxEU*, April 27, 2020.
(3) IMF, World Economic Outlook Reports, "World Economic Outlook, October 2020: A Long and Difficult Ascent," October 2020.
(4) P. Brinca, J. B. Duarte, and M. F. Castro, "Is the COVID-19 Pandemic a Supply or a Demand Shock?" Economic Research, Federal Reserve Bank of St. Louis, *Economic Synopses* No. 31, 2020.
(5) L. Kilian, "Not All Oil Price Shocks Are Alike: Disentangling Demand and Supply Shocks in the Crude Oil Market," *American Economic Review* 99, no. 3 (2009): 1053–69.
(6) K. Schive, "How Safe Is Air Travel?" *MIT Medical*, July 23, 2020.
(7) S. Hodge, "Private Jet Use Skyrockets During Coronavirus Pandemic—Luxury No Longer Seen as a Splurge," *Paper City*.
(8) "Industry Losses to Top $84 Billion in 2020," *IATA*, June 9, 2020. "What if Aviation Doesn't Recover from Covid-19?" *Economist*, July 2, 2020.
(9) "Air Travel's Sudden Collapse Will Reshape a Trillion-Dollar Industry," *Economist*, August 1, 2020.
(10) E. Balibar, "Mi-temps de la crise expériences, questions, anticipations (1ère partie)," 2020; aoc.media/opinion/2020/07/14/ce-que-devient-le-politique-mi-temps-de-la-crise-1-3/.
(11) C. Flaherty, "Women Are Falling Behind," *Inside Higher Ed*, October 20, 2020.
(12) ニューヨーク市衛生局は、安全なセックスの選択肢として、「グローリー・ホール」（性行為に使用するために壁に開けた穴）も承認した。以下を参照。"Safer Sex and Covid-19," www1.nyc.gov/assets/doh/downloads/pdf/imm/covid-sex-guidance.pdf.
(13) Statista, "Number of Fixed Broadband Internet Subscriptions Worldwide from 2005 to 2019," www.statista.com/statistics/268673/number-of-broadband-internet-subscriptions.
(14) S. Vibert, "Children Without Internet Access During Lockdown," *Children's Commissioner*, August 18, 2020.
(15) "Two Thirds of the World's School-Age Children Have No Internet Access at Home, New UNICEF- ITU Report Says," *UNICEF*, November 30, 2020.
(16) K. Purohit, "Coronavirus: India's Outsourcing Firms Struggle to Serve US, British Companies amid Lockdown," *South China Morning Post*, March 31, 2020. S. Phartiyal and S. Ravikumar, "India's Huge Outsourcing Industry Struggles with Work-from-Home Scenario," *Reuters*, March 25, 2020. L. Frayer and S. Pathak, "India's Lockdown Puts Strain on Call Centers," *NPR*, April 24, 2020.

(17) A. Tanzi, "Half the Labor Force in Major U.S. Cities Is Working from Home," *Bloomberg*, November 24, 2020. K. Weise, "Pushed by Pandemic, Amazon Goes on a Hiring Spree Without Equal," *New York Times*, November 27, 2020. "FedEx Tries to Think Beyond the Pandemic," *Economist*, July 2, 2020.

(18) A. Wilkinson, "How the Coronavirus Outbreak Is Roiling the Film and Entertainment Industries," *VoxEU*, September 23, 2020. A. Barker and A. Nicolaou, "The Unhinged Bet to Jump-Start the Movie Business," *Financial Times*, June 16, 2020. A. Kaul, "The Six Sigma to Rescue 1 Million COVID-Affected Film Industry Workers," *Exchange4Media*, May 2, 2020. A. Chopra, "How the Pandemic Hit Bollywood," *New York Times*, May 15, 2020. A. Dhillon, "India's Bollywood Cuts Kissing Scenes, Epic Dance Routines Under New Coronavirus Rules," *South China Morning Post*, June 4, 2020.

(19) E. Schwartzel, "Covid-19 Derails China's Push to Be Biggest Movie Market," *Wall Street Journal*, July 6, 2020.

(20) P. Fronstin and S. A. Woodbury, "How Many Americans Have Lost Jobs with Employer Health Coverage During the Pandemic?" *Commonwealth Fund*, October 7, 2020.

(21) H. Meyers-Belkin, "'Today Is Wonderful': Relief in Lagos as Nigeria Emerges from Covid-19 Lockdown," *France24*, May 5, 2020.

(22) E. Akinwotu, "'People Are More Scared of Hunger': Coronavirus Is Just One More Threat in Nigeria," *Guardian*, May 15, 2020.

(23) O. Sunday, "Gangs Terrorised Africa's Largest City in Coronavirus Lockdown. Vigilantes Responded," *South China Morning Post*, May 18, 2020. N. Orjinmo and A. Ulohotse, "Lagos Unrest: The Mystery of Nigeria's Fake Gangster Attacks," *BBC*, April 15, 2020.

(24) S. Maheshwari, "With Department Stores Disappearing, Malls Could Be Next," *New York Times*, July 5, 2020. M. Bain, "The US Shopping Mall Was Already in Trouble—Then Came Covid-19," *Quartz*, May 26, 2020.

(25) R. Clough and J. Hill, "Brooks Brothers Goes Bust with Business Clothes Losing Favor," *Bloomberg*, July 8, 2020.

(26) L. Abboud and D. Keohane, "Parisian Retail Stalwart Tati Bites the Dust," *Financial Times*, July 10, 2020.

(27) L. Abboud, "Troubles of Famed Paris Bookshop Expose French Retail Shift," *Financial Times*, December 2, 2020.

(28) "A Wave of Bankruptcies Is Coming in Europe," *Economist*, May 16, 2020.

(29) H. Ziady, "25,000 Jobs at Risk as Debenhams Closure Follows Topshop Collapse," *CNN*, December 1, 2020.

(30) H. Gupta, "Why Some Women Call This Recession a 'Shecession,'" *New York Times*, May 9, 2020.

(31) R. Siegal, "Women Outnumber Men in the American Workforce for Only the Second Time," *Washington Post*, January 10, 2020.

(32) T. Alon, M. Doepke, J. Olmstead-Rumsey, and M. Tertilt, "The Shecession (She-Recession) of 2020: Causes and Consequences," *VoxEU*, September 22, 2020.

(33) J. Hurley, "COVID-19: A Tale of Two Service Sectors," *Eurofound*, February 3, 2021.

(34) A. Olson and C. Bussewitz, "Child Care Crisis Pushes US Mothers Out of the Labor Force," *AP News*, September 4, 2020.

(35) M. Paxton, "The Coronavirus Threat to Wildlife Tourism and Conservation," *United Nations Development Programme*, April 21, 2020. "Global Wildlife Tourism Generates Five Times More Revenue Than Illegal Wildlife Trade Annually," *World Travel and Tourism Council*, December 8, 2019.

(36) "Share of GDP Generated by the Travel and Tourism Industry Worldwide from 2000 to 2019," *Statista*, February 4, 2021.

(37) Paxton, "The Coronavirus Threat to Wildlife Tourism and Conservation."

(38) J. K. Elliot, "Thailand's 'Monkey City' Overrun by Gangs of Hungry, Horny Macaques," *Global News*, June 24, 2020.

(39) D. Jones, "The Coronavirus Pandemic Has Halted Tourism, and Animals Are Benefiting from It," *Washington Post*, April 3, 2020.

(40) M. Toyana, "Jobs Gone, Investments Wasted: Africa's Deserted Safaris Leave Mounting Toll," *Reuters*, June 11, 2020.

(41) 南アフリカ共和国の財務・国庫局ドンド・モガジャネ局長のインタビューは、以下を参照。"South Africa Looks Toward Inclusive Recovery to Stabilize Debt," *International Monetary Fund*, August 3, 2020.

(42) L. Frayer, "For Bangladesh's Struggling Garment Workers, Hunger Is a Bigger Worry Than Pandemic," *NPR*, June 5, 2020.

(43) J. Emont, "Developing World Loses Billions in Money from Migrant Workers," *Wall Street Journal*, July 5, 2020.

(44) L. Frayer, "1 Million Bangladeshi Garment Workers Lose Jobs Amid COVID-19 Economic Fallout," *NPR*, April 3, 2020. A. Becker, "Coronavirus Disruptions Deal Severe Blow to Bangladesh's Garment Industry," *DW News*, June 23, 2020.

(45) FAO and WFP, "FAO-WFP Early Warning Analysis of Acute Food Insecurity Hotspots," July 17, 2020; www.wfp.org/publications/fao-wfp-early-warning-analysis-acute-food-insecurity-hotspots.

(46) K. Hearst, "COVID-19 and the Garment Industry's Invisible Hands," *Open Democracy*, July 20, 2020; www.opendemocracy.net/en/oureconomy/covid-19-and-the-garment-industrys-invisible-hands/.

(47) Z. Ebrahim, "'Moving Mountains': How Pakistan's 'Invisible' Women Won Workers' Rights," *Guardian*, December 1, 2020.

(48) G. Flynn and M. Dara, "Garment Workers Cornered by Job Loss, Virus Fears and Looming Debt," *VOD*, April 16, 2020.

(49) K. Brenke, U. Rinne, and K. F. Zimmermann, "Short-Time Work: The German Answer to the Great Recession," *International Labour Review* 152, no. 2 (2013): 287–305.

(50) EIB, Investment Report 2020; www.eib.org/attachments/efs/eib_investment_report_advance_copy.pdf.

(51) OECD Economic Outlook, Volume 2020; https://www.oecd-ilibrary.org/economics/oecd-economic-outlook_16097408.

(52) R. Carroll, S. Jones, L. Tondo, K. Connolly, and K. Gillet, "Covid-19 Crisis Stokes European Tensions over Migrant Labour," *Guardian*, May 11, 2020. M. Andriescu, "Under Lockdown Amid COVID-19 Pandemic, Europe Feels the Pinch from Slowed Intra-EU Labor Mobility," *Migration Policy Institute*, May 1, 2020.

(53) M. Weisskircher, J. Rone, and M. S. Mendes, "The Only Frequent Flyers Left: Migrant Workers in the EU in Times of Covid-19," *Open Democracy*, April 20, 2020.
(54) S. Jha, "Migrant Workers Head Home in Coronavirus Lockdown, Exposed and Vulnerable," *Business Standard*, March 26, 2020.
(55) A. K. B. Basu, and J. M. Tapia, "The Complexity of Managing COVID-19: How Important Is Good Governance?" *Brookings*, November 17, 2020.
(56) "21 Days and Counting: COVID-19 Lockdown, Migrant Workers, and the Inadequacy of Welfare Measures in India," *Stranded Workers Action Network*, April 15, 2020.
(57) "The Jobs Bloodbath of April 2020," *Centre for Monitoring Indian Economy*, May 5, 2020.
(58) "Policy Basics: How Many Weeks of Unemployment Compensation Are Available?" *Center on Budget and Policy Priorities*, February 1, 2021.
(59) M. Haag, "To Reach a Single A.T.M., a Line of Unemployed Stretches a Block," *New York Times*, July 7, 2020.
(60) V. Stracqualursi and A. Kurtz, "Trump Administration Asking States to Delay Release of Unemployment Numbers," *CNN*, March 20, 2020.
(61) G. Iacurci, "Job Losses Remain 'Enormous': Coronavirus Unemployment Claims Are Worst in History," *CNBC*, July 9, 2020.
(62) "2020: Charts from a Year Like No Other," *Financial Times*, December 29, 2020.
(63) S. Matthews, "U.S. Jobless Rate May Soar to 30%, Fed's Bullard Says," *Bloomberg*, March 22, 2020.
(64) 世界貿易機関（WTO）事務局長ロベルト・アゼベドの発言。"Trade Set to Plunge as COVID-19 Pandemic Upends Global Economy," *World Trade Organization*, April 8, 2020.
(65) H. Tan, "Thousands of Seafarers Are Stranded as Coronavirus Shuts Down Borders—That Could Hurt Trade," *CNBC*, June 24, 2020.
(66) "Why the Philippines Is a Magnet for Idled Cruise Ships," *Economist*, May 23, 2020.
(67) "Cargo-Ship Crews Are Stuck at Sea," *Economist*, June 20, 2020. J. Emont, "Developing World Loses Billions in Money from Migrant Workers," *Wall Street Journal*, July 15, 2020.
(68) N. Ghani and G. Platten, "Shopping on Black Friday? Remember the Stranded Seafarers Who Made It Possible," *Guardian*, November 27, 2020.
(69) "Is the World Economy Recovering?" *Economist*, September 19, 2020.

第6章：金融危機を回避せよ

(1) A. Samson, P. Georgiadis, et al., "US Stocks Fall 10% in Worst Day Since 1987 Crash," *Financial Times*, March 12, 2020.
(2) Z. He and A. Krishnamurthy, "Are US Treasury Bonds Still a Safe Haven?" *National Bureau of Economic Research, The Reporter*, October 2020. P. Mehrling, "Financialization and Its Discontents," *Finance and Society* 3 (2017): 1–10.
(3) D. Duffie, "Still the World's Safe Haven? Redesigning the U.S. Treasury Market After the Covid-19 Crisis," *Brookings*, June 22, 2020.
(4) "Holistic Review of the March Market Turmoil," *Financial Stability Board*, November 17, 2020.
(5) A. Samson, R. Wigglesworth, C. Smith, and J. Rennison, "Strains in US Government Bond Market Rattle Investors," *Financial Times*, March 12, 2020.

(6) L. Norton, "How the Pandemic Will Change Financial Markets Forever," *Barron's*, July 22, 2020.

(7) A. Tooze, *Crashed: How a Decade of Financial Crises Changed the World* (Viking, 2018). ［アダム・トゥーズ著、江口泰子、月沢李歌子訳『暴落――金融危機は世界をどう変えたのか（上・下）』2020年3月／みすず書房］ A. Mian and Amir Sufi, *House of Debt: How They (and You) Caused the Great Recession, and How We Can Prevent It from Happening Again* (University of Chicago Press, 2015). ［アティフ・ミアン、アミール・サフィ著、岩本千晴訳『ハウス・オブ・デット』2015年10月／東洋経済新報社］

(8) J. Harper, "Global Housing Markets 'Overheating' amid Pandemic Stimulus?" *DW*, November 15, 2020.

(9) "Global Financial Stability Report: Markets in the Time of COVID-19," *International Monetary Fund*, April 2020. "Financial Stability Report," *Board of Governors of the Federal Reserve System*, November 2020.

(10) "How Resilient Are the Banks?" *Economist*, July 2, 2020.

(11) "Financial Stability Review," *European Central Bank*, May 2020.

(12) "Navigating Monetary Policy Challenges and Managing Risks," *International Monetary Fund*, April 2015. 米国証券取引委員会（SEC）内のリスク分析部門（DERA）で副ディレクター、副主任エコノミストを務めるスコット・ボーゲスによる2017年6月20日の講演を参照。"Market Fragility and Interconnectedness in the Asset Management Industry".

(13) S. Avdjiev, P. McGuire, and G. von Peter, "International Dimensions of EME Corporate Debt," *BIS*, June 3, 2020.

(14) レポ市場に関する優れた説明は、以下の2点である。D. Gabor, "The (Impossible) Repo Trinity: The Political Economy of Repo Markets," *Review of International Political Economy* 23, no. 6 (2016): 967–1000, 及び C. Sissoko, "The Collateral Supply Effect on Central Bank Policy," August 21, 2020. SSRNで入手可能。 ssrn.com/abstract=3545546 or dx.doi.org/10.2139/ssrn.3545546.

(15) G. B. Gorton and A. Metrick, "Securitized Banking and the Run on Repo," *NBER Working Paper 15223*, August 2009.

(16) D. Duffie, "Still the World's Safe Haven? Redesigning the U.S. Treasury Market After the COVID-19 Crisis" (Brookings, 2020); www.brookings.edu/research/still-the-worlds-safe-haven.

(17) "Holistic Review of the March Market Turmoil," *FSB*.

(18) A. Etra, "2020 UST March Madness," *Money: Inside and Out*, January 13, 2021.

(19) A. Samson, R. Wigglesworth, et al., "Strains in US Government Bond Market Rattle Investors," *Financial Times*, March 12, 2020.

(20) D. Beckworth, "Carolyn Sissoko on the Collateral Supply Effect and Other Concerns in the Money Market," *Mercatus Center*, George Mason University, September 21, 2020.

(21) K. Brettell and K. Pierog, "Treasury Liquidity Worsens, Worries Build About Broad Selling Pressures," *Reuters*, March 12, 2020.

(22) "Financial Stability Review," *European Central Bank*, May 2020.

(23) A. Hauser, "From Lender of Last Resort to Market Maker of Last Resort via the Dash for Cash: Why Central Banks Need New Tools for Dealing with Market Dysfunction" (London: Bank of England, 2021); www.bankofengland.co.uk/-/media/boe/files/speech/2021/january/why-central-banks-need-new-tools-for-dealing-with-market-dysfunction-speech-by-andrew-

hauser.pdf.
(24) R. Costa, J. Dawsey, J. Stein, and A. Parker, "Trump Urged Mnuchin to Pressure Fed's Powell on Economic Stimulus in Explosive Tirade About Coronavirus," *Washington Post*, March 11, 2020.
(25) "Trump Presses 'Pathetic' Fed to Cut Rates More Aggressively," *Reuters*, March 10, 2020.
(26) S. Donnan, J. Randow, W. Horobin, and A. Speciale, "Committee to Save the World Is a No-Show, Pushing Economy to Brink," *Bloomberg*, March 13, 2020.
(27) S. O'Grady, "Janet Yellen: The Treasury Secretary Who Trump Thought Was 'Too Political'—And 'Too Short,'" *Independent*, February 1, 2020.
(28) D. Borak, "How Jerome Powell Stopped a US Default—in 2011," *CNN*, July 19, 2019.
(29) パウエルについては以下を参照。T. L. Hogan, "Can the Fed Reduce Inequality?," American Institute for Economic Research, August 18, 2020. J. L. Yellen, "Perspectives on Inequality and Opportunity from the Survey of Consumer Finances," *Board of Governors of the Federal Reserve System*, October 17, 2014. イエレンの曖昧な立場については以下を参照。R. V. Reeves, "Janet Yellen's Inequality Speech Revealed a 'Closet Conservative,' " *Brookings*, October 24, 2014.
(30) N. Timiraos, "New York Fed Names New Leadership for Top Markets Jobs," *Wall Street Journal*, December 19, 2019.
(31) R. Kuttner, "Liberalish: The Complex Odyssey of Lael Brainard," *American Prospect*, September 23, 2020.
(32) C. Torres and L. McCormick, "Fed Dissent and Bond Volatility Are in Powell's Taper Future," *Bloomberg*, February 2, 2021.
(33) J. Cox, "Fed Boosts Money It's Providing to Banks in Overnight Repo Lending to $175 Billion," CNBC, March 11, 2020.
(34) "Federal Reserve Issues FOMC Statement," Federal Reserve press release, March 15, 2020.
(35) C. Jones, "Why the Dollar Crunch Is (Mostly) a Rich World Problem," *Financial Times*, March 24, 2020. I. Kaminska, "Why FX Swap Lines Are Back," *Financial Times*, March 17, 2020. "The Successes of the Fed's Dollar-Swap Lines," *Economist*, June 20, 2020. B. W. Setser, "How Asia's Life Insurers Could 'Shelter-in-Place,'" *Council on Foreign Relations*, March 22, 2020.
(36) A. Tooze, "This Is the One Thing That Might Save the World from Financial Collapse," *New York Times*, March 20, 2020.
(37) P. LeBlanc, "Trump Congratulates Federal Reserve for Slashing Interest Rates: 'It Makes Me Very Happy,'" *CNN*, March 15, 2020.
(38) Y. Li, "Plunging Stocks Triggered a Key Market 'Circuit Breaker.' Here's What That Means," *CNBC*, March 16, 2020.
(39) H. Lambert, "The Adults in the Room," *New Statesman*, July 15, 2020.
(40) A. Debnath, M. Hunter, and S. Barton, "Currency Liquidity Vanishes on Mounting Fears of London Hub Slamming Shut," *Bloomberg*, March 18, 2020.
(41) J. Surane, P. Seligson, A. Harris, and L. McCormick, "Key Source of Corporate Cash Seizing Up Amid Credit Market Rout," *Bloomberg*, March 15, 2020.
(42) N. Kumar, "Bridgewater Makes $14 Billion Short Against European Stocks," *Bloomberg*, March 16, 2020.
(43) S. Potter and J. Lee, "Diary of a Crisis: Inside Wall Street's Most Volatile Week Ever,"

Bloomberg, March 20, 2020.
(44) Potter and Lee, "Diary of a Crisis: Inside Wall Street's Most Volatile Week Ever."
(45) T. Stubbington and C. Smith, "Investment Veterans Try to Get to Grips with 'Broken' Markets," *Financial Times*, March 20, 2020.
(46) C. Giles, "BoE Compelled to Act as Coronavirus Pummels Economy," *Financial Times*, March 19, 2020.
(47) E. Conway, "Coronavirus: Bank of England Rescued Government, Reveals Governor," *Sky News*, June 22, 2020.
(48) Lambert, "The Adults in the Room."
(49) Lambert, "The Adults in the Room."
(50) Potter and Lee, "Diary of a Crisis: Inside Wall Street's Most Volatile Week Ever."
(51) "COVID-19 and Global Capital Flows," *Organisation for Economic Development and Co-operation* (*OEDC*), July 3, 2020.
(52) C. Torres, "Meet Fed's Nine New Offspring, Each with Different Market Role," *Bloomberg*, April 16, 2020.
(53) "VW Urges ECB to Buy Short-Term Debt to Stabilise Markets," *Reuters*, March 27, 2020.
(54) M. J. Lee and T. Hasegawa, "BOJ Becomes Biggest Japan Stock Owner with $434 Billion Hoard," *Bloomberg*, December 6, 2020.
(55) "Federal Reserve Issues FOMC Statement," Federal Reserve Press Release, March 15, 2020.
(56) Beckworth, "Carolyn Sissoko on the Collateral Supply Effect and Other Concerns in the Money Market."
(57) C. Peterson-Withorn, "The World's Billionaires Have Gotten $1.9 Trillion Richer in 2020," *Forbes*, December 16, 2020.

第７章：生活を守れ

(1) C. Hulse and E. Cochrane, "As Coronavirus Spread, Largest Stimulus in History United a Polarized Senate," *New York Times*, March 26, 2020.
(2) B. Battersby, W. R. Lam, and E. Ture, "Tracking the $9 Trillion Global Fiscal Support to Fight COVID-19," *International Monetary Fund*, May 20, 2020. V. Gaspar, P. Medas, J. Ralyea, and E. Ture, "Fiscal Policy for an Unprecedented Crisis," *International Monetary Fund*, October 14, 2020. IMF Fiscal Monitor, January 2021, Update.
(3) A. Martin and J. Younger, "War Finance and Bank Leverage: Lessons from History," Yale School of Management, September 8, 2020.
(4) C. Giles, "Central Bankers Have Been Relegated to Second Division of Policymakers," *Financial Times*, October 1, 2020.
(5) この重要な洞察については、以下を参照されたい。D. Gabor, "Revolution Without Revolutionaries: Interrogating the Return of Monetary Financing," *Transformative Responses to the Crisis*, 2020.
(6) IMF Fiscal Monitor, October 2020, Figure 1.1.
(7) CEPAL, "Addressing the Growing Impact of COVID-19 with a View to Reactivation with Equality: New Projections," July 15, 2020; repositorio.cepal.org/bitstream/handle/11362/45784/1/S2000470_en.pdf.
(8) O. Sunday, "Gangs Terrorised Africa's Largest City in Coronavirus Lockdown. Vigilantes

Responded," *South China Morning Post*, May 18, 2020.

(9) S. Dixit, Y. K. Ogundeji, and O. Onwujekwe, "How Well Has Nigeria Responded to COVID-19?" *Brookings*, July 2, 2020.

(10) A. Rettman, "Merkel Defends EU Legacy on Refugees and Austerity," *EU Observer*, May 16, 2019.

(11) OECD Economic Outlook, Volume 2020, Issue 1.

(12) M. Schieritz, "Was traut er sich?" *Die Zeit*, November 13, 2019.

(13) M. Ashworth, "Germany's 'Black Zero' Rule May Be Gone Forever," *Bloomberg*, February 26, 2020.

(14) M. Nienaber, "German Parliament Suspends Debt Brake to Fight Coronavirus Outbreak," *Reuters*, March 25, 2020.

(15) G. Chazan, "Scholz Insists Record German Borrowing Manageable," *Financial Times*, June 17, 2020. "Germany Opens the Money Tap," *Economist*, June 13, 2020.

(16) D. Adler and J. Roos, "If Coronavirus Sinks the Eurozone, the 'Frugal Four' Will Be to Blame," *Guardian*, March 31, 2020. H. Von Der Burchard, I. Oliveira, and E. Schaart, "Dutch Try to Calm North-South Economic Storm over Coronavirus," *Politico*, March 27, 2020.

(17) D. Gutensohn, "Kliniken schließen—wenn sie am nötigsten gebraucht werden," *Die Zei*t, April 7, 2020.

(18) B. Tanjangco, Y. Cao, R. Nadin, L. Calabrese, and O. Borodyna, "Pulse 1: Covid-19 and Economic Crisis—China's Recovery and International Response," *ODI Economic Pulse* series, November 2020.

(19) J. Sipalan, "Malaysia Announces $58-Billion Stimulus Package to Cushion Impact of Coronavirus," *Reuters*, March 27, 2020.

(20) J. Follain, "Italian Leader Takes to Basement to Plot How to Fight Virus," *Bloomberg*, March 9, 2020.

(21) J. Ford, "The New Wartime Economy in the Era of Coronavirus," *Financial Times*, March 25, 2020. "How to Battle the Coronavirus and Win: A Historians' Roundtable," www.bloomberg.com/opinion/articles/2020-03-29/history-s-coronavirus-lessons-going-to-war-against-covid-19.

(22) E. Levitz, "This Recession Is a Bigger Housing Crisis Than 2008," *Intelligencer*, July 13, 2020.

(23) M. Konczal, "Our Political System Is Hostile to Real Reform," *Dissent*, March 26, 2020.

(24) A. Tooze, *Crashed: How a Decade of Financial Crises Changed the World* (Viking, 2018)［アダム・トゥーズ著、江口泰子、月沢李歌子訳『暴落——金融危機は世界をどう変えたのか（上・下）』2020年3月／みすず書房］A. Mian and A. Sufi, *House of Debt: How They (and You) Caused the Great Recession, and How We Can Prevent It from Happening Again* (University of Chicago Press, 2015).［アティフ・ミアン、アミール・サフィ著、岩本千晴訳『ハウス・オブ・デット』2015年10月／東洋経済新報社］

(25) J. Politi, "US Heads for Fiscal Cliff as Stimulus Fades," *Financial Times*, July 11, 2020.

(26) R. Chetty, J. N. Friedman, N. Hendren, M. Stepner, and the Opportunity Insights Team, "The Economic Impacts of Covid-19: Evidence from a New Public Database Built Using Private Sector Data," *National Bureau of Economic Research Working Paper 27431*, November 2020.

(27) U.S. Bureau of Economic Analysis, Personal Saving Rate [PSAVERT], retrieved from FRED, Federal Reserve Bank of St. Louis; fred.stlouisfed.org/series/PSAVERT, February 10, 2021.

(28) A. Madgavkar, T. Tacke, S. Smit, and J. Manyika, "COVID-19 Has Revived the Social Contract

in Advanced Economies—For Now. What Will Stick Once the Crisis Abates?" McKinsey Global Institute, December 10, 2020.
(29) Madgavkar et al., "COVID-19 Has Revived the Social Contract in Advanced Economies—For Now. What Will Stick Once the Crisis Abates?"
(30) "Job Retention Schemes During the COVID-19 Lockdown and Beyond," *OECD*, October 12, 2020.
(31) M. Konczal, "Unemployment Insurance Is a Vital Part of Economic Freedom," *The Nation*, June 15/22, 2020.
(32) "Income Has Risen Through the COVID Recession but That May Soon Change," *Committee for a Responsible Federal Budget*, July 20, 2020.
(33) A. Jäger and D. Zamora, "'Welfare Without the Welfare State': The Death of the Postwar Welfarist Consensus," *New Statesman*, February 9, 2021.
(34) P. Baldwin, *The Politics of Social Solidarity: Class Bases of the European Welfare State, 1875–1975* (Cambridge University Press, 1990).
(35) "State Aid: Commission Adopts Temporary Framework to Enable Member States to Further Support the Economy in the COVID-19 Outbreak," *European Commission*, March 19, 2020. D. Boffey, "Von der Leyen Warns State Aid 'Unlevelling the Playing Field' in Europe," *Guardian*, May 13, 2020.
(36) OECD Economic Outlook, Volume 2020, Issue 1.
(37) D. Autor, D. Cho, L. Crane, et al., "An Evaluation of the Paycheck Protection Program Using Administrative Payroll Microdata," *MIT Department of Economics*, July 22, 2020.
(38) G. Hubbard and M. R. Strain, "Has the Paycheck Protection Program Succeeded?" *Brookings Papers on Economic Activity*, September 23, 2020.
(39) L. Schalatek, "Urgently Wanted: A US Stimulus Package in Which More Than the Dollar Bills Are Green," *Heinrich Böll Stiftung*, July 2, 2020.
(40) T. Healey, S. B. Herman, T. J. Lynes, and B. J. Seifarth, "COVID-19 Update: US Senate Passes $61 Billion Relief Package for Aviation Industry," *National Law Review* 11, no. 72 (March 26, 2020).
(41) "COVID-19 and the Aviation Industry: Impact and Policy Responses," *OECD*, October 15, 2020.
(42) J. Drucker, "The Tax-Break Bonanza Inside the Economic Rescue Package," *New York Times*, April 24, 2020.
(43) C. Giles, "The Expensive Promise of England's Covid Test and Trace," *Financial Times*, October 15, 2020.
(44) J. Bradley, S. Gebrekidan, and A. McCann, "Waste, Negligence and Cronyism: Inside Britain's Pandemic Spending," *New York Times*, December 17, 2020.
(45) "Sovereign Borrowing Outlook for OECD Countries 2020," *Organisation for Economic Co-Operation and Development*, 2020.
(46) "Sovereign Borrowing Outlook for OECD Countries 2020," OECD, "Sovereign Borrowing Outlook for OECD Countries 2021."
(47) K. Seibel and H. Zschäpitz, "11,6 Milliarden Euro—Bund macht Rekordgewinn mit neuen Schulden," *Welt*, December 7, 2020.
(48) Moody's Analytics, "Financial Markets Have Largely Priced-In 2021's Positive Outlook," www.

moodysanalytics.com/-/media/article/2020/weekly-market-outlook-financial-markets-have-largely-priced-in-2021s-positive-outlook.pdf.

(49) L. H. Summers, "Why Stagnation Might Prove to Be the New Normal," December 15, 2013. J. Furman and L. Summers, "A Reconsideration of Fiscal Policy in the Era of Low Interest Rates," November 30, 2020; www.brookings.edu/wp-content/uploads/2020/11/furman-summers-fiscal-reconsideration-discussion-draft.pdf.

(50) O. Blanchard, "Public Debt and Low Interest Rates," *American Economic Review* 109, no. 4 (2019): 1197–229.

(51) O. Blanchard, "Italian Debt Is Sustainable," *Peterson Institute for International Economics*, March 18, 2020.

(52) 実際、このプロセスを通じて米財務省は保有現金を蓄えた。L. McCormick, E. Barrett, and K. Greifeld, "American Investors Are Plugging the U.S.'s Record Budget Deficit," *Bloomberg*, July 12, 2020.

(53) T. Stubbington and C. Giles, "Investors Sceptical over Bank of England's QE Programme," *Financial Times*, January 4, 2021.

(54) B. Holland, L. McCormick, and J. Ainger, "Coronavirus Bills Are So Big, Only Money-Printing Can Pay Them," *Bloomberg*, May 15, 2020.

(55) A. P. Lerner, "Functional Finance and the Federal Debt," *Social Research* 10, no. 1 (1943): 38–51.

(56) 対照的な解釈として以下を参照。S. Kelton, *The Deficit Myth: Modern Monetary Theory and the Birth of the People's Economy* (PublicAffairs, 2020)［ステファニー・ケルトン著、土方奈美訳『財政赤字の神話―― MMTと国民のための経済の誕生』2020年10月／早川書房］及びG. Selgin, *The Menace of Fiscal QE* (Cato Institute, 2020).

(57) F. Coppola, *The Case for People's Quantitative Easing* (Wiley, 2019).

(58) B. Bernanke, "What Tools Does the Fed Have Left? Part 3: Helicopter Money," *Brookings*, April 11, 2016.

(59) E. Bartsch, J. Boivin, S. Fischer, and P. Hildebrand, "Dealing with the Next Downturn: From Unconventional Monetary Policy to Unprecedented Policy Coordination," *SUERF*, October 2019.

(60) A. Yablon, "Wall Street Has Always Been Progressives' 'Big Bad.' But a New Generation in the Finance Industry Is Starting to Sound More Like Allies Than Enemies," *Insider*, December 6, 2020.

(61) C. Goodhart and M. Pradhan, "The Great Demographic Reversal: Ageing Societies, Waning Inequality, and an Inflation Revival"; www.suerf.org/policynotes/17385/the-great-demographic-reversal-ageing-societies-waning-inequality-and-an-inflation-revival.

(62) Stubbington and Giles, "Investors Sceptical over Bank of England's QE Programme."

(63) イザベル・シュナーベルによる演説。"The Shadow of Fiscal Dominance: Misconceptions, Perceptions and Perspectives," *European Central Bank*, September 11, 2020.

(64) Stubbington and Giles, "Investors Sceptical over Bank of England's QE Programme."

(65) Bank of England, "Quantitative Easing"; www.bankofengland.co.uk/monetary-policy/quantitative-easing.

(66) B. Braun, "Central Banking and the Infrastructural Power of Finance: The Case of ECB Support for Repo and Securitization Markets," *Socio-Economic Review* 18, no. 2 (2020): 395–

418.

(67) ケインズ経済学者A.P.ラーナーの未完の改革については以下を参照。M. Buchanan and Richard E. Wagner, *Democracy in Deficit: The Political Legacy of Lord Keynes* (Liberty Fund, 2000). [ジェームズ・ブキャナン、リチャード・ワグナー著、大野一訳『赤字の民主主義——ケインズが遺したもの』2014年11月/日経BP]

(68) イングランド銀行チーフエコノミスト、アンディ・ホールデンの演説 "What Has Central Bank Independence Ever Done for Us?" *Bank of England*, November 28, 2020.

(69) Tooze, *Crashed: How a Decade of Financial Crises Changed the World*. [アダム・トゥーズ著、江口泰子、月沢李歌子訳『暴落——金融危機は世界をどう変えたのか(上・下)』2020年3月/みすず書房]

(70) B. Dudley, "When the Fed Tapers, the Market Will Have a Tantrum," *Bloomberg*, January 21, 2021. "Raghuram Rajan Says Another 'Taper Tantrum' Possible. What Is It?" *CNBC*, January 22, 2021.

(71) J. Smialek, "How the Fed's Magic Machine Will Turn $454 Billion Into $4 Trillion," *New York Times*, March 27, 2020.

(72) J. B. Bolzani, "Has the CARES Act Expanded the Red's Legal Mandate," *The FinReg Blog*, October 26, 2020. G. Selgin, "The Constitutional Case for the Fed's Treasury Backstops," *Cato Institute*, April 13, 2020.

(73) G. Robb, "Fed Will Make Up to $4 Trillion in Loans to Businesses to Rescue the U.S. Economy, Mnuchin Says," *Market Watch*, March 28, 2020.

(74) L. DePillis, J. Elliott, and P. Kiel, "The Big Corporate Rescue and the America That's Too Small to Save," *ProPublica*, September 12, 2020.

(75) J. Rennison, "US Credit Market off to a Record Start in 2021," *Financial Times*, January 6, 2021.

(76) "Companies Have Raised More Capital in 2020 Than Ever Before," *Economist*, December 10, 2020.

(77) A. Tangel and D. Cameron, "Boeing Asks for $60 Billion in Aid for U.S. Aerospace Industry," *Wall Street Journal*, March 17, 2020.

(78) Y. Torbati and A. Gregg, "How a $17 Billion Bailout Fund Intended for Boeing Ended Up in Very Different Hands," *Washington Post*, November 25, 2020.

(79) K. Duguid, J. Franklin, and D. Shepardson, "How Boeing Went from Appealing for Government Aid to Snubbing It," *Reuters*, May 1, 2020.

(80) D. Gates, "Boeing to Cut Thousands More Employees as Losses Mount," *Seattle Times*, October 28, 2020.

(81) Periodic Report: Update on Outstanding Lending Facilities Authorized by the Board Under Section 13(3) of the Federal Reserve Act September 7, 2020, www.federalreserve.gov/publications/files/pdcf-mmlf-cpff-pmccf-smccf-talf-mlf-ppplf-msnlf-mself-mslpf-nonlf-noelf-9-8-20.pdf#page=3.

(82) D. Scigliuzzo, S. Bakewell, and G. Gurumurthy, "Carnival Boosts Bond Sale After 12% Yield Attracts $17 Billion," *Bloomberg*, April 1, 2020.

(83) N. Randewich, "Big Tech Drives S&P 500 to Record High in Coronavirus Rally," *Reuters*, August 18, 2020.

(84) M. Rubinstein, "The Stock Market as Entertainment," *Net Interest*, June 5, 2020.

(85) M. Fitzgerald, "Many Americans Used Part of Their Coronavirus Stimulus Check to Trade Stocks," *CNBC*, May 21, 2020.
(86) E. Wolff-Mann, "43% of Retail Investors Are Trading with Leverage," *Yahoo!*, September 9, 2020.

第８章：新興市場国の新たなツールキット

(1) J. Wheatley and A. Schipani, "Bolsonaro, Brazil and the Coronavirus Crisis in Emerging Markets," *Financial Times*, April 19, 2020. "COVID-19 and Global Capital Flows," *Organisation for Economic Co-operation and Development*, July 3, 2020.
(2) http://www.worldgovernmentbonds.com/cds-historical-data/brazil/5-years/.
(3) Wheatley and Schipani, "Bolsonaro, Brazil and the Coronavirus Crisis in Emerging Markets."
(4) "Global Financial Stability Report," *International Monetary Fund*, October 2019.
(5) D. Gabor, "The Wall Street Consensus," *SocArXiv*, July 2, 2020.
(6) H. Rey, "Dilemma Not Trilemma: The Global Financial Cycle and Monetary Policy Independence," *National Bureau of Economic Research Working Paper 21162*, 2015.
(7) International Monetary Fund press release, "The IMF Executive Board Discusses 'The Evolution of Public Debt Vulnerabilities in Lower Income Economics'";www.imf.org/~/media/Files/Publications/PP/2020/English/PPEA2020003.ashx.
(8) I. Grabel, *When Things Don't Fall Apart* (MIT Press, 2017), 197.
(9) "Just in Case," *Economist*, October 10, 2013.
(10) これに続く箇所は、以下の報告書に基づいている。BIS Annual Economic Report, "Monetary Policy Frameworks in EMEs: Inflation Targeting, the Exchange Rate and Financial Stability," *Bank for International Settlements*, June 30, 2019.
(11) G. Benigno, J. Hartley, et al., "Credible Emerging Market Central Banks Could Embrace Quantitative Easing to Fight COVID-19," *VoxEU*, June 29, 2020.
(12) International Monetary Fund, World Bank Group, Staff Note for the International Financial Architecture Working Group, "Recent Developments on Local Currency Bond Markets in Emerging Economies," January 27, 2020; documents1.worldbank.org/curated/en/129961580334830825/pdf/Staff-Note-for-the-G20-International-Financial-Architecture-Working-Group-IFAWG-Recent-Developments-On-Local-Currency-Bond-Markets-In-Emerging-Economies.pdf.
(13) A. Carstens and H. S. Shin, "Emerging Markets Aren't Safe Yet," *Foreign Affairs*, March 15, 2019.
(14) L. Borodovsky, "Stock Valuation Metrics Look Increasingly Stretched," *Daily Shot*, January 12, 2021.
(15) O. Negus, "The Chiang Mai Initiative Multilateralization (CMIM): If Not Now, Then When?," Center for Strategic and International Studies, September 1, 2020. W. N. Kring and W. W. Grimes, "Leaving the Nest: The Rise of Regional Financial Arrangements and the Future of Global Governance," *Development and Change* 50, no. 1 (2019): 72–95.
(16) B. Steil, "Central Bank Currency Swaps Tracker," *Council on Foreign Relations*, November 5, 2019.
(17) J. Frost, H. Ito, and R. van Stralen, "The Effectiveness of Macroprudential Policies and Capital Controls Against Volatile Capital Inflows," *BIS Working Papers*, June 2, 2020.

(18) I. Grabel, "The Rebranding of Capital Controls in an Era of Productive Incoherence," *Review of International Political Economy* 22, no. 1 (2015): 7–43. I. Grabel, "Capital Controls in a Time of Crisis," in G. A. Epstein, ed., *The Political Economy of International Finance in an Age of Inequality* (Edward Elgar Publishing, 2018), 69–105.

(19) BIS Annual Economic Report, "Monetary Policy Frameworks in EMEs: Inflation Targeting, the Exchange Rate and Financial Stability," *Bank for International Settlements*, June 30, 2019.

(20) Grabel, "The Rebranding of Capital Controls in an Era of Productive Incoherence."

(21) FAO, IFAD, UNICEF, WFP, and WHO, *The State of Food Security and Nutrition in the World 2020. Transforming Food Systems for Affordable Healthy Diets*, 2020.

(22) "Transcript of IMF Press Briefing," *International Monetary Fund*, May 21, 2020.

(23) Extraordinary G20 Leaders' Summit: Statement on COVID-19, March 26, 2020; www.g20.utoronto.ca/2020/2020-g20-statement-0326.html.

(24) "The Great Lockdown: Worst Economic Downturn Since the Great Depression," *International Monetary Fund*, March 23, 2020.

(25) "Only Victory in Africa Can End the Pandemic Everywhere," *Financial Times*, April 14, 2020.

(26) K. Georgieva, "Statement on the United States Congress Move to Strengthen the IMF's Resources," *International Monetary Fund*, March 27, 2020.

(27) OECD Economic Outlook, Volume 2020, Issue 1.

(28) Table 3: I. Fresnillo, "Shadow Report on the Limitations of the G20 Debt Service-Suspension Initiative: Draining Out the Titanic with a Bucket?," *Eurodad*, October 14, 2020.

(29) Georgieva, "Statement on the United States Congress Move to Strengthen the IMF's Resources."

(30) P. Bolton, L. Buchheit, P.-O. Gourinchas, et al., "Born Out of Necessity: A Debt Standstill for COVID-19," *Centre for Economic Policy Research*, April 2020.

(31) T. Stubbs, W. Kring, C. Laskaridis, et al., "Whatever It Takes? The Global Financial Safety Net, Covid-19, and Developing Countries," *World Development* 137 (2021): 105171.

(32) D. Munevar, "Arrested Development: International Monetary Fund Lending and Austerity Post Covid-19," *Eurodad*, October 26, 2020. S. Ambrose, "In the Midst of the Pandemic, Why Is the IMF Still Pushing Austerity on the Global South?" *Open Democracy*, October 13, 2020.

(33) Y. Arslan, M. Drehmann, and B. Hofmann, "Central Bank Bond Purchases in Emerging Market Economies," *BIS Bulletin*, June 2, 2020. "Emerging Markets' Experiments with QE Have Not Turned Out Too Badly," *Economist*, October 29, 2020.

(34) G. Beningo, J. Hartley, et al., "Credible Emerging Market Central Banks Could Embrace Quantitative Easing to Fight COVID-19," *VoxEU*, June 29, 2020.

(35) OECD Policy Responses to Coronavirus (COVID-19), "COVID-19 and Global Capital Flows," July 3, 2020.

(36) OECD, "COVID-19 and Global Capital Flows."

(37) A. W. Akhlas, "Bank Indonesia in Talks with US, China on Currency Swaps," *Jakarta Post*, April 2, 2020. "Indonesia Central Bank Says in Talks with U.S. Fed, China on Swap Lines," *Reuters*, April 2, 2020. K. Salna and T. Sipahutar, "Indonesia Says New York Fed Offers $60 Billion Credit Line," *Bloomberg*, April 7, 2020.

(38) www.worldgovernmentbonds.com/cds-historical-data/indonesia/5-years/.

(39) C. Goko, "Africa's Junk Bonds Among Hottest Investments with Big Yields," *Bloomberg*, June

4, 2020.
(40) P. Naidoo, "After More Than 25 Years S. Africa Is Now Junk with Moody's Too," *Bloomberg*, March 27, 2020.
(41) "South Africa Borrows from the IMF for the First Time Since Apartheid," *Economist*, August 1, 2020.
(42) International Monetary Fund African Dept., "Regional Economic Outlook, October 2020, Sub-Saharan Africa: A Difficult Road to Recovery," *IMF*, October 22, 2020.
(43) *Eurodad*, "A Debt Pandemic," Briefing Paper March 2021.
(44) G. Long, "Ecuador's Virus-Hit Guayaquil Is Grim Warning for Region," *Financial Times*, April 5, 2020.
(45) R. Dube and J. de Córdoba, "Ecuador City Beat One of World's Worst Outbreaks of Covid-19," *Wall Street Journal*, June 30, 2020.
(46) K. Brown, "Coronavirus Pandemic Exposes Inequality in Ecuador's Guayaquil," *Al Jazeera*, May 27, 2020.
(47) "Latin America's Health Systems Brace for a Battering," *Economist*, April 11, 2020.
(48) G. Long, "Peru Tries to Emerge from Shadow of Corruption Scandal," *Financial Times*, March 12, 2020.
(49) G. Long, "Ecuadorean Bonds Drop as Government Calls for Time," *Financial Times*, March 24, 2020.
(50) G. Long and C. Smith, "Ecuador Reaches Deal to Postpone Debt Repayments Until August," *Financial Times*, April 17, 2020.
(51) G. Long, "Ecuador Takes Far-Reaching Measures to Save Economy," *Financial Times*, May 20, 2020.
(52) M. Stott, "Coronavirus Set to Push 29m Latin Americans into Poverty," *Financial Times*, April 27, 2020.
(53) "Peru Is Heading Towards a Dangerous New Populism," *Economist*, July 25, 2020.
(54) G. Long, "Venezuelan Migrants Face Tough Choices as Virus Spreads," *Financial Times*, April 23, 2020.
(55) Long, "Venezuelan Migrants Face Tough Choices as Virus Spreads."
(56) "Covid-19 Hastens Changes to Chile's Market-Led Economic Model," *Economist*, July 18, 2020.
(57) "Covid-19 Hastens Changes to Chile's Market-Led Economic Model." M. Stott and A. Schipani, "Fears Mount of a Fresh Latin American Debt Crisis," *Financial Times*, July 21, 2020.
(58) E. Martin, "IMF Builds a $107 Billion Safety Net Under Key Latin Economies," *Bloomberg*, June 19, 2020.
(59) M. B. Sheridan, "Mexico's Pandemic Policy: No Police. No Curfews. No Fines. No Regrets," *Washington Post*, January 26, 2021.
(60) S. Pérez and A. Harrup, "Mexico's Leftist President Becomes Fiscal Hawk in Midst of Pandemic," *Wall Street Journal*, December 2, 2020.
(61) O. Dyer, "Covid-19: Mexico Acknowledges 50,000 More Deaths Than Official Figures Show," *BMJ* 2020; 371: m4182.
(62) L. Nassif-Pires, L. Carvalho, and E. Rawet, "Multidimensional Inequality and Covid-19 in Brazil," *Levy Economics Institute of Bard College*, Public Policy Brief No. 153, September 2020.

(63) B. Harris and A. Schipani, "Virus Compounds Brazil's Prolonged Economic Slump," *Financial Times*, June 17, 2020.

(64) "Brazil Faces Hard Spending Choices in 2021," *Economist*, December 16, 2020.

(65) M. Viotti Beck and A. Rosati, "Brazil's Coronavirus Splurge Is Sparking a Rebellion in Markets," *Bloomberg*, October 27, 2020.

(66) B. Harris, "Brazil's Economy Rebounds in Third Quarter," *Financial Times*, December 3, 2020.

(67) ECLAC Special Report No. 5, "Addressing the Growing Impact of COVID-19 with a View to Reactivation with Equality: New Projections," July 15, 2020; repositorio.cepal.org/bitstream/handle/11362/45784/1/S2000470_en.pdf.

(68) C. Smith and G. Long, "Peru Joins Select Group of Nations Selling Century Bonds," *Financial Times*, November 23, 2020.

(69) M. Margolis, "Covid-19's Toll Will Rewrite Latin America's Future," *Bloomberg*, July 1, 2020.

(70) Stott, "Coronavirus Set to Push 29m Latin Americans Into Poverty."

(71) Pérez and A. Harrup, "Mexico's Leftist President Becomes Fiscal Hawk in Midst of Pandemic."

(72) M. Viotti Beck, "Brazil Economy Chief Vows Fiscal Control If Virus Hits Again," *Bloomberg*, November 10, 2020.

(73) Harris, "Brazil's Economy Rebounds in Third Quarter."

(74) M. Sergio Lima and C. Lucchesi, "Fraga Warns 'Combustible' Situation Brewing in Brazilian Markets," *Bloomberg*, October 15, 2020.

第9章：EUの復興基金

(1) R. J. Samuelson, "Opinion: Why Italy's Debt Matters for Everybody," *Washington Post*, May 24, 2020.

(2) M. Ashworth, "Italy's Debt Is Less Terrifying Than It Looks," *Bloomberg*, April 9, 2020.

(3) A. Tooze, *Crashed: How a Decade of Financial Crises Changed the World* (Viking, 2018) [アダム・トゥーズ著、江口泰子、月沢李歌子訳『暴落——金融危機は世界をどう変えたのか（上・下）』2020年3月／みすず書房]

(4) R. Olivares-Caminal, "The New EU Architecture to Avert a Sovereign Debt Crisis: EFSM, EFSF & ESM," October 2011; www.oecd.org/daf/fin/48887542.pdf.

(5) J. Detrixhe, "Europe's 'Doom Loop' of Government Debt Is Alive and Well," *Quartz*, May 13, 2020.

(6) "Financial Stability Review," *European Central Bank*, May 2020.

(7) Eurostat, "First Quarter of 2020 Compared with Fourth Quarter of 2019," ec.europa.eu/eurostat/documents/2995521/11129607/2-22072020-AP-EN.pdf/ab6cd4ff-ec57-d984-e85a-41a351df1ffd.

(8) L. van Middelaar, *Alarums and Excursions: Improvising Politics on the European Stage* (Agenda Publishing, 2019).

(9) ECB Press Conference March 12, 2020; www.ecb.europa.eu/press/pressconf/2020/html/ecb.is200312~f857a21b6c.en.html.

(10) J. Randow and P. Skolimowski, "Christine Lagarde's $810 Billion U-Turn Came in Just Four Weeks," *Bloomberg*, April 6, 2020.

(11) "Loose Lips Cost Ships: Lagarde's Language and Italy's EUR14 Billion Bill," *General Theorist*,

May 15, 2020; thegeneraltheorist.com/category/lagarde.

(12) "ECB Announces €750 Billion Pandemic Emergency Purchase Programme (PEPP)," press release, *European Central Bank*, March 18, 2020.

(13) F. Canepa and B. Koranyi, "Exclusive: ECB's Lagarde Overruled German and Dutch Resistance to 'No-Limits' Pledge—Sources," *Reuters*, March 19, 2020.

(14) D. Dombey, G. Chazan, and J. Brunsden, "Nine Eurozone Countries Issue Call for 'Coronabonds,'" *Financial Times*, March 15, 2020.

(15) D. M. Herszenhorn, J. Barigazzi, and R. Momtaz, "Virtual Summit, Real Acrimony: EU Leaders Clash Over 'Corona Bonds,'" *Politico*, March 27, 2020.

(16) M. Karnitschnig, "The Inconvenient Truth About Ursula von der Leyen," *Politico*, July 2, 2019. B. Judah, "The Rise of Mrs Europe," *Critic*, October 2020.

(17) マクロン大統領のインタビュー。"Macron: Coronavirus Is Europe's 'Moment of Truth,'" *Financial Times*, April 16, 2020; https://www.ft.com/video/96240572-7e35-4fcd-aecb-8f503d529354.

(18) N. de Boer and J. van 't Klooster, "The ECB, the Courts and the Issue of Democratic Legitimacy After Weiss," *Common Market Law Review* 57, no. 6 (2020): 1689–724.

(19) J. Collings, *Democracy's Guardians* (Oxford University Press, 2015).

(20) D. Grimm, "A Long Time Coming," *German Law Journal* 21, no. 5 (2020): 944–49.

(21) A. Tooze, "The Death of the Central Bank Myth," *Foreign Policy*, May 13, 2020.

(22) J. Goldstein, "A Gold Bug's Moment in the Political Sun," *Planet Money*, NPR, January 23, 2012. R. Paul, *End the Fed* (Grand Central Publishing, 2009). [ロン・ポール著、副島隆彦監訳・解説、佐藤研一朗訳『ロン・ポールの連邦準備銀行を廃止せよ』2012年7月／成甲書房] R. Sharma, "Will Bitcoin End the Dollar's Reign?" *Financial Times*, December 9, 2020. M. Stoller, "How the Federal Reserve Fights," *Naked Capitalism*, December 12, 2011.

(23) おもなふたつの事例は以下を参照。 www.positivemoney.eu/ 及び dezernatzukunft.org/en/category/monetarypolicy/.

(24) P. Tucker, *Unelected Power: The Quest for Legitimacy in Central Banking and the Regulatory State* (Princeton University Press, 2018).

(25) S. Kinkartz, "Corona-krise: Was haben die deutschen gegen Eurobonds?" *DW*, April 22, 2020.

(26) S. Klusmann, "Germany Must Abandon Its Rejection of Eurobonds," *Der Spiegel*, April 4, 2020.

(27) "Merkel: Keine Eurobonds, 'solange ich lebe,'" *Der Tagesspiegel*, June 26, 2012.

(28) B. Pancevski and L. Norman, "How Angela Merkel's Change of Heart Drove Historic EU Rescue Plan," *Wall Street Journal*, July 21, 2020.

(29) S. Amaro, "EU Unveils Plan to Borrow 750 Billion Euros to Aid Economic Recovery," *CNBC*, May 27, 2020.

(30) G. Chazan, S. Fleming, V. Mallet, and J. Brunsden, "Coronavirus Crisis Revives Franco-German Relations," *Financial Times*, April 13, 2020.

(31) A. Tooze, "It's a New Europe—If You Can Keep It," *Foreign Policy*, August 7, 2020.

(32) C. Pazzanese, "Angela Merkel, the Scientist Who Became a World Leader," *Harvard Gazette*, May 28, 2019.

(33) H. von der Burchard and E. Schaart, "Dutch Face Friendly Fire as Corona Bond Bad Cops," *Politico*, March 30, 2020.

(34) "EU 'Frugals' Formally Oppose Merkel-Macron Plan for Coronavirus Grants," *CNBC*, May 23, 2020.

(35) D. Herszenhorn, L. Bayer, and R. Momtaz, "The Coronavirus Plan That von der Leyen built," *Politico*, July 15, 2020.

(36) D. Herszenhorn and L. Bayer, "EU Leaders Agree on €1.82T Budget and Coronavirus Package," *Politico*, July 21, 2020.

(37) EU Commission, Recovery and Resilience Facility, ec.europa.eu/info/business-economy-euro/recovery-coronavirus/recovery-and-resilience-facility_en.

(38) European Council Conclusions July 17–21, 2020; www.consilium.europa.eu/en/press/press-releases/2020/07/21/european-council-conclusions-17-21-july-2020. G. Claeys and S. Tagliapietra, "Is the EU Council Agreement Aligned with the Green Deal Ambitions?" *Bruegel Blog*, July 23, 2020.

(39) L. Guttenberg, J. Hemker, and S. Tordoir, "Everything Will Be Different: How the Pandemic Is Changing EU Economic Governance," *Hertie School, Jacques Delors Centre*, February 11, 2021.

(40) O. Konotey-Ahulu and J. Ainger, "Big Bond Traders Double Down on Their Bet on Europe," *Bloomberg*, August 4, 2020.

(41) O. Konotey-Ahulu and N. Jagadeesh, "Euro Skeptics Are Now Believers and It's Driving Markets Higher," *Bloomberg*, July 24, 2020.

(42) Z. Darvas, "Next Generation EU Payments Across Countries and Years," *Bruegel Blog*, November 12, 2020.

(43) A. Consiglio and S. Zenios, "Growth Uncertainty, European Central Bank Intervention and the Italian Debt," *Bruegel Blog*, October 28, 2020.

(44) M. Huertas, H. Schelling, and C. von Berg, "Resolving Karlsruhe—What's Happened Since?" *JD Supra*, July 7, 2020.

(45) K. Hempel, "Anleihekäufe erneut Thema in Karlsruhe," *Tagesschau*, May 8, 2020. C. Siedenbiedel, "Ultimatum abgelaufen—die EZB scheint aus dem Schneider," *Frankfurter Allgemeine Zeitung*, May 8, 2020.

(46) E. Lonergan, "European Central Bank Has One Item Left in Its Toolkit: Dual Rates," *Financial Times*, January 1, 2020.

(47) J. Sindreu, "In Europe, Monetary Policy Is All About Giving Banks Free Money," *Wall Street Journal*, December 10, 2020.

(48) www.ecb.europa.eu/press/key/date/2021/html/ecb.sp210325~e424a7f6cf.en.html.

(49) L. Alderman, "Lagarde Vows to Put Climate Change on the E.C.B.'s Agenda," *New York Times*, September 4, 2019.

(50) "Christine Lagarde Meets with Positive Money Europe," *Positive Money Europe*, December 4, 2019. M. Arnold, "ECB to Consider Using Climate Risk to Steer Bond Purchases," *Financial Times*, October 14, 2020.

(51) C. Look, "Lagarde Says ECB Needs to Question Market Neutrality on Climate," *Bloomberg*, October 14, 2020.

(52) K. Oroschakoff and K. Mathiesen, "How the EU's Green Deal Survived the Coronavirus Pandemic," *Politico*, December 17, 2020.

(53) 2020年に起きた自然災害については、以下のツイッターがよく説明している。 twitter.com/70sBachchan.

(54) A. Thompson, "A Running List of Record-Breaking Natural Disasters in 2020," *Scientific*

American, December 22, 2020.
(55) T. Fuller, "Coronavirus Limits California's Efforts to Fight Fires with Prison Labor," *New York Times*, August 22, 2020.
(56) J. Poushter and C. Huang, "Despite Pandemic, Many Europeans Still See Climate Change as Greatest Threat to Their Countries," *Pew Research Center*, September 9, 2020.
(57) A. Tooze, "The Fierce Urgency of COP26," *Social Europe*, January 20, 2020.
(58) European Commission, Regulation of the European Parliament and of the Council establishing the framework for achieving climate neutrality, eur-lex.europa.eu/legal-content/EN/TXT/?uri=CELEX:52020PC0080.
(59) C. Farand, "Poland Bails Out Coal, Yet Wins Access to EU Climate Funds," *Climate Change News*, July 21, 2020.
(60) M. Karnitschnig, D. M. Herszenhorn, J. Barigazzi, and A. Gray, "Merkel Rebuffs Trump Invitation to G7 Summit," *Politico*, May 29, 2020.
(61) "VW to Put $17.5bn into China's Electric Cars," *Asia Times*, September 28, 2020.
(62) C. Early, "The EU Can Expect Heavy Pushback on Its Carbon Border Tax," *China Dialogue*, September 1, 2020. "Commission Launches Public Consultations on Energy Taxation and a Carbon Border Adjustment Mechanism," *European Commission*, July 23, 2020.
(63) D. Sheppard, "Price of Polluting in EU Rises as Carbon Price Hits Record High," *Financial Times*, December 11, 2020.
(64) "China Eyes Launch of National Emissions Trade Scheme Within Five Years," *Reuters*, October 28, 2020. H. Slater, "Despite Headwinds, China Prepares for World's Largest Carbon Market," *Lowy Institute*, May 5, 2020. ec.europa.eu/clima/policies/ets/markets_en. K. Appunn, "Emission Reduction Panacea or Recipe for Trade War? The EU's Carbon Border Tax Debate," *Clean Energy Wire*, November 30, 2020. E. Krukowska and J. Shankleman, "Carbon Border Tax: Europe May Not Need a Climate Levy as Biden Targets Pollution," *Bloomberg*, November 16, 2020.
(65) F. Simon, "MEP Canfin: EU's Carbon Border Adjustment Mechanism 'Is Not a Tax,'" *Euractiv*, December 17, 2020.

第10章：勢いを増す中国

(1) "U.S.-China Joint Presidential Statement on Climate Change," September 25, 2015; obamawhitehouse.archives.gov/the-press-office/2015/09/25/us-china-joint-presidential-statement-climate-change.
(2) Remarks by President Trump to the 75th Session of the United Nations General Assembly, September 22, 2020; it.usembassy.gov/remarks-by-president-trump-to-the-75th-session-of-the-united-nations-general-assembly-september-22-2020.
(3) "Statement by H.E. Xi Jinping President of the People's Republic of China at the General Debate of the 75th Session of the United Nations General Assembly," September 22, 2020; www.fmprc.gov.cn/mfa_eng/zxxx_662805/t1817098.shtml.
(4) "The Secret Origins of China's 40-Year Plan to End Carbon Emissions," *Bloomberg Green*, November 22, 2020.
(5) A. Weeden and S. Yang, "China's Carbon Neutral by 2060 Pledge Has Wowed Some, but Where Is the Detail?" *ABC News*, September 24, 2020.

(6) H. Spross, "China: An Unpopular Winner in the Year of the Coronavirus," *DW*, October 27, 2020.
(7) T. Nordhaus and S. Wang, "China Breaks Decades of Climate Gridlock," *Foreign Policy*, January 11, 2021.
(8) J. McCurry, "South Korea Vows to Go Carbon Neutral by 2050 to Fight Climate Emergency," *Guardian*, October 28, 2020.
(9) L. Silver, K. Devlin, and C. Huang, "Unfavorable Views of China Reach Historic Highs in Many Countries," *Pew Research Center*, October 6, 2020.
(10) S. L. Myers, K. Bradsher, S.-L. Wee, and C. Buckley, "Power, Patriotism and 1.4 Billion People: How China Beat the Virus and Roared Back," *New York Times*, February 5, 2021.
(11) M. Wilson, "The Untold Origin Story of the N95 Mask," *Fast Company*, March 24, 2020.
(12) K. Bradsher and L. Alderman, "The World Needs Masks. China Makes Them, but Has Been Hoarding Them," *New York Times*, March 13, 2020.
(13) H. Mowbray, "Trending in China: Wholesale Mask Prices Fall Over 90% and Raw Materials Fall to Fraction of Peak Price," *CX Tech*, July 15, 2020.
(14) D. Stojanovic, "China's 'Mask Diplomacy' Wins Support in Eastern Europe," *AP News*, April 14, 2020.
(15) A. Lo, "Beijing Loses Face with 'Face-Mask Diplomacy,'" *South China Morning Post*, April 23, 2020.
(16) A. Frachon, "Dissecting China's Failed Experiment at Face Mask Diplomacy," *Worldcrunch*, April 7, 2020. L. Jacinto, "Can the Unmasking of China's Covid-19 'Mask Diplomacy' Stem Beijing's Global Power Grab?" *France 24*, January 5, 2020.
(17) S. Denyer, "Japan Pays 87 Companies to Break from China After Pandemic Exposed Overreliance," *Washington Post*, July 21, 2020.
(18) R. Baldwin and S. Evenett, "COVID-19 and Trade Policy: Why Turning Inward Won't Work," *VoxEU*, April 29, 2020.
(19) A. Beattie, "Coronavirus-Induced 'Reshoring' Is Not Happening," *Financial Times*, September 30, 2020.
(20) "Is a Wave of Supply-Chain Reshoring Around the Corner," *Economist*, December 16, 2020.
(21) Vyacheslav Polovinko, "Russia Feeds China," *Novaya Gazeta*, March 27, 2020.
(22) H. Le Thu, "Vietnam: A Successful Battle Against the Virus," Council on Foreign Relations, April 30, 2020.
(23) L. Schlein, "UN Begins Airlift to Help Africa Fight Coronavirus," *Voice of America*, April 14, 2020.
(24) C. Sanborn, "Latin America and China in Times of COVID-19," *Wilson Center*, 2020.
(25) M. Paarlberg, "China Was Already Winning over the US's Neighbors. Trump's COVID-19 Response Just Makes Beijing's Job Easier," *Business Insider*, August 27, 2020.
(26) G. Wu, "Continuous Purges: Xi's Control of the Public Security Apparatus and the Changing Dynamics of CCP Elite Politics," *China Leadership Monitor*, December 1, 2020.
(27) "Ant Group Announces Plans to List in Shanghai and Hong Kong," *Economist*, July 25, 2020.
(28) N. Somasundaram and N. Sun, "China Inc.'s Role in Hong Kong Grows After Security Law," *Nikkei Asia*, November 18, 2020.
(29) "Government Should Increase Recurrent Expenditure by HK$36.7B," *Oxfam*, September 25,

2018; www.oxfam.org.hk/en/news-and-publication/inequality-alarming-as-city-s-richest-earn-44-times-more-than-poorest.
(30) P. Ngai, "Reflecting on Hong Kong Protests in 2019–2020," *HAU: Journal of Ethnographic Theory* 10, no. 2 (Autumn 2020). "The Turmoil in Hong Kong Stems in Part from Its Unaffordable Housing," *Economist*, August 24, 2019.
(31) S. Tiezzi, "Hong Kong's Elections Were Already Rigged. Now They Won't Happen," *Diplomat*, August 1, 2020.
(32) "Why Business in Hong Kong Should Be Worried," *Economist*, July 18, 2020.
(33) "Nathan Law Says the Battle Is Not Over in Hong Kong," *Economist*, November 17, 2020.
(34) "Leaving in Despair—Hong Kong's Legislature Has Been Stripped of a Vocal Opposition," *Economist*, November 12, 2020.
(35) "Why Business in Hong Kong Should Be Worried," *Economist*.
(36) P. Riordan, "Hong Kong's Bourse Reaps Benefits of China Homecomings," *Financial Times*, July 7, 2020.
(37) H. Lockett, "Chinese Investors Flood Hong Kong's Bruised Stock Market with Cash," *Financial Times*, January 12, 2021.
(38) P. Riordan, "HSBC and StanChart Publicly Back China's Hong Kong Security Law," *Financial Times*, June 3, 2020.
(39) T. Kihara, "Hong Kong Tilts Further Toward Beijing with Carrie Lam's Trip," *Nikkei*, November 7, 2020. [「香港、強まる『一国』傾斜——行政長官、経済支援求め北京訪問」2020年11月7日/日本経済新聞]
(40) T. Summers, "China's Greater Bay Area Has Real Economic Power," *Chatham House*, September 20, 2018.
(41) "Xi Jinping Is Trying to Remake the Chinese Economy," *Economist*, August 15, 2020.
(42) "China Rises to Top Engine of Global Economic Growth in 70 Years," *Xinhua*, August 29, 2020.
(43) Jingshan Report, 2020, "Release China's New Advantage of the Super-Large Market"; new.cf40.org.cn/uploads/2020_Jingshan_Report.pdf.
(44) J. Garber, "Ray Dalio on China: 'This Ain't Your Grandfather's Communism,'" *Fox Business*, January 22, 2020.
(45) "Bridgewater's Dalio Supports Ant IPO Suspension, Bullish on China," *Reuters*, November 11, 2020.
(46) R. Kapadia, "The Biggest Investment Opportunity for Americans Is China, Bridgewater's Karen Karniol-Tambour Says," *Barron's*, December 4, 2020.
(47) "Is Wall Street Winning in China?" *Economist*, September 5, 2020.
(48) L. Wei, B. Davis, and D. Lim, "China Has One Powerful Friend Left in the U.S.: Wall Street," *Wall Street Journal*, December 2, 2020.
(49) G. Wilson, "China's Digital Currency Is a Game Changer (Part 1)," *Money: Inside and Out*, January 3, 2021.
(50) A. Galbraith, "Explainer: Foreign Access to China's $16 Trillion Bond Market," *Reuters*, September 23, 2020.
(51) Y. Hairong, Z. Yuzhe, and D. Jia, "In Depth: Should China's Central Bank Buy Treasury Bonds?," *Caixin*, May 25, 2020.

(52) "China's Economists Debate Deficit Monetization," *Economist*, May 30, 2020.
(53) "China's Economists Debate Deficit Monetization."
(54) "China's Economists Debate Deficit Monetization."
(55) "China's Rulers Will Pay a High Price for Repression in Hong Kong," *Economist*, August 22, 2020.
(56) J. Miller, "Daimler Chief Hails 'V-Shaped' Recovery in China Car Sales," *Financial Times*, December 3, 2020.
(57) A. Pandey, "Auto China 2020: German Carmakers Look to Switch Gears," *DW*, September 25, 2020.
(58) X. Yu, F. Yoon, and J. Yang, "When Oil Prices Went Negative, Investors in China Took a Hit," *Wall Street Journal*, April 23, 2020.
(59) H. Sanderson, "China Aims for More Sway over Copper Prices with Future Launch," *Financial Times*, November 18, 2020.
(60) S. Sundria, G. Freitas Jr., and R. Graham, "China to Take Oil-Refining Crown Held by U.S. Since 19th Century," *Bloomberg*, November 21, 2020.
(61) S. Shehadi, "BASF's $10bn China Plant Followed 'Market Logic Not Trade War,'" *FDI Intelligence*, January 8, 2019. J. Zhu, "BASF Kicks Off China Megaproject," *FDI Intelligence*, December 16, 2019.
(62) Silver, Devlin, and Huang, "Unfavorable Views of China Reach Historic Highs in Many Countries."
(63) M. Landler, *Alter Egos: Hillary Clinton, Barack Obama, and the Twilight Struggle Over American Power* (Random House, 2016).
(64) D. Palmer, "Clinton Raved About Trans-Pacific Partnership Before She Rejected It," *Politico*, October 8, 2016.
(65) S. Baliño, "With RCEP Agreement Signed, Eyes Turn to Interactions Among Trade Deals in the Asia-Pacific Region," *IISD*, November 25, 2020; sdg.iisd.org/commentary/policy-briefs/with-rcep-agreement-signed-eyes-turn-to-interactions-among-trade-deals-in-the-asia-pacific-region/.
(66) M. Ryan, "China-Australia Clash: How It Started and How It's Going," *Nikkei Asia*, December 9, 2020.
(67) J. Varano, "Most Read of 2020: The State of Victoria and China's Belt and Road Initiative: Where Does It Leave Victorians?" *Australian Institute of International Affairs*, January 6, 2021.
(68) P. Ranald, "We've Just Signed the World's Biggest Trade Deal, but What Exactly Is the RCEP?," *The Conversation*, November 16, 2020.
(69) R. Intan, "What RCEP Can Tell Us About Geopolitics in Asia," *The Interpreter*, December 1, 2020.
(70) N. Blarel, "Rising India: Status and Power," *International Affairs* 95, no. 4 (2019): 957–58.
(71) M. Goswani, *Producing India: From Colonial Economy to National Space* (University of Chicago Press, 2004).
(72) C. Jaffrelot, "From Slowdown to Lockdown, India's Economy and the COVID-19 Shock," *Institut Montaigne*, June 11, 2020.
(73) S. Gupta and S. Ganguly, "Why India Refused to Join the RCEP, the World's Biggest Trading

Bloc," *Foreign Policy*, November 23, 2020. S. Chatterjee, "India's Inward (Re) Turn: Is It Warranted? Will It Work?" *Ashoka Centre for Economic Policy*, October 2020.
(74) S. Singh, "Why China Is Winning Against India," *Foreign Policy*, January 1, 2021.
(75) M. Billah, "Is Bangladesh Growing Closer to China at the Expense of Its Relations with India?," *The Diplomat*, September 23, 2020.
(76) C. R. Mohan, "India's Growing Strategic and Economic Interests in the Quad," December 1, 2020; valdaiclub.com/a/highlights/india-s-growing-strategic-and-economic-interests.
(77) "China to Overtake US as Largest Global Economy by 2028: Report," *DW*, December 26, 2020; p.dw.com/p/3nE83.
(78) L. Summers, "Can Anything Hold Back China's Economy?," December 5, 2018; larrysummers.com/2018/12/05/can-anything-hold-back-chinas-economy.
(79) United States Strategic Approach to the People's Republic of China, May 20, 2020; www.defense.gov/Newsroom/Releases/Release/Article/2193725/united-states-strategic-approach-to-the-peoples-republic-of-china.
(80) C. Bown, "How Trump's Export Curbs on Semiconductors and Equipment Hurt the US Technology Sector," Peterson Institute for International Economics, September 28, 2020; www.piie.com/blogs/trade-and-investment-policy-watch/how-trumps-export-curbs-semiconductors-and-equipment-hurt-us.
(81) A. Kharpal, "U.S. Sanctions on Chipmaker SMIC Hit at the Very Heart of China's Tech Ambitions," *CNBC*, September 28, 2020.
(82) C. Bown, "How the United States Marched the Semiconductor Industry into Its Trade War with China," Peterson Institute for International Economics, December 2020; www.piie.com/sites/default/files/documents/wp20-16.pdf.
(83) Bown, "How Trump's Export Curbs on Semiconductors and Equipment Hurt the US Technology Sector."
(84) J. Crabtree, "China's Radical New Vision of Globalization," *Noema*, December 10, 2020.
(85) "China's Got a New Plan to Overtake the U.S. in Tech," *Bloomberg*, May 20, 2020.
(86) www.federalregister.gov/documents/2020/12/22/2020-28031/addition-of-entities-to-the-entity-list-revision-of-entry-on-the-entity-list-and-removal-of-entities.
(87) "Britain Lets Huawei into Part of Its 5G Networks," *Economist*, April 24, 2019.
(88) A. Timsit, "The UK Will Ban Huawei from Its 5G Network Earlier Than Expected," *Quartz*, November 27, 2020.
(89) W. Boston and S. Woo, "Huawei Gets Conditional Green Light in Germany as Government Approves Security Bill," *Wall Street Journal*, December 16, 2020.
(90) K. Bennhold and J. Ewing, "In Huawei Battle, China Threatens Germany 'Where It Hurts': Automakers," *New York Times*, January 16, 2020.
(91) United States Strategic Approach to the People's Republic of China, May 20, 2020.

第11章：アメリカ国内の危機

(1) K. Bennhold, "Germany's Coronavirus Protests Anti-Vaxxers, Anticapitalists, Neo-Nazis," *New York Times*, May 18, 2020. "Protests Against Coronavirus Lockdown Measures Spread in the UK and Across Europe," *ABC News*, May 16, 2020. W. Callison and Q. Slobodian, "Coronapolitics from the Reichstag to the Capitol," *Boston Review*, January 12, 2021.

(2) A. Abad-Santos, "How Hair Became a Culture War in Quarantine," *Vox*, June 10, 2020.
(3) L. Graves, "Who's Behind the 'Reopen' Protests?" *New York Times*, April 22, 2020.
(4) E. Levitz, "Is This What a Recovery Looks Like?," *Intelligencer*, June 6, 2020.
(5) L. Buchanan, Q. Bui, and J. K. Patel, "Black Lives Matter May Be the Largest Movement in U.S. History," *New York Times*, July 3, 2020.
(6) T. McErney, "Jamie Dimon Drops Into Mt. Kisco Chase Branch, Takes a Knee with Staff," *New York Post*, June 5, 2020.
(7) "Serious Help May Be on the Way for America's Black Entrepreneurs," *Economist*, December 10, 2020.
(8) E. Levitz, "Corporate America Loves Increasing Racial Inequality," *Intelligencer*, June 16, 2020.
(9) L. Seligman, "Esper Orders Hundreds of Troops from 82nd Airborne Home from D.C. Area," *Politico*, June 4, 2020.
(10) A. Nally, "The Curfews in Place in US Cities and States After the Death of Black Man George Floyd," *ABC News*, June 2, 2020.
(11) F. Finchelstein, "Trump's Mount Rushmore Speech Is the Closest He's Come to Fascism," *Foreign Policy*, July 8, 2020.
(12) D. Choi, "G7 Countries Fail to Deliver a Joint Statement Because US Insists on Saying 'Wuhan Virus' for the Coronavirus," *Insider*, March 25, 2020.
(13) D. J. Lynch and E. Rauhala, "Trump Says U.S. to Withdraw from World Health Organization and Announces New Broadsides Against Beijing," *Washington Post*, May 29, 2020.
(14) G. Schmitt, "Pompeo's China Speech at Odds with Trump's 'America First' Foreign Policy," *The Hill*, July 25, 2020.
(15) L. Green, "America's Top Cop Is a Rightwing Culture Warrior Who Hates Disorder. What Could Go Wrong?," *Guardian*, June 6, 2020.
(16) T. Czuczka, "Barr Says U.S. Businesses 'Part of Problem' in Battling China," *Bloomberg*, June 21, 2020.
(17) AG William Barr China Policy Speech Transcript, July 16, 2020; www.rev.com/blog/transcripts/ag-william-barr-china-policy-speech-transcript-july-16.
(18) A. Viswanatha and W. Maudlin, "Barr Warns Company Executives on Pushing Policies at Behest of China," *Wall Street Journal*, July 16, 2020.
(19) E. Green, "Josh Hawley's Vision for the Post-Trump GOP," *Atlantic*, November 24, 2019.
(20) E. Levitz, "The GOP Coalition Is Getting More Working-Class. Its Agenda Isn't," *Intelligencer*, July 18, 2020.
(21) Levitz, "The GOP Coalition Is Getting More Working-Class. Its Agenda Isn't."
(22) E. Levitz, "On Night Two, the RNC Went on Offense Against Reality," *Intelligencer*, August 26, 2020.
(23) K. Rogers, "Trump Says Jobs Report Made It a 'Great Day' for George Floyd, Stepping on Message," *New York Times*, June 5, 2020.
(24) E. Levitz, "White House: Stocks Are Plunging Because Jerome Powell Doesn't Smile," *Intelligencer*, June 11, 2020.
(25) J. Valentino-DeVries, E. Koeze, and S. Maheshwari, "Virus Alters Where People Open Their Wallets, Hinting at a Halting Recovery," *New York Times*, August 18, 2020.

(26) S. Hansen, "Business Leaders Urge Congress to Send $1 Trillion in Relief to States and Local Governments," *Forbes*, May 19, 2020.
(27) E. Werner, "House Democrats Pass $3 Trillion Coronavirus Relief Bill Despite Trump's Veto Threat," *Washington Post*, May 15, 2020.
(28) E. Levitz, "GOP Hopes to Revive Economy by Making Life Harder for Unemployed," *Intelligencer*, July 1, 2020.
(29) E. Levitz, "The GOP's Procrastination on COVID Relief Is Inexcusable," *Intelligencer*, July 25, 2020.
(30) "The Fiction of Mitch McConnell's 'Blue State Bailout,'" *Chicago Sun-Times*, April 27, 2020.
(31) E. Levitz, "Send Money to the States Already," *Intelligencer*, June 18, 2020.
(32) E. Levitz, "Trump Calls for Limiting COVID Relief to Less Needy," *Intelligencer*, July 16, 2020.
(33) E. Levitz, "Trump and the GOP Establishment Are Falling Out of Love," *Intelligencer*, August 1, 2020.
(34) C. Arnold, "Why the CDC Eviction Ban Isn't Really a Ban: 'I Have Nowhere to Go,'" *The Coronavirus Crisis*, NPR, December 20, 2020.
(35) E. Levitz, "3 Reasons Pelosi Should Take Trump's $1.8 Trillion Stimulus Deal," *Intelligencer*, October 13, 2020.
(36) FRBパウエル議長の演説。"New Economic Challenges and the Fed's Monetary Policy Review," *Board of Governors of the Federal Reserve*, August 27, 2020.
(37) J. Dizard, "Don't Bet on the Silver Boom," *Financial Times*, July 3, 2020.
(38) S. Detrow, "Democratic Task Forces Deliver Biden a Blueprint for a Progressive Presidency," *Morning Edition*, NPR, July 8, 2020.
(39) P. Stevens, "Exxon Mobil Replaced by a Software Stock After 92 Years in the Dow Is a 'Sign of the Times,'" *CNBC*, August 8, 2020.
(40) A. I. Abramowitz, *The Great Alignment: Race, Party Transformation, and the Rise of Donald Trump* (Yale University Press, 2018).
(41) A. Van Dam and H. Long, "Biden Won Places That Are Thriving. Trump Won Ones That Are Hurting," *Washington Post*, November 15, 2020.
(42) M. Muro, E. Byerly Duke, Y. You, and R. Maxim, "Biden-Voting Counties Equal 70% of America's Economy. What Does This Mean for the Nation's Political-Economic Divide?" *Brookings*, November 10, 2020.
(43) A. Zitner and D. Chinni, "How the 2020 Election Deepened America's White-Collar/Blue-Collar Split," *Wall Street Journal*, November 24, 2020.
(44) *Axios*, "Off the Rails" Series; www.axios.com/off-the-rails-episodes-cf6da824-83ac-45a6-a33c-ed8b00094e39.html.
(45) E. Kilgore, "Wisconsin Supreme Court Was Close to Flipping State to Trump," *Intelligencer*, December 15, 2020.
(46) K. Wehle, "No, Flynn's Martial Law Plot Isn't Sedition. But It's Not Necessarily Legal Either," *Politico*, December 24, 2020.
(47) E. Luce, "The Audacity of America's Oligarchy," *Financial Times*, January 31, 2019.
(48) E. Levitz, "Biden 2020: Change That Wall Street Liberals Can Believe In?," *Intelligencer*, September 8, 2020.
(49) J. Epstein, "Biden Tells Elite Donors He Doesn't Want to 'Demonize' the Rich," *Bloomberg*,

June 18, 2019.
(50) A. Edgecliffe-Johnson, "US Business Leaders Warn of Disruption in Event of Disputed Election," *Financial Times*, October 14, 2020.
(51) A. Edgecliffe-Johnson, "US Business Lobby Groups for Patience over Election Result," *Financial Times*, October 27, 2020.
(52) C. Cutter, "Expensify CEO Urges Customers to Vote Against Trump," *Wall Street Journal*, October 23, 2020.
(53) A. Edgecliffe-Johnson and M. Vandevelve, "Stephen Schwarzman Defended Donald Trump at CEO Meeting on Election Results," *Financial Times*, November 14, 2020.
(54) A. Edgecliffe-Johnson, "US Business Leaders Press Donald Trump to Start Transition to Joe Biden," *Financial Times*, November 23, 2020.
(55) M. Wayland and L. Kolodny, "Tesla's Market Cap Tops the 9 Largest Automakers Combined — Experts Disagree About if That Can Last," *CNBC*, December 14, 2020.
(56) T. Frankel, B. Martin, A. Van Dam, and A. Fowers, "A Growing Number of Americans Are Growing Hungry," *Washington Post*, November 25, 2020.
(57) M. Alonso and S. Cullinane, "Thousands of Cars Form Lines to Collect Food in Texas," *CNN*, November 16, 2020.
(58) L. Reiley and G. Jaffe, "A $4.5 Billion Trump Food Program Is Running Out of Money Early, Leaving Families Hungry and Food Assistance Charities Scrambling," *Washington Post*, December 8, 2020.
(59) A. Bhattarai and H. Denham, "Stealing to Survive: More Americans Are Shoplifting Food as Aid Runs Out During the Pandemic," *Washington Post*, December 10, 2020.

第12章：ワクチンの開発競争

(1) P. A. David, "The Dynamo and the Computer: An Historical Perspective on the Modern Productivity Paradox," *American Economic Review* 80, no. 2 (1990): 355–61.
(2) R. Solow, "We'd Better Watch Out," *New York Times Book Review*, July 12, 1987, 36.
(3) L. Light, "Good Vaccine News Has Immediate Impact on the Stock Market," *Chief Investment Officer*, September 2, 2020.
(4) A. Scaggs, "High-Yield Bonds Are Surging While Treasuries Slump on Vaccine News," *Barron's*, November 2, 2020. G. Campbell and J. Turner, "How Has the News of a Vaccine Affected World Stock Markets?," *Economics Observatory*, November 13, 2020.
(5) M. Mazzucato, *The Entrepreneurial State: Debunking Public vs. Private Sector Myths* (PublicAffairs, 2015).［マリアナ・マッツカート著、大村昭人訳『企業家としての国家――イノベーション力で官は民に劣るという神話』2015年9月／薬事日報社］
(6) "Triumph of Science Is Cause for Festive Cheer," *Financial Times*, December 24, 2020.
(7) "The Cost of Sequencing a Human Genome," *National Human Genome Research Institute*, December 7, 2020.
(8) H. Moses III, D. Matheson, and S. Cairns-Smith, et al., "The Anatomy of Medical Research: US and International Comparisons," *JAMA* 313, no. 2 (2015): 174–89.
(9) A. S. Rutschman, "The Vaccine Race in the 21st Century," *Arizona Law Review* 61, no. 4 (2019): 729.
(10) T. Bollyky and C. Bown, "Vaccine Nationalism Will Prolong the Pandemic," *Foreign Affairs*,

December 29, 2020.
(11) E. Silverman, "Funds Join Campaign to Pressure Pharma to Disclose Trial Data," *Wall Street Journal*, July 22, 2015.
(12) "Institutional Investors Tell Big Pharma to Cooperate on Coronavirus," *Reuters*, April 7, 2020.
(13) R. Brugha, M. Starling, and G. Walt, "GAVI, the First Steps: Lessons for the Global Fund," *Lancet* 359, no. 9304 (2002): 435–38.
(14) R. G. Douglas and V. B. Samant, "The Vaccine Industry," in *Plotkin's Vaccines* (Elsevier, 2018).
(15) M. Balachandran, "Serum Institute: How an Indian Horse Breeder Built Asia's Largest Vaccine Company," *Quartz India*, September 22, 2015.
(16) S. H. E. Kaufmann, "Highly Affordable Vaccines Are Critical for Our Continued Efforts to Reduce Global Childhood Mortality," *Human Vaccines & Immunotherapeutics* 15, no. 11(2019): 2660–65.
(17) "CEPI Survey Assesses Potential COVID-19 Vaccine Manufacturing Capacity," *CEPI*, August 5, 2020.
(18) B. Hunneycut, N. Lurie, S. Rotenberg, et al., "Finding Equipoise: CEPI Revises Its Equitable Access Policy," *Science Direct*, February 24, 2020.
(19) I. Sample, "The Great Project: How Covid Changed Science Forever," *Guardian*, December 15, 2020.
(20) A. Bastani, "The Rapid Development of Covid Vaccines Shows How Healthcare Will Completely Change. But Who Will Benefit?," Novara Media, December 28, 2020.
(21) D. Wallace-Wells, "We Had the Vaccine the Whole Time," *Intelligencer*, December 7, 2020.
(22) Sample, "The Great Project: How Covid Changed Science Forever." C. Zimmer, J. Corum, and S-L. Wee, "Covid-19 Vaccine Tracker Updates: The Latest," *New York Times*, January 30, 2020.
(23) H. Else, "How a Torrent of COVID Science Changed Research Publishing—in Seven Charts," *Nature*, December 16, 2020.
(24) M. Wadman, *The Vaccine Race: Science, Politics, and the Human Costs of Defeating Disease* (Penguin, 2017). [メレディス・ワッドマン著、佐藤由樹子訳『ワクチン・レース——ウイルス感染症と戦った科学者、政治家、そして犠牲者たち』2020年10月／羊土社] Rutschman, "The Vaccine Race in the 21st Century."
(25) S. Ratto-Kim, I-K. Yoon, R. M. Paris, et al., "The US Military Commitment to Vaccine Development: A Century of Successes and Challenges," *Frontiers in Immunology*, June 21, 2018; doi.org/10.3389/fimmu.2018.01397.
(26) P. Mason, "Alexandria Ocasio-Cortez's Green New Deal Is Radical but It Needs to Be Credible Too," *New Statesman*, February 13, 2019.
(27) S. LaFraniere, K. Thomas, N. Weiland, D. Gelles, S. G. Stolberg, and D. Grady, "Politics, Science and the Remarkable Race for a Coronavirus Vaccine," *New York Times*, November 21, 2020.
(28) D. Diamond, "The Crash Landing of 'Operation Warp Speed,'" *Politico*, January 17, 2021.
(29) LaFraniere et al., "Politics, Science and the Remarkable Race for a Coronavirus Vaccine."
(30) B. Pancevski, "Germany Boosts Investment in Covid-19 Vaccine Research," *Wall Street Journal*, September 15, 2020.
(31) "Germany: Investment Plan for Europe—EIB to Provide BioNTech with Up to €100 Million

in Debt Financing for COVID-19 Vaccine Development and Manufacturing," *European Investment Bank*, June 11, 2020.

(32) LaFraniere et al., "Politics, Science and the Remarkable Race for a Coronavirus Vaccine."

(33) L. Facher, "Amid Broad Mistrust of FDA and Trump Administration, Drug Companies Seek to Reassure Public About Covid-19 Vaccine Safety," *Stat*, September 8, 2020.

(34) M. Herper, "No News on Pfizer's Covid-19 Vaccine Is Good News—and Bad News," *Stat*, October 27, 2020.

(35) D. Wallace-Wells, "We Had the Vaccine the Whole Time," *Intelligencer*, December 7, 2020.

(36) J. Cohen and K. Kupferschmidt, "As Vaccines Emerge, a Global Waiting Game Begins," *Science* 370, no. 6523 (2020): 1385–87.

(37) R. Jalabi, R. Woo, and A. Shalal, "G20 Leaders Seek to Help Poorest Nations in Post-COVID World," *Reuters*, November 20, 2020.

(38) "More Than 150 Countries Engaged in COVID-19 Vaccine Global Access Facility," *World Health Organization*, July 15, 2020.

(39) J. H. Tanne, "Covid-19: US Will Not Join WHO in Developing Vaccine," *BMJ* 370 (20202): m3396.

(40) Jalabi, Woo, and Shalal, "G20 Leaders Seek to Help Poorest Nations in Post-COVID World." A. Mullard, "How COVID Vaccines Are Being Divvied Up Around the World," *Nature*, November 30, 2020. Cohen and K. Kupferschmidt, "As Vaccines Emerge, a Global Waiting Game Begins." H. Dempsey and T. Wilson, "WHO Head Warns of Global 'Moral Failure' on Vaccines," *Financial Times*, January 18, 2021.

(41) M. Peel and A. Jack, "Cost of Vaccinating Billions Against Covid-19 Put at More Than $20bn," *Financial Times*, May 3, 2020.

(42) "Where Do Covid-19 Vaccine Stocks Go from Here?" *Wall Street Journal*; www.wsj.com/graphics/covid19-vaccine-stocks.

(43) "$9 Trillion: The Potential Income Boost from Coronavirus Vaccine," *Al Jazeera*, October 16, 2020.

(44) S. Nebehay and E. Farge, "New Kinds of Loans and Bonds Could Fill $28 Billion COVID Funding Gap," *Reuters*, December 15, 2020. F. Guarascio, "Exclusive—WHO Vaccine Scheme Risks Failure, Leaving Poor Countries with No COVID Shots Until 2024," *Reuters*, December 16, 2020.

(45) H. Kuchler, J. Miller, and K. Stacey, "US Offers to Help Increase Production of Pfizer/BioNTech Covid Vaccine," *Financial Times*, December 11, 2020.

(46) A. Acharya and S. Reddy, "It's Time to Use Eminent Domain on the Coronavirus Vaccines," *Foreign Policy*, December 29, 2020.

(47) A. Beattie, "The Struggle to Defuse the Global Vaccine Conflict," *Financial Times*, January 28, 2020.

(48) A. Beattie, "Impending Row over Covid Vaccine Patents at WHO," *Financial Times*, October 8, 2020. "Pfizer and Moderna Vaccines Can Only Be Scaled Up Globally if Many More Suppliers Can Produce," *ReliefWeb*, December 8, 2020. M. Rathod and K. Barot, "India and South Africa's COVID Vaccine Proposal to the WTO: Why Patent Waiver Must Be Considered Over Compulsory Licensing," *IP Watchdog*, January 2, 2021.

(49) J. Hancock, "They Pledged to Donate Rights to Their COVID Vaccine, Then Sold Them to

Pharma," *Kaiser Health News*, August 25, 2020. J. Strasburg, "If Oxford's Covid-19 Vaccine Succeeds, Layers of Private Investors Could Profit," *Wall Street Journal*, August 2, 2020.
(50) J. Cohen, "China's Vaccine Gambit," *Science* 370, no. 6522 (2020): 1263–67. G. Chazan, S. Neville, and L. Abboud, "European Leaders Under Pressure to Speed Up Mass Vaccination," *Financial Times*, January 1, 2021.
(51) C. Shepherd and M. Seddon, "Chinese and Russian Vaccines in High Demand as World Scrambles for Doses," *Financial Times*, January 18, 2020.
(52) "Pharmaceutical Companies Urged the Ministry of Health to Postpone Registration of Vaccine Against COVID-19," RBC, August 10, 2020; www.rbc.ru/society/10/08/2020/5f3120959a79472536bda2db.
(53) C. Baraniuk, "Covid-19: What Do We Know About Sputnik V and Other Russian Vaccines?," *BMJ* 2021; 372:n743.
(54) R. Dube and G. Kantchev, "Argentina Is a Testing Ground for Moscow's Global Vaccine Drive," *Wall Street Journal*, January 18, 2021.
(55) Baraniuk, "Covid-19: What Do We Know About Sputnik V and Other Russian Vaccines?"
(56) Cohen, "China's Vaccine Gambit."
(57) "Peru Inks Deal with Sinopharm for COVID-19 Vaccines," *Xinhua*, January 7, 2021.
(58) J. Wheatley, "Lower-Income Countries Fall Behind in Race for Vaccines," *Financial Times*, January 20, 2021.
(59) Cohen, "China's Vaccine Gambit."
(60) J. Mardell, "China's Vaccine Diplomacy Assumes Geopolitical Importance," *Mercator Institute for China Studies*, November 24, 2020. C. Tan and E. Maulia, "Red Pill? Behind China's COVID-19 Vaccine Diplomacy," *Nikkei Asia*, November 4, 2020.
(61) R. Liao, "Alibaba and Ethiopian Airlines to Launch Cold Chain Exporting China's COVID Vaccines," *TechCrunch*, December 3, 2020.

第13章：債務救済

(1) A. Winning, "South Africa to Pay $5.25 a Dose for AstraZeneca Vaccine from India's SII," *Reuters*, January 21, 2021.
(2) H. Dempsey and T. Wilson, "WHO Head Warns of Global 'Moral Failure' on Vaccines," *Financial Times*, January 18, 2021.
(3) "Sovereign Debt and Financing for Recovery," *Group of Thirty*, October 2020; group30.org/images/uploads/publications/G30_Sovereign_Debt_and_Financing_for_Recovery_after_the_COVID-19_Shock_1.pdf.
(4) OECD, "Official Development Assistance," www.oecd.org/dac/financing-sustainable-development/development-finance-standards/official-development-assistance.htm.
(5) C. Ramaphosa, "Global Response Is Needed to Prevent a Debt Crisis in Africa," *Financial Times*, November 30, 2020.
(6) Ramaphosa, "Global Response Is Needed to Prevent a Debt Crisis in Africa."
(7) R. Jalabi, R. Woo, and A. Shalal, "G20 Leaders Seek to Help Poorest Nations in Post-COVID World," *Reuters*, November 20, 2020.
(8) Jalabi, Woo, and Shalal, "G20 Leaders Seek to Help Poorest Nations in Post-COVID World."
(9) "Only Victory in Africa Can End the Pandemic Everywhere," *Financial Times*, April 14, 2020.

(10) A. Nye, "The G20's Impasse on Special Drawing Rights (SDRs)," Yale School of Management, August 11, 2020.

(11) IMF Annual Report 2009.

(12) Tooze, "The IMF Was Organizing a Global Pandemic Bailout—Until the Trump Administration Stopped It," *Foreign Policy*, April 17, 2020.

(13) "U.S. Treasury Secretary Steven T. Mnuchin's Joint IMFC and Development Committee Statement," *U.S. Department of the Treasury*, April 16, 2020.

(14) M. Lewis, "How Ted Cruz Killed IMF Expansion: A Timeline," *Daily Caller*, March 26, 2014. C. Hooks, "Ted Cruz Tanks a Major Diplomatic Effort," *Texas Observer*, April 3, 2014.

(15) J. Trindle, "Lagarde Pushes U.S. Lawmakers to Pass IMF Reforms," *Foreign Policy*, October 29, 2014.

(16) Ramaphosa, "Global Response Is Needed to Prevent a Debt Crisis in Africa."

(17) K. Gallagher, J. A. Ocampo, and U. Volz, "Special Drawing Rights: International Monetary Support for Developing Countries in Times of the COVID-19 Crisis," *De Gruyter*, August 17, 2020.

(18) Table 5 in I. Fresnillo, "Shadow Report on the Limitations of the G20 Debt Service Suspension Initiative: Draining Out the Titanic with a Bucket?" *Eurodad*, October 14, 2020.

(19) A. Payne, "Blair, Brown and the Gleneagles Agenda: Making Poverty History, or Confronting the Global Politics of Unequal Development?," *International Affairs* 82, no. 5 (2006): 917–35. E. Helleiner and G. Cameron, "Another World Order? The Bush Administration and HIPC Debt Cancellation," *New Political Economy* 11, no. 1 (2006): 125–40.

(20) M. Arnone and A. F. Presbitero, *Debt Relief Initiatives: Policy Design and Outcomes* (Routledge, 2016). C. A. Primo Braga and D. Dömeland, *Debt Relief and Beyond: Lessons Learned and Challenges Ahead* (World Bank, 2009).

(21) "After Gleneagles What Role for Loans in ODA?," www.oecd-ilibrary.org/development/after-gleneagles_186548656812.

(22) R. Ray and B. A. Simmons, "Tracking China's Overseas Development Finance," *Boston University Global Development Policy Center*, December 7, 2020.

(23) J. Kynge and J. Wheatley, "China Pulls Back from the World: Rethinking Xi's 'Project of the Century,'" *Financial Times*, December 11, 2020.

(24) K. Strohecker and J. Bavier, "As New Debt Crisis Looms, Africa Needs More Than World Is Offering," *Reuters*, November 19, 2020.

(25) P. Fabricius, "How to Get Africa Out of Debt," *South African Institute of International Affairs*, November 25, 2020.

(26) B. Chellaney, "China's Debt-Trap Diplomacy," *The Strategist*, January 24, 2017.

(27) D. Brautigam and W. Kidane, "China, Africa, and Debt Distress: Fact and Fiction About Asset Seizures," *SAIS China-Africa Research Initiative*, June 2020.

(28) U. Moramudali, "The Hambantota Port Deal: Myths and Realities," *The Diplomat*, January 1, 2020.

(29) L. Jones and S. Hameiri, "Debunking the Myth of 'Debt-Trap Diplomacy,'" *Chatham House*, August 2020.

(30) "Confronting the Economic and Financial Challenges of Covid-19: A Conversation with World Bank Group President David Malpass," *World Bank*, December 14, 2020.

(31) Nye and J. Rhee, "The Limits of the G20's Debt Service Suspension Initiative," *Yale Program on Financial Stability*, May 18, 2020.
(32) Fabricius, "How to Get Africa Out of Debt."
(33) "Rating Action: Moody's Places Cameroon's B2 Rating on Review for Downgrade," *Moody's*, May 27, 2020. "Rating Action: Moody's Confirms Cameroon's Rating, Outlook Stable," *Moody's*, August 7, 2020. Fresnillo, "Shadow Report on the Limitations of the G20 Debt Service Suspension Initiative: Draining Out the Titanic with a Bucket?"
(34) "World Bank Raises Record-Breaking USD8 Billion from Global Investors to Support Its Member Countries," *World Bank*, April 15, 2020.
(35) World Bank, "World Bank Group President David Malpass: Remarks to G20 Finance Ministers," Statement, April 15, 2020.
(36) Fresnillo, "Shadow Report on the Limitations of the G20 Debt Service Suspension Initiative: Draining Out the Titanic with a Bucket?"
(37) "Sovereign Debt and Financing for Recovery," *Group of Thirty*, October 2020.
(38) "COVID 19: Debt Service Suspension Initiative," *World Bank*, January 12, 2021.
(39) "Trade and Development Report 2020," *United Nations*, 2020.
(40) "Sovereign Debt and Financing for Recovery," *Group of Thirty*, October 2020.
(41) アメリカの経済学者アン・クルーガーの演説。"A New Approach to Sovereign Debt Restructuring," *International Monetary Fund*, November 26, 2001.
(42) Fresnillo, "Shadow Report on the Limitations of the G20 Debt Service Suspension Initiative: Draining Out the Titanic with a Bucket?"
(43) International Monetary Fund, "The International Architecture for Resolving Sovereign Debt Involving Private-Sector Creditors—Recent Developments, Challenges, and Reform Options," *International Monetary Fund*, October 1, 2020.
(44) K. Pistor, *The Code of Capital: How the Law Creates Wealth and Inequality* (Princeton University Press, 2019).
(45) "Statement Extraordinary G20 Finance Ministers and Central Bank Governors' Meeting November 13, 2020; www.sciencespo.fr/psia/sovereign-debt/wp-content/uploads/2020/11/English_Extraordinary-G20-FMCBG-Statement_November-13.pdf.
(46) A. Karni and A. Rappeport, "G20 Summit Closes with Little Progress and Big Gaps Between Trump and Allies," *New York Times*, November 22, 2020.
(47) Ramaphosa, "Global Response Is Needed to Prevent a Debt Crisis in Africa."
(48) J. Wheatley, "Why the Developing World Needs a Bigger Pandemic Response," *Financial Times*, November 19, 2020.
(49) UNDAD, "A Debt Pandemic," Briefing Paper March 2021.
(50) United Nations, "Innovative Finance for Private Sector Development in Africa," *United Nations Economic Commission for Africa*, 2020.
(51) D. Gabor, "The Wall Street Consensus," *SocArXiv*, December 22, 2020.
(52) UNECA, "Building Forward Together"; www.uneca.org/archive/sites/default/files/PublicationFiles/building_forward_together.pdf.
(53) United Nations, Economic Commission for Africa, "Economic Report on Africa 2020: Innovative Finance for Private Sector Development in Africa"; repository.uneca.org/handle/10855/43834.

(54) *From Billions to Trillions: MDB Contributions to Financing for Development* (*English*). World Bank Group. documents.worldbank.org/curated/en/602761467999349576/From-billions-to-trillions-MDB-contributions-to-financing-for-development.

(55) J. Kynge and J. Wheatley, "China Pulls Back from the World, Rethinking Xi's 'Project of the Century,'" *Financial Times*, December 11, 2020.

(56) B. Tangjanco, Y. Cao, et al., "Pulse 1: Covid-19 and Economic Crisis—China's Recovery and International Response," *ODI Economic Pulse*, November 2020.

(57) F. M. Shakil, "China Slowly Retreating from Pakistan's Belt and Road," *Asia Times*, December 26, 2020.

(58) C. Shepherd, "China Pours Money into Green Belt and Road Projects," *Financial Times*, January 26, 2021.

(59) J. P. Pham, "Germany's 'Marshall Plan' for Africa," *Atlantic Council*, January 23, 2017.

(60) www.findevcanada.ca/en.

(61) D. F. Runde and R. Bandura, "The BUILD Act Has Passed: What's Next?" *Center for Strategic and International Studies*, October 12, 2018.

(62) "BUILD Act: Frequently Asked Questions About the New U.S. International Development Finance Corporation," *CRS Report*, January 15, 2019.

(63) OPIC, "U.S.-Japan-Australia Announce Trilateral Partnership for Indo-Pacific Infrastructure Investment," July 30, 2018, press release.

(64) S. Hameiri, "Debunking the Myth of China's 'Debt-Trap Diplomacy,'" *Interpreter*, September 9, 2020.

(65) M. P. Goodman, D. F. Runde, and J. E. Hillman, "Connecting the Blue Dots," *Center for Strategic and International Studies*, February 26, 2020.

(66) Pham, "Germany's 'Marshall Plan' for Africa."

(67) S. Attridge and L. Engen, "Blended Finance in the Poorest Countries," *Overseas Development Institute*, April 2019.

(68) Pham, "Germany's 'Marshall Plan' for Africa."

(69) B. Harris, "Brazil's Economic Dilemma: Public Debt Restraint or Sluggish Recovery," *Financial Times*, January 28, 2021.

(70) J. McGeever, "Analysis: Brazil Faces $112 Billion Refinancing Cliff in Early 2021," *Reuters*, November 24, 2020.

(71) J. Wheatley, "UN Chief Warns of Coming Debt Crisis for Developing World," *Financial Times*, March 29, 2021.

(72) R. Henderson and P. Naidoo, "S. Africa's Rising Debt Is 'Major' Threat to Finance Sector," *Bloomberg*, November 24, 2020.

(73) A. Sguazzin, R. Naidoo, and L. Pronina, "Eskom Bailout Emerging as Equity Swap by Biggest Bondholder," *Bloomberg*, December 16, 2020.

(74) L. Pitel, "Scale of Turkey's Economic Crisis Triggered Erdogan Family Implosion," *Financial Times*, November 13, 2020.

(75) L. Pitel, "Erdogan's Great Game: Soldiers, Spies and Turkey's Quest for Power," *Financial Times*, January 12, 2021.

(76) L. Pitel, "Turkey's Lira Sinks to 8 Against US Dollar for First Time," *Financial Times*, October 26, 2020. B. W. Setser, "The Changing Nature of Turkey's Balance Sheet Risks,"

Council on Foreign Relations, October 23, 2020. L. Pitel, "Erdogan Gambles on Fast Recovery as Turkey Burns Through Reserves," *Financial Times*, August 3, 2020.
(77) B. Ghosh, "Erdogan Should Break His IMF Taboo," *Bloomberg*, April 19, 2020. A. Erdemier and J.A. Lechner, "Why Erdogan Won't Ask the IMF for Help," *Foreign Policy*, June 1, 2020.
(78) A. Kucukgocmen and O. Coskun, "Qatar Offers Turkey Relief by Tripling FX Swap Line to $15 Billion," *Reuters*, May 20, 2020.
(79) L. Pitel, "Turkey Raises Interest Rates Again in Bid to Rebuild Credibility," *Financial Times*, December 24, 2020.
(80) C. Ostorff, "Turkish Markets Bounce Back as Foreign Investors Return," *Wall Street Journal*, January 6, 2021. "Investors Back in Turkey for Short Term Only as Erdogan Record Questioned," *Ahval*, January 7, 2021.
(81) "Investors Left Shocked After Erdogan Upends Turkey's Markets," *Financial Times*, March 25, 2021.
(82) P. Naidoo, "South Africa Treasury Denies That Budget Cuts Will Stifle Growth," *Bloomberg*, November 6, 2020.
(83) J. Ott, "Tanzanians Debate the Meaning of New 'Lower-Middle-Income' World Bank Status," *Global Voices*, July 13, 2020.
(84) "Debt Markets Re-Open for Sub-Saharan Issuers," *Fitch Ratings*, November 29, 2020.

第14章：蛇口が開いたままの先進経済国

(1) B. McClendon, "Lost Lost Causes," *n+1*, January 9, 2021.
(2) T. Snyder, "The American Abyss," *New York Times*, January 9, 2021.
(3) H. Shierholz, "Unemployment Claims Hit Highest Level in Months: Millions More Jobs Will Be Lost if Congress Doesn't Act," *Economic Policy Institute*, December 10, 2020.
(4) R. Rainey and E. Mueller, "'We're Already Too Late': Unemployment Lifeline to Lapse Even with an Aid Deal," *Politico*, December 11, 2020.
(5) J. Parrott and M. Zandi, "Averting an Eviction Crisis," *Urban Institute*, January 2021.
(6) 議会での交渉の様子については、『ワシントンポスト』紙と『ニューヨーク・タイムズ』紙で説明が異なる。J. Stein and M. DeBonis, "How Moonshine, Multi- Hour Zooms and a Deadly Pandemic Pushed Congress to Approve New Stimulus," *Washington Post*, December 22, 2020. C. Hulse, "Coronavirus Stimulus Bolsters Biden, Shows Potential Path for Agenda," *New York Times*, December 21, 2020.
(7) www.youtube.com/watch?v=qOOPzkHF6yc. N. Rummell, "Intercession of Fed Brings Some Calm to Rocky Markets," *Courthouse News*, June 16, 2020.
(8) M. C. Klein, "Divided Government May Push the Fed to Go Bigger. Here's What That Might Look Like," *Barron's*, November 9, 2020.
(9) J. Smialek and A. Rappeport, "Mnuchin to End Key Fed Emergency Programs, Limiting Biden," *New York Times*, November 19, 2020.
(10) E. Cochrane and J. Smialek, "Lawmakers Resolve Fed Dispute as They Race to Close Stimulus Deal," *New York Times*, December 19, 2020.
(11) "Stimulus Talks Bogged Down on Fed Lending Powers," *FR 24 News*, December 20, 2020; www.fr24news.com/a/2020/12/stimulus-talks-bogged-down-on-fed-lending-powers.html.
(12) E. Cochrane and L. Broadwater, "Answering Trump, Democrats Try and Fail to Jam $2,000

Payments Through House," *New York Times*, December 24, 2020.

(13) L. H. Summer, "Trump's $2,000 Stimulus Checks Are a Big Mistake," *Bloomberg*, December 27, 2020.

(14) 以下の素晴らしい記事を参考に、表現を変えている。A. Jäger and D. Zamora, "'Welfare Without the Welfare State': The Death of the Postwar Welfarist Consensus," *New Statesman*, February 9, 2021.

(15) "China's Manufacturers Are Forced to Up Wages to US$1,500 a Month, with Workers Unwilling to Return Ahead of Lunar New Year," *South China Morning Post*, December 21, 2020.

(16) W. Richter, "Holy-Cow Spikes in China-US Container Freight Rates & US Consumer Spending on Goods Trigger Mad, Possibly Illegal Scramble for Empties. US Framers Twist in the Wind," *Wolf Street*, December 20, 2020.

(17) E. Luce, "America's Dangerous Reliance on the Fed," *Financial Times*, January 3, 2021.

(18) B. Erik, M. J. Lombardi, D. Mihaljek, and H. S. Shin, "The Dollar, Bank Leverage and Real Economic Activity: An Evolving Relationship," *BIS Working Papers* No. 847, March 17, 2020.

(19) G. Gopinath, E. Boz, C. Casas, F. J. Díez, P.-O. Gourinchas, and M. Plagborg-Møller, "Dominant Currency Paradigm," *American Economic Review* 110, no. 3 (2020): 677–719.

(20) B. W. Setser, "Weaker Dollar Means More Dollar Reserves," *Council on Foreign Relations*, August 12, 2020.

(21) M. Sobel, "US Treasury's Vietnam Problem," *OMFIF*, August 27, 2020. M. Sobel, "Treasury FXR Struggles with Realities of Manipulation," *OMFIF*, December 17, 2020.

(22) C. Joyner, "Record Fundraising in Georgia Senate Races the New Norm, Experts Say," *Atlanta Journal-Constitutio*n, February 5, 2021.

(23) R. Foroohar, "Why Investors Shrugged Off the Capitol Riots," *Financial Times*, January 10, 2021.

(24) G. Parker, P. Foster, S. Fleming, and J. Brunsden, "Inside the Brexit Deal: The Agreement and the Aftermath," *Financial Times*, January 22, 2021.

(25) M. Haynes, "Is Economic Output an Accurate Measure of the Covid-19 Impact?" *UK in a Changing Europe*, August 25, 2020.

(26) S. P. Chan, "Bank of England Warns of Sharpest Recession on Record," *BBC News*, May 7, 2020. W. Park, "Is There Such a Thing as a 'Good' or 'Bad' Recession?" *BBC News*, August 11, 2020.

(27) D. Edgerton, "The Tories Aren't Incompetent on the Economy," *Guardian*, September 11, 2020.

(28) R. Espiet-Kilty, "Cameron and Big Society. May and Shared Society. Same Party: Two Visions?," *Observatoire de la société britannique* 21 (2018): 213–33.

(29) M. Sandbu, "Shock Therapy: How the Pandemic Is Resetting Britain's Whole Free Market Model," *Prospect*, December 6, 2020.

(30) G. Parker and C. Giles, "Sunak Tells Tory MPs There Is No 'Magic Money Tree,'" *Financial Times*, January 21, 2021.

(31) C. Giles, "Sunak Goes Big and Bold in Bid to Repair UK Public Finances," *Financial Times*, March 3, 2021.

(32) T. Stubbington and C. Giles, "Investors Sceptical over Bank of England's QE Programme,"

Financial Times, January 4, 2021.
(33) M. Khan, M. Peel, and V. Hopkins, "EU Reaches Deal to Suspend Funds to Member States That Breach Rule of Law," *Financial Times*, November 5, 2020.
(34) M. de la Baume, H. von der Burchard, and D. M. Herszenhorn, "Poland Joins Hungary in Threatening to Block EU's Budget and Coronavirus Recovery Package," *Politico*, September 18, 2020.
(35) L. Bayer, "EU Leaders Back Deal to End Budget Blockade by Hungary and Poland," *Politico*, December 10, 2020.
(36) M. Pardavi, "After the Crisis, Before the Crisis: The Rule of Law Headache That Won't Go Away," *Heinrich Böll Stiftung*, December 18, 2020.
(37) M. Karnitschnig, "Angela Merkel's Rule-of-Law Legacy: A Divided Europe," *Politico*, December 18, 2020.
(38) Piotr Żuk, Paweł Żuk, and Przemysław Pluciński, "Coal Basin in Upper Silesia and Energy Transition in Poland in the Context of Pandemic: The Socio-Political Diversity of Preferences in Energy and Environmental Policy," *Resources Policy* 71 (2021): 101987.
(39) D. M. Herszenhorn, "At Summit, EU Leaders Dial Back to Edge Forward," *Politico*, December 11, 2020.
(40) M. Khan and D. Hindley, "EU Leaders Strike Deal on 2030 Climate Target After All-Night Talks," *Financial Times*, December 11, 2020.
(41) K. Oroschakoff and K. Mathiesen, "How the EU's Green Deal Survived the Coronavirus Pandemic," *Politico*, December 17, 2020.
(42) Oroschakoff and Mathiesen, "How the EU's Green Deal Survived the Coronavirus Pandemic."
(43) "Investment Report 2020/2021," European Investment Bank, 2020; www.eib.org/attachments/efs/economic_investment_report_2020_2021_en.pdf. ec.europa.eu/info/sites/info/files/economy-finance/assessment_of_economic_and_investment_needs.pdf.
(44) S. Haroutunian, S. Hauptmeier, and S. Osterloh, "Draft Budgetary Plans for 2021: A Review in Times of the Covid-19 Crisis," *ECB Economic Bulletin*, August 2020.
(45) OECD, *OECD Economic Outlook*, Volume 2020, Issue 2.
(46) "Euro Area Policies: 2020 Consultation on Common Euro Area Policies-Press Release; Staff Report; and Statement by the Executive Director for Member Countries," *International Monetary Fund, European Dept.*, December 22, 2020.
(47) J. Hirai, "Bond-Guzzling ECB Will Shield the Market from the Next Debt Tsunami," *Bloomberg*, December 31, 2020.
(48) "Boris Johnson Challenged over Brexit Business 'Expletive,'" *BBC*, June 26, 2018.
(49) @RobinBrooksIIFの2021年1月23日のツイート。twitter.com/RobinBrooksIIF/status/1352999427334660096?s=20.
(50) M. Johnson and S. Fleming, "Italy Crisis Raises Concerns About EU Recovery Spending," *Financial Times*, January 28, 2021.
(51) M. Khan, D. Ghiglione, and I. Mount, "EU Recovery Plan Faces Bottleneck, Economists Warn," *Financial Times*, January 5, 2021.
(52) M. Khan, "'Demolition Man' Renzi Roils Rome," *Financial Times*, January 14, 2021.
(53) M. Johnson, "Italy's PM Conte Resigns as Government Crisis Intensifies," *Financial Times*, January 26, 2021.

(54) J. Pisani-Ferry, “Europe's Recovery Gamble,” September 25, 2020; www.bruegel.org/2020/09/europes-recovery-gamble.

結論

(1) J. R. Biden, Jr., “Inaugural Address by President Joseph R. Biden, Jr.” (Speech, Washington, D.C., January 20, 2021); www.whitehouse.gov/briefing-room/speeches-remarks/2021/01/20/inaugural-address-by-president-joseph-r-biden-jr.

(2) B. Clinton, “Transcript: Bill Clinton's Prime-Time Speech,” *NPR*, August 27, 2008.

(3) J. Kirshner, “Gone but Not Forgotten,” *Foreign Affairs*, March/April 2021.

(4) ホワイトハウスのウェブサイトには、大統領による様々な命令が列挙されている。参照されたい。www.whitehouse.gov/briefing-room/presidential-actions.

(5) G. Korte, “Biden Plans 10 Days of Action on Four ‘Overlapping’ Crises,” *Bloomberg*, January 16, 2021.R. Beitsch, “Biden Calls Climate Change One of America's Four Major Crises,” *The Hill*, August 21, 2020.

(6) “How Much Would the American Rescue Plan Overshoot the Output Gap?” *Committee for a Responsible Federal Budget*, February 3, 2021.

(7) L. H. Summers, “Opinion: The Biden Stimulus Is Admirably Ambitious. But It Brings Some Big Risks, Too,” *Washington Post*, February 4, 2021. N. Irwin, “The Clash of Liberal Wonks That Could Shape the Economy, Explained,” *New York Times*, February 8, 2021. L. H. Summers, “Opinion: My Column on the Stimulus Sparked a Lot of Questions. Here Are MY ANSWERS,” *Washington Post*, February 7, 2021.

(8) J. Mackintosh, “Markets Don't Think Biden's $1.9 Trillion Covid Relief Is Too Much,” *Wall Street Journal*, February 9, 2021.

(9) “Transcript of Chair Powell's Press Conference,” January 27, 2021; www.federalreserve.gov/mediacenter/files/FOMCpresconf20210127.pdf.

(10) S. Sjolin, “Did Central Bankers Make a Secret Deal to Drive Markets? This Rumor Says Yes,” *Market Watch*, March 21, 2016. “Janet Yellen on Monetary Policy, Currencies, and Manipulation,” *Dollar and Sense Podcast*, Brookings Institution, February 19, 2019; www.brookings.edu/wp-content/uploads/2019/02/Janet-Yellen-on-monetary-policy-currencies-and-manipulation.pdf.

(11) J. R. McNeil, *The Great Acceleration: An Environmental History of the Anthropocene Since 1945* (Belknap Press of Harvard University Press, 2014).

(12) M. E. Mann, *The Hockey Stick and the Climate Wars: Dispatches from the Front Lines* (Columbia University Press, 2013).［マイケル・E・マン著、藤倉良、桂井太郎訳『地球温暖化論争――標的にされたホッケースティック曲線』2014年4月／化学同人］

(13) U. Beck and C. Lau, “Second Modernity as a Research Agenda: Theoretical and Empirical Explorations in the ‘Meta-Change’ of Modern Society,” *British Journal of Sociology* 56, no. 4 (2005): 525–57. B. Latour, “Is *Re*-modernization Occurring? And if So, How to Prove It? A Commentary on Ulrich Beck,” *Theory, Culture & Society* 20, no. 2 (2003): 35–48.

(14) H. A. Kissinger, “The White Revolutionary: Reflections on Bismarck,” *Daedalus* 97, no. 3 (1968): 888–924.

(15) D. H. Chollet and J. Goldgeier, *America Between the Wars: From 11/9 to 9/11; The Misunderstood Years Between the Fall of the Berlin Wall and the Start of the War on Terror*

(Public Affairs, 2008), 318.

(16) Remarks by President Biden in Press Conference, March 25, 2021; www.whitehouse.gov/briefing-room/speeches-remarks/2021/03/25/remarks-by-president-biden-in-press-conference/.

(17) "Fact Sheet: The American Jobs Plan, March 31, 2021," www.whitehouse.gov/briefing-room/statements-releases/2021/03/31/fact-sheet-the-american-jobs-plan/.

(18) European Commission, "EU-China—A Strategic Outlook," March 12, 2019; ec.europa.eu/info/sites/info/files/communication-eu-china-a-strategic-outlook.pdf.

(19) "Key Elements of the EU-China Comprehensive Agreement on Investment," *European Commission*, December 30, 2020.

(20) K. Nakazawa, "Analysis: China Splits Atlantic with Game-Changing EU Investment Deal," *Nikkei Asia*, January 7, 2021.

(21) M. Karnitschnig, "Europe Gives Biden a One-Finger Salute," *Politico*, January 29, 2020.

(22) E. Solomon and G. Chazan, "'We Need a Real Policy for China': Germany Ponders Post-Merkel Shift," *Financial Times*, January 5, 2021.

(23) H. Thompson, "The New EU-China Trade Deal Is Driven by a Commercial Realpolitik—And the World Knows It," *New Statesman*, January 27, 2021.

(24) "China Was Largest Recipient of FDI in 2020: Report," *Reuters*, January 24, 2021.

(25) "China Is Betting That the West Is in Irreversible Decline," *Economist*, April 3, 2021; www.economist.com/china/2021/04/03/china-is-betting-that-the-west-is-in-irreversible-decline.

(26) "China Announces Eradication of Extreme Poverty in Last Poor Countries," *Reuters*, November 24, 2020.

(27) A. Lee, "China's Xi Jinping Declares Victory on Poverty Alleviation, but Warns of 'Unbalanced' Development," *South China Morning Post*, December 4, 2020.

(28) K. Looney, "The Blunt Force of China's Mobilisation Campaigns," *Financial Times*, January 26, 2020. 批判的な評価については、以下を参照。T. Sicular, "Will China Eliminate Poverty in 2020?," *China Leadership Monitor*, December 1, 2020.

(29) I. Gill, "Deep-Sixing Poverty in China," *Brookings*, January 25, 2021.

(30) J. Richardson, "China's Policy Dilemma: Raising Local Demand While Protecting Exports," *ICIS*, September 13, 2020.

(31) K. Lo and K. Huang, "Xi Jinping Says 'Time and Momentum on China's Side' as He Sets Out Communist Party Vision," *South China Morning Post*, January 12, 2021.

(32) T. Taylor, "Will China Be Caught in the Middle-Income Trap?" *Conversable Economist*, October 26, 2020.

(33) Jiang Shigong, "Philosophy and History: Interpreting the 'Xi Jinping Era' Through Xi's Report to the Nineteenth National Congress of the CCP." Introduction by David Ownby and Timothy Cheek; www.readingthechinadream.com/jiang-shigong-philosophy-and-history.html.

(34) Looney, "The Blunt Force of China's Mobilisation Campaigns."

(35) マイケル・ペティスは、この不均衡について一貫して批判している。M. Pettis, "China's Economy Can Only Grow with More State Control Not Less," *Financial Times*, April 26, 2020. M. Pettis, "Xi's Aim to Double China's Economy Is a Fantasy," *Financial Times*, November 22, 2020.

(36) A. Tooze, *The Deluge: The Great War, America and the Remaking of the Global Order, 1916–1931* (Penguin Books, 2015).

(37) H. Cooper, "Top General Declines to Endorse Trump's Afghan Withdrawal Timeline," *New York Times*, October 12, 2020.

(38) N. Hultman and S. Gross, "How the United States Can Return to Credible Climate Leadership," March 1, 2021; www.brookings.edu/research/us-action-is-the-lynchpin-for-successful-international-climate-policy-in-2021/.

(39) "Toward an Integrated Policy Framework," *International Monetary Fund*, October 8, 2020.

(40) この姿勢で分析を行う称賛に値する3人のアナリストは、ダニエラ・ガボール、ネイサン・タンクス、キャロリン・シッソコである。デーヴィッド・ベックワースが全員をインタビューした。"Daniela Gabor on Financial Globalization, Capital Controls, and the Critical Macrofinance Framework," Mercatus original podcast, June 22, 2020. D. Beckworth, "Nathan Tankus on Public Finance in the COVID-19 Crisis: A Consolidated Budget Balance View and Its Implications for Policy," *Macro Musings with David Beckworth*, podcast, May 11, 2020. D. Beckworth, "Carolyn Sissoko on the Collateral Supply Effect and Other Concerns in the Money Market," *Macro Musings with David Beckworth*, podcast, September 21, 2020.

(41) P. Anderson, "Situationalism à l'envers?," *New Left Review* 119 (September/October 2019).

【著者・訳者紹介】

アダム・トゥーズ（Adam Tooze）

1967年ロンドン生まれ。コロンビア大学歴史学部教授。ケンブリッジ大学キングス・カレッジで経済学の学士号を、ロンドン・スクール・オブ・エコノミクスで博士号を取得。ケンブリッジ大学で教鞭をとったのち、イェール大学のバートン・M・ビッグス教授。2015年から現職。著書に『ナチス　破壊の経済』『暴落』（共にみすず書房）など。

江口泰子（えぐち　たいこ）

翻訳家。法政大学法学部卒業。編集事務所、広告企画会社勤務を経て現職。訳書に『結局、自分のことしか考えない人たち』（草思社）、『クソったれ資本主義が倒れたあとの、もう一つの世界』（講談社）、『ブレグジット秘録』（光文社）、『140字の戦争』（早川書房）、『GENIUS LIFE（ジーニアス・ライフ）』（東洋経済新報社）、ほか多数。

世界はコロナとどう闘ったのか?

パンデミック経済危機

2022年2月3日発行

著　者――アダム・トゥーズ
訳　者――江口泰子
発行者――駒橋憲一
発行所――東洋経済新報社
〒103-8345　東京都中央区日本橋本石町1-2-1
電話＝東洋経済コールセンター　03(6386)1040
https://toyokeizai.net/

装　丁………橋爪朋世
ＤＴＰ………アイランドコレクション
印　刷………図書印刷
編集担当……九法　崇

Printed in Japan　　ISBN 978-4-492-39665-0